Wolfgang Fleischer

Phraseologie
der deutschen
Gegenwartssprache

Wolfgang Fleischer

Phraseologie der deutschen Gegenwartssprache

2., durchgesehene und ergänzte Auflage

Max Niemeyer Verlag
Tübingen 1997

Die Deutsche Bibliothek – CIP-Einheitsaufnahme

Fleischer, Wolfgang:
Phraseologie der deutschen Gegenwartssprache / Wolfgang Fleischer. – 2., durchges. und erg. Aufl.
– Tübingen : Niemeyer, 1997

ISBN 3-484-73032-3

Printed in Germany.
Satz: Computer-Satz Anne Schweinlin, Tübingen
Druck: Weihert-Druck, Darmstadt
Einband: Buchbinderei Hugo Nädele, Nehren

MIX
Papier aus verantwor-
tungsvollen Quellen
FSC
www.fsc.org
FSC® C016439

Inhaltsverzeichnis

Vorwort

In den letzten Jahren haben mich Kolleginnen und Kollegen zunehmend ermutigt, diese schon bald nach Erscheinen (1982) vergriffene ‚Phraseologie' wieder zugänglich zu machen. Nach längerem Zögern habe ich mich dazu entschlossen, und ich bin dem Max Niemeyer Verlag dankbar für sein Entgegenkommen.

Es handelt sich nicht um eine vollständige Neufassung, sondern um den durchgesehenen und teilweise aktualisierten Text der ersten Auflage sowie um einen ergänzenden Anhang, der Hauptlinien der Forschung seit Beginn der achtziger Jahre herauszuarbeiten sucht. Die Eingriffe in den Hauptteil beziehen sich vor allem auf die Auswechslung und Erweiterung von Textbeispielen, in vereinzelten Fällen auf Literaturhinweise (deren Aktualisierung sonst – soweit erforderlich – grundsätzlich im Anhang erfolgt) sowie auf Konsequenzen, die sich aus der neuen Rechtschreibregelung für die Beurteilung von phraseologischen Einheiten ergeben (z.B. Aufgabe der Unterscheidung von *im Dunkeln sitzen – im dunkeln tappen*). Dabei wurde auf den Rechtschreibduden von 1996 verwiesen. Abgesehen davon ist aber prinzipiell die bisher geltende Rechtschreibung für den Hauptteil wie auch für den Anhang beibehalten worden. Ähnliches gilt für die ältere Transliteration kyrillischer Schriftzeichen (*ja, ju* usw.).

Ich hoffe, daß auch diese Neuausgabe des Buches mit dem Blick auf die Entwicklung der letzten zwei Jahrzehnte in Forschung und Lehre mit Nutzen verwendet werden kann.

Leipzig, im Juli 1997   Wolfgang Fleischer

1. Geschichte und Hauptprobleme der Phraseologieforschung

1.1. Einführung in Begriffsbildung und Terminologie

1.1.1. Vorbemerkung

Die Bereicherung des Wortschatzes einer Sprache erfolgt nicht nur durch die Bildung neuer Wörter (Neologismen), durch Entlehnung aus fremden Sprachen und den sogenannten Bedeutungswandel in bezug auf Einzelwörter, sondern auch dadurch, daß freie syntaktische Wortverbindungen, Wortgruppen, in speziellen Bedeutungen „fest" und damit zu Bestandteilen des Wortschatzes werden können. Derartige „feste" Wortverbindungen (auch: „fixierte Wortverbindungen", THUN 1978) können unterschiedliche syntaktische und semantische Strukturen haben:

kalter Kaffee ‚Altbekanntes, Unsinn', *starker Tobak* ‚Zumutung', *magisches Auge* ‚Elektronenröhre, die die Stärke des Empfangs sichtbar macht'; *Stein des Anstoßes* ‚Ursache des Ärgernisses', *Ei des Kolumbus* ‚verblüffend einfache Lösung', *Mutter Grün* ‚die grünende Natur'; *schweren Herzens* ‚bedrückt', *mit tierischem Ernst* ‚mit stumpfsinnigem, humorlosem Ernst', *auf den letzten Drücker* ‚in letzter Minute', *aus Leibeskräften* ‚mit aller, ganzer Kraft'; *in Hülle und Fülle* ‚im Übermaß', *Hab und Gut* ‚Besitz';

gang und gäbe ‚üblich', *gut gepolstert* ‚wohlbeleibt, vermögend', *frei von der Leber weg* (sprechen) ‚ohne jede Hemmung';

klein beigeben ‚nachgeben, sich fügen', *sauer reagieren* ‚sich ablehnend verhalten'; *keine Miene verziehen* ‚trotz innerer Erregung seinen Gesichtsausdruck nicht ändern', *unter die Lupe nehmen* ‚genau prüfen', *in Mitleidenschaft ziehen* ‚zusammen mit anderen beschädigen, beeinträchtigen', *das Rennen machen* ‚Erfolg haben, sich anderen gegenüber durchsetzen', *Trübsal blasen* ‚traurig, bedrückt sein'.

Ihm fehlt ein Stück Film ‚Er hat den gedanklichen Zusammenhang verloren'. *Das ist zum Schießen* ‚Das gibt Veranlassung zum Lachen'. *Umgekehrt wird ein Schuh draus* ‚Das Gegenteil ist richtig'. *Ihn sticht der Hafer* ‚Er ist übermütig'.

Die kleine Zahl der vorstehenden Beispiele, keineswegs alle verschiedenen Typen repräsentierend, läßt erkennen, daß Unterschiede in der syntaktischen Struktur der festen Wortverbindungen z. B. darin bestehen, ob ein Verb als fester Bestandteil beteiligt ist oder nicht, ob eine bestimmte Personalform des Verbs fest ist oder ob es durch alle Formen konjugiert werden kann, welche Satzgliedrolle die nominalen Bestandteile spielen, ob die nominalen Bestandteile parataktisch oder hypotaktisch verbunden sind.

In semantischer Hinsicht zeigen sich Unterschiede z. B. auch darin, ob zwischen der Bedeutung der ganzen Wortverbindung und der Bedeutung einzelner Bestandteile eine Beziehung besteht oder ob alle Bestandteile völlig „umgedeutet" sind. Was die Verwendungsmöglichkeiten der Wortverbindungen betrifft, so gibt es Unterschiede dahingehend, daß manche mehr oder weniger starken salopp-umgangssprachlichen Charakter haben und ihre Verwendung deshalb nicht in allen Kommunikationssituationen zulässig ist.

1.1.2. Zur Terminologie

Für die Bezeichnung der festen Wortverbindungen werden sehr verschiedene Ausdrücke verwendet. Die „geradezu chaotische terminologische Vielfalt" wird von vielen Autoren beklagt[1]; sie ist wohl auch ein Zeichen dafür, daß es sich bei der Phraseologie um eine relativ junge linguistische Teildisziplin handelt.

International verbreitet sind heute Ausdrücke, die entweder auf griech.-lat. *phrasis* ‚rednerischer Ausdruck' oder auf griech. *idiōma* ‚Eigentümlichkeit, Besonderheit' zurückgehen. Zum ersten gehören Bildungen wie *Phraseologie, Phraseologismus*, zum zweiten *Idiom, Idiomatik, Idiomatismus*. Die semantische Entwicklung der erstgenannten Wortfamilie ist im Deutschen durch die Ausprägung einer Bedeutungsvariante mit pejorativer Abschattung bestimmt: Das im 17. Jh. aus dem Französischen entlehnte *Phrase* (vgl. DWB VII [1899], Sp. 1834) hat neben ‚rednerischer Ausdruck, Redewendung' auch die Bedeutung ‚nichtssagende, inhaltsleere Redensart' (vgl. auch WEIGAND-HIRT 1909/10, II 422), und die im DWB angeführten Belege zeigen fast alle diese pejorative Bedeutungsvariante. Auch das WDG gibt für die Gegenwartssprache diese Bedeutung. Der Ausdruck *Phraseologismus* wird in älteren Fremdwörterbüchern

---

[1]   Vgl. PILZ, K. D.: Phraseologie. Göppingen 1978, S. 8. – Ähnlich auch MOLOTKOV, A. I.: Osnovy frazeologii russkogo jazyka. Leningrad 1977, S. 9ff. über die unterschiedliche Fixierung der Grundbegriffe in der Phraseologie des Russischen und die mangelnde Einheitlichkeit der Termini. OŽEGOV, S. I.: O strukture frazeologii. In: S. I. OŽEGOV. Leksikologija – Leksikografija – Kultura reči. Moskva 1974, S. 193 spricht von einer terminologischen Verwirrung wie vermutlich auf keinem anderen Teilgebiet der Linguistik.

2

nur als ‚inhaltleere Schönrednerei und Neigung dazu' erläutert (HEYSE 1906, 641); in neueren allerdings in unserem Sinne als ‚feste Wortverbindung, Redewendung' (GROSSES FREMDWÖRTERBUCH 1979, 580). Als frühester Beleg für *Phraseologie* wird der Titel eines Werkes von J. R. Sattler angegeben: „Teutsche Orthographey und Phraseologey" (1607). Darunter wird hier eine Synonymensammlung verstanden (PILZ 1978, 781).

Im Vorwort von B. SCHMITZ' Werk „Deutsch-französische Phraseologie in systematischer Ordnung nebst einem Vocabulaire systématique. Ein Übungsbuch für jedermann, der sich im freien Gebrauch der französischen Sprache vervollkommnen will" (1872) wird *Phraseologie* erläutert: „Die Gesamtheit der in einer Sprache oder einem Autor eigentümlichen Redensarten nennt man ihre Phraseologie ..., unter welcher Bezeichnung alltäglich nur eine Sammlung von Redensarten verstanden wird. Sie ist jedenfalls auch unbedenklich zu fassen als die Lehre von der Bedeutung und dem Gebrauch der Phrasen" (PILZ 1978, 781).

Die semantische Entwicklung der Wortfamilie *Idiom* ist demgegenüber durch die Bedeutungsvariante des ‚Eigentümlichen, Besonderen' gekennzeichnet. *Idiom* erscheint im Deutschen seit Ende des 17. Jhs. als ‚eigentümliche Mundart' (WEIGAND-HIRT 1909/10, I 914), dazu im 18. Jh. die heute ungebräuchliche Weiterbildung *Idiotismus*, von Gottsched definiert als „die unserer Sprache allein zuständigen Redensarten, die sich in keine andere Sprache von Wort zu Wort übersetzen lassen" (GOTTSCHED 1762, 538), dazu ferner *Idiotikon* ‚Wörterbuch einer Mundart, Landschaftswörterbuch'. Ältere Fremdwörterbücher verzeichnen *Idiomatologie* ‚Lehre von den Spracheigenheiten; Darstellung, Lehre von den Mund- oder Spracharten' und *idiomatisch* ‚einer Mundart oder Sprache eigen(tümlich)' (HEYSE 1906, 428). Anstelle von *Idiomatologie* wird heute vielfach *Idiomatik* verwendet. Der Ausdruck *Idiomatizität* als Bezeichnung für eine bestimmte Eigenschaft eines Teiles der festen Wendungen ist im Deutschen vermutlich erst in den fünfziger Jahren in Anlehnung an russ. *idiomatičnost'* und engl. *idiomaticity* aufgetaucht (PILZ 1978, 772ff.).

Auch die heimischen Ausdrücke *Redensart* (nach franz. *façon de parler* seit 1605) und *Redewendung* (lexikographisch erfaßt seit 1691 und dem fremden *phrase* nachgebildet) sind unter dem Einfluß fremdsprachiger Ausdrücke entstanden (PILZ 1978, 730ff.).

Im vorliegenden Buche werden der Ausdruck *Phraseologismus* und daneben auch *(feste) Wendung, feste Wortverbindung/Wortgruppe* zur Bezeichnung des Oberbegriffs aller verschiedenen Arten der hier in Frage kommenden sprachlichen Erscheinungen verwendet. Dazu gehört *Phraseologie*, das heute in zwei Bedeutungsvarianten geläufig ist:

1) ‚sprachwissenschaftliche Teildisziplin, die sich mit der Erforschung der Phraseologismen beschäftigt';
2) ‚Bestand (Inventar) von Phraseologismen in einer bestimmten Einzelsprache'.

3

In der erstgenannten Bedeutung wird der Eindeutigkeit halber hier auch das Kompositum *Phraseologieforschung* gebraucht; für die zweite Bedeutung ist *Phraseolexikon* vorgeschlagen worden (PILZ 1978, 784f.).

Mit der Verwendung der Termini *Phraseologie* und *Phraseologismus* stehen wir in einer zunächst wesentlich durch CH. BALLY bestimmten und vor allem in der sowjetischen Forschung weiterentwickelten Tradition. (Weiteres dazu s. u.) Phraseologismen können idiomatischen Charakters sein, müssen es aber nicht[2].

Mit *Red(ens)art* wurde bis ins 17. Jh. auch eine landschaftliche Sprachvariante bezeichnet, für die PH. ZESEN und andere den Ausdruck *Mundart* verwenden. GOTTSCHED gebraucht allgemein *Redensart* für Wortverbindung, Wortgruppe: Wörter werden „entweder einzeln, oder als Redensart in Verbindung mit anderen gebraucht" (GOTTSCHED, Redekunst, 1. Teil, 13. Hauptstück). Der Terminus *Redensart* spiegelt die Entwicklung insofern wider, als die hier behandelten sprachlichen Erscheinungen zunächst vor allem unter dem Gesichtswinkel des Sprichwortes und verwandter Phänomene Beachtung fanden.

1.2.   Zur Geschichte der Phraseologieforschung

1.2.1   Sowjetische Forschung

Die Phraseologie als wissenschaftliche Teildisziplin ist außerordentlich jung, und ein besonderes Verdienst in ihrer Entwicklung hat die sowjetische Sprachwissenschaft[3] in der Fortsetzung russischer Traditionen des 19. Jhs. Russische Linguisten haben seit der zweiten Hälfte des 19. Jhs. begonnen, den besonderen Status des Phraseologismus innerhalb der Wortverbindungen zu bestimmen (MOLOTKOV 1977, 7f.) und schufen damit Voraussetzungen für eine Theorie der Phraseologie (A. A. POTEBNJA, F. F. FORTUNATOV, A. A. ŠACHMATOV u. a.) (TELIJA 1968, 257). Wesentlich beeinflußt wurde die Entwicklung dann von O. JESPERSEN, A. SÈCHEHAYE und vor allem CH. BALLY mit seinem 1909 erschienenen „Traité de stylistique française". BALLYS außerordentliche Leistungen sind jedoch in Mittel- und Westeuropa ohne unmittelbare Nachfolge und Wirkung

---

[2]   Über Idiome als Teilgruppe phraseologischer Einheiten vgl. z. B. OŽEGOV, a. a. O., S. 193.

[3]   Ausführlich dazu HÄUSERMANN, J.: Phraseologie. Tübingen 1977; vgl. auch TELIJA, V. N. Frazeologija. In: Teoretičeskie problemy sovetskogo jazykoznanija. Moskva 1968, S. 257ff.

4

geblieben (vgl. PILZ 1978, 166ff.) und erst in der sowjetischen Phraseologieforschung gründlich verarbeitet worden[4].

BALLY sieht das Wesen des Phraseologismus in dessen *semantischer* Besonderheit; dabei gerät er allerdings in gewisse Widersprüche mit seiner Unterscheidung in „séries phraséologiques" (feste Wortgruppen ohne Idiomatizität)
und „unités phraséologiques" (feste Wortgruppen mit Idiomatizität). Er wirft
Fragen auf, die auch heute noch diskutiert werden[5].

Mit den Arbeiten von V. VINOGRADOV (1946ff.) hat sich die Phraseologie
in der sowjetischen Sprachwissenschaft als selbständige Teildisziplin etabliert.
(Vgl. TELIJA 1968, 259; SABITOVA 1976, 113; FIX 1974–76, 221f.) Seine
grundlegende Bedeutung besteht darin, daß er von der empirisch bestimmten
Beschreibung des Phänomens zur theoretischen Untersuchung der Verknüp-
fungsgesetzmäßigkeiten überging. Seine – inzwischen allerdings überholte –
Klassifikation der Phraseologismen in drei Typen hat lange Zeit die Szene
beherrscht und wurde von R. KLAPPENBACH auch auf das Deutsche übertragen
(KLAPPENBACH 1961 u. 1968).

Die erste Gesamtdarstellung der deutschen Phraseologie überhaupt legte
I. I. ČERNYŠEVA (1970) vor. Für sie ist das Hauptaugenmerk der Phraseologizität
die Reproduzierbarkeit der Phraseologismen als Folge singulärer Verknüpfung
der Komponenten. Es findet eine vollständige oder teilweise semantische Umdeutung statt, wodurch die Nichtmodellierbarkeit der Phraseologismen bedingt
ist. In ihrer Klassifikation von vier Typen „fester Wortkomplexe" bezieht
ČERNYŠEVA nur den ersten Typ in die „eigentliche" Phraseologie ein, die
sogenannten „phraseologischen Einheiten". Näheres dazu s. u. 3.2.2.

Gegenstandsbestimmung. Bei der Abgrenzung der Phraseologismen von
nichtphraseologischen Wortverbindungen und damit der Bestimmung des Gegenstandes der Phraseologieforschung treten große Schwierigkeiten auf, und
in Abhängigkeit von den zugrunde gelegten Kriterien kann man zu unterschiedlichen Ergebnissen kommen. Alle „mehr oder weniger verfestigten
Beziehungen zwischen lexikalischen Einheiten" sind zu untersuchen und zu
beschreiben, und „welche Arten von Konfigurationen und Zuordnungen der
Einheiten dann metasprachlich als Phraseologismen ausgesondert, als ein
spezieller Bereich des Sprachbestandes analysiert und systematisiert werden,
hängt von den angewendeten Kriterien ab" (CROME 1976, 31). Um der Inho-
mogenität der festen Wortverbindungen gerecht zu werden, unterscheidet

---

[4] Ausführlich z. B. N. NAZARJAN, A. G. Frazeologija sovremennogo francuzskogo jazyka
    dlja institutov i fakul'tetov inostrannych jazykov. Moskva 1976, S. 16ff.
[5] Zur Kritik vgl. u. a. FIX, U.: Zum Verhältnis von Syntax und Semantik im Wortgrup-
    penlexem. In: Beiträge zur Geschichte der deutschen Sprache und Literatur. Bd. 95.
    Halle (Saale) 1974, S. 221f.

beispielsweise S. I. OŽEGOV eine Phraseologie im „engeren" und eine im „weiteren" Sinne (OŽEGOV 1974, 194; vgl. auch HÄUSERMANN 1977, 6ff.). Diese Differenzierung ist in jüngster Zeit als „unwissenschaftlich" zurückgewiesen worden; in den Bestand der Phraseologismen seien quantitativ alle Einheiten der Sprache aufzunehmen, die qualitativ als Phraseologismen bestimmt würden. Dem kategoriellen Wesen nach könne man keine Unterschiede machen (MOLOTKOV 1977, 18).

Wird die Idiomatizität (Nichtübereinstimmung von wendungsexterner und wendungsinterner Bedeutung der Bestandteile; Weiteres dazu s. u. 2.1.) als Hauptmerkmal der Phraseologismen betrachtet, wie z. B. bei A. I. SMIRNICKIJ, dann werden große Teile von mehr oder weniger festen (stabilen) und lexikongespeicherten Wortverbindungen aus dem Bereich der Phraseologie ausgeschlossen. Die Schwierigkeiten einer objektiven Bestimmung des Kriteriums der Idiomatizität führten dazu, daß an seine Stelle das Kriterium der „Bedeutungsganzheit" (cel'nost' značenija) oder der „Ganzheit der Nomination" (cel'nost' nominacii) gesetzt wurde: Als Benennungseinheit ist der Phraseologismus einem Einzelwort äquivalent; die „Ganzheit der Nomination" dominiert über die aus einzelnen Wörtern bestehende Formativstruktur der Wortgruppe (Wortgruppenstruktur) (Vgl. ACHMANOVA 1957, 169f.).

In Weiterführung dieses Gedankens kommt A. I. BABKIN (1964) zu der Feststellung, daß die Merkmale eines Phraseologismus der stabile Bestand seiner lexikalischen Komponenten und der Verlust von deren selbständiger Benennungsfunktion (auch „Bedeutungsabschwächung" genannt) sei. Damit ist das Merkmal der Stabilität mit berücksichtigt.

Die als Bestandteile (Komponenten) eines Phraseologismus fungierenden Wörter sind aus dem lexikalisch-semantischen Paradigma herausgelöst und haben eine strukturelle Funktion, die sie vom Wort als Einheit des lexikalisch-semantischen Systems unterscheidet; es wären demnach keine „Wörter im strengen Sinne" (TELIJA 1975, 418). Einen extremen Standpunkt in dieser Frage vertritt A. I. MOLOTKOV. Ein Phraseologismus ist für ihn weder identisch mit einem Einzelwort noch mit einer Wortgruppe, sondern eine neue Einheit sui generis mit lexikalischer Bedeutung, Mehr-Komponenten-Struktur (Komponente nicht gleich Wort) und entsprechenden grammatischen Kategorien (MOLOTKOV 1977, 10f.). Die phraseologisierten Satzkonstruktionen werden von MOLOTKOV nicht berücksichtigt, und seine starke Einschränkung des Phraseologismus-Begriffes ist nicht überzeugend.

Durch das Bemühen um Objektivität bei der Herausarbeitung der Kriterien zur Bestimmung von Phraseologismen ist auch die „kontextologische Methode" von N. A. AMOSOVA (1963) gekennzeichnet. Dabei werden als Einheiten mit stabilem Kontext im Unterschied zu Einheiten mit variablem Kontext solche verstanden, die einen „untypischen" Charakter der Bedeutung wenigstens einer lexikalischen Komponente aufweisen; das heißt, die betreffende lexikalische

Komponente hat diese Bedeutung nur in einer ganz bestimmten lexikalischen Umgebung[6].

In anderer Weise hat M. T. TAGIEV die „Distributionsmethode" (metod okruženija) entwickelt. Ihm geht es um die Aufdeckung syntagmatischer Merkmale eines Phraseologismus. Eine Wortgruppe wird als Phraseologismus betrachtet, „wenn sie eine Umgebung hat, die nicht durch die Valenz ihrer Wortkomponenten vorbestimmt ist" (TAGIEV 1968, 270). Der Phraseologismus als Kern und die ihn begleitenden Elemente bilden zusammen eine Struktur[7]. Von der „lexikalischen Verknüpfbarkeit" unterscheidet auch R. ECKERT die „phraseologische Verknüpfbarkeit"; darunter wird verstanden „die Fähigkeit des Phraseologismus (als Ganzes), sich mit anderen Einheiten im Satz zu verbinden" (ECKERT 1976, 21). Die Unterscheidung der „inneren" und „äußeren" Valenz wird auch auf Phraseologismen angewendet (AVALIANI 1979).

Das Kriterium der Stabilität wird von V. L. ARCHANGEL'SKIJ (1962, 1964) – dessen Verfahren als „Variationsmethode" bezeichnet wird – bezogen auf vier sprachliche Ebenen: die lexikalische, semantische, syntaktische und morphologische. Die Phraseologismen sind „autonome Strukturen", gebildet durch stabile Elemente der genannten vier Ebenen. Dadurch ergäbe sich eine besondere „phraseologische Ebene", die die Hierarchie der sprachlichen Einheiten abschließt. (Vgl. TELIJA 1968, 268.) Der Begriff der phraseologischen Ebene wird auch von A. V. KUNIN (1964, 1967) aufgenommen. Für ihn ist die „Nichtmodellierbarkeit" der Phraseologismen – verursacht durch den „nichttypischen" Charakter der Bedeutung – ihr differentielles Merkmal. Er entwickelt die Methode der „phraseologischen Identifikation" auf der Grundlage formaler Indikatoren der Stabilität und der „Sondergestaltung" (des Wortgruppencharakters) der Phraseologismen unter Berücksichtigung der Umdeutung der lexikalischen Komponenten und der Wechselbeziehung zwischen den einzelnen Bestandteilen und der ganzen Fügung. Seine Überlegungen führen zu einer sehr weiten Begriffsbestimmung des Gegenstandes der Phraseologie (z. B. Einbeziehung der Sprichwörter). KUNIN (1970) versucht, den Begriff der Stabilität genauer zu fassen und unterscheidet: „Festigkeit im Gebrauch" (als Einheit der Sprache); „struktur-semantische Festigkeit" (Fehlen von Modellen); „morphologische Festigkeit" (kein volles Flexionsparadigma der Komponenten); „syntaktische Festigkeit" (geringere Stellungsbeweglichkeit der Komponenten); „Festigkeit der Bedeutung und des lexikalischen Bestandes" (nur beschränkter Syn-

---

[6]   Vgl. dazu TELIJA, Frazeologija, a. a. O., S. 267. – Zur Kritik FIX, Zum Verhältnis, a. a. O., 1974, S. 230ff.

[7]   Vgl. auch SABITOVA, M.: Untersuchungen zur Struktur und Semantik phraseologischer Lexemverbindungen in der deutschen Gegenwartssprache. Diss. A. Leipzig 1976, S. 124. – Zur Kritik HÄUSERMANN, a. a. O., S. 44ff.

onymenaustausch)[8]. – Grundsätzlich ist festzuhalten, daß die Stabilität (Festigkeit) nicht eine Variabilität unterschiedlicher Art ausschließt; es handelt sich um einen dialektischen Widerspruch (Weiteres dazu s. u. 5.2.).

Die Versuche einer weitgehend exakten Begriffsbestimmung des Gegenstandes der Phraseologie und der Ermittlung möglichst objektiver Kriterien haben bisher zwei Fragen offengelassen:
die Frage nach der Einbeziehung von Sprichwörtern, geflügelten Worten, terminologischen Wortgruppen und Eigennamen;
die Frage nach der Einbeziehung nichtidiomatischer fester Wortverbindungen.

Klassifikation. Die Klassifikation der Phraseologismen ist eine weitere, viel behandelte Hauptfrage. Sie ist abhängig von den Kriterien der Gegenstandsbestimmung. Das wird deutlich z. B. bei V. V. VINOGRADOV (s. S. 5).

Grundsätzlich sind zwei Typen von Klassifikationen möglich. (Vgl. TELIJA 1968, 273.) Sie können sich gründen entweder auf ein gemeinsames Ordnungsprinzip für alle Einheiten oder auf eine Merkmalsmatrix, wobei die Merkmale nicht für alle Einheiten gemeinsam sein müssen, aber zusammenfallen können. Der letztgenannte Klassifikationstyp wird sicherlich dem verschiedenartigen Material der Phraseologismen eher gerecht. Er ist nützlich für die Klassifizierung von Untergruppen schon ermittelter größerer Komplexe von Einheiten der Phraseologie. Die Prinzipien für die Ermittlung dieser größeren Komplexe aber sind nach wie vor strittig.

Näheres über die im vorliegenden Werk verwendeten Klassifikationsprinzipien und die darauf beruhende Klassifikation s. u. 3.3., 3.5.

Perspektiven der Forschung. Die weitere Forschung ist durch die Orientierung auf folgende hauptsächliche Probleme gekennzeichnet:

1) Präzisierung der Erfassung des Gegenstandes der Phraseologie. Dabei zeichnet sich die Tendenz ab, feste Wortverbindungen beliebigen Strukturtyps, mit oder ohne semantische Umdeutung, aber mit eigenem Benennungscharakter als Gegenstand zu fixieren (ČERNYŠEVA 1977, 35).

2) Klärung des Systemcharakters des phraseologischen Bestandes einer Sprache und im Zusammenhang damit Erörterung des Zeichencharakters der Phraseologismen und ihrer verschiedenen Klassifikationsmöglichkeiten, ihrer paradigmatischen (Synonymie, Polysemie, Antonymie) und syntagmatischen Relationen sowie der erneut aufgeworfenen Frage ihrer Modellierbarkeit (ČERNYŠEVA 1977, 37f.).

3) Im Anschluß an die Frage nach der Modellierbarkeit Ergänzung der bisher vorwiegend analytisch-beschreibenden Forschung durch Untersuchung von

---

[8] Ausführlicher dazu HÄUSERMANN, a. a. O., S. 72ff.

8

„Restriktionsmechanismen" wie auch durch Anwendung der Valenzkonzeption. (Vgl. TELIJA 1975, 378, 428.)

4) Klärung der Funktion von Phraseologismen in der Kommunikation, ihrer „textbildenden Potenz" (Vgl. ČERNYŠEVA 1977, 42) in funktionalstilistischer Differenzierung. Dabei gewinnt auch die Untersuchung okkasioneller „Autorphraseologismen" und ihrer besondern Funktion im künstlerischen Werk Bedeutung[9]. Dies erfordert besonderes Augenmerk für die Dialektik von Stabilität und Variabilität eines Phraseologismus.

5) Untersuchung der verschiedenen Faktoren, die zur Bildung von Phraseologismen führen können, der Tendenzen der Phraseologisierung. Seit Beginn der 70er Jahre tritt zunehmend der Terminus ‚frazoobrazovanie' (‚Bildung von Phraseologismen' in Analogie zu ‚slovoobrazovanie' = ‚Wortbildung') ins Blickfeld[10].

Phraseologie als wissenschaftliche Disziplin. Im Unterschied zur Lage z. B. in der deutschsprachigen Germanistik wird in der russischsprachigen Linguistik die Phraseologieforschung als selbständige linguistische Disziplin neben der Lexikologie betrachtet (SABITOVA 1976, 112ff.). Bereits 1931 hat E. D. POLIVANOV eine „Phraseologie" als besondere Disziplin gefordert, die nach Umfang und Aufgabe der Syntax gleichzustellen sei. Sie habe die Bedeutung der Wortverbindungen zu untersuchen wie die Lexikologie die Bedeutung von Wörtern (POLIVANOV 1931, 119). Nach Jahrzehnten intensiver phraseologischer Forschung in der Sowjetunion formuliert V. ARCHANGEL'SKIJ (1972): „Die Phraseologie ist eine selbständige linguistische Disziplin, die alle Typen stabiler intern determinierter Kombinationen von Wortkomplexen umfaßt, die in der Sprache existieren und in der Rede der Sprachträger funktionieren." (Zit. nach SABITOVA 1976, 115.) Eine so verstandene Phraseologie erfaßt sowohl die „Phraseme" (= feste Wortverbindungen mit der grammatischen Struktur einer Wortgruppe) als auch die „Phrasen" (= feste Wortverbindungen mit der grammatischen Struktur eines Satzes). Beide Hauptarten von Phraseologismen sind danach unter den folgenden Gesichtspunkten zu untersuchen, und damit wären zugleich in gewisser Weise Teildisziplinen der Phraseologie gegeben:

(1) Akzentologie und Intonation
(2) Bildung der Phraseologismen

---

[9] Besonders AVALIANI nach HÄUSERMANN, a. a. O., S. 105.

[10] TELIJA, V. N.: Die Phraseologie. In: Allgemeine Sprachwissenschaft. Bd. 2. Die innere Struktur der Sprache. Berlin 1975, S. 428; BÖHME, U.: Bemerkungen zum Problem der Verknüpfbarkeit der Lexeme. In: Deutsch als Fremdsprache 13 (1976) 6, S. 330ff. Vgl. auch den Titel „Problemy russkogo frazoobrazovanija", Tula 1973. – In Aufnahme des von HÄUSERMANN, a. a. O., gebildeten Terminus *Frasmus* könnte als deutsches Äquivalent von *frazoobrazovanie* der Ausdruck *Frasmenbildung* dienen.

(3) Semantik der Phraseologismen
(4) Morphologie oder Paradigmen
(5) Syntax oder Syntagmen
(6) Phraseologische Stilistik
(7) Etymologie der Phraseologismen
(8) Phraseographie

So werden „die Umrisse der Phraseologie als der Wissenschaft von den unfreien Kombinationen der signifikativen Einheiten der Sprache erkennbar" (TELIJA 1975, 381f.), indem die Phraseologie „zunehmend sich behauptet als selbständiger Zweig der Sprachwissenschaft" (NAZARJAN 1976, 3). Im Anschluß an die sowjetische Forschung wurde in der Russistik der DDR eine ähnliche Auffassung vertreten: Die „engere Betrachtungsweise der Phraseologie als Anhängsel der Lexikologie" habe einer „breiteren Auffassung der Phraseologie den Platz abtreten" müssen (ECKERT 1976, 13).

Demgegenüber wird in der deutschsprachigen Germanistik die Phraseologie gewöhnlich noch als Teilgebiet der Lexikologie betrachtet[11]. Das ist berechtigt unter dem Gesichtspunkt, daß Phraseologismen als Einheiten des Wortschatzes prinzipiell in ähnlicher Weise untersucht und beschrieben werden können wie die Wörter als Wortschatzeinheiten. Das kommt z. B. in der Verwendung des Terminus *Lexem* als Oberbegriff für Einzelwörter und Phraseologismen zum Ausdruck. Letztgenannte werden durch das Determinativkompositum *Wortgruppenlexem* (vgl. WISSEMANN 1961) in ihrer formalen Eigenart von den übrigen Lexemen abgehoben[12]. Der Lexikologie (mit integrierter Phraseologie) lassen sich die im engeren Sinn grammatischen Disziplinen wie Syntax und Morphologie gegenüberstellen.

Das Problem wird auch deutlich bei V. N. TELIJA, die zwar die Ansicht von der Phraseologie als selbständiger Disziplin n e b e n der Lexikologie teilt, jedoch den Ansatz einer „phraseologischen Ebene" innerhalb des Sprachsystems mit ausführlicher Begründung zurückweist (1975, 385ff.) und auf die „Trennung der Problematik der traditionellen Phraseologie von der Problematik des Wortes als der Einheit des lexikalisch-semantischen Systems der Sprache" eine Reihe von Mängeln der Phraseologieforschung zurückführt (TELIJA 1975, 388).

---

[11] Einen selbständigen Platz nimmt allerdings HELLER, D.: Idiomatik. In: Lexikon der Germanistischen Linguistik. Tübingen 1973 in der Gesamtdarstellung ein.

[12] Die von HÄUSERMANN, a. a. O., S. 57 vorgenommene Differenzierung zwischen „präpositionalen, adjektivischen und adverbiellen" Phraseologismen einerseits, die er den Lexemen parallelisiert (*bis aufs Mark, mit vollen Segeln*), und nominalen, verbalen und pronominalen Phraseologismen andererseits, die er als V e r b i n d u n g e n von Lexemen betrachtet wissen möchte, halten wir allerdings für eine nicht akzeptable Aufteilung der Phraseologie.

Daß die Phraseologie – außerhalb der russischsprachigen Forschung – „bisher nicht als linguistische Disziplin etabliert und anerkannt gewesen ist", ist für K.D. PILZ der Grund für die verwirrende Vielfalt ihrer Terminologie (PILZ 1978, 789). Er fordert die Phraseologie „als exponierte linguistische Disziplin" entweder als „Teildisziplin der Lexikologie" oder als eine mit dieser „aufs engste verbundene" Disziplin (PILZ 1978, 784, 789).

1.2.2. Zur Entwicklung der Phraseologieforschung in der deutschsprachigen Germanistik

1.2.2.1. Sammlung von Sprichwörtern und „Redensarten"

Die Aufmerksamkeit gegenüber „festen" Wortverbindungen erstreckte sich zunächst fast ausschließlich auf Sprichwörter, und sie bestand weniger in der Reflexion über deren Eigenart und Abgrenzung von anderen festen Wortverbindungen als vielmehr in der Sammlung und Inventarisierung. (Vgl. z.B. LUTHERS Sprichwörtersammlung in der Ausgabe von THIELE 1900.) Nach einer Anzahl weniger umfangreicher Vorgänger ist die älteste umfassende Sprichwörtersammlung des Deutschen das dreibändige Werk von M.F. PETERS: „Der Teutschen Weißheit" (1604/05). Hier werden Redensarten, das sind „Metaphoricae Phrases oder verblümte Wort" ausdrücklich ausgeschlossen. (Zit. nach PIILZ 1978, 86.)

Im Unterschied zu PETERS hat J.G. SCHOTTEL in seine Sammlung neben Sprichwörtern auch sprichwörtliche Redensarten einbezogen, ohne den Unterschied deutlicher zu kennzeichnen. In seiner „Ausführlichen Arbeit von der Teutschen Haubt-Sprache" (1663) findet sich ein „Tractat von den Teutschen Sprichwörtern und anderen Teutschen Sprichwortlichen Redarten: Samt beygefügter erwehnung von den Sinnbilderen / Denk-Sprüchen / Bildereien Gemählten und derogleichen".

J.G. GOTTSCHED scheidet „Kern- und Gleichnißreden" sowie „Redensarten" von „Sprüchwörtern", jedoch nicht konsequent: „Man saget auch sprüchwortsweis, etwas zu grün abbrechen ...; d.i. in der verblühmten Deutung, sich übereilen, nicht die rechte Zeit abwarten ..." Mit Nachdruck verweist GOTTSCHED auf die Notwendigkeit, die „Redensarten" im Sprachunterricht zu berücksichtigen; „die bloß grammatische Kenntnis" sei „nicht zulänglich" (GOTTSCHED 1758, 40f.). – Noch hundert Jahre später kritisiert z.B. F. ENGELS im Zusammenhang mit der Übersetzung eines seiner Werke ins Italienische, daß „idiomatische und sprichwörtliche Redewendungen" „weder in Grammatiken noch in Wörterbüchern zu finden" seien (MEW 36, 319).

Eine deutlichere Abhebung der sprichwörtlichen Redensarten von den Sprichwörtern bringen die ersten „reinen Redensartensammlungen" von H. SCHRADER (1886), W. BORCHARDT (1888) und A. RICHTER (1889) (vgl. PILZ

1978, 94). Die „erste ernstzunehmende Auseinandersetzung mit den Sprichwör-
tern und Redensarten" (PILZ 1978, 92) stammt von dem progressiven Schulmann
K. F. W. WANDER unter dem Titel ‚Das Sprichwort, betrachtet nach Form und
Wesen, für Schule und Leben, als Einleitung zu einem großen volksthümlichen
Sprichwörterschatz' (1836)[13]. K. D. PILZ möchte WANDER deshalb zum Begrün-
der der Parömiologie (Wissenschaft von der Erforschung und Beschreibung der
Sprichwörter) erklären. WANDER versucht eine Abgrenzung des Sprichwortes
von der Sentenz, dem „Gemeinplatz", dem Denk- und Wahlspruch, legt eine
formal-strukturelle Klassifikation vor und sieht auch den Unterschied zwischen
Sprichwort und sprichwörtlicher Redensart: Sprichwörter hätten „hauptsächlich
die Sitten", Redensarten dagegen „den Sprachschatz zum Gegenstand". Damit
ist durchaus ein wesentlicher Unterschied erfaßt: Redensarten sind Wortschatz-
elemente, Sprichwörter dagegen nicht. Im übrigen erscheint WANDER „in
sprachlicher Hinsicht" die „elastische, überall eindringende und sich anschmie-
gende Schar der sprichwörtlichen Redensarten noch bedeutsamer und wichtiger
als die Sprichwörter selbst" (WANDER 1838, 50 u. WANDER 1867–1880, I, S. X).
WANDER erkennt auch, daß „es in jeder Sprache noch tausend andere Redensarten gibt, die Niemand sprichwörtlich nennt, wie: Von Rechtswegen u. s. w."
(WANDER 1838, 49).

Die Entwicklung der Parömiologie ist hier im einzelnen nicht weiter zu
verfolgen. Sie wurde stark beherrscht von volkskundlichen und kulturge-
schichtlichen, weniger von linguistischen Gesichtspunkten. Diesen Akzent setzt
auch F. SEILER in seiner bekannten „Deutschen Sprichwörterkunde" (1922). In
deren Vorwort heißt es, das Buch solle dem Leser „Kenntnis des vaterländi-
schen Sprichworts und Verständnis für seine Eigenart vermitteln und ihn zu
weiterer Beschäftigung mit dieser Seite deutschen Volkstums anregen"; es solle
insbesondere „Lehrer an Schulen j e d e r Gattung ... für das deutsche Sprichwort
gewinnen" (SEILER 1922, V): SEILERS Arbeit stellt einen weiteren Fortschritt
dar. Von Bedeutung sind vor allem seine „allgemeinen Begriffsbestimmungen",
in denen er „Sittensprüche" („gnomische Poesie", Maximen, Aphorismen
u. dgl.), Sentenzen und sprichwörtliche Redensarten vom Sprichwort zu scheiden
versucht. Er differenziert bereits die „kurzen Ausrufe" wie *Ja, Kuchen!*,
Schwamm drüber!, Hat sich was! von der „großen Masse" der Wendungen, „die
bei ihrem Gebrauch der Einsetzung eines Satzgliedes bedürfen" *(mit jmdm. ins
Gericht gehen)*, verweist auch auf „sprichwörtliche Redensarten o h n e Bild"
(des Guten zuviel tun, mehr Glück als Verstand haben) und erörtert die Wechselbeziehungen zwischen Sprichwort und Redensart sowie das Problem der Abgrenzung von „bloß metaphorisch" und „schon sprichwörtlich" (S. 12). Damit

---

[13]   Näheres dazu LIEBSCH, H.: Zur Erforschung und Anwendung des Sprichwortes durch
       K. F. W. WANDER. In: LS/ZISW, Reihe A, H. 56, Berlin 1979.

geht SEILER Fragen an, die für die Phraseologie noch heute von Bedeutung sind.

Die volkskundlich-kulturgeschichtliche Sichtweise der Parömiologie führt zur Einbeziehung dialektologischer und literaturwissenschaftlicher Aspekte. So beruht G. GROBER-GLÜCKS zweibändiges Werk über „Motive und Motivationen in Redensarten und Meinungen. Aberglaube, Volks-Charakterologie, Umgangs-formeln, Berufsspott in Verbreitung und Lebensformen" (1974) auf der Aus-wertung von Fragebogen, die 1935 zur Herstellung des „Atlas der deutschen Volkskunde" verschickt worden waren. Es wurden dabei 31 Teilfragen be-antwortet und 558 000 Belege in der ganzen Fülle mundartlichen und umgangs-sprachlichen Materials erfaßt, darunter z. B. volkssprachliche Vergleiche *(falsch wie eine Katze, Schlange, Kröte; wie ein Fuchs, Tiger; wie die Sünde, die Galle, die Nacht)*. Das Werk umfaßt einen Text- und einen Kartenband (49 Karten) und gibt die geographische Verbreitung des sprachlichen Materials in Deutschland und Österreich um die Mitte der 30er Jahre wieder.

Die Rolle des Sprichworts im literarischen Werk[14] wird in zahlreichen Ar-beiten von W. MIEDER untersucht; exemplarisch sei hier verwiesen auf „Das Sprichwort in der deutschen Prosaliteratur des 19. Jhs." (1976). Die Werke speziell von DDR-Schriftstellern (J. Bobrowski, H. Kant, E. Strittmatter) berück-sichtigt MIEDER in einem zusammenfassenden Aufsatz über „Sprichwörter im modernen Sprachgebrauch" (1975).

Unter speziell linguistischen Aspekten wird das Sprichwort, abgesehen von vereinzelten frühen Arbeiten wie der von E. TERNER über die Wortbildung im Sprichwort (1908), erst relativ spät untersucht. Eine der neuesten Arbeiten dieser Art ist die von G. PEUKES: „Untersuchungen zum Sprichwort im Deut-schen. Semantik, Syntax, Typen" (1977). PEUKES strebt nach einer Abgrenzung des Sprichworts von „verwandten Gattungen" und bedient sich für die Unter-scheidung von Sprichwort und sprichwörtlicher Redensart vor allem des SEILER-schen Arguments vom Nicht-Satzcharakter der Redensart. Besonders ausführlich werden Fragen der syntaktischen Struktur des Sprichworts behandelt, und unter Berücksichtigung semantischer und syntaktischer Kriterien wird eine Typologie des Sprichworts erarbeitet.

Da zwischen Sprichwörtern und Phraseologismen Wechselbeziehungen bestehen, „sind die Inventarisierung und Erforschung der Sprichwörter nicht nur an sich, sondern auch für die Erforschung der Phraseologiebildung auf der Grundlage einer fixierten Äußerung von großem Interesse" (TELIJA 1975, 428).

Die wichtigsten einsprachigen modernen Sammlungen von „Redensarten" sind die von A. SCHIRMER bearbeitete 7. Auflage des Buches von W. BOR-

---

[14] Nachweise älterer Literatur dazu bei SEILER, F.: Deutsche Sprichwörterkunde. Mün-chen 1922, S. 52ff.

CHARDT, ferner die von W. FRIEDERICH (1976), L. RÖHRICH (1974, 1991–92) und H. GÖRNER (1979). Sie nehmen Sprichwörter nicht auf. Andererseits fehlen in den als Sammlung „sprichwörtlicher Redensarten" bezeichneten Werken (SCHIRMER, RÖHRICH) große Teile des phraseologischen Bestandes. Sogenannte allgemeine Redensarten, wie *den Kopf schütteln* ,etwas verneinen', *mit den Achseln zucken* ,unentschieden reagieren, ablehnen', werden ausgeklammert. Erst „wenn sich ... der heutige Sinne einer Redensart so weit von der ursprünglichen Bedeutung der Einzelwörter entfernt hat, daß ihr eigentlicher Sinn gar nicht oder kaum mehr empfunden wird, dann bezeichnen wir sie als sprichwörtliche Redensart" (SCHIRMER 1954, 10), z. B. *etwas auf dem Kerbholz haben, einen Korb bekommen* u. ä. Diese – im einzelnen schwer durchzuführende – Differenzierung ist für die moderne Phraseologieforschung nicht akzeptabel. Sie legt das Schwergewicht auf die kulturgeschichtlich und volkskundlich „interessanten" Redensarten und ist nicht identisch mit der Unterscheidung von idiomatischen, teilidiomatischen und nichtidiomatischen Phraseologismen.

Geflügelte Worte. Neben Sprichwörtern und sprichwörtlichen Redensarten hat noch ein weiterer Typ fester Wendungen seit der zweiten Hälfte des 19. Jhs. in der deutschsprachigen Germanistik besondere Aufmerksamkeit gefunden: die sogenannten geflügelten Worte. Der Terminus wurde geprägt von G. BÜCHMANN (nach Voß' Übersetzung von Homers *epea pteroenta* mit *geflügelte Worte*), dessen Sammlung „Geflügelte Worte. Der Citatenschatz des Deutschen Volkes" 1864 zum ersten Male erschien. In der 18. Auflage (1895) wird der Begriff folgendermaßen bestimmt: „Ein landläufiges Citat, d. h. ein geflügeltes Wort, ist ein in weiteren Kreisen des Vaterlandes dauernd angeführter Ausspruch, Ausdruck oder Name, gleichviel welcher Sprache, dessen historischer Urheber, oder dessen literarischer Ursprung nachweisbar ist ..."; vgl. z. B. *Du ahnungsvoller Engel du!* (Goethe, Faust).

Damit ist der Unterschied zum Sprichwort wie zur sprichwörtlichen Redensart deutlich gemacht: Ob Wortgruppen- oder Satzstruktur oder auch Einzelwort, ist nicht maßgebend, sondern maßgebend ist der Quellennachweis. S. I. OŽEGOV faßt die Definition in der kurzen Formel zusammen: „Ausdrücke aus literarischen Quellen oder historischen Dokumenten (Zitate), die im allgemeinen sprachlichen Umgang eine verallgemeinerte Bedeutung erhalten haben" (OŽEGOV 1974, 183). Sie seien als reproduzierbare Einheiten in die Gemeinsprache eingegagen und werden von OŽEGOV deshalb zur Phraseologie gerechnet (OŽEGOV 1974, 220).

Wie zwischen Sprichwörtern und Phraseologismen so bestehen Wechselbeziehungen auch zwischen geflügelten Worten und Phraseologismen. Aus geflügelten Worten sind z. B. entstanden Phraseologismen wie: *Schwamm drüber!* (Text zu K. MILLÖCKERS Operette ,Der Bettelstudent'), *dunkler Punkt* (nach Napoleon III.), *der rote Faden* (nach Goethe, Wahlverwandtschaften), *allein auf*

14

weiter Flur (Uhland, Schäfers Sonntagslied). Die Grenzen sind fließend, doch wird man dann von Phraseologismen – und nicht mehr geflügelten Worten im engeren Sinn – sprechen, wenn mit der Wendung keinerlei Assoziation an die Quelle mehr verbunden ist. Es zeigt sich jedenfalls, daß Phraseologismen nicht nur sekundär aus f r e i e n Wortverbindungen entstehen, sondern auch aus anderen f e s t e n Wortverbindungen, wie Sprichwörtern, geflügelten Worten u. ä.[15]

1.2.2.2. Herausbildung der Phraseologieforschung

Materialsammlung und historisch-etymologische oder sachlich-kulturgeschichtliche Erläuterungen haben also in der deutschsprachigen Germanistik und Volkskunde bis in die ersten Jahrzehnte nach dem zweiten Weltkrieg die Beschäftigung mit Sprichwort und Redensart im wesentlichen bestimmt. So mußte z. B. noch auf der ersten Arbeitstagung der DDR-Germanistik zu Fragen der Lexikologie der deutschen Gegenwartssprache, die 1967 in Leipzig stattfand, die theoretische Grundlegung einer Erforschung und linguistischen Beschreibung der Phraseologismen des Deutschen als Desiderat bezeichnet werden (FLEISCHER 1968, 170f.). I. I. ČERNYŠEVA konstatiert 1970 in bezug auf die deutschsprachige Germanistik „das völlige Fehlen theoretischer Arbeiten", die „neue Aspekte" der Phraseologie – wie z. B. die Spezifik der semantischen Kategorien (Polysemie, Synonymie, Antonymie u. dgl.) – untersuchen würden. Feste Wortverbindungen würden lediglich zusammen mit freien Wortverbindungen unter Gesichtspunkten der syntaktischen Analyse, z. T. auch im Zusammenhang mit der Wortbildung betrachtet (ČERNYŠEVA 1970, 8f.).

Diese wiederholt bezeichnete Forschungslücke widerspiegelt sich auch in der lexikographischen Behandlung der Phraseologismen.[16] Im WDG wird zwar – im Unterschied zu manchen anderen Wörterbüchern – in vielen Fällen auf den phraseologischen Charakter hingewiesen („nur in der festen Wendung" o. ä.), aber nicht konsequent, und auch das Verhältnis von ‚bildlich‘, ‚übertragen‘ und ‚phraseologisch‘ kommt nicht klar heraus. Im Grunde wird dort die Phraseologie „lediglich als Teil der Kontextrealisierung behandelt". Im HDG und DGW ist demgegenüber die Behandlung der Phraseologismen erheblich verbessert worden (vgl. 6.1.3.).

Natürlich darf bei der generellen Skizzierung der Forschungslage nicht übersehen werden, daß es bereits seit der zweiten Hälfte des 19. Jhs. einzelne Autoren gibt, die sich mit der einen oder anderen Gruppe von Phraseologismen

---

[15] Vgl. KOROLEVA, M. P.: Krylatye slova i kal'kirovanie. In: Issledovanija po romanskoj i germanskoj filologii. Kiev 1977 mit Hinweis auf die Entwicklung von geflügelten Worten zu Phraseologismen und Klischees.

[16] Vgl. z. B. den Hinweis von ROTHKEGEL, A.: Feste Syntagmen. Tübingen 1973, S. 4.

auch unter linguistischem Aspekt beschäftigen. Das geht z. B. aus den Bemerkungen unter 1.2.2.1. über die Abgrenzung von Redensarten und Sprichwörtern hervor.

Zu den ersten Arbeiten mit linguistischer Fragestellung zählt eine kurze Abhandlung des Gymnasiallehrers C. F. SCHNITZER über „Begriff und Gebrauch der Redensart" (1871). Mit dem Blick auf Erfordernisse des Deutschunterrichts gibt der Autor eine Klassifizierung sogenannter „Verbalbegriffe" wie *in Anspruch nehmen, ein Auge auf etwas haben, das Kind mit dem Bade ausschütten,* behandelt das Verhältnis von Sprichwörtern und Redensarten, geht ihrer Entstehung nach und charakterisiert ihre kommunikativen Möglichkeiten (Verwendungszweck) (vgl. PILZ 1978, 161ff.). Es ist auffällig, daß in der deutschsprachigen Germanistik gerade zu den Wendungen des Typs *in Anspruch nehmen,* von denen C. F. SCHNITZER ausgeht, eine reiche Literatur entstanden ist (unter Verwendung von Termini wie ‚Funktionsverbgefüge‘, ‚Streckformen‘ [dies z. B. bei SCHMIDT 1968] u. a.), ohne daß sie in ihrem Stellenwert innerhalb des Gesamtphänomens der Phraseologismen fixiert worden wären. Das ist erst von U. FIX (1971) und A. ROTHKEGEL (1973) geleistet worden.

Auch in sprachtheoretischen Arbeiten allgemeineren Charakters bleibt die Erscheinung des Phraseologismus nicht unberücksichtigt. So wird in H. PAULS „Prinzipien der Sprachgeschichte" (1880) die Idiomatisierung, die „Verdunkelung der Grundbedeutung" in Wendungen wie *auf der Hand liegen* im Zusammenhang mit dem „Bedeutungswandel" behandelt, der sich auch „an Wortgruppen als solchen und ganzen Sätzen" vollziehe. Unter onomasiologischem Gesichtspunkt wird die Frage erörtert, wieweit diese „Verbindungen, die ... nicht als Komposita gefasst zu werden pflegen, ... einen einheitlichen Begriff repräsentieren" *(so gut wie, vor wie nach, von Hause aus).* „Ein Kriterium dazu, dass eine kopulative Verbindung als eine Einheit gefasst" werde, könne man „bei Substantiven darin sehen, dass ein Adjektiv dazu nur einfach gesetzt wird:" *durch meinen Rat und Tat, mit allem mobilen Hab' und Gut.* Auch die „Flexionslosigkeit des ersten Gliedes" sei ein entsprechendes Signal: *des Grund und Bodens.* Als „kopulative Verbindung", die sich „unter einen einheitlichen Begriff bringen lassen", werden die Wortpaare bezeichnet, die entweder aus der Koppelung von Synonymen *(Art und Weise, Weg und Steg, Sack und Pack, tun und treiben, leben und weben, weit und breit, hoch und teuer)* oder von Antonymen *(Himmel und Hölle, Stadt und Land, Wohl und Wehe, arm und reich, dick und dünn, auf und ab, hüben und drüben, dann und wann)* bestehen. Dazu treten „noch mancherlei andere Fälle": *Haus und Hof, Kind und Kegel.* Schließlich wird das Verhältnis von Wortbildungskonstruktion und Phraseologismus im Hinblick auf die Benennungsfunktion angesprochen. Unter Verweis auf Konstruktionen wie *Verzicht leisten* (= *verzichten), Halt machen, Maßregeln ergreifen, in Angriff nehmen, vor Augen treten,* wird betont, daß „nicht alle ... Verbindungen, die als eine Einheit gefasst werden können und häufig auch teils in der nämlichen Sprache, teils bei der Übersetzung in eine andere durch ein Wort ersetzt werden können", „als Zusammensetzungen gefasst und geschrieben" werden. Auch der syntaktischen Verbindung eines Substantivs mit einem Attribut *(gelbe / weiße Rüben, der heilige Geist, die schönen Künste, der blaue Montag, die hohe Schule)* seien „viele Komposita analog", und „nicht selten" werde „der nämliche Begriff in einer Sprache durch ein Kompositum, in einer anderen durch eine syntaktische Verbindung bezeichnet" *(Mittelalter* – frz. *moyen âge).* Das Attribut hebe „häufig nur ein unterscheidendes Merkmal heraus, während andere daneben bestehende verschwiegen werden. Dazu können dann weitere Modifikationen treten, in Folge deren das Epitheton in seiner eigentlichen Bedeutung gar nicht mehr zutreffend ist". (Vgl. PAUL 1909, 103, 342f., 332, 331f., 329f., 333f.)

Aber insgesamt bleibt die deutschsprachige Germanistik den Problemen der Phraseologie gegenüber doch noch recht enthaltsam. Anregungen gehen in jüngerer Zeit vor allem von anglistischer Seite aus; darauf ist hier nicht näher einzugehen. Es sei aber verwiesen auf Untersuchungen von L. P. SMITH (1923), O. JESPERSEN (1924), Y. BAR-HILLEL (1955), Ch. F. HOCKETT (1956), Y. MAL-KIEL (1959), U. WEINREICH (1969), A. MAKKAI (1972)[17]. Die genannten Arbeiten sind zum großen Teil allgemeiner theoretisch orientiert und daher auch nicht ohne Einfluß auf spätere germanistische Darstellungen geblieben. Die meisten von ihnen sind allerdings speziell auf die Behandlung der Phraseologismen innerhalb des Konzepts der sog. ‚generativen Transformationsgrammatik' ausgerichtet, und sie sind nicht mit der Weite und Vielfalt der Gesichtspunkte in in der sowjetischen Phraseologieforschung zu vergleichen.[18] Hinzuweisen ist schließlich auch auf die jüngere Entwicklung der romanistischen Phraseologieforschung (z. B. THUN 1978).

Die ersten eingehenderen theoretischen Untersuchungen, in denen das Problem der Phraseologie in deutscher Sprache – und in bezug auf die deutsche Sprache – ausdrücklich thematisiert wird, sind teilweise angeregt durch Anforderungen der lexikographischen Praxis. Das gilt zunächst für die Arbeiten von R. KLAPPENBACH, Leiterin des WDG, über „Feste Verbindungen in der deutschen Gegenwartssprache" (1961), weitergeführt in dem Aufsatz „Probleme der Phraseologie" (1968). Es geht R. KLAPPENBACH um die Erfassung des Gegenstandes der Phraseologie und um die Klassifikation der Phraseologismen. Dabei wendet sie die Dreigliederung von V. V. VINOGRADOV und später die von N. N. AMOSOVA und I. I. ČERNYŠEVA auf das Deutsche an. Neben semantischen

---

[17] Ausführlicher dazu PILZ, a. a. O., S. 172ff., 255.

[18] Vgl. z. B. die kritischen Bemerkungen von PILZ, a. a. O., S. 206, wonach diese Arbeiten „nicht etwa in erster Linie der Klärung phraseologischer und / oder idiomatischer Probleme" dienen, „sondern mit einer Art Selbstzweck der Verfeinerung der Analyseverfahren einer semantischen Theorie innerhalb der Transformationsgrammatik."

Kriterien werden für die Klassifikation solche der syntaktischen Struktur („attributive Wortverbindung", „Wortpaare", „syntaktische Schablone", „festgeprägte Sätze", „stehende / stereotype / Vergleiche") und der Satzgliedäquivalenz („adverbiale Gruppen") verwendet.

Auch E. AGRICOLAS Darstellung der Phraseologismen ist im Zusammenhang mit der Arbeit an einem Wörterbuch entstannden („Wörter und Wendungen" 1962) und konzentriert sich auf eine Klassifikation nach semantischen Kriterien („Bedeutungsvereinigung" der einzelnen Wörter einer „Wendung" zu einer „Gesamtbedeutung"). Weiteres 3.2.1.

Im Hinblick auf Folgerungen für die Lexikographie ist auch des Anglisten H. WISSEMANN Untersuchung über „Das Wortgruppenlexem und seine lexikographische Erfassung" (1961) geschrieben, weniger allerdings mit der Zielstellung einer Klassifikation. Der von WISSEMANN verwendete Ausdruck ‚Wortgruppenlexem' (aufgenommen von U. FIX, 1971, und PILZ) kennzeichnet sowohl die Wortgruppenstruktur der Phraseologismen als auch ihre – durch die Besonderheit der Semantik und des Benennungscharakters bedingte – Speicherung als Einheiten des Wortschatzes, als Lexeme. Gerade darin sieht er das Wesen der Phraseologismen. Mit seiner Differenzierung von „lexikalisierten" und „nichtlexikalisierten oder freien grammatischen Elementen" faßt WISSEMANN eine wichtige Einsicht in die Struktur eines Phraseologismus (Näheres s. u. 2.2.2., 2.6.1.). Auch WISSEMANNS Hinweis auf die syntaktische Parallelität von Phraseologismen und freien Wortverbindungen (*ein Werkzeug vom Rost reinigen – einen Streit vom Zaune brechen*) ist bedenkenswert, wenngleich hier gewisse Einschränkungen zu machen sind (z. B. beschränkte Transformationsmöglichkeiten der Phraseologismen). WISSEMANNS theoretische Überlegungen zum Begriff der Phraseologismen führten zu einer harten Kritik an der unzureichenden Beschreibung dieser Erscheinung vor allem in zweisprachigen Wörterbüchern.

W. SCHMIDTS Darstellung der phraseologischen Problematik, in der ebenfalls die vor allem von VINOGRADOV und AMOSOVA ausgehenden Anregungen verwertet werden, ist Teil seiner Untersuchung über „Lexikalische und aktuelle Bedeutung" (1963) und in erster Linie auf die grundsätzliche Klärung des Begriffs der „phraseologisch gebundenen Bedeutung" in Abgrenzung zur „lexikalisch gebundenen Bedeutung" gerichtet. Sie ist untergeordnet dem Ziel, die „Rolle des lexikalischen Kontextes bei der Herausbildung lexikalisch-semantischer Varianten des Verbs" zu beschreiben. Aus dieser Zielstellung ergibt sich die Beschränkung auf verbale Phraseologismen. Es wird unterschieden zwischen der „eigentlichen" (*Der Regen fällt zur Erde.*), der „uneigentlichen oder übertragenen" (*Das Gesetz ist bei der Abstimmung gefallen.*) und der „phraseologisch gebundenen Verbbedeutung" (*Peter ist seinem Freund in den Rücken gefallen.*). Ein Beitrag zur Klassifikation verbaler Phraseologismen wird mit der Unterscheidung von „phraseologischen Verbindungen" (*jmdm. das Handwerk legen, seinen Mann stehen*), „stehenden analytischen Verbalver-

18

bindungen" *(jmdn. in Angst / Erstaunen / Kenntnis setzen; etwas außer Kraft / Geltung / Kurs setzen)* und „phraseologischen Einheiten" *(jmdn. an die Luft setzen ,aus der Wohnung, aus dem Lokal weisen', jmdm. das Messer an die Kehle setzen*: diese Gruppe sowohl im „wörtlichen" als auch im „bildlichen Sinn" verwendbar) geleistet.

Umfassendere Monographien zur deutschen Phraseologie. Die erste selbständige Gesamtdarstellung der deutschen Phraseologie stammt – wie bereits erwähnt – von I.I. ČERNYŠEVA (1970). Sie unterscheidet „phraseologische Einheiten" (mit Umdeutung mindestens einer Komponente) und „feste Wortkomplexe nichtphraseologischen Typs" (ohne Umdeutung). Zu den „phraseologischen Einheiten" werden auch „phraseologische Ausdrücke" (prädikative Konstruktionen) und „phraseologische Verbindungen" (vor allem substantivische Phraseologismen wie *silberne Hochzeit, blinder Passagier*) gerechnet. Strukturell besondere Gruppen phraseologischer Einheiten stellen komparative Phraseologismen (Vergleiche) und Wortpaare dar. Unter den nichtphraseologischen festen Wortkomplexen unterscheidet ČERNYŠEVA „lexikalische Einheiten" (vor allem Eigennamen wie *Schwarzes Meer*), „phraseologisierte Bildungen" *jmdn. einem Verhör / einer Prüfung unterziehen)* und „modellierte Bildungen" *(in Verlegenheit bringen / sein, zur Kenntnis bringen / nehmen).* Neben dieser – nicht in allen Einzelheiten ganz überzeugenden – Klassifikation behandelt ČERNYŠEVA jedoch weitere Gesichtspunkte und macht damit deutlich, daß mit der Gegenstandsbestimmung und der Klassifikation die Fragen der Phraseologie bei weitem nicht erschöpft sind: Synonymie und Polysemie phraseologischer Einheiten, allgemeine Entwicklungsgesetzmäßigkeiten des phraseologischen Systems, phraseologische Derivation (dazu s. u. 4.1., 4.2., 4.3.).

Seit Beginn der 70er Jahre ist auch in der deutschsprachigen germanistischen Phraseologieforschung eine Intensivierung erkennbar. Sie ist einerseits angeregt durch die Bemühungen, das Phänomen der Phraseologismen mit der Konzeption der sog. ‚generativen Transformationsgrammatik' in Einklang zu bringen. (Vgl. FRASER 1970, WEINREICH 1972.) Von manchen Autoren werden die Phraseologismen benutzt, um die Inadäquatheit der generativen Grammatik zu demonstrieren (CHAFE 1968). Andererseits übte die sowjetische Phraseologieforschung, die zum größten Teil auf anderen Konzeptionen ruht, einen zunehmenden Einfluß auf die Germanistik aus. Dieser Einfluß wirkte sowohl über die Russistik[19] als auch durch die Vermittlung sowjetischer Promovenden, deren deutschsprachige Dissertationen die Ergebnisse der sowjetischen Forschung erschlossen und auf den phraseologischen Bestand des Deutschen angewendet haben (Weiteres dazu s. u.).

---

[19] Vgl. z. B. die unter Leitung von R. ECKERT in Leipzig entwickelte russische Phraseologieforschung.

Wie zu erwarten, widmen sich die ersten ausführlicheren Untersuchungen der 70er Jahre vor allem der Gegenstandsbestimmung und der Klassifikation der Phraseologismen. Das gilt für U. FIX, deren Leipziger Dissertation 1971 die Reihe der Untersuchungen eröffnete, wie auch für A. ROTHKEGEL (1973). Dabei geht U. FIX neue Wege, indem sie für die Bestimmung der Phraseologismen („Wortgruppenlexeme") konsequent deren Verhalten im Satz zugrunde legt und mit „freien Sätzen" vergleicht: „Wortgruppenlexeme können nur innerhalb eines Satzes realisiert werden. Folglich müssen alle zu untersuchenden Wortgruppenlexeme zum Satz komplettiert und in ihrer Funktion im Satz untersucht werden (FIX 1974–76, 261). „Primäres Merkmal" der Wortgruppenlexeme ist die „Obligative der Materialisation", d. h. die phraseologische Bedeutung ist an eine ganz bestimmte lexikalische Füllung der syntaktischen Struktur gebunden (FIX 1974–76, 37). Ein weiterer leitender Gesichtspunkt von U. FIX' Methode ist die Orientierung auf das Verb. Nach der Übereinstimmung oder Nichtübereinstimmung der Verbbedeutung beim Vergleich mit dem freien Satz werden zwei Gruppen von „Wortgruppenlexemen" unterschieden (WGL_1 und WGL_2). (Ausführlicher dazu 3.2.3.) Die Gesamtdarstellung ist als algorithmischer Entscheidungsmechanismus aufgebaut und nach Ansicht der Autorin auch „für eine maschinelle Bearbeitung geeignet" (FIX 1974–76, 73).

Ohne Kenntnis der Arbeit von U. FIX gibt auch A. ROTHKEGEL eine „Strukturbeschreibung" und „Klassifizierung" der Phraseologismen. Sie erörtert ferner die Darstellung im Wörterbuch und die automatische Analyse. Auch ROTHKEGEL unterscheidet zwei Hauptgruppen von Phraseologismen („feste Syntagmen") (ROTHKEGEL 1973, 24).

Die weitere Subklassifizierung entspricht bei ROTHKEGEL im wesentlichen der Klassifizierung nach phraseologischen Wortarten (dazu s. u. 3.5.). Sie wird als „funktionale Zuordnung" bezeichnet (ROTHKEGEL 1973, 24), und unter Beziehung auf den Baumgraphen der Konstituentenstruktur eines Satzes wird gesprochen von „festen Syntagmen", die durch Nomen (Substantiv), Adverb, Präposition *(von Seiten, in Anbetracht)* oder Verb „dominiert" sind[20]. Sowohl U. FIX als auch A. ROTHKEGEL behandeln die phraseologisierten Sätze nicht. Bei letzterer bleiben überdies „mehrteilige Konjunktionen" und „Vergleiche wie *schwarz wie die Nacht*" unberücksichtigt (ROTHKEGEL 1973, 5). Schließlich liegt es bei beiden im konzeptionellen Ansatz begründet (spezifische wendungsinterne Bedeutung wenigstens einer Komponente), daß alle festen Wortkomplexe, in denen keine Komponente „umgedeutet" oder „idiomatisiert" ist, ebenfalls ausgeklammert bleiben. Das betrifft Klischees und Nominationsstereotype und auch einen Teil der festen Wortpaare (dazu s. 3.2.4.).

---

[20] Zur Grundlegung ROTHKEGEL, a. a. O., S. 63ff.

20

Die Darstellung von H. BURGER (1973) unterscheidet sich in mehrfacher Hinsicht von derjenigen U. FIX' und A. ROTHKEGELS. Die Berücksichtigung maschineller Verarbeitung fehlt bei ihm, und dadurch mag sich auch erklären, daß er weniger Wert auf die Ausarbeitung einer konsequenten Methode der Abgrenzung und Klassifizierung eines engeren Bereiches der Phraseologismen legt. Bei ihm wird im Gegenteil betont, der „Bereich des Phraseologischen" sei „nicht überall eindeutig abgrenzbar", er habe „offene Grenzen zum Bereich der syntaktisch-semantischen Regularitäten" (BURGER 1973, 7). Es geht ihm nicht um eine „systematische Klassifizierung der Phraseologismen im allgemeinen", sondern darum, „die linguistisch interessanten Eigenschaften von Idiomen zu beschreiben" (BURGER 1973, 11). Phraseologismus wird als Oberbegriff gefaßt und bezieht sich auf „solche Wortketten, deren Zustandekommen nicht oder nicht nur aufgrund von syntaktischen und semantischen Regeln erklärbar ist" („phraseologisch" = „idiosynkratisch") (BURGER 1973, 3). Danach sind phraseologisch auch Verbindungen wie *starker Schnupfen* und *schwere Halsentzündung* (nicht: *schwerer Schnupfen* und *starke Halsentzündung*[?]) (BURGER 1973, 5). Als eine Teilgruppe der Phraseologismen werden die Idiome ausgesondert, d. h. „Verbindungen, deren Gesamtbedeutung nicht regulär interpretierbar ist" (BURGER 1973, 10). Es handelt sich dabei entweder um Wortverbindungen mit nachvollziehbarer Metaphorik *sich ins warme Nest setzen)* oder um solche, „deren Gesamtbedeutung in keiner Weise aus der freien Bedeutung" der Komponenten erklärt werden kann (BURGER 1973, 18) *(einen Narren gefressen haben an jmdm.)*. Die beiden Gruppen werden unterschieden als „Idiome im weiteren Sinn" und „Idiome im engeren Sinn": „Je weniger eine nachvollziehbare Relation zwischen der kompositionell-konkreten und der figurativen Bedeutung auszumachen ist, um so stärker idiomatisiert ist die Kette" (BURGER 1973, 18). Der weiteren Aufgliederung in „funktionale Typen von Idiomen" liegen bei BURGER sehr heterogene Kriterien zugrunde, so daß keine abgerundete Darstellung von Teilbereichen des phraseologischen Bestandes der deutschen Sprache geboten wird. Aber es werden zahlreiche Aspekte der Phraseologie behandelt, die über die Fragen der Gegenstandsbestimmung und Klassifikation hinausgehen, und es rücken auch „satzwertige Idiome", wie Sprichwörter und „pragmatische Idiome" *(Guten Tag!, Haben Sie die Freundlichkeit, ...)* ins Blickfeld. Nach BURGERS eigener Definition sind sie allerdings zumindest teilweise eher als „nur phraseologisch" denn als „idiomatisch" anzusehen (BURGER 1973, 58). Hervorzuheben ist die Berücksichtigung von „Aspekten einer Stilistik des Idioms" (S. 93ff.) und der „Idiome als Übersetzungsproblem" (S. 100ff.).

Der Rolle von Phraseologismen im Text widmet W. KOLLER (1977) eine spezielle Untersuchung. Dabei liegt der Schwerpunkt der Materialerfassung auf Zeitungstexten (Tageszeitungen der BRD und der Schweiz). Eine der Ausgangsfragen für die Materialerfassung lautete: „Welche Funktion (und welche Wirkung) hat eine Redensart, wenn sie der Darstellung politischer Zusammenhänge dient?" (KOLLER 1977, 3). W. KOLLER unterscheidet „stilistische" und „pragmatische" Aspekte und leistet einen materialreichen Beitrag zur Untersuchung der „textbildenden Potenz" (dazu Näheres s. u. 5.3.1.) der Phraseologismen. Er benutzt dafür den Terminus „Redensarten", ohne daß eine differenziertere Untergliederung beabsichtigt wäre. Auch die Stilistik des „Redensartenspiels" mit Varianten – sowohl in Zeitungstexten als auch in der Belletristik – wird berücksichtigt.

Wissenschaftsgeschichtliche Übersichten zur Entwicklung der Phraseologieforschung geben D. HELLER (1973), K. DANIELS (1976ff.) und vor allem K. D. PILZ (1978). Die Arbeit von PILZ ist als bibliographisch reich ausgestattete wissenschaftsgeschichtliche Darstellung – wenn auch zuweilen etwas breit und unübersichtlich – von großem Wert. Es fehlt allerdings eine eingehende Berücksichtigung der sowjetischen Phraseologieforschung, wie sie von J. HÄUSERMANN (1977) gegeben wird. PILZ ist auch nur in begrenztem Maße theoretisch und methodisch weiterführend, doch sind manche der in der vorliegenden Darstellung bei der Subklassifikation verwendeten Termini auch von ihm mit beeinflußt (‚Phraseolexem', ‚kommunikative Formel'), und seine Erörterungen zur „Begriffsbestimmung und Systematisierung" der Phraseologismen wurden mit verwertet.

Diese Übersicht über die wichtigsten größeren deutschsprachigen Arbeiten zur Phraseologie des Deutschen, die seit Beginn der 70er Jahre erschienen sind, kann nicht abgeschlossen werden, ohne daß der bereits gegebene Hinweis auf die Dissertationen sowjetischer und zum Teil auch anderer ausländischer Aspiranten in der DDR präzisiert und vervollständigt wird. Diese Arbeiten erschließen einerseits grundsätzliche Einsichten der sowjetischen Forschung und bereichern andererseits die germanistische Phraseologieforschung durch die materialfundierte Aufarbeitung theoretischer Einzelfragen: zur Antonymie der Phraseologismen (KOTSCHETOWA 1974; GONTSCHAROWA 1981), zur Variabilität (KLEIZAITE 1975), zu den phraseologisch gebundenen Wörtern (DOBROVOL'SKIJ 1978), zu den substantivischen Phraseologismen (MITSCHRI 1979), zu den Phraseologismen in der Presse (RJAZANOVA 1976, SHUMANIJASOW 1978), zu den Phraseologismen mit *haben*, *werden* und *sein* (SABITOWA 1976), zum Typ *zugrunde gehen* (SCHELUDKO 1968). Diese Arbeiten haben – bei aller Unterschiedlichkeit im einzelnen – zur Entwicklung und Weiterführung der germanistischen Phraseologieforschung beigetragen.

1.2.3. Zum Stand und zu den Aufgaben der Phraseologieforschung
(Vgl. dazu den Anhang)

Aus dem unter 1.2.2. Dargelegten läßt sich unter Berücksichtigung der internationalen Forschungslage (vgl. vor allem 1.2.1.) folgendes Resümee zum Stand und den wichtigsten Aufgaben der germanistischen Phraseologieforschung ziehen.

1) Die Begriffsbestimmung des Phänomens der Phraseologismen auf der synchronen Ebene der Gegenwartssprache ist von den meisten Arbeiten zentral behandelt worden. Dabei werden engere und weitere Auffassungen vertreten. Das Streben nach möglichst objektiven Kriterien auf der Grundlage einer methodisch geschlossenen Konzeption hat gewöhnlich zur engeren Auffassung geführt. Dabei sind in der Regel einerseits Phraseologismen mit Satzstruktur und andererseits nichtidiomatisierte feste Wortverbindungen unberücksichtigt geblieben. Wie derartige Benennungseinheiten zu behandeln und einzuordnen sind, ist strittig (vgl. etwa *leibliches Wohl, öffentliche Meinung, bleibende Schäden*). Problematisch ist auch die Einbeziehung von Konstruktionsbeschränkungen, wie sie in den Verbindungen *Dank abstatten*, aber nicht **Lob / Anerkennung abstatten, starker Schnupfen* (nicht: **schwerer Schnupfen*), aber *schwere Krankheit* zum Ausdruck kommen. Die Phraseologismen „mit festem Subjekt" (vgl. FIX 1974–76, 76), z. B. *Der Kragen ist ihm geplatzt. Ihn sticht der Hafer*, sind als „festgeprägte prädikative Konstruktionen" erst von A. REICHSTEIN 1974 in einer speziellen Untersuchung detailliert beschrieben worden. Die Übergänge zwischenSprichwort, geflügeltem Wort und ähnlichen Erscheinungen einerseits und Phraseologismen andererseits sind noch weiterer Klärung bedürftig.

Daß die Phraseologismen im Hinblick auf ihren idiomatischen Charakter Unterschiede aufweisen, wird allgemein akzeptiert. Diesem Sachverhalt wird terminologisch in verschiedener Weise Rechnung getragen: WGL$_1$ (= Wortgruppenlexem) und WGL$_2$, FS$_1$ (= festes Syntagma) und FS$_2$ oder ‚Phraseologismus' und ‚Idiom' (s. o. 1.2.2.). Der Frage, wieweit man Grade der Idiomatizität erfassen kann, ist weiter nachzugehen. In diesem Zusammenhang steht auch das Problem der phraseologisch gebundenen Komponenten (Wörter), wo Fälle wie *gang und gäbe* (*gäbe* ist kein isoliert fixierbares lexikalisches Element der deutschen Gegenwartssprache mehr) und *im Brustton der Überzeugung, ins Hintertreffen kommen* zu unterscheiden sind. Wird das Merkmal der Lexikalität der Phraseologismen, ihrer Speicherung als Lexikoneinheiten, verabsolutiert, so erhebt sich die Frage nach der Beurteilung sogenannter „Autorphraseologismen", die als metaphorische Wendungen an einen Text oder Autor gebunden sind, ohne in den allgemeinen Lexikonbestand einzugehen. Überhaupt ist das Verhältnis von Metaphorisierung und Phraseologisierung detaillierterer Klärung bedürftig.

Diskutabel ist schließlich die Frage nach der Einbeziehung von onymischen (Eigennamen wie *Schwarzes Meer, Tag des Kindes*) und terminologischen (*goldener Schnitt*) Wortgruppen in den Bereich der Phraseologismen.

2) Aus der Begriffsbestimmung ergeben sich Fragen nach der Klassifikation (Typisierung, Typologie) der Phraseologismen. Es sind verschiedenartige

Klassifikationskriterien, Kombinationen syntaktischer und semantischer Gesichtspunkte, angewendet worden. So ist U. FIX von allgemeineren syntaktischen Strukturmodellen zu spezielleren „Konstruktionsmodellen" vorgedrungen, bei denen auch bestimmte semantische Klassen der die syntaktischen Strukturen füllenden Wörter berücksichtigt werden (s. u. 3.2.3., 4.4.2.). Damit ist die Frage der Modellierung von Phraseologismen überhaupt gestellt, die bis heute neu erörtert wird.

Der Wert der Klassifikationsversuche darf allerdings nicht überschätzt werden. Die Eigenständigkeit der Phraseologismen ist relativ; ihre Verflechtung mit nichtphraseologischen Einheiten und Strukturen außerordentlich eng und vielfältig. Dem entspricht die ausgeprägte Heterogenität des phraseologischen Bestandes, und es sind – je nach Aufgabenstellung und Zweck – verschiedene Klassifikationsmöglichkeiten zu akzeptieren. Die Klassifikation ist nicht Selbstzweck, sondern sollte der Erkenntnis und Beschreibung der kommunikativen und kognitiven Funktion der Phraseologismen sowie der Herausarbeitung ihres Stellenwertes im Sprachsystem dienen.

Die Verflechtung der Phraseologismen ist zunächst syntaktisch gegeben durch die Entsprechung der syntaktischen Struktur freier und phraseologischer Wortverbindungen. Dabei sind allerdings für die Phraseologismen Einschränkungen im Hinblick auf die Transformationsmöglichkeiten und teilweise unterschiedliche Selektionsmerkmale (vgl. die verschiedenen „Konstruktionsmodelle" von U. FIX) zu machen. Die verschiedenartigen Transformationsbeschränkungen und ihre Ursachen sind noch nicht völlig geklärt (vgl. dazu 2.2.2.2.). Das gilt auch für die Anwendung des Valenzbegriffes auf die Phraseologismen und entsprechende Unterschiede zum Einzelwort. Andererseits besteht eine Äquivalenz von Einzelwort und Phraseologismus in der Satzgliedfunktion, die zur Klassifizierung phraseologischer Wortarten (vgl. 3.5.) geführt hat.

Onomasiologisch ist die Verflechtung gegeben durch die Konkurrenz von Einzelwort, Wortbildungskonstruktion und Phraseologismus als Benennungseinheiten (wobei denotative und konnotative Nuancierungen auftreten können); auch dieses Verhältnis bedarf noch näherer Untersuchung (vgl. 4.1.). Schließlich ist auch unter diesem Gesichtspunkt auf die bereits erwähnte Berührung von Onymisierung, Terminologisierung und Phraseologisierung (vgl. 2.4.) hinzuweisen.

3) Aus den vorstehenden Bemerkungen ergibt sich die Frage nach der weiteren Klärung des Bedeutungsbegriffs im Verhältnis zwischen Einzelwort und Phraseologismus. Phraseologismen sind einerseits als expressive Situationsabbilder in bequemer Weise auf die verschiedensten Denotate beziehbar (vgl. 4.1.3.). Ihre Semantik beruht nicht selten auf einem durchsichtigen Bild *(den Spieß umdrehen)*. Aber zwischen der unmittelbaren Bedeutung der Kom-

ponenten einerseits und der außerordentlichen Weite in den Möglichkeiten der Anwendung des Bildes als Benennung komplexer Situationen oder Verhaltensweisen andererseits besteht ein Kontrast. Der Terminus *Polysemie* trifft die Sachlage nur unvollkommen, weil es schwierig ist, die einzelnen Sememe des Phraseologismus zu fixieren. Auch die weiteren semasiologischen Kategorien, wie Synonymie und Antonymie, sind in der Anwendung auf die Phraseologismen – vor allem unter Berücksichtigung von deren Differenziertheit – näher zu untersuchen. Das gilt schließlich auch für das Verhältnis von Konnotativem und Denotativem und den Charakter der Expressivität.

4) Von besonderer Bedeutung ist heute die Untersuchung der Phraseologismen unter kommunikativ-pragmatischem und stilistischem Aspekt. Ihre pragmatische Potenz ist bisher nur wenig beachtet und beschrieben worden. Eine wesentliche Rolle spielt die Fähigkeit der Phraseologismen, „psychische Zustände" des Sprechers oder Schreibers zu indizieren und beim Hörer oder Leser zu induzieren. Sie können dem Wecken oder Wachhalten der Aufmerksamkeit des Hörers oder Lesers dienen, der Herstellung engeren Kontaktes, der Betonung sozialer Zusammengehörigkeit, dem Ansprechen des Partners durch Bezugnahme auf seine Alltagserfahrung mit der Verwendung alltäglicher Formeln, auch der emotional betonten Wertung. In bestimmten Genres der Sachprosa (Presse und Publizistik) wie auch in der Belletristik wird die Variabilitätspotenz der Phraseologismen ausgenutzt. Die Phraseologismen sind ein Variabilitätsfaktor par excellence auf der lexikalischen Ebene, woraus sich Konsequenzen für die Stilistik wie für Syntax und Morphologie ergeben.

5) Im Zusammenhang mit der konfrontativen Linguistik überhaupt ist auch die konfrontative Phraseologie zu entwickeln. Ihr Ziel ist die vergleichende Untersuchung der phraseologischen Systeme von zwei oder mehr Sprachen und die Herausarbeitung der Gemeinsamkeiten und Unterschiede. Die Ergebnisse derartiger Untersuchungen sind praktisch verwertbar für den Sprachunterricht, die Translation und die Lexikographie. Ansätze dazu sind in der DDR vor allem im Hinblick auf das Russische und das Deutsche sowie das Französische und das Deutsche gemacht worden.[21] In der Sowjetunion ist ein Grundstein für die konfrontative Phraseologie des Deutschen und Russischen durch A. REICHSTEIN gelegt worden (REICHSTEIN 1979,

---

[21] Vgl. z. B. ECKERT, R.: Die Phraseologie auf dem VIII. InternationalenSlawistenkongreß in Zagreb. In: Zeitschrift für Slawistik 24 (1979), H. 2, S. 258ff.; zum Verhältnis Deutsch-Französisch vgl. MILITZ, H.-M.: Zu Semantik und Syntax des Verbs in phraseologischen Wendungen. Konfrontative Darstellung des Französischen und Deutschen. Berlin 1979.

1980; vgl. auch SOLODUCHO 1977); zur konfrontativen Darstellung der deutschen und polnischen Phraseologie vgl. CZOCHRALSKI 1977.

6) Unter Verwendung der gewachsenen theoretischen Einsichten bedarf auch die lexikographische Kodifizierung der Phraseologismen einer Verbesserung, und zwar sowohl in allgemeineren ein- wie zweisprachigen Wörterbüchern als auch in speziellen phraseologischen Wörterbüchern (ROTHKEGEL 1973, 161ff.; VIEHWEGER 1977, 308ff.; KOLLER 1977, 87ff.). Dabei geht es u. a. um eine differenziertere Berücksichtigung der verschiedenen Hauptgruppen von Phraseologismen, die bessere Kennzeichnung von variablen und nichtvariablen Elementen (also Fixierung des Komponentenbestandes), verfeinerte Bedeutungsangaben, stilistische Kennzeichnungen und Hinweise zur Satz- bzw. Textkonstruktion.

7) Ganz am Anfang steht erst die historische Phraseologieforschung. Lediglich die Etymologie der Phraseologismen ist – wie die etymologische Wortforschung im ganzen – in der Vergangenheit stärker beachtet worden. Sie hat ihren Niederschlag in den verschiedensten Sammlungen gefunden, in denen „Redensarten" ihrem „Ursprung" nach erklärt werden. Dabei ist jedoch die Diachronie des phraseologischen Bestandes, sind die Entwicklungstendenzen der Phraseologie, charakteristische Faktoren der Phraseologisierung kaum im Zusammenhang beachtet worden. Das gilt auch für phraseologische Spezifika bei der Herausarbeitung des Zusammenhangs von gesellschaftlicher Entwicklung und Entwicklung des Wortschatzes.

Unter historischer Phraseologieforschung ist jedoch nicht nur die diachronische Untersuchung zu verstehen, sondern auch die synchronische Untersuchung und Darstellung der Phraseologie älterer Stufen unserer Sprachgeschichte. So fehlen nach H. BURGER z. B. noch phraseologische Sammlungen vom Althochdeutschen bis zum 18./19. Jh., „abgesichert durch die Auffindungskriterien der modernen Phraseologie-Forschung" (BURGER 1977, 23). Für die älteren Sprachstufen ist weiterhin die Rolle der Phraseologismen im Verhältnis zu den anderen lexikalischen Einheiten herauszuarbeiten, sind die Strukturtypen und Funktionen der Phraseologismen („semantisch, pragmatisch, allenfalls rhetorisch") (BURGER 1977, 24) zu beschreiben. Dazu gehört auch die Verwendung der Phraseologismen in verschiedenen „Textsorten", ihre funktionalstilistische Charakteristik. „Von besonderem Interesse ist dabei einerseits die Rekonstruktion alltagssprachlich-gesprochener Phraseologie aus den überlieferten Texten, andererseits die spezifisch ästhetische Verwendung von Phrasen im literarischen Kontext" (BURGER 1977, 24). Schließlich sind auch bei der historischen Erforschung der Entlehnungsprozesse die phraseologischen Spezifika zu berücksichtigen.

Phraseologie im Schulunterricht. Daß der Phraseologie für den Fremdsprachenunterricht eine besondere Bedeutung zukommt, dürfte außer Frage stehen. (Vgl. ECKERT 1978; dazu auch NAZARJAN 1976, 3.) Die Befähigung zu einer auch nur begrenzten Kommunikation in einer Fremdsprache ist ohne eine minimale Beherrschung der Phraseologie nicht möglich. Um diese vermitteln zu können, muß der Fremdsprachenlehrer über gewisse Einsichten in die Besonderheiten des phraseologischen Bestandes der beiden Sprachen und der Anwendung von Phraseologismen verfügen.

Aber auch für den Unterricht in der Muttersprache, hier bezogen auf das Deutsche, sind die Erkenntnisse der Phraseologieforschung in der mannigfachsten Weise relevant. Das betrifft zunächst die Orthographie. So wurden bisher substantivierte Adjektive innerhalb von Phraseologismen kleingeschrieben: *im trüben fischen, auf dem trocknen sitzen.* Andererseits dürfen Onymisierung und Phraseologisierung nicht verwechselt werden, und substantivische Phraseologismen aus adjektivischem (und partizipialem) Attribut + Substantiv, die keine Eigennamen darstellen, dürfen nicht großgeschrieben werden: *schwarzes Brett, goldener Schnitt.* Falsch sind demnach Schreibungen wie *Erste Hilfe* (ND 4.4.80), *Schneller Brüter* (LVZ 9.4.80).

Für die Grammatik sind Bezugnahmen auf die Phraseologie im Hinblick auf die Satzgliedanalyse wichtig: Verbale Phraseologismen werden gewöhnlich als ein Prädikat gewertet; vgl. z.B. *Peter hat wieder einmal das Kind mit dem Bade ausgeschüttet.* Außerdem ist zu bedenken, daß die Phraseologismen – wie bereits betont – den verschiedensten Transformationsbeschränkungen unterliegen: *Haare spalten* ‚übergenau, spitzfindig argumentieren‘ ist z.B. nicht – wie *spalten* sonst – ins Passiv zu transformieren: **Von ihm wurden ständig Haare gespalten.* Auch Flexionsanomalien treten bei Phraseologismen auf: Das Dativ-e bei Maskulina und Neutra im Singular *(zu Buche schlagen, auf großem Fuße leben),* das alte adverbiale -e in Fällen wie *es dicke haben, sich dicke tun,* ferner Fälle wie *Stücker zehn, aller Jubeljahre, sich lieb Kind machen, des Grund und Bodens.*

Die Inkorrektheit eines Satzes wie des folgenden ist durch den Hinweis darauf zu erklären, daß die zeugmatische Verknüpfung des verbalen Elements eines Phraseologismus mit einem weiteren, wendungsexternen Substantiv in der Regel nicht zulässig ist: **Er ergriff das Gewehr und damit die Flucht.*

Handelt es sich im vorstehenden Fall um eine syntaktische Regelung, so sind im Hinblick auf die Ausdrucksnuancierung und sonstige stilistische Aspekte die Phraseologismen für den Muttersprachunterricht in der verschiedensten Weise ergiebig. Das betrifft semantische und stilistische Differenzierungen zwischen Phraseologismen und Wortbildungskonstruktionen *(versinken – zum Sinken kommen, niederschreiben – zu Papier bringen),* die besondere Expressivität von Phraseologismen *(unter die Haut gehen, auf die Knie zwingen, auf die Straße fliegen* ‚entlassen werden‘), ihre bildlich-anschauliche Wirkung *(Öl ins Feuer gießen),* die reiche Synonymik (‚sehr‘ in ganz verschiedener Weise ausgedrückt: *Blut und Wasser schwitzen, aus Leibeskräften schreien, auf Herz und Nieren prüfen, aufpassen wie ein Schießhund),* die vielfältigen Variationsmöglichkeiten (dazu ausführlich 5.2.).

Für die Sprachkunde und Sprachgeschichte sind die Etymologie von Phraseologismen, ihre Entstehung und auch ihr Vergehen im Zusammenhang mit der Veränderung der gesellschaftlichen Verhältnisse, auch die Wechselbeziehungen zwischen Sprichwörtern, geflügelten Worten und Phraseologismen von Belang.

Eine linguostilistische Analyse von künstlerischen Texten hat auch der besonderen Funktion von Phraseologismen nachzugehen (vgl. dazu z. B. 5.3.5.).

2. Das Wesen des Phraseologismus als sprachlicher Erscheinung

In der vorstehend gegebenen Skizzierung der Forschungslage ist bereits wiederholt darauf hingewiesen worden, daß die sprachliche Erscheinung des Phraseologismus nur durch eine relative Eigenständigkeit gekennzeichnet ist und eine allen Ansprüchen gerecht werdende Abgrenzung und Begriffsbestimmung sich daher als recht schwierig erweist, vor allem wenn die große Verschiedenartigkeit der phraseologischen Teilgruppen einigermaßen vollständig berücksichtigt werden soll. Ein Kernbereich läßt sich relativ gut erfassen; für die Grenzbereiche sind unterschiedliche Auffassungen zu akzeptieren.

Wenn man davon ausgeht, daß es sich bei den Phraseologismen um die syntaktische Verbindung von Wort-Komponenten handelt, die sich von freien Wortverbindungen unterscheiden, so wären zunächst noch die analytischen Flexionsformen auszuscheiden, die sich ja ebenfalls von freien Wortverbindungen unterscheiden, aber keine Phraseologismen sind: die zusammengesetzten Verbalformen (*er hatte geschrieben, sie war gelobt worden, du wirst vermißt worden sein*), die Konstruktionen aus Artikel + Substantiv (*des Buches*), der adverbiale Superlativ (*am besten, aufs herzlichste*). Die reflexiven Verben (*sich aalen*) werden als ein Wort gefaßt und daher ebenfalls ausgeklammert.

Legen wir weiter fest, daß ein Phraseologismus eine Wortverbindung ist, die mindestens ein autosemantisches Wort enthält, also nicht nur aus Dienst- oder Hilfswörtern besteht, dann entfallen Wortverbindungen wie z. B. die korrelativen Konjunktionen *bald – bald, entweder – oder* und Präpositionen wie *von – an*. Auch die feste Bindung eines Verknüpfungselements an ein Verb (Rektion), wie sie auftritt bei *warten auf jmdn.* u. ä., konstituiert kein Phraseolexem. Der anzuschließende nominale Teil ist variabel, und die Festlegung der Präposition läßt sich als syntaktisch-morphologisches Merkmal des Verbs fixieren. (Vgl. ROTH-KEGEL 1973, 58)

Die Komponenten eines Phraseologismus werden als Wörter aufgefaßt, die trotz teilweise semantischer, lexikalischer und formal-flexivischer Unterschiede zum wendungsexternen Wortgebrauch doch ihren Wort-Charakter prinzipiell bewahrt haben,[22] was sich vor allem in den syntaktischen und lexikalischen Variationsmöglichkeiten zeigt.

---

[22] Anders z. B. MOLOTKOV, a. a. O., S. 23ff., der der „Komponente eines Phraseologismus" einen prinzipiell anderen Status zuschreibt als einem Wort.

Die syntaktische Struktur eines Phraseologismus kann die einer nicht-prädikativen Wortverbindung *(zwischen Tür und Angel, die Flinte ins Korn werfen)*, einer festgeprägten prädikativen Konstruktion *(Ihn sticht der Hafer.)* oder eines festgeprägten Satzes sein *(Da beißt die Maus keinen Faden ab.)*.

Nach diesen Vorklärungen kann im folgenden die weitere Abgrenzung der Phraseologismen von freien Wortverbindungen und Sätzen erörtert werden. Dabei werden als Kriterien herangezogen:

– Idiomatizität
– Semantisch-syntaktische Stabilität
– Lexikalisierung und Reproduzierbarkeit

2.1. Idiomatizität

Die beiden folgenden Sätze haben bei gleicher syntaktischer Struktur unterschiedliche Bedeutungsstruktur:

⟨1⟩   *Gustav hat bei seinem Vater ein Auto in der Garage.*
⟨2⟩   *Gustav hat bei seinem Vater einen Stein im Brett.*

Im Unterschied zu dem regulären Verhältnis in Satz ⟨1⟩ besteht in Satz ⟨2⟩ insofern ein „irreguläres" Verhältnis zwischen der Bedeutung der Wortkomponenten und der Bedeutung des ganzen Satzes, als die satzexterne Bedeutung der Wörter *Stein* und *Brett* nicht als Element an der Gesamtbedeutung des Satzes ⟨2⟩ beteiligt ist. Die Bedeutung ‚bei jmdm. sehr beliebt sein, sich jmds. Wertschätzung erfreuen' ist an die Gesamtheit der Wortverbindung *bei jmdm. einen Stein im Brett haben* gebunden: Es liegt ein bestimmtes Maß von Idiomatizität vor. Darunter wird „das Fehlen eines derivationell-semantischen Zusammenhangs zwischen dem semantischen Äquivalent eines Gliedes des Verbandes und den anderen Bedeutungen desselben Wortes" verstanden (TELIJA 1975, 417). Infolge dieser Idiomatizität ist der Wortverband *bei jmdm. einen Stein im Brett haben* als eine „feste Wendung", ein Phraseologismus zu betrachten. Der Grad der Idiomatizität ist dabei ziemlich hoch: Eine wendungsinterne semantische Beziehung zwischen den Sememen von *Stein* und *Brett* ist nicht nachvollziehbar; es besteht zwischen ihnen keine semantische Kongruenz (semantische Vereinbarkeit). Ähnlich ist es in den folgenden Beispielen:

⟨3⟩   *Kohldampf schieben* ‚ständig Hunger haben', *sein Herz auf der Zunge tragen* ‚nichts für sich behalten können', *aus der Haut fahren* ‚wütend, ungeduldig werden', *großes / hohes Tier* ‚hochstehende Persönlichkeit'

Semantisch unvereinbar, gemessen an den wendungsexternen Bedeutungen, sind die Komponenten auch in den folgenden Phraseologismen:

⟨4⟩   *einen Streit vom Zaune brechen* ‚einen Streit ohne einsichtigen Grund beginnen‘, *eine Fahrt ins Blaue* ‚Vergnügungsfahrt mit unbekanntem Ziel‘, *Blut und Wasser schwitzen* ‚sehr schwitzen‘, *Maßnahmen / Anstalten treffen*.

Der Grad der Idiomatizität in den Beispielen unter ⟨4⟩ ist jedoch geringer als unter ⟨2⟩ und ⟨3⟩, weil eine Komponente des Phraseologismus in einer wendungsexternen Bedeutung gebraucht wird: *Streit, Fahrt, schwitzen, Maßnahmen / Anstalten*.

In den Beispielen unter ⟨3⟩ liegt wechselseitige Determination der Semantik der Komponenten vor: *Kohldampf* wird durch *schieben* und *schieben* durch *Kohldampf* bestimmt. In den Beispielen unter ⟨4⟩ handelt es sich dagegen um einseitige Determination:[23] *vom Zaune brechen* wird durch *Streit* semantisch determiniert, nicht aber umgekehrt.

Eine andere Art der Idiomatizität zeigen die folgenden Beispiele:

⟨5⟩   *jmdm. den Kopf waschen* ‚jmdn. schwer tadeln‘, *auf der Straße liegen* ‚arbeitslos sein‘, *die Weichen stellen* ‚wichtige Entscheidungen treffen, vorbereiten‘, *zur Kasse gebeten werden* ‚bezahlen müssen, Rechenschaft ablegen müssen‘, *Dampf aufdrehen* ‚eine Tätigkeit intensivieren‘, *eine kalte Dusche* ‚Abreibung, Dämpfer‘, *ein öffentliches Haus* ‚Bordell‘, *ein freudiges Ereignis* ‚Geburt eines Kindes‘.

Diese Wortverbindungen sind neben der oben angegebenen, durch Idiomatizität gekennzeichneten Gesamtbedeutung auch noch mit der „wörtlichen“, „regulären“ Bedeutung als freie Wortverbindungen verstehbar und können in Äußerungen entsprechend verwendet werden. Die idiomatische Bedeutung wird durch ein Bild vermittelt, das allerdings keine zwingende Motivation herstellt. Es wären jeweils auch andere metaphorische Prozesse denkbar. Im zuletzt genannten Beispiel ist mit der idiomatischen Bedeutung eine Spezialisierung gegeben; *ein freudiges Ereignis* könnte auch die Bedeutung ‚Hochzeit‘ oder ‚erfolgreiche Prüfung‘ haben.

Die Homonymie ist bei der Verwendung derartiger Phraseologismen im Text durch die wendungsexternen Konstruktionsbeziehungen in der Regel beseitigt:

⟨6⟩   „Die Themen *liegen* ..., wer wüßte das nicht, *auf der Straße* ...“ (LVZ 21.3.96)
        – „Für den Winterdienst in Leipzig *hat* G.K., ..., *den Hut auf.*“ (LVZ 6.2.96)
        – „Wir sollten mal wieder *'n Faß aufmachen* zusammen. Oder 'ne Party steigen lassen.“ (W. Schnurre, zit. DGW 3, 1042).

Es ist eigentlich erstaunlich, wie wenig Schwierigkeiten im allgemeinen bei der Verwendung derartiger homonymer Konstruktionen auftreten. Daß man generell sagen könnte, der nichtphraseologische Gebrauch sei „relativ selten“ (KOLLER

---

[23] Zur Terminologie vgl. DOBROVOLSKIJ, D.O.: Phraseologisch gebundene lexikalische Elemente der deutschen Gegenwartssprache, Diss. Leipzig 1978, S. 29ff.

1977, 13), erscheint allerdings zweifelhaft. Das hängt von den semantischen Bezügen der jeweiligen Konstruktion ab. Mit Wortverbindungen wie *den Kopf waschen* und *(ein Kind) auf den Arm nehmen* werden relativ häufig vorkommende alltägliche Vorgänge bezeichnet, so daß sie auch entsprechend häufig in Äußerungen auftreten dürften. Aber Situation und Minimalkontext steuern die Monosemierung ohne Schwierigkeiten. Seltener begegnen im Alltag dagegen Vorgänge wie *andere Saiten aufziehen, jmdm. einen Korb geben,* so daß die Schwierigkeiten eher umgekehrt darin bestehen können, die betreffenden Konstruktionen nichtphraseologisch aufzufassen.

Bewußte Kontrastierung der phraseologischen und der nichtphraseologischen Bedeutung oder gleichzeitige Aktualisierung beider kann ein wirksames Mittel der Expressivitätssteigerung sein (dazu s. u. 5.3.2. [1)]).

In nicht wenigen ähnlich gearteten Phraseologismen ist der Metaphorisierungsprozeß nicht mehr ohne weiteres (d. h. ohne Etymologisierung der Wendung) nachvollziehbar. Das Bild, das mit der Wendung gegeben ist, hat keine einsichtige Beziehung mehr zur Gesamtbedeutung:

⟨7⟩   *in die Binsen gehen* ‚verschwinden, entzweigehen, unbrauchbar werden‘, *bei jmdm. ins Fettnäpfchen treten* ‚bei jmdm. Verärgerung hervorrufen, es mit jmdm. verderben‘, *der springende Punkt* ‚Kernpunkt; das, worauf es ankommt‘.

Aber die Masse auch dieser Bildungen ist auf sinnvolle Konstruktionen zurückzuführen[24]. *In die Binsen gehen* stammt aus der Jägersprache: „die vor dem Hund flüchtende Wildente rettet sich ‚in die Binsen‘, wohin ihr der Hund nicht zu folgen vermag" (BORCHARDT/WUSTMANN/SCHOPPE 1954, 67). Zum *Fettnäpfchen:* „Im erzgebirgischen Bauernhause" stand „an der Wand zwischen Tür und Ofen ein Fettnäpfchen ..., aus dem die nassen Stiefel, die der Heimkehrende auszog, sogleich geschmiert wurden; der Unwille der Hausfrau traf denjenigen, der durch einen täppischen Tritt das Fettnäpfchen umkippte und so Fettflecke auf der Diele verursachte" (BORCHARDT/WUSTMANN/SCHOPPE 1954, 140). Zum *springenden Punkt:* In der ‚Historia animalium‘ des Aristoteles heißt es, „daß sich im Weißen des Eies das Herz des werdenden Vogels ‚als ein Blutfleck‘ anzeige"; dieser Fleck „hüpfe und springe wie ein Lebewesen. In der Sprache der Humanisten wurde der Ausdruck mit ‚punctum saliens‘ wiedergegeben und von hier aus in der Bedeutung ‚Kernpunkt des Lebens, Punkt, in dem die spätere

---

[24] Nach MOLOTKOV, a. a. O., S. 49 ist die Masse der Phraseologismen gebildet „aus real möglichen, ihrem Sinn nach ‚logischen‘ Wortverbindungen durch Umdeutung, d. h. aus Wortverbindungen, in denen die Wörter entsprechend den Kompatibilitätsnormen der Sprache in ihren gewöhnlichen geläufigen Bedeutungen gebraucht werden". (dt. Fassung W. F.) Es gibt jedoch grundsätzlich auch andere Fälle: *das Blaue vom Himmel herunterlügen* u. a.

Entwicklung des Lebens beschlossen liegt, ... weiterverbreitet", zunächst als *hüpfender Punkt* (BORCHARDT/WUSTMANN/SCHOPPE 1954, 390).

Es verhält sich also mit der Idiomatisierung von Phraseologismen dieser Art ähnlich wie mit der Idiomatisierung von Wortbildungskonstruktionen. Bei der Prägung sind sie motiviert. Der Motivationszusammenhang geht erst im weiteren Gebrauch verloren.

Aber die Idiomatizität von Phraseologismen entsteht nicht ausschließlich auf dem Wege der Metaphorisierung (wobei für die kommunikative Verwendung der Nachvollzug der Metaphorisierung nicht obligatorisch ist), sondern auch durch die Spezialisierung nichtübertragener Sememe in bestimmten Verbindungen:

⟨8⟩   *sich auf den Weg machen* ‚zu einem bestimmten Zweck fortgehen‘, *es nicht mehr lange machen* ‚bald sterben‘, *etwas werden* ‚ein tüchtiger / angesehener Mensch werden‘, *etwas wird jmdm. zuteil* ‚jmd. erhält etwas‘, *etwas nicht von sich geben können* ‚sich nicht ausdrücken können‘, *nichts geben auf etwas* ‚keinen Wert legen auf etwas‘, *etwas an sich bringen* ‚etwas widerrechtlich nehmen‘, *jmdn. auf andere Gedanken bringen* ‚jmdn. zerstreuen, ablenken‘, *nicht umhin können, etwas zu tun* ‚etwas tun müssen‘, *viel darum geben, wenn* ‚sehr wünschen, daß‘.

Phraseologismen der unter ⟨8⟩ genannten Art werden in den Sammlungen von „Redensarten" gewöhnlich nicht verzeichnet. Aber sie sind in der alltagssprachlichen Kommunikation sehr häufig und stellen auch für den Fremdsprachenunterricht ein besonderes Problem dar, so daß sie nicht außer acht gelassen werden dürfen.

Läßt sich ein Phraseologismus semantisch nicht aufgliedern, wird auch von „synthetischer Bedeutung" (so ⟨2⟩, ⟨3⟩, ⟨5⟩, ⟨7⟩), läßt er sich aufgliedern, von „analytischer Bedeutung" gesprochen (TELIJA 1975, 377). Wir fassen diesen Unterschied mit den Bezeichnungen ‚vollidiomatisch‘ und ‚teilidiomatisch‘. Vgl. dazu auch die bereits erwähnten Differenzierungen WGL$_1$ und WGL$_2$ nach U. FIX, FS$_1$ und FS$_2$ nach A. ROTHKEGEL. Da sich U. FIX dabei jedoch ausschließlich an dem Vergleich der wendungsinternen und -externen V e r b bedeutung orientiert, wird von ihr der Unterschied zwischen *einen Streit vom Zaune brechen* und *Kohldampf schieben* nicht erfaßt. In beiden Fällen stimmt die Bedeutung des Verbs nicht mit der wendungsexternen Verbbedeutung überein, danach liegt in beiden Fällen WGL$_2$ vor.

P r o b l e m e   d e r   I d i o m a t i z i t ä t s b e s t i m m u n g. Die Feststellung der Idiomatizität durch den Vergleich wendungsinterner und wendungsexterner Bedeutung der Komponenten ist keineswegs immer eindeutig und einleuchtend. Sie hängt zum Beispiel davon ab, welche Sememe man einem Wort im freien Gebrauch zuschreibt. So wird *blinder Passagier* gewöhnlich als Phraseologismus aufgefaßt, da *blind* die Bedeutung ‚illegitim, ohne Berechtigung‘ nur in dieser einen Verbindung hat. Aber das DGW gibt für *blind* auch ‚unsichtbar‘

33

und ‚vorgetäuscht' an (*blinde Naht* ‚unsichtbare Naht', *blindes Fenster* ‚nicht wirkliches Fenster'). Könnten diese Sememe nicht auch auf *Passagier* bezogen werden: ‚nicht wirklicher/echter Passagier' bzw. ‚unsichtbarer Passagier', wenn man davon ausgeht, daß *Passagier* den „wirklichen", „zahlenden" Fahrgast bezeichnet, der auch „sichtbar" ist?

Deutlicher in dieser Hinsicht sind die Verbindungen mit *eisern*, wie *eiserne Ration, eiserner Bestand, eiserne Reserve*. Das WDG gibt für *eisern* mit der „übertragenen" Bedeutung ‚fest' ein Semem an ‚bleibend, Grund-, Kern-' und ordnet diesem Semem die genannten Wortverbindungen zu. Daraus ergibt sich, daß es sich – trotz „übertragener" Bedeutung – nicht um idiomatische Konstruktionen handelt, weil keine „Einmaligkeit" der Verbindung gegeben ist. Das Adjektiv *eisern* hat die betreffende Bedeutung in einer ganzen Serie von Verbindungen, demnach besteht eine „reguläre", d. h. serienhafte und nicht individuell einmalige Beziehung zwischen der Bedeutung der Komponenten und der Bedeutung der Wortverbindung als Ganzem. Damit sind aber diese Wortverbindungen noch nicht völlig aus dem weiteren Bereich der Phraseologismen ausgeklammert, wenn sie als „Nominationsstereotype" klassifiziert werden können (dazu s. u. 2.2.3.).

Problematischer sind dagegen die Entscheidungen in einer Reihe substantivischer Wortverbindungen mit *bunt* und *dick*. Für *bunt* gibt das WDG als „übertragene" Bedeutung an ‚aus Dingen verschiedener Art bestehend, abwechslungsreich'. Reicht dies aus, um die Konstruktionen *bunter Teller* ‚Teller mit Gebäck, Obst, Süßigkeiten', *bunte* (häufiger allerdings: *kalte*) *Platte* ‚Platte mit Aufschnitt', *bunte Reihe* ‚Männer und Frauen abwechselnd geordnet' als „regulär" und nichtidiomatisch zu betrachten? Das ist kaum der Fall, da Spezialisierungen des allgemeinen begrifflichen Elements ‚abwechslungsreich' vorliegen[25]. Daß es sich bei dem Belag eines *bunten Tellers* um Süßes, einer *bunten Platte* um Fleisch handelt, geht weder aus der Einzelbedeutung der beiden Substantive noch der beiden Adjektive hervor. Aber *buntes Programm*, möglicherweise sogar *bunter Abend* werden als „reguläre" Konstruktionen beurteilt werden können.

Für *dick* gibt das WDG die „übertragene" und als „salopp" markierte Bedeutung ‚über die Maßen groß, gewichtig' an. Demnach könnte man die Verbindungen *ein dicker Auftrag, ein dickes Lob, mitten in der dicksten Arbeit* als „regulär" ansehen, d. h. als nichtidiomatisch. Auch *dicke Freunde, dicke Gelder,*

---

[25] MITSCHRI, E.: Idiomatische attributive Wortverbindungen mit substantivischem Kern in der deutschen Gegenwartssprache. Diss. Leipzig 1979, S. 59 operiert hier mit U. PÜSCHELS Unterscheidung von Noem und Sem. Vgl. PÜSCHEL, U.: Semantisch-syntaktische Relationen. Untersuchungen zur Kompatibilität lexikalischer Einheiten im Deutschen. Tübingen 1975, S. 115.

dicker Fehler lassen sich wohl noch so beurteilen. Aber die Konstruktion *dick mit jmdm. befreundet sein* ist – ebenfalls nichtidiomatisch – an ein anderes Semem von *dick*, das adverbiale ‚sehr' anzuschließen, womit sich weitere Kombinationen ergeben, wie *dick ankreiden, auftragen, auftrumpfen* u. a. Idiomatisch sind dagegen Konstruktionen wie *eine dicke Nummer haben bei jmdm.* ‚groß angeschrieben sein', *etwas ist ein dicker Hund* ‚ein starkes Stück', *das dicke Ende* ‚das Schwierigste', wo die „Irregularität" mit durch wendungsspezifische Bedeutungen des Substantivs bewirkt wird.

Schließlich darf die Dynamik der Sprache nicht außer acht gelassen werden. Eine einmalige (unikale), an eine Komponente gebundene Bedeutung kann reihenhaft ausgebaut werden, ein Adjektiv beispielsweise dadurch ein neues usuelles Semem erhalten, die betreffende Wortverbindung damit de-idiomatisiert werden; man vgl. etwa die Ansätze zur serienhaften Verwendung von *kalt* nach dem Phraseologismus *kalter Krieg* ‚versteckter, unblutiger (auf ökonomischem, politischem, ideologischem Gebiete geführter) Krieg' in der Presse: *kalter Preisaufschlag, kalte Inflation* (HÄUSERMANN 1977, 23, 29). Älter sind auch schon *ein kalter* ‚unblutiger' *Staatsstreich* und *auf kaltem Wege* ‚ohne Aufsehen zu erregen' *etwas tun* (so im WDG).

Ähnliche Probleme gibt es auch bei der Bestimmung verbaler Wendungen. Gerade eine Reihe von Verben hat einen außerordentlich weiten Bedeutungsumfang und demnach einen wenig spezialisierten Bedeutungsinhalt. Das macht die Entscheidung darüber, ob eine „reguläre" Verbindung vorliegt, die sich an ein usuelles Semem des Verbs anknüpfen läßt, oder ob eine „einmalige", „irreguläre" Kombination anzunehmen ist, in manchen Fällen sehr schwierig. Sollen beispielsweise die Konstruktionen *eine Auswahl / Anordnungen / Vorsorge / Maßnahmen / Vorkehrungen / Entscheidung treffen* an ein besonderes, usuelles Semem des Verbs *treffen* angeknüpft werden? Das WDG gibt kein spezielles Semem an, sondern vermerkt lediglich, *treffen* diene hier „in abgeblaßter Bedeutung mit einem Akkusativobjekt zur Umschreibung eines Verbalbegriffs". Danach würde es sich trotz der Reihenbildung um eine „irreguläre" Kombination in bezug auf die Semantik von *treffen* handeln, also um teilidiomatische Phraseologismen. Eine ähnliche Angabe macht das WDG bei *setzen* („dient in abgeblaßter Bedeutung in Verbindung mit einem Substantiv häufig zur Umschreibung eines Verbalbegriffs") und gibt Beispiele wie *sich mit jmdm. ins Einvernehmen setzen* ‚sich mit jmdm. verständigen', *jmdn. in Verlegenheit setzen* ‚jmdn. verlegen machen', *jmdn. in Freiheit / auf freien Fuß setzen* ‚jmdn. befreien, aus der Haft entlassen'. Auch hierbei handelt es sich dann um teilidiomatische Phraseologismen. Die nominalen Komponenten haben keine wendungsssspezifische Bedeutung. Alle diese Wortverbindungen zu den Funktionsverbgefügen zu rechnen, wie dies U. FIX tut (FIX 1974–76, 56), halte ich nicht für gerechtfertigt (Näheres dazu s. u. 3.4.2.).

Das Verb *setzen* wird von U. FIX zu den „beziehungsweiten" Verben gerechnet, wozu noch *geben, ziehen, kommen, stehen, gehen, machen, nehmen, stellen, lassen, halten, sein, tun, haben* und *legen* (jedoch auffälligerweise nicht *bringen*, das in Funktionsverbgefügen sehr viel verwendet wird: FIX 1974–76, 305–307). Werden diese Verben (*sein* als Sonderfall ausgenommen) mit idiomatisierten nominalen Komponenten verbunden, dann „ordnet sich die undifferenzierte Verbbedeutung in eine differenzierte Wendungsbedeutung ein; dabei verliert das Verb seine Beziehungsweite" (FIX 1974–76, 52): *jmdm. den Daumen aufs Auge setzen, sich jmdn. vom Leibe halten, sich etwas in den Kopf setzen.*

Die vorstehenden Hinweise auf Schwierigkeiten bei der Idiomatizitätsfeststellung stellen nicht das Prinzip dieser Differenzierung und seine Bedeutung für die Abgrenzung und Kennzeichnung von Phraseologismen in Frage. Sie sollen aber bewußt machen, daß die Klassifizierung sprachlicher Einheiten – um welche es sich auch handeln mag und welche Methoden dabei auch angewendet werden mögen – stets an Grenzen stößt, die mit dem Wesen einer natürlichen Sprache zusammenhängen. Alle noch so „objektiv" erscheinenden Klassifikationskriterien verlangen bei ihrer Anwendung auf das „Material" der Sprache Entscheidungen, die an bestimmten Stellen nicht eindeutig zugunsten des einen oder anderen Faktors getroffen werden können. „Das bedeutet nicht Ungenauigkeit des Resultats, sondern adäquate Beschreibung der Zwischenstellung" eben der betreffenden sprachlichen Erscheinungen (FIX 1974–76, 306).

2.2.   Stabilität

Mit der Idiomatizität hängt es zusammen, daß dem Austausch der phraseologischen Komponenten in der Regel weit engere Grenzen gesetzt sind als in einer freien syntaktischen Wortverbindung. In vielen Fällen ist ein solcher Austausch überhaupt nicht möglich; es liegt eine lexikalisch-semantische Stabilität vor. Die Gesamtbedeutung des Phraseologismus ist an die Kombination einzelner konkreter lexikalischer Elemente gebunden und hat in dieser Hinsicht keinen Modellcharakter. In Satz ⟨1⟩ lassen sich die Substantive *Auto* und *Garage* ersetzen, ohne daß für die übrigen Bestandteile des Satzes semantische Konsequenzen eintreten; in Satz ⟨2⟩ bestehen derartige Möglichkeiten für die Substantive *Stein* und *Brett* des Phraseologismus nicht:

⟨1'⟩   Gustav hat bei seinem Vater ein *Motorrad im Schuppen.*
⟨2'⟩   *Gustav hat bei seinem Vater *einen Kiesel im Schrank.*

Auch das Verb *haben* ist wohl in Satz ⟨1⟩, nicht aber in Satz ⟨2⟩ austauschbar:

⟨1"⟩   Gustav *stellt* bei seinem Vater ein Auto in die Garage.
⟨2"⟩   *Gustav *wirft* bei seinem Vater einen Stein ins Brett.

Die lexikalisch-semantische Stabilität zeigt sich auch in dem unterschiedlichen Verhalten landschaftlich-territorialer Dubletten in der Literatursprache: Während

36

Rahm ‚fettreichster Teil der Milch, der sich an der Oberfläche absetzt' als Einzelwort im wesentlichen westmitteldeutsch, süddeutsch, österreichisch und schweizerisch gebraucht wird (nach DGW) und im übrigen Sprachgebiet dafür *Sahne* üblich ist, ist der Phraseologismus *den Rahm abschöpfen* ‚sich das Beste nehmen' landschaftlich nicht begrenzt; der Ersatz von *Rahm* durch *Sahne* ist nicht üblich: **die Sahne abschöpfen*.

Die phraseologische Stabilität hat außer dem genannten noch weitere Aspekte:
– die Erscheinung phraseologisch gebundener Wörter („unikaler Komponenten");
– syntaktische und morphologisch-flexivische Anomalien;
– die Stabilität nichtidiomatischer Komponenten (als Spezifikum Wortpaare wie *Freud und Leid*).

2.2.1. Unikale Komponenten

2.2.1.1. Überblick

Idiomatizität und Stabilität sind weder identisch noch verhalten sie sich proportional gleich. Das zeigen z. B. Phraseologismen mit unikalen Komponenten, d.h. Wörtern, deren Formativ außerhalb des Phraseologismus nicht (mehr) vorkommt. Es sind also phraseologisch gebundene Formative (ausführlich vgl. DOBROVOL'SKIJ 1978 sowie 6.1.4.3.).

(9)   Substantive: auf *Anhieb* ‚sofort, beim ersten Versuch', *Ankratz* haben ‚bei Männern ankommen', in jemandes *Beisein* ‚Anwesenheit', in *Betracht* kommen ‚in Frage kommen', in *Betracht* ziehen ‚berücksichtigen', außer *Betracht* bleiben ‚unberücksichtigt bleiben', im *Brustton* der Überzeugung, etw. aus *Daffke* tun ‚aus Trotz (nun gerade)', nach meinem *Dafürhalten*, den *Drehwurm* bekommen / kriegen / haben ‚schwindlig / verrückt sein', zu jemandes *Ergötzen* ‚Vergnügen', *Fersengeld* geben ‚fliehen, sich davonmachen', auf *Freiersfüßen* gehen ‚sich eine Frau suchen', jmdn. am *Gängelband* führen / haben ‚gängeln', jmdm. den *Garaus* machen, ‚töten, vernichten', wie von *Geisterhand* ‚wie durch eine unsichtbare Kraft', aufs *Geratewohl* ‚auf gut Glück', um *Haaresbreite* ‚um ein weniges', im *Handumdrehen* ‚schnell und mühelos', das *Hasenpanier* ergreifen ‚flüchten', keinen *Hehl* aus etw. machen ‚nicht verheimlichen, verbergen', durch / von *Henkershand* ‚durch Hinrichtung', nach *Herzenslust* ‚wie es einem gefällt, Spaß macht', ins *Hintertreffen* geraten / kommen, sich im *Hintertreffen* befinden ‚ungünstige Position', auf *Hochtouren* laufen / bringen ‚höchster Grad der Leistungsfähigkeit', auf dem *Holzweg* sein ‚sich irren', am *Hungertuch* nagen ‚Hunger leiden, darben', in die *Irre* führen / gehen / leiten / locken ‚in die falsche Richtung, auf einen falschen Weg', alle *Jubeljahre* ‚nur sehr selten', etw. auf dem *Kerbholz* haben ‚sich etw. haben zuschulden kommen lassen', auf dem *Kien* sein ‚scharf aufpassen, wachsam sein', etw. auf dem *Kien* haben ‚in seinem Fach gut Bescheid wissen', mit

jmdm. / etw. auf dem *Kriegsfuß* leben / stehen ‚mit jmdm. in ständigem leich-
tem Streit, in ständiger Spannung leben‘, ‚mit etw. Schwierigkeiten haben‘, auf
der *Lauer* liegen / sitzen / stehen / sein ‚im Hinterhalt ...‘, jmdn. den *Laufpaß*
geben ‚jmdn. wegschicken, sich von ihm trennen‘, *Lebeschön* machen ‚das
Leben genießen‘, all mein / dein / sein *Lebtag* (nicht) ‚mein / dein / sein Leben
lang (nicht)‘, bei / zu meinen / seinen *Lebzeiten* ‚während meines / seines
Lebens‘, aus / nach *Leibeskräften* ‚mit aller / ganzer Kraft‘, zu guter *Letzt*
‚schließlich, am Ende‘, *Maulaffen* feilhalten ‚(mit offenem Mund) untätig
zusehen, gaffen‘, in *Mißkredit* bringen / geraten / kommen ‚in schlechten Ruf
...‘, jmdn. / etw. in *Mitleidenschaft* ziehen ‚jmdn. / etw. mit beeinträchtigen‘,
sein *Mütchen* (an jmdm.) kühlen ‚seinen Zorn (an jmdm.) auslassen‘, im
nachhinein ‚nachträglich, hinterher‘, das *Nachsehen* haben ‚nichts mehr
bekommen, leer ausgehen‘, jmdm. das *Nachsehen* geben ‚jmdn. um den Sieg
bringen, im Wettkampf schlagen‘, auf *Nimmerwiedersehen*, *Obacht* geben
‚achtgeben, aufpassen‘, die *Oberhand* gewinnen / haben / behalten ‚die Überlegenheit ...‘, wie auf dem *Präsentierteller* sitzen ‚den Blicken aller ausgesetzt
sein‘, etw. liegt wie auf dem *Präsentierteller* vor jmdm. ‚leicht überschaubar‘,
Reißaus nehmen ‚fliehen‘, schimpfen / frech sein wie ein *Rohrspatz*, sein
Scherflein beitragen / beisteuern / entrichten ‚seinen kleinen Beitrag leisten‘,
aufpassen wie ein *Schießhund* ‚scharf aufpassen‘, *Schindluder* treiben mit
jmdn. / etw. ‚jmdn. / etw. nichtswürdig, schändlich behandeln‘, jmdn. beim
Schlafittchen nehmen / kriegen ‚jmdn. zu fassen bekommen und eben noch
festhalten‘, armer *Schlucker* ‚mittelloser, bedauernswerter Mensch‘, jmdn. ein
Schnippchen schlagen ‚jmdn. mit Geschick überlisten‘, seine *Schuldigkeit* tun
‚seine Pflicht tun‘, meine / seine verdammte Pflicht und *Schuldigkeit*, jmdm.
einen *Schur* antun ‚jmdm. Ärger, Schererei verursachen‘, jmdm. etw. zum
Schur tun ‚zu seinem Verdruß...‘, in *Schwang* kommen / bringen ‚üblich,
allgemein verbreitet sein / werden‘, in der *Schwebe* sein ‚unentschieden‘, kein
(rechtes / richtiges) *Sitz(e)fleisch* haben ‚keine Ausdauer haben, nicht lange an
einem Ort bleiben können‘, (keine) *Sperenzchen* machen ‚sich (nicht) sträuben‘, aus dem *Stegreif* ‚ohne Vorbereitung‘, zum *Steinerweichen* ‚herzzerrei-
ßend‘, kein *Sterbenswort* (-wörtchen) sagen ‚überhaupt nichts sagen‘, aufs
Tapet bringen / kommen ‚zur Sprache bringen / kommen‘, ohne (alle) *Umschweife* ‚gerade-, rundheraus, ohne zu zögern‘, kein *Untätchen* ist an etw. /
jmdm. ‚jmd. / etw. hat nicht den geringsten Fehler, Mangel‘, fröhliche *Urständ*
feiern ‚wiederaufleben‘, im *Verfolg* einer Sache ‚im Verlauf‘, mit *Verlaub*
gesagt / zu sagen ‚mit deiner / Ihrer Erlaubnis‘, in *Verruf* kommen / geraten
/ bringen ‚einen schlechten Ruf bekommen, ins Gerede bringen‘, zum *Vorschein* bringen / kommen ‚sichtbar machen / werden‘, das *Zeitliche* segnen
‚sterben‘, ohne jmds. *Zutun* ‚ohne jmds. Unterstützung / Mitwirkung‘, durch
jmds. *Zutun* ‚mit jmds. Unterstützung‘.

⟨10⟩ Adjektive/Adverbien: *abhanden* gehen / kommen ‚verlorengehen‘, *abhold*
sein einer Sache ‚abgeneigt‘, jmdn. jmdn. *abspenstig* machen ‚jmdn. von jmdm.
weglocken‘, sich *anheischig* machen ‚sich erbieten, verpflichten‘, jmds.
ansichtig werden ‚jmdn. erblicken‘, seit *alters* ‚von je her, schon lange Zeit‘,
jmdn. / etw. *ausfindig* machen ‚jmdn. / etw. nach langem Suchen (aus einer
Menge) herausfinden‘, sich *bemüßigt* sehen / fühlen / finden ‚sich veranlaßt
fühlen‘, jmdn. *dingfest* machen ‚jmdn. verhaften‘, sich *erkenntlich* zeigen,

erkenntlich sein ‚seinen Dank durch eine Gabe oder Gefälligkeit ausdrücken‘, *fehl* am Platze / Ort sein ‚unpassend sein‘, *frank* und frei ‚ganz offen, geradeheraus‘, *gang* und *gäbe* sein ‚üblich sein‘, jmdm. / einer Sache *gerecht* werden ‚angemessen beurteilen / behandeln‘, jmds. / einer Sache *gewahr* werden ‚bemerken, erblicken‘, jmds. / einer Sache *habhaft* werden ‚jmdn. / etw. zu fassen bekommen‘, *handgemein* werden ‚zu Tätlichkeiten übergehen, handgreiflich werden‘, *hellauf* lachen ‚laut frei heraus‘, *hellauf* begeistert sein ‚sehr‘, es ist *hellichter* Tag, am *hellichten* Tage [drückt Verstärkung aus], *jahraus, jahrein* ‚jedes Jahr wieder, immer wieder, beständig‘, von / seit *jeher* ‚schon lange‘, *kiebig* werden, sich *kiebig* machen ‚übermütig, frech‘, *klipp* und klar ‚klar und deutlich‘, *kreuz* und quer ‚planlos in alle Richtungen, hierhin und dorthin‘, *lautbar* werden ‚bekannt werden‘, sich *mausig* machen ‚keck, vorlaut auftreten, sich vordrängen‘, jmdn. *mundtot* machen ‚jmdn. zum Schweigen / Verstummen bringen‘, alle *naselang* (hinfallen) ‚sehr oft‘, jmdm. *piepe* sein, *schnurz* und *piepe* sein ‚völlig gleichgültig‘, sich für etw. (an jmdm. / etw.) *schadlos* halten ‚sich für einen erlittenen Schaden, einen entgangenen Vorteil oder eine Benachteiligung (auf Kosten von etw.) Ersatz schaffen‘, *urbar* machen ‚kultivieren‘, einer Sache *verlustig* gehen ‚etw. verlieren, einbüßen‘, *unbeschrankter* Bahnübergang ‚ohne Schrankensicherung‘, *sattsam* bekannt sein ‚genügend, bis zum Überdruß...‘, im *voraus* ‚schon vorher‘, *vorstellig* werden bei jmdm. ‚sich mit einem Gesuch, einem Anliegen mündlich oder schriftlich an jmdn. wenden‘, *willens* sein ‚bereit, entschlossen‘, bei jmdm. *zulande* ‚bei jmdm. daheim, in jmds. Heimatland‘.

⟨11⟩   Verben: jmdm. etw. *angedeihen* lassen ‚gewähren‘, eine Sache / Niederlage *auswetzen* ‚einen Schaden wieder gutmachen‘, jmdn. über den Löffel *balbieren / barbieren* ‚jmdn. in plumper Weise betrügen‘, es bei / mit etw. *bewenden* lassen ‚es mit etw. abgetan, genug sein lassen‘, sich nicht *lumpen* lassen ‚sich (im Vergleich zu anderen) nicht geizig zeigen‘, die Nase (über jmdn. / etw.) *rümpfen* ‚sich (über jmdn. / etw.) erhaben fühlen, verächtlich (auf jmdn. / etw.) herabblicken‘, die Stirn / Augenbrauen *runzeln* ‚zusammenziehen‘, die Ohren *steifhalten* ‚den Mut nicht verlieren, gesund bleiben‘, den Nacken *steifhalten* ‚sich behaupten, nicht nachgeben‘, etw. nicht *wahrhaben* wollen ‚nicht einsehen, nicht zugeben wollen‘, alles, was da *kreucht* und *fleucht* ‚kriecht und fliegt‘, wie er *leibt* und lebt ‚ganz wie er in Wirklichkeit aussieht, ist‘.

Als Komponente eines solchen Phraseologismus kann ein Substantiv den substantivischen Charakter völlig verlieren. Das Substantiv *die Acht* ‚Aufmerksamkeit‘, im DGW und WDG als „veraltet" bezeichnet, war in den Konstruktionen *etwas außer acht lassen* ‚etwas nicht berücksichtigen, nicht beachten‘, *außer acht bleiben* ‚nicht berücksichtigt werden‘, *sich (vor jmdm. / etwas) in acht nehmen* ‚sich vorsehen‘, *etwas in acht nehmen* ‚mit etwas sorgfältig, vorsichtig umgehen‘ nicht mehr ohne weiteres erkennbar; DUDEN (1996) fordert allerdings wieder substantivische Großschreibung!

Auch eine Reihe von F r e m d w ö r t e r n und sogar fremdsprachige Kombinationen mehrerer Wörter werden als unikale Komponenten verwendet (vgl. 6.1.4.4.):

⟨12⟩ ganz *down* sein ‚bedrückt, niedergeschlagen', *in / out* sein ‚in / aus der Mode sein', *ad absurdum* führen ‚bis zur Sinnlosigkeit', *ad acta* legen ‚als erledigt ansehen', die *Honneurs* machen ‚den Gästen die nötigen Ehren erweisen, sie empfangen, miteinander bekannt machen', etwas *in petto* haben ‚etwas bereit haben', schwer von *Kapee* sein ‚schwer begreifen', so *lala* ‚einigermaßen, erträglich', jmdn. die *Leviten* lesen ‚jmdn. energisch zurechtweisen', jmdn. *Mores* lehren ‚jmdm. Anstand beibringen, jmdn. energisch zurechtweisen', etw. *parat* haben / halten ‚bereit', jmdm. / einer Sache *Paroli* bieten ‚sich gegen jmdn. / etwas mit gleicher oder überlegener Kraft zur Wehr setzen', einen *Pik* haben auf jmdn. ‚Groll gegen jmdn. hegen', sich in *Positur* setzen / stellen / werfen ‚(auf eine bestimmte Wirkung abzielende, gekünstelte) Körperhaltung', *Posto* fassen ‚sich als Posten aufstellen, Stellung nehmen', das / ein *Prä* haben ‚den Vorrang haben', auf dem *Quivive* sein ‚auf der Hut sein', *va banque* spielen ‚alles auf eine Karte setzen', einer Sache / jmdm. *Valet* sagen ‚etwas / jmdn. aufgeben, verlassen'.

Fast alle der oben angeführten Fremdwörter sind entweder lateinischen oder französischen Ursprungs (mit Ausnahme des englischen *down, in / out*, des hebräischen *Leviten*, des italienischen *Paroli, Posto* und *petto*).

Von den Beispielen unter ⟨12⟩, in denen fremdsprachige Komponenten in Kombination mit heimischen den Phraseologismus konstituieren, sind Verbindungen abzuheben, die nur aus fremdsprachigen Komponenten bestehen, vgl. ⟨12a⟩.

⟨12a⟩ *Dolce vita* ‚luxuriöses Leben', *Enfant terrible* ‚jmd., der schockierend gegen geltende Regeln verstößt', *Happy few* ‚kleine Schar von Auserwählten', *Ultima ratio* ‚letztes geeignetes Mittel', *in optima forma* ‚in bester Form', *in persona* ‚in (eigener) Person', *last not least* ‚in der Reihenfolge zuletzt, aber nicht in der Bedeutung', *mutatis mutandis* ‚mit den nötigen Abänderungen'.

Probleme der Abgrenzung. Mit der Entstehung von Phraseologismen mit unikaler Komponente sind zugleich Probleme ihrer Bestimmung und Abgrenzung verbunden. Es ist das oben unter 2.1. Gesagte zu bedenken.

1) Eine Komponente kann unikal werden, weil sie im „freien" Gebrauch veraltet. So kennzeichnet das WDG *Präsentierteller* in der Bedeutung ‚Teller, auf dem besonders Visitenkarten überreicht werden', als „veraltend". Außerdem wird vermerkt: „heute noch in der Wendung" *wie auf dem Präsentierteller sitzen*, „umgangssprachlich". Je nachdem, ob man das Kompositum noch als Wortschatzelement der Literatursprache der Gegenwart ansieht oder nicht, wird die Entscheidung über den Status als ‚unikale Komponente' ausfallen. Eindeutig ist demgegenüber ein Fall wie *Schießhund* in *aufpassen wie ein Schießhund*, das dem Wortschatz der Gegenwartssprache als Einzellexem nicht mehr angehört. „Schießhunde waren abgerichtete Jagdhunde, die das angeschossene Wild verfolgten und holten. Zur übertragenen Anwendung der Redensart dürfte die Studentensprache beigetragen haben, in der ‚Schießhund' zur spöttischen Bezeichnung von Pfört-

nern u.dgl. verwendet wurde" (BORCHARDT/WUSTMANN/SCHOPPE 1954, 424f.; vgl. auch RÖHRICH 1991–92, 1329f.).

2) Eine Komponente kann als unikal aufgefaßt werden, weil sie als freies Einzellexem an eng fachsprachlichen Gebrauch gebunden ist, zu dem bei allgemeinsprachlicher Verwendung keinerlei Beziehung besteht. Wer wollte etwa das Kompositum in dem Phraseologismus den *Drehwurm haben* mit dem zoologischen Fachausdruck *Drehwurm* ‚Finne einer besonderen Art des Bandwurmes, die die Drehkrankheit erregt' in Verbindung bringen? Dann wäre allerdings nicht von unikaler Komponente zu sprechen. Ähnliches gilt für *Rohrspatz* ‚Rohrdommel' (*schimpfen wie ein Rohrspatz*), *Zwickmühle* (*in der Zwickmühle sein / sitzen*) ‚bestimmte Stellung der Steine im Mühlespiel, bei der man den Gegner mit einem Zug in einer Mühle fangen kann'.

3) Bei der Entscheidung über den Status einer unikalen Komponente ist ferner zu berücksichtigen, ob bei unterschiedlichen Bedeutungen eines Formativs Polysemie eines Wortes vorliegt oder Homonymie und damit von zwei Wörtern auszugehen ist. Es gibt zum Beispiel die Wörter *Kegel*, *Schur* und *Schuß* im freien Gebrauch. Aber wird man ihre Formative mit den Formativen in den Konstruktionen *mit Kind und Kegel* ‚mit der gesamten Familie' (im WDG unter *Kegel* ‚spitz zulaufender Körper mit runder oder ovaler Grundfläche' angeordnet), *jmdm. etwas zum Schur tun* ‚zu seinem Verdruß tun' (im WDG als *Schur*$_2$ gesondert aufgeführt mit dem Vermerk „nur in den Wendungen"), *in / im Schuß sein* ‚in Ordnung sein' (im WDG mit unter *Schuß* ‚das Abschießen, Abfeuern eines Geschosses', mit dem Vermerk „in besonderen Wendungen") in Verbindung bringen wollen? Die Komponente *Kegel* ist eine alte Bezeichnung für ‚uneheliches Kind' (wenn auch etymologisch mit dem heute noch gebrauchten Wort *Kegel* identisch). Setzt man Homonyme an, sind sie dann auch als unikale Komponenten zu betrachten. Ähnlich verhält es sich mit dem Adjektiv/Adverb *gemein* in der Bedeutung ‚gemeinsam': etw. mit jmdm. *gemein* haben, sich mit jmdm. *gemein* machen ‚sich mit jmdm., der sozial oder moralisch tiefer steht, anfreunden, verbrüdern'.

Von den Verben ist *beigeben* in der Konstruktion *klein beigeben* ‚nachgeben, den Widerstand aufgeben' zu nennen.

Kaum für Homonymie wird man sich dagegen entscheiden können in Konstruktionen wie *etw. in Angriff nehmen* ‚etw. beginnen, anpacken', wo das Moment des Herangehens an die Arbeit eine semantische Beziehung zur Bedeutung des Einzelwortes *Angriff* herstellt; ferner *Anstoß erregen / nehmen* ‚etw. beanstanden / beanstandet werden', wo das Semem ‚Ärgernis' mit dem Semem ‚Unterbrechung, Hindernis' (ohne *Anstoß* aufsagen u. ä.) in Zusammenhang steht. In diesen Fällen wäre dann nicht von unikalen Komponenten zu sprechen.

Fraglich bleibt die Beurteilung der Komponente in der Konstruktion *in Abrede stellen* ‚etw. bestreiten'. Soweit *Abrede* heute noch als Einzelwort gebraucht wird, hat es die Bedeutung ‚Vereinbarung, Verabredung', also gerade das Gegenteil von der Bedeutung, die die phraseologische Komponente hat. Da aber antonymische Beziehung semantische Verwandtschaft voraussetzt, ist es vielleicht eher angebracht, hier von einer wendungsspezifischen Bedeutung des Wortes *Abrede* zu sprechen und nicht von einer unikalen Komponente.

4) Eine weitere Schwierigkeit besteht schließlich darin, daß manche der fraglichen Komponenten (Substantive) nicht nur in Verbindung mit e i n e m Verb verwendet werden, sondern sich – mehr oder weniger schwach ausgeprägt und besetzt – doch gewisse Strukturmodelle entwickelt haben. So kommt das Substantiv *Irre* nicht nur mit *gehen*, sondern auch mit *führen* und *locken* vor; vgl. ferner von den unter ⟨9⟩ genannten Beispielen etwa noch *Lauer, Mißkredit, Gängelband* u. a. Dennoch erscheint es begründet, hier von unikalen Komponenten zu sprechen, weil sie nur in präpositionalem Anschluß an eine eng begrenzte Zahl von Verben gebraucht werden, die sich nur wenig semantisch unterscheiden, und zwar vor allem durch die Aktionsart und/oder durch Transitivität bzw. Intransitivität (*sich auf die Lauer legen / auf der Lauer liegen, in Mißkredit geraten / in Mißkredit sein / in Mißkredit bringen*).

5) Etwas anders verhält es sich mit einem Wort wie *blond* oder dem Verb *blecken*, die wir nicht als unikal und damit phraseologisch gebunden betrachten. Es sind Wörter mit minimaler „semantischer Valenz", worunter W. SCHMIDT „die in einer aktuellen Wortbedeutung gesetzten Bedingungen zur Verbindung des Wortes mit Kontextpartnern" versteht (SCHMIDT 1967, 45). Dennoch sind Konstruktionen wie *blondes Haar* und *die Zähne blecken* keine „festen" Wortverbindungen. Das Adjektiv *blond* bezeichnet eine spezielle helle Farbe des Haares; die Bedeutung ist außerhalb der Verbindung mit *Haar* isolierbar, und es bestehen die Kombinationsmöglichkeiten *blondes Kind, blonder Schwede* (ROTHKEGEL 1973, 32f.). Das Adjektiv ist auch als Prädikativum ohne Substantiv verwendbar: *Das Kind ist blond.* Das Verb *blecken* schließlich ist außer mit *Zähne* auch mit *Zunge* verbindbar (*die Zunge blecken* ‚herausstrecken' im WDG) und kann metaphorisch gebraucht werden in Verbindung mit *Flamme, Feuer* (im WDG mit selbständigem Semem). Damit unterscheidet sich das Verb *blecken* von den oben unter ⟨11⟩ genannten Verben *rümpfen, runzeln* u. ä.

Idiomatizität und unikale Komponente. Ist eine phraseologische Komponente als Formativ ganz an den Phraseologismus gebunden, kommt als unikale Komponente außerhalb des Phraseologismus nicht vor, dann ist natürlich ein Vergleich mit einer wendungsexternen Bedeutung nicht möglich, und die Qualifizierung solcher Ausdrücke als idiomatisch ist umstritten (Vgl. WEINREICH 1972, 436). Wie die oben unter ⟨9⟩, ⟨10⟩ und ⟨11⟩ zusammengestellten Beispiele zeigen, ist aber die Wortstruktur der betreffenden Komponenten unterschiedlich, und daraus ergeben sich auch Konsequenzen für die semantischen Beziehungen zu lexikalischen Einheiten außerhalb des Phraseologismus. Die Komponenten *Fug (mit Fug und Recht), Lauer (auf der Lauer liegen), Reißaus (Reißaus nehmen), verlustig (verlustig gehen), ausfindig (ausfindig machen)* haben (bzw. bestehen aus) Grundmorpheme(n), die Bestandteile von Wortbildungskonstruktionen auch außerhalb von Phraseologismen sind: *Un-fug, be-fug-t; auf-, be-lauer-n; aus-reiß-en; Verlust; her-aus-find-en.* Die dadurch gegebenen semantischen Beziehungen führen für die Phraseologismen, deren Bestandteile die obengenannten Komponenten sind, zu einem geringeren Grad von Idiomatizität. Dieser Grad ist höher, wo solche Wortbildungsbeziehungen nicht (mehr) bestehen, z. B. in *abspenstig machen, sich anheischig machen, etwas zum Schur tun.* Wieder anders ist das Verhältnis bei Komponenten wie *Hasenpanier, Schießhund, Fersengeld,* wo die Wortbildungskonstruktionen nicht durch sprachliche Motivation semantische Beziehungen wecken, sondern wo kulturgeschichtliche oder andere Sachkenntnisse erforderlich sind, um die Motivation herzustellen. Es bleibt festzuhalten, daß sich die Phraseologismen mit phraseologisch gebundenen (unikalen) Formativen, die ein hohes Maß an Stabilität aufweisen, im Hinblick auf den Grad der Idiomatizität sehr unterschiedlich verhalten.

Einen anderen Aspekt der Differenzierung derartiger Wortverbindungen verfolgt AMOSOVA. Sie unterscheidet Ausdrücke mit „singulärer Verbindbarkeit der Wörter" („ediničnoj sočetaemosti slov"); dazu gehört im Deutschen etwa *armer Schlucker:* Das Substantiv kommt nur in dieser einen Verbindung vor, ist aber in annähernd gleicher Bedeutung ersetzbar durch *armer Hund/Teufel* ... Ähnlich *die Zähne fletschen.* Davon werden abgehoben sogenannte „Nekrotismen", d. h. völlig abgestorbene Wörter, „die nicht einmal mehr ein Element des Wortschatzes" der Gegenwartssprache bilden: im Deutschen etwa das Substantiv *Urständ* oder die Adjektive *gang* und *gäbe.* Weder die eine noch die andere Gruppe wird von AMOSOVA zu ihren „Phrasemen" und „Idiomen" gezählt (Vgl. AMOSOVA 1963, 107ff.; TELIJA 1975, 410).

Zum Typ *zugrunde gehen* vgl. 2.6.2.3.

2.2.1.2. Typologie

Wie aus den bisherigen Ausführungen ersichtlich, bilden die Phraseologismen mit phraseologisch gebundenen Formativen keineswegs eine einheitliche Gruppe, sondern sind unter strukturellen und semantischen Gesichtspunkten sehr heterogen. Das Merkmal des in wendungsexterner Verwendung fehlenden Formativs ist nur ein äußeres Kristallisationsmerkmal. Den Versuch einer typologischen Ordnung dieser Gruppe macht D. O. DOBROVOL'SKIJ (1978). Dabei berücksichtigt er den Charakter der Determination des Phraseologismus durch seine Komponenten und die Wortstruktur des gebundenen Formativs.

Unter der determinierenden Komponente, auch Grundkomponente (vgl. ČERNYŠEVA 1975, 218), wird diejenige verstanden, die das Auftreten der anderen Komponenten bedingt, den Phraseologismus konstituiert. Das ist in der hier in Frage kommenden Teilgruppe von Phraseologismen immer das gebundene Formativ (vgl. dazu auch 1.2.1.). Das Substantiv *Kerbholz*, das Adjektiv *anheischig* „determinieren" das Auftreten der übrigen Komponenten *etwas auf dem – haben, sich – machen*, machen die Distribution „prädiktabel" (voraussagbar). „Auf der Voraussagbarkeit eines bzw. mehrerer Elemente durch ein anderes bzw. andere beruht das Prinzip der Determination in der Phraseologie" (DOBROVOL'SKIJ 1978, 30).

Von ‚wechselseitiger Determination'[26] ist dann zu sprechen, wenn der Phraseologismus zwei Formative enthält, die beide nur gemeinsam vorkommen: „Jede von ihnen schreibt ihre phraseologische Distribution vor, zu der dann die andere gehört" (DOBROVOL'SKIJ 1978, 34). Das gilt z. B. für den Phraseologismus *Lug und Trug*.

Die gebundenen Formative können ihrer Struktur nach entweder Grundmorpheme oder Wortbildungskonstruktionen sein, oder sie können durch Flexionsanomalien gekennzeichnet sein. Die Wortbildungskonstruktionen, deren Basis frei nicht vorkommt, werden zweckmäßigerweise hier mit zu den Grundmorphemen gezählt (*Scherf-lein, Schnipp-chen*).

Unter Berücksichtigung des eben Gesagten ist dann folgende Typenbildung möglich. Die Determination kann einseitig oder wechselseitig sein. Die Gebundenheit des Formativs kann lexikalisch oder grammatisch bestimmt sein. Die lexikalisch bestimmte Gebundenheit kann durch Grundmorpheme oder Wortbildungskonstruktionen gegeben sein. DOBROVOL'SKIJ veranschaulicht die einzelnen Gliederungsschritte durch den folgenden Algorithmus:

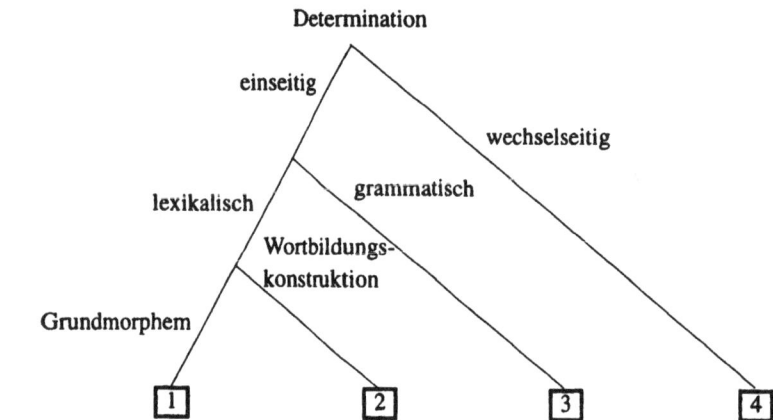

---

[26] Terminus nach ARCHANGEL'SKIJ, V.: Ustojčivye frazy v sovremennom russkom jazyke. Rostov 1964, S. 112.

44

Zum Typ 1 gehören Phraseologismen wie *ohne Fehl sein* ‚ohne Makel sein‘, *keinen Hehl aus etwas machen* ‚etwas nicht verheimlichen, verbergen‘, *jmdn. auf dem Kieker haben* ‚Groll gegen jmdn. haben und daher jede Gelegenheit wahrnehmen, um ihm Schaden zuzufügen‘, *frank und frei, klipp und klar, ganz down sein* und weitere der oben unter ⟨9⟩, ⟨12⟩ aufgeführten Beispiele (dort auch die Bedeutungsangaben). Von den durch DOBROVOL'SKIJ erfaßten 547 Phraseologismen mit gebundenen Formativen gehören hierher 142, d. h. ca. 26 %.[27]

Zum Typ 2 gehören Konstruktionen wie *Fersengeld geben, Maulaffen feilhalten, am Hungertuch nagen, einer Sache habhaft werden, sich mausig machen*. Bei DOBROVOL'SKIJ sind es 349 Phraseologismen, d. h. etwa 63,8 %. Bei aller Zurückhaltung gegenüber der zahlenmäßigen Aufgliederung darf doch angenommen werden, daß dieser Typ tatsächlich im Deutschen den am stärksten vertretenen in der ganzen Gruppe ausmacht. Das dürfte mit Charakteristika der deutschen Wortbildung und ihrer Entwicklung zusammenhängen. Bei den substantivischen Komponenten handelt es sich vorwiegend um Determinativkomposita, in selteneren Fällen um Derivate (*sein Mütchen kühlen* ‚seinen Zorn an jmdm. auslassen‘, *Fettlebe machen* ‚gut und üppig essen‘). Die adjektivischen Komponenten sind entweder deverbale Derivate (*ausfindig, anheischig*), desubstantivische Derivate (*verlustig*), Komposita (*dingfest*) oder noch anders strukturiert (*abhold, abhanden, sattsam*), also insgesamt recht verschiedenartig.

Zum Typ 3 gehören vor allem Konstruktionen mit festem Dativ *-e* im Singular von Maskulina und Neutra (*seine Haut zu Markte tragen* ‚sich in Gefahr begeben‘, *zu Stuhle kommen* ‚zum Abschluß kommen‘, *zu Buche schlagen* ‚ins Gewicht fallen‘, *in aller Munde sein* ‚sehr bekannt sein‘); ferner das adverbiale *-e* in *dicke* (*es dicke haben* ‚es satt haben, einer Sache überdrüssig sein‘, auch ‚sehr reich sein‘) und andererseits das Fehlen des auslautenden *-e* in Konstruktionen wie *in Reih und Glied* (im WDG ohne weitere Erläuterung oder Kennzeichnung: *die Soldaten standen in Reih und Glied*), *seit eh und je* ‚seit jeher‘, *für die Katz sein* ‚vergebens‘. Dieser Typ stellt also insofern einen Sonderfall dar, als die fraglichen Komponenten nicht als Wörter phraseologisch gebunden und damit unikal sind, denn die Wörter *Buch, Mund* und *dick, Reihe* und *ehe* werden auch außerhalb von Phraseologismen häufig gebraucht. Phraseologisch gebunden sind lediglich die betreffenden morphologischen Formen. Dazu gehören weiter etwa folgende Einzelfälle:

⟨13⟩   *auf Erden* in Konstruktionen wie *das Paradies auf Erden haben* ‚es über alle Maßen gut haben‘, *die Hölle auf Erden haben* ‚es über alle Maßen schlecht

---

[27] Die Zahlen dürfen allerdings nicht überbewertet werden. Wie unsere Übersichten ⟨9⟩ ⟨10⟩ ⟨11⟩ ⟨12⟩ zeigen, hat DOBROVOL'SKIJ die einschlägigen Konstruktionen nicht vollständig erfaßt. Andererseits gibt es bei der Einordnung fragliche Entscheidungen. Es handelt sich also bei den Zahlen nur um grobe Annäherungswerte.

haben', *der glücklichste Mensch auf Erden sein* ,über alle Maßen glücklich sein'. Hier ist der alte schwache Dativ bewahrt, sicher unter dem Einfluß von Luthers Bibeldeutsch.

⟨14⟩   *Stücker fünf / zehn*, ,etwa, ungefähr fünf / zehn Stück'. Hier ist die morphologische Anomalie mit der syntaktischen (Nachstellung des Zahlworts) gekoppelt. Syntaktische Anomalien werden im übrigen gesondert in anderem Zusammenhang behandelt (vgl. 2.2.2.1.). Die Zahlenangabe ist in Verbindung mit *Stücker* variabel; es muß allerdings wohl eine Zahl sein, die größer als zwei ist.

⟨14a⟩   *zu jmds. (Un)gunsten* ,zu jmds. Vor-/Nachteil'. Hier ist der umlautlose Dativ Plur. bewahrt (vgl. DGW 3, 1421).

⟨15⟩   *nicht viel Federlesens machen* ,keine Umstände machen' mit obligatorischem Genitiv *-s*. Hier könnte man allerdings davon ausgehen, daß es sich auch um lexikalisch bestimmte phraseologische Gebundenheit handelt (nach WDG *Federlesen* „meist in der Wendung", dabei ein Beleg von Feuchtwanger *ohne viel Federlesen*).

⟨16⟩   *viel / kein Aufheben(s) von etwas / jmdm. machen* ,einer Sache / jmdm. viel / wenig Bedeutung beimessen'. Nach WDG ist das Genitiv *-s* hier fakultativ; die Konstruktion steht also an der Grenze der hier behandelten. H. BURGER rechnet die beiden letztgenannten Konstruktionen unter die „syntaktischen Anomalien" (BURGER 1973, 35).

⟨17⟩   *hie und da* ,stellenweise, manchmal' bewahrt altes *hie* ,hier' (nach WDG „süddeutsch, österreichisch, im übrigen Sprachgebiet veraltet",?).

⟨18⟩   *gehupft wie gesprungen* ,das eine wie das andere, ohne Unterschied' bewahrt die oberdeutsche umlautlose Form von *hüpfen*.

Dieser Typ ist nur schwach vertreten. DOBROVOL'SKIJ zählt in seinem Material 46, d.h. 8,4%.

Der Typ 4 ist ebenfalls nur mit wenigen Konstruktionen vertreten; bei DOBROVOL'SKIJ sind es 10, d.h. ca. 1,8%. Dazu gehören fast ausschließlich Wortpaare: *Hinz und Kunz* ,jedermann' (nach WDG auch: *von Hinz zu Kunz* ,überallhin'), *weder gicks noch gacks wissen / sagen / verstehen* ,überhaupt nichts ...', *das weiß gicks und gacks* ,das weiß alle Welt', *Lug und Trug* ,Lüge und Betrug', *in Saus und Braus* ,sorglos und im Überfluß, verschwenderisch', *Habchen und Babchen* ,Habseligkeiten', *sich über Dod und Deibel unterhalten* ,über alles Mögliche'. Diese niederdeutschen Formen von *Tod* und *Teufel* kommen in der Literatursprache tatsächlich – wenn überhaupt – gewöhnlich als Wortpaar vor; aber WDG verzeichnet immerhin auch *Deibel* mit Verweis auf *Deiwel* ,Teufel' als isoliertes Lexem mit der Kennzeichnung „landschaftlich, besonders norddeutsch, salopp" (vgl. *auf Deiwel komm raus laufen* ,sehr hastig'). Danach würde es sich dann nicht um wechselseitige Determination handeln.

Ferner gehören hierher die verbalen Paare *was da kreucht und fleucht, wie er leibt und lebt* (vgl. oben ⟨11⟩) sowie *gang und gäbe* (vgl. oben ⟨10⟩).

Das Wortpaar *Zeter und Mordio schreien* ‚laut um Hilfe schreien' wird auch als Kompositum *Zetermordio* gebraucht. Ebenfalls hierherzustellen ist das Wortpaar *Krethi und Plethi* ‚jedermann', während dies bei dem Paar *Scylla/ Szylla und Charybdis* ‚zwei gleich große Gefahren, Schwierigkeiten' nicht ganz eindeutig ist, da die Namen *Scylla* (Meerungeheuer) und *Charybdis* (Meeresstrudel) auch selbständig noch mehr oder weniger gebraucht werden (im WDG jeweils auch getrennt verzeichnet; vgl. auch DGW 7, 3335).

Gesondert zu betrachten sind Konstruktionen wie *jahraus, jahrein* ‚jedes Jahr wieder, immer wieder, beständig' (ähnlich *tagaus, tagein*), *landauf, landab* ‚überall im Land'. Sie stehen ebenfalls in wechselseitiger Determination, haben aber eine ganz andere Struktur als die übrigen hiergenannten Konstruktionen. Während die übrigen Wortpaare, soweit es sich nicht um Eigennamen handelt, eine Kombination von Synonymen oder Antonymen darstellen, wird hier dasselbe Wort wiederholt, aber unter Hinzufügung eines antonymischen Wortbildungselements: *-aus* und *-ein*, *-auf* und *-ab*. Dadurch wird die Bedeutung der Wiederholung oder der Vollständigkeit erzielt.

2.2.2. Syntaktische Anomalie

Vorstehend ist die lexikalische und morphologische Anomalie von Phraseologismen als ein Aspekt ihrer Stabilität zur Sprache gekommen. Diese Stabilität ist aber auch syntaktisch-struktureller Art, und zwar in verschiedener Hinsicht. Darauf wird von vielen Autoren hingewiesen. (Vgl. WEINREICH 1962, 439; REICHSTEIN 1973, 212; BURGER 1973, 75ff.; ROTHKEGEL 1973, 78ff.; KOLLER 1977, 27ff.; VIEHWEGER 1977, 305f.)

Syntaktische Anomalien zeigen sich einerseits in der syntaktischen Verbindung der Komponenten eines Phraseologismus und andererseits in Beschränkungen der Transformation, der transformationellen Defektivität.

2.2.2.1. Anomalien in der syntaktischen Struktur der Komponenten

Diese „Oberflächen-Anomalien" (BURGER 1973, 75) kommen vorwiegend dadurch zustande, daß ältere Konstruktionsmöglichkeiten, die außerhalb der Phraseologismen nicht mehr üblich sind, im festen Verband der Phraseologismen bewahrt worden sind – im Grunde der Analogiefall zu den lexikalischen und morphologischen Anomalien.

1) Unflektierter Gebrauch des attributiven Adjektivs (oder adjektivisch gebrauchten Partizips): *eitel Freude / Glück* ‚nichts als Freude / Glück', *frei Haus* ‚(Transport) bis zum Haus ohne zusätzliche Kosten', ähnlich *frei Gelaß, frei Keller, Gut Holz!* [Gruß der Kegler], *auf gut Glück* ‚ohne die Garantie eines günstigen Ausgangs, Erfolgs', *um gut Wetter bitten* ‚um gnädige,

günstige Stimmung bitten', *sich bei jmdm. lieb Kind machen* ‚sich bei jmdm. einschmeicheln', *ein gerüttelt Maß (an Schuld)* ‚ein beachtliches, hohes Maß'.

2) Adverbialer Genitiv und Genitivkonstruktion als Objekt: *guten Glaubens* ‚ohne Hintergedanken', *guter Dinge sein* ‚gutgelaunt', *guter Hoffnung sein* ‚schwanger', *leichten / schweren Herzens* ‚gern / ungern', *stehenden Fußes* ‚sofort', *anderen Sinnes sein / werden* ‚seine Meinung, Absicht geändert haben / ändern', *des Todes sein* ‚sterben müssen', *seines Weges gehen* ‚fort-, weitergehen', *des Weges kommen* ‚daherkommen', *jmdn. eines anderen / Besseren belehren* ‚jmdn. von der Richtigkeit einer anderen / besseren Auffassung überzeugen'.

3) Voranstellung des attributiven Genitivs: *auf des Messers Schneide stehen* ‚kurz vor der Entscheidung; ungewiß, ob gut oder schlecht ausgehend', *in (des) Teufels Küche kommen* ‚in die größten Schwierigkeiten kommen', *auf Schusters Rappen* ‚zu Fuß', *des Pudels Kern* ‚das Wichtigste der Sache, der Hauptgrund', *um des Kaisers Bart* ‚um Unwichtiges', *aus aller Herren Länder* ‚aus allen Teilen der Erde', *da kann man sehen, wes Geistes Kind er ist* ‚wer er ist'.

4) Sonstige Rektionsanomalien: *jmdn. Lügen strafen* ‚jmdn. nachweisen, daß er gelogen hat', *mit jmdm. ist nicht gut Kirschen essen* ‚mit jmdm. ist schwer auszukommen'.

5) Anomalien im Artikelgebrauch: *vor Ort* ‚in der Praxis, nicht am Schreibtisch, an Ort und Stelle' (vgl. SPRACHPFLEGE 1980, H. 11, 236), *auf Draht sein* ‚tüchtig sein, allen Anforderungen gewachsen sein', *Hahn im Korbe sein* ‚der einzige Mann unter lauter Frauen', ‚die wichtigste Person in einer Gesellschaft', *Hals über Kopf* ‚überstürzt, sehr eilig', *sich etwas zu Herzen nehmen* ‚sich vornehmen, etwas in seinem Handeln künftig stets zu beachten', *Leine ziehen* ‚sich entfernen', *Lunte riechen* ‚Verdacht schöpfen', *Mattscheibe haben* ‚geistig nicht aufnahmefähig, begriffstutzig sein' (so bei Görner und DGW 5, 2219; WDG verzeichnet mit unbestimmtem Artikel: *eine Mattscheibe haben*, was weniger gebräuchlich sein dürfte), *Schlange stehen* ‚in einer Reihe hintereinander anstehen', *Schliff backen* ‚Mißerfolg haben', *Schule machen* ‚nachgeahmt werden', *in Schuß halten / sein* ‚in Ordnung halten / sein'.

6) Anomalien im Gebrauch der Pronomina, insbesondere des Pronomens *es* ohne Verweis auf ein Kontextelement (vgl. BURGER 1973, 33f.): *es leicht / schwer / gut / schlecht haben, es jmdm. ordentlich tüchtig / feste geben* ‚jmdn. verprügeln, mit Worten zurechtweisen', *es sich leicht / schwer machen, wie geht es?, es geht gut, hier läßt es sich aushalten* ‚hier ist es angenehm'; *jmdm. eins auswischen* ‚jmdm. eine Bosheit, einen Schaden antun', *einen einziehen* ‚schlafen', *sich einen in die Figur schütten* ‚Alkohol trinken', *einen gucken lassen* ‚etwas Unsinniges äußern, einen vermeidbaren

Fehler machen', *eins mit dem Holzhammer gekriegt haben* ,beschränkt sein, töricht handeln,' *einen in der Krone haben* ,betrunken sein'.

7) Anomalien im Gebrauch von Präpositionen und dgl.: *jmd. / etwas ist nicht (so ganz) ohne* ,etwas, jmd. ist beachtlich, macht einige Schwierigkeiten'. Die Präposition ist isoliert oder adverbialisiert, da die Rektionsforderung nicht erfüllt wird (DOBROVOL'SKIJ 1978, 73f.). Vgl. folgenden Textbeleg:

⟨19⟩   „Eine von den beiden Geschichten, die er kannte, war ja die Schlangenge-
         schichte, die womöglich in Nellys Gemüt noch tiefer eingegriffen hat als selbst
         die Aufzeichnungen der Gebrüder Grimm, die gewiß *nicht ohne waren.*"
         (Chr. Wolf, Kindheitsmuster)

Weiteres zu den syntaktischen Anomalien dieser Art s. u. 4.4.2. (dazu auch FIX 1974-76, 38).

2.2.2.2. Transformationelle Defektivität

Unter transformationeller Defektivität wird der Sachverhalt verstanden, daß Phraseologismen Restriktionen (Beschränkungen) der Transformation, Expansion und Reduktion unterliegen.[28] Gewisse Restriktionen dieser Art gibt es zwar auch bei freien Konstruktionen (vgl. WEINREICH 1972, 439), doch bei Phraseologismen haben sie eine besondere Qualität, wie auch die Unterschiede zwischen voll- und teilidiomatischen Phraseologismen erkennen lassen. Die unterschiedlichen Transformationsmöglichkeiten verschiedener Arten von Phraseologismen bedürfen allerdings noch gründlicherer Untersuchung, damit Gesetzmäßigkeiten aufgedeckt werden können. Die folgenden Bemerkungen können nur provisorischen Charakter haben. Letzen Endes sind die Transformationsbeschränkungen eine Konsequenz der Idiomatizität (d.h. semantischen Stabilität) sowie der lexikalischen und syntaktischen Stabilität der Phraseologismen.

1) Passivtransformation. Phraseologismen, „die ein Verb enthalten, das in freiem Gebrauch nicht passivierbar ist, sind selbst nicht passivierbar" (BURGER 1973, 81).

⟨20⟩   Peter *hat* eins auf den Kopf *bekommen.* – *Von Peter *ist* eins auf den Kopf
         bekommen worden.

Ist das Verb passivfähig und die akkusativische Ergänzung keine feste Komponente des Phraseologismus, ist die Passivtransformation möglich:

⟨21⟩   Susanne *stellte* einen schönen Gruppenabend *auf die Beine.* – Von Susanne
         wurde ein schöner Gruppenabend *auf die Beine gestellt.* // Peter *hat* Susanne

---

[28] BURGER, H.: Idiomatik des Deutschen. Tübingen 1973, S. 75 spricht von „funktionalen und transformationellen Defekten".

ins Bockshorn gejagt. – Susanne *ist* von Peter *ins Bockhorn gejagt worden.* //
Morgen *bringen* wir die Projekte *unter Dach und Fach.* – Morgen *werden* die
Projekte *unter Dach und Fach gebracht.*

Ist die akkusativische Ergänzung eine feste Komponente des Phraseologismus, sind die Möglichkeiten einer Passivtransformation unterschiedlich zu
beurteilen. Sie erscheint am ehesten möglich, wenn die betreffende Komponente oder das Verb nicht idiomatisiert ist, also in ihrer wendungsexternen
Bedeutung gebraucht wird:

⟨22⟩   Der Streit *wurde* durch einige Betrunkene *vom Zaune gebrochen.* Der kleine
         Ausreißer konnte noch *beim Schlafittchen genommen werden.* Weshalb *werden*
         hier denn ständig *Sperenzchen gemacht?* Er *ist* wieder einmal *über den Löffel*
         balbiert worden.

Aber auch bei vollidiomatischen Phraseologismen mit idiomatisiertem
Objekt ist die Passivtransformation nicht in jedem Fall ausgeschlossen, wenn
dabei gewährleistet ist, daß die festen Komponenten des Phraseologismus
durch die Transformation nicht auseinandergerissen werden. Dies wider-
spräche „der Unteilbarkeit der Bedeutung des Idioms" (BURGER 1973, 84).
Eine solche „Auftrennung" des Phraseologismus kann vermieden werden,
„indem man die erste Stelle des Satzes durch das semantisch leere es, durch
ein Adverb oder durch eine freie Valenz (z. B. das Agens) besetzt" (BURGER
1973, 84).

⟨23⟩   Es *wurde* endlich *Fraktur geredet.* Aber nicht: **Fraktur ist* diesmal nicht
         geredet worden. // Diesmal *wird* nicht *in den Eimer geguckt.* Aber nicht: **In*
         den Eimer wird diesmal nicht *geguckt.* Bei der Besprechung *wurde* wieder *alles*
         über einen Kamm geschoren. Aber nicht: **Über einen Kamm wurde* bei der
         Besprechung wieder *alles geschoren.* Dagegen: *Alles wurde* bei der Bespre-
         chung wieder *über einen Kamm geschoren.*

Doch damit sind noch nicht alle Möglichkeiten erschöpfend erklärt. So sind
z. B. folgende Passivierungen durchaus möglich:

⟨24⟩   *Kohldampf wird* diesmal nicht *geschoben!* Der Vogel *wurde* diesmal von Otto
         abgeschossen.[29] *Platz wird genommen,* wenn ich das Zeichen gebe.[30] *Der*
         Stier ist auch heute wieder *bei den Hörnern gepackt worden*; man hat die
         Aufgabe gelöst.

2) Relativsatz-Transformation. An Komponenten vollidiomatischer
Phraseologismen kann im allgemeinen kein Relativsatz angeschlossen
werden (⟨25a⟩). Dies ist aber zumindest bei einem Teil der vollidiomatischen
Phraseologismen dann möglich, wenn die Konstruktion ein nichtphraseologi-

---

[29] Dies im Gegensatz zu BURGER, Idiomatik, a. a. O., S. 82.
[30] Ebenfalls im Gegensatz zu BURGER, Idiomatik, a. a. O., S. 83.

sches Homonym hat, also auch im „wörtlichen" Sinn verstehbar ist. Dabei wird der phraseologische Charakter durch den Einschub des Relativsatzes nicht aufgehoben (⟨25b⟩):

⟨25⟩ a) *Der Stein, den Peter bei seinem Lehrer *im Brett hat*, ist nicht zu übersehen. – *Peter *hat* bei seinem Lehrer *einen Stein im Brett*, der nicht zu übersehen ist.

   b) Du hast gestern *einen Bock geschossen, der* nicht so leicht vergessen werden wird / *den* man dir nicht so leicht vergessen wird. *Der Bock, den du gestern geschossen hast*, wird dir nicht so leicht vergessen werden. / *Der Korb, den sie mir gegeben hat*, macht mir weiter keine Probleme.

An nichtidiomatisierte Komponenten wie an freie Ergänzungen kann vielfach ein Relativsatz angeschlossen werden:

⟨26⟩ *Der Streit, den dein Bruder *vom Zaune gebrochen hat*, ist nicht ohne weiteres beizulegen. // *Die Maßnahmen, die Peter getroffen hatte*, erwiesen sich als äußerst zweckmäßig. // Susannes neue Pläne *gingen ihrem Vater, den sie erst in letzter Minute davon in Kenntnis setzte, mächtig gegen den Strich*. // Peter war ein *blutiger Anfänger, der* sich erst allmählich in die neue Aufgabe hineinfinden mußte.

Doch auch bei nichtidiomatisierten Komponenten kann die phraseologische Stabilität so stark sein, daß die Trennung durch einen Relativsatz nicht möglich ist:

⟨27⟩ Peter *gab seinem Vater eine / die Antwort, die* dieser erwartet hatte. Aber nicht: *Peter *gab* seinem Vater *Antwort, die* dieser nicht erwartet hatte. // Susanne *stand unter einem Druck, der* ihr eine ruhige Entscheidung unmöglich machte. Aber nicht: *Susanne *stand unter Druck, der* ihr eine ruhige Entscheidung unmöglich machte.

In einer Reihe gleichgearteter Fälle wird durch den Gebrauch des Artikels (bestimmt und/oder unbestimmt) der relative Anschluß ermöglicht. Manche Konstruktionen sind auch ohne Relativsatz nebeneinander mit oder ohne Artikel verwendbar (wobei die Form ohne Artikel ein höheres Maß an Stabilität hat): *in Gegensatz bringen – in einen Gegensatz bringen, in (eine) Panik geraten, in (einen) Widerspruch geraten, in (einen) Zusammenhang bringen, in (einen) Verdacht kommen / geraten*. Andere fordern eine Expansion, wenn der Artikel gebraucht wird:

⟨28⟩ Peter *brachte die Gesellschaft in die Stimmung, die* für solche Abende gebraucht wird. // Peters Vater *kam endlich zu den Ehren, die* er verdient zu haben glaubte. // Susanne *geriet in die Bewunderung, die* kein klares Urteil mehr zuläßt.

Konstruktionen wie *Luft holen, Platz nehmen, Abschied nehmen* lassen auch diese Konstruktionsweise nicht zu, versagen sich völlig dem Anschluß eines

Relativsatzes. Es zeigt sich also in dieser Hinsicht eine mehrfache Abstufung:[31]

a) Oppositionspaare wie *Antwort geben* – *eine Antwort geben, Platz finden* – *einen Platz finden.* Die artikellose Form ist stabiler und semantisch allgemeiner; die Artikelform zielt auf eine bestimmte Antwort, einen bestimmten, einzelnen Platz.
   Ähnlich verhält es sich mit einem Teil der Konstruktionen nach dem Modell ,*in* + Substantiv (Abstraktum) + *bringen / geraten / kommen*': *in (eine) Panik geraten* usw.
b) Konstruktionen, die die Artikelform obligatorisch mit der Expansion verbinden (s. o. unter ⟨28⟩).
c) Konstruktionen, die keine Artikelform erlauben und damit auch keinen Relativsatzanschluß (*Luft holen* usw.). Sie sind also am stabilsten.

In allen Fällen von a)–c) ist das Substantiv nicht idiomatisiert, d. h. wird in wendungsexterner Bedeutung gebraucht. Die Zweiteilung zwischen den Typen *Antwort geben* einerseits und *eine Antwort geben* andererseits (erster Fall: „Paralexem, feste Wortverbindung"; zweiter Fall: „lose phraseologische Verknüpfung", bezeichnet als „phraseologische Verbindung") (VIEHWEGER 1977, 306) wird der komplizierten Sachlage also nicht ganz gerecht.

3) E x p a n s i o n   d u r c h   A t t r i b u t e . Hier ist zwischen substantivischen und verbalen Phraseologismen zu unterscheiden. (Vgl. BURGER 1973, 88f.) Substantivische Phraseologismen können durch Attribute erweitert werden, die sich auf den Phraseologismus als Ganzes, nicht auf eine der Komponenten beziehen:

⟨29⟩   *wiederholte dicke Luft, schreckliche kalte Dusche, schöner blauer Montag, bemitleidenswerter armer Schlucker.*

Allerdings gibt es auch dabei Grenzen, so z. B. bei Phraseologismen mit angeschlossenem substantivischem Attribut; die Beziehung zwischen vorangestelltem Adjektiv und der ersten Komponente des Phraseologismus wird offenbar in der Regel als zu eng empfunden, so daß die Einheit des Phraseologismus gestört würde. Aber auch bei manchen Konstruktionen des unter ⟨29⟩ genannten Typs ist die Erweiterung durch ein adjektivisches Attribut nicht möglich:

⟨30⟩   *das berühmte Ei des Kolumbus, ein ständiger Stein des Anstoßes, der viel gesuchte Stein der Weisen.* Aber nicht: **ein großer / vielbeachteter / unangenehmer Stein des Anstoßes; *ein junges Mädchen für alles; *ein kräftiger*

---

[31]   Zu den Artikel-Unterschieden bei den Funktionsverbgefügen vgl. PERSSON, I.: Das System der kausativen Funktionsverbgefüge. Lund 1975, S. 92f.

Hecht im Karpfenteich. // Das erwartete dicke Ende, der ersehnte rettende Engel. Aber nicht: **ein kompliziertes dickes Ende, ein hübscher rettender Engel.*

Die Beschränkungen sind auch semantisch mitbestimmt. Die Semstrukturen des Attributs und des Phraseologismus als Einheit müssen eine Affinität zueinander aufweisen. Ist die Affinität zwischen den Semstrukturen des Attributs und der ersten Komponente des Phraseologismus größer, wird die Expandierung durch das Attribut blockiert oder zumindest in ihrer Akzeptabilität fragwürdig.

Verbale Phraseologismen können ebenfalls als Gesamtkopmlex in der Regel durch adverbiale Elemente erweitert werden ⟨31a⟩, wobei die semantische Kompatibilität allerdings nicht immer mit der des entsprechenden freien Verbs übereinstimmen muß: *das Bett hüten* ,als Kranker im Bett bleiben müssen' kann nicht adverbial durch *umsichtig und wachsam* erweitert werden wie *die Kühe hüten.* (Zit. nach BURGER 1973, 89).

Die attributive Erweiterung einzelner nominaler Komponenten des Phraseologismus ist demgegenüber sehr stark eingeschränkt (⟨31b⟩ ⟨32a⟩).

⟨31⟩   a) Die Diebe sind uns *gestern abend wieder* durch die Lappen gegangen. Die Sache stand *ziemlich lange* auf des Messers Schneide. Das muß er sich *endlich einmal* hinter die Ohren schreiben.

           b) **Ich werde mich mal aufs rechte Ohr hauen. // Wir werden ihm einmal tüchtig Pfeffer geben.* Aber nicht: **Wir werden ihm einmal scharfen Pfeffer geben.* // Er setzte mir die Pistole auf die *schwache* Brust. // Er hat einen *großen* Bock geschossen ,einen großen Fehler gemacht'. Aber nicht: **Er hat einen jungen Bock geschossen.*

Da in der Bedeutung des Phraseologismus *einen Bock schießen* ein Element der Verstärkung liegt (nach WDG: ,einen primitiven Fehler machen'), ist die Attribuierung durch *klein* kaum akzeptabel.

Die geläufigen Attribuierungsmöglichkeiten in ⟨32a⟩ sind zu unterscheiden von solchen Konstruktionen, wo das Attribut einer substantivischen Komponente „fest" ist, obligatorischer Bestandteil des Phraseologismus (⟨32b⟩):

⟨32⟩   a) eine *lange* Standpauke halten, jmdn. nachdrücklich zurechtweisen', *großen / viel* Staat machen mit etwas ,besonderen Eindruck machen, Aufsehen erregen (durch Kleidung)', *großen / viel* Staub aufwirbeln ,Aufregung verursachen', in ein *tolles* Wespennest greifen ,eine unangenehme Sache zur Sprache bringen und dadurch Aufregung hervorrufen', seinem Herzen einen *kräftigen* Stoß geben ,sich zu einem Entschluß durchringen'.

           b) in den *sauren* Apfel beißen müssen ,etwas Unangenehmes in Kauf nehmen müssen', mit einem *blauen* Auge davonkommen ,einer Gefahr ohne größeren Schaden entgehen', etwas auf die *lange* Bank schieben ,etwas lange verzögern', auf dem *falschem* Dampfer sein ,sich in einem Irrtum befinden', keinen *guten* Faden miteinander spinnen ,nicht gut miteinander auskommen'.

4) Nominalisierung. Die Nominalisierung verbaler Konstruktionen erfolgt bei freien Wortverbindungen (Sätzen) entweder durch explizite oder implizite Derivation in Verbindung mit Attributen zu nominalen Attributgruppen oder zu komplexen Wortbildungskonstruktionen durch Substantivierung des Verbalkomplexes in einem Wort (⟨33⟩):

⟨33⟩   Peter *baut das Haus.* → a) *Der Bau des Hauses* durch Peter.
           b) *Das Bauen des Hauses* durch Peter. c) *Der Hausbau* durch Peter.

Zwar ist auch bei freien verbalen Konstruktionen nicht jede Art von Nominalisierung in gleicher Weise möglich und üblich, aber bei Phraseologismen sind sie doch in prinzipieller Weise eingeschränkt; am ehesten üblich ist noch Typ ⟨33c⟩. Insgesamt ist auch hier die Forderung nach speziellen semantischen Bedingungen zu beachten. Vgl. die folgenden Beispiele:

⟨34⟩   *Kohldampf schieben* → *das Kohldampfschieben*, nicht: **das Schieben des Kohldampfes, der Schub des Kohldampfes.*
           Platz nehmen → *das Platznehmen*, nicht: **das Nehmen des Platzes, die Platznahme.*
           einen Bock schießen → nicht: **der Bockschuß, *das Bockschießen, *der Schuß des Bockes, *das Schießen des Bockes.*
           in Brand setzen → *die Inbrandsetzung, das In-Brand-Setzen, in Erstaunen setzen* → *das In-Erstaunen-Setzen*, nicht: **die Inerstaunensetzung, in Angriff nehmen* → *die Inangriffnahme, das In-Angriff-Nehmen.*
           die Flinte ins Korn werfen → ? *das Flinte-ins-Korn-Werfen*, nicht: **das Werfen der Flinte ins Korn, *der Wurf der Flinte ins Korn.*

Weiteres s. u. 4.3.

5) Fragesatz-Transformation. Ergänzungsfragen, die zur Isolierung einer Komponente des Phraseologismus führen, sind im allgemeinen nicht akzeptabel (⟨35a⟩). Zielen sie aber auf eine lexikalisch variable Komponente, sind sie unter bestimmten Bedingungen offenbar doch möglich,[32] vgl. ⟨35b⟩.

⟨35⟩   a) **In welches Korn* hat er denn die Flinte geworfen? **Was* hat er gespalten (– Haare?)? **Was* ist bei ihm gerissen (– der Knoten?)? **Auf welchem Fleck* hat er den Mund (- auf dem rechten?)?
        b) *Was für einen Streit* hat er denn wieder vom Zaune gebrochen? *Wem* habt ihr wieder auf die Sprünge geholfen? *Über wen* ist diesmal der Stab gebrochen worden?

Entscheidungsfragen, die einen verbalen Phraseologismus enthalten, sind demgegenüber in der Regel möglich; jedoch darf keine feste lexikalische Komponente „durch Kontrast-Akzent markiert" sein (BURGER 1973, 87); in den folgenden Beispielen entspricht die Akzentuierung des Fragesatzes der neutralen Akzentuierung des Phraseologismus:

---

[32]   Dies gegen BURGER, Idiomatik, a. a. O., S. 86.

(36)   Hast du ihm endlich den *Kópf* gewaschen? Willst du etwa mit der Faust auf
den *Tísch* schlagen? Läßt Peter sich deswegen graue *Háare* wachsen? Wird er
vielleicht die Katze im *Sáck* kaufen? Hat er endlich sein Schäfchen ins *trócke-
ne* gebracht?

Abweichungen von diesem Akzentmuster haben die Destruktion des Phraseologismus zur Folge (und dies nicht nur im Fragesatz):

(36')   Hast du ihm endlich den Kopf *gewáschen*? Willst du etwa mit der *Fáust* auf
den Tisch schlagen? Läßt Peter sich deswegen *gráue* Haare wachsen? Wird er
vielleicht die *Kátze* im Sack kaufen? Hat er endlich sein *Schäfchen* ins trockene gebracht!

Der expressiven Hervorhebung e i n e r Komponente des Phraseologismus
durch Akzent- oder Stellungsverschiebung sind enge Grenzen gesetzt.

6) Das betrifft auch die K o n t r a s t i e r u n g oder Hervorhebung von Komponenten durch *nicht – sondern, weder – noch, sowohl – als auch, entweder –
oder, erst – dann*:

(37)   Ich habe ihm *nicht den Kopf gewaschen, sondern nur das Gesicht* (nicht der
Phraseologismus *den Kopf waschen* ,zurechtweisen'). Er hat *weder sein
Schäfchen noch seine Ziege ins Trockene gebracht*. Du wirst *sowohl die Katze
als auch den Vogel im Sack kaufen*. Du kannst dir nur *entweder graue Haare
wachsen lassen oder gar keine*. Er schlägt *erst mit der Faust, dann mit der
flachen Hand auf den Tisch*.

Jedoch unter bestimmten semantischen und strukturellen Bedingungen sind
derartige Konstruktionen möglich (vgl. dazu vor allem das im Zusammenhang mit der Variabilität über die r e l a t i v e Stabilität der Phraseologismen
Gesagte 5.2.):

(38)   Das ist kein *Stein des Anstoßes*, sondern eher der *Stein der Weisen*. Ich erhielt
das Stück nicht *aus érster*, sondern *aus dritter Hand*. Sie ist sowohl *in fésten*
als auch *in gúten Händen* (*in festen Händen sein* ,gebunden / verheiratet'; *in
guten Händen sein* ,wohlgeborgen'). Er hatte *weder den Himmel noch die
Hölle auf Erden*, sondern führte ein angenehmes Durchschnittsleben.

In den vorstehenden Sätzen sind Phraseologismen durch korrelative Konjunktionen miteinander gekoppelt. Die damit verbundene Hervorhebung und
Kontrastierung der einzelnen substantivischen Komponenten ist offenbar
möglich, weil die aufeinander bezogenen Komponenten als phraseologische
Bestandteile sozusagen auf einer Ebene stehen. Es handelt sich nicht um
Bezugnahmen von einer phraseologischen Komponente auf eine nichtphraseologische, sondern zwei Phraseologismen sind ineinander verschränkt. Im
übrigen ist die Akzeptabilität solcher Konstruktionen nicht einheitlich. Dies
hängt auch mit dem Grad der Idiomatizität der betreffenden Komponenten,
der Durchschaubarkeit ihrer Metaphorik usw. zusammen. Der Grad der
Idiomatizität ist in den Phraseologismen *aus erster / zweiter / dritter Hand*

‚vom Gewährsmann direkt'/ ‚durch eine Mittelsperson' und *den Himmel /
die Hölle auf Erden haben* geringer als in den Phraseologismen *in guten /
festen Händen sein.* Dementsprechend ist der Akzeptabilitätsgrad der verschränkten Konstruktionen in den ersten Fällen höher.

7) Auch Reduktionen von Phraseologismen sind – wie Expansionen – nicht
   ohne weiteres möglich und damit ein Indiz für deren Stabilität. Verben, die
   in freien Konstruktionen eine einwertige Valenz haben, d. h. mit dem Subjekt
   allein einen akzeptablen Satz bilden können, verlieren diese Fähigkeit als
   Komponente eines Phraseologismus (zit. nach FIX 1974-76, 284):

⟨39⟩   Nichtphraseologisch: *Er beißt in die Frucht. Er schlägt das Kind. Er lacht vor
       Vergnügen.* Reduktion: *Er beißt. Er schlägt. Er lacht.*
       Phraseologisch: *Er beißt ins Gras* ‚stirbt'. *Er schlägt aus der Art* ‚ist nieman-
       dem aus der Familie ähnlich'. *Er lacht sich ins Fäustchen* ‚freut sich heimlich,
       schadenfroh'. Reduktion: **Er beißt. *Er schlägt. *Er lacht.*

Die „Satzreste"[33] der phraseologischen Konstruktionen lassen im Unterschied zu denen der nichtphraseologischen keine semantische Beziehung des
Verbs zur Bedeutung der unreduzierten Konstruktionen erkennen. Dies gilt
allerdings nur für vollidiomatische Phraseologismen. Teilidiomatische
Phraseologismen mit nichtidiomatisierter Verbbedeutung (WGL₁ nach FIX)
lassen derartige Reduktionen entsprechend den Möglichkeiten des in freien
Konstruktionen gebrauchten Verbs zu:

⟨40⟩   *Er schreibt – viel / sich die Finger wund. Er folgt ihr – sofort / auf dem Fuße.
       Er setzt sich – auf die Bank / auf seine vier Buchstaben. Er fragt sie viel / ihr
       die Seele aus dem Leib. Sie redet – ununterbrochen / wie ein Buch.*

8) Die Stabilität verbietet in der Regel die zeugmatische Verknüpfung der
   verbalen Komponente mit einem wendungsexternen Substantiv. Die folgenden Konstruktionen sind also nicht akzeptabel:

⟨41⟩   **Er ergriff das Gewehr und damit die Flucht* (Kombination des Phraseologis-
       mus *die Flucht ergreifen* mit der nichtphraseologischen Konstruktion *das
       Gewehr ergreifen*). **Er ist bei seiner Mutter ins Zimmer und ins Fettnäpfchen
       getreten. *Peter traf unvermutet auf eine Schwierigkeit und sofort entsprechen-
       de Maßnahmen.*

Dabei ist allerdings nicht zu übersehen, daß auch in freien Konstruktionen
die zeugmatische Verknüpfung ein Mindestmaß semantischer Entsprechung
voraussetzt. So ist die folgende Konstruktion nicht möglich, weil zwei
verschiedene Sememe des Verbs *vortragen* gekoppelt werden; im zweiten
Satz sind es zwei Sememe von *beherrschen*:

---

[33] Der Terminus nach FIX, Zum Verhältnis, a. a. O., 1974, S. 284.

(42)　　*Er trug den Tisch mit dem Buch an die Rampe und dann das Gedicht sehr aus-
　　　　drucksvoll vor (vortragen S_1 ‚etwas nach vorn tragen‘, S_2 ‚ein sprachliches /
　　　　musikalisches Kunstwerk wiedergeben, darbieten‘). // *Der Schweizer Clown
　　　　beherrschte seinen Körper und die Kunst der Pantomime vollendet (beherrschen
　　　　S_1 ‚etwas in der Gewalt haben‘, S_2 ‚etwas meisterhaft können‘).

In künstlerischen Texten können derartige Konstruktionen zur Expressivitätssteigerung verwendet werden:

(43)　　„Oh! sagt dieser und zieht sofort seinen Schuh zurück, aber keinerlei Schluß
　　　　daraus." (Max Frisch, Mein Name sei Gantenbein)

9) H. BURGER setzt von den „transformationellen" die sogenannten „f u n k t i o -
n a l e n D e f e k t e" ab und versteht darunter vor allem Einschränkungen substantivischer und adverbial-adjektivischer Phraseologismen in ihrer Satz-
gliedfähigkeit. Dabei zeigt sich aber besonders deutlich ein Problem, das
auch für die Beurteilung der bisher hier behandelten transformationellen De-
fekte zu bedenken ist. Bei Urteilen über Restriktionen der Phraseologismen
darf man sich nicht grundsätzlich auf den isolierten Satz beschränken, sondern muß textstrukturelle Bedingungen mit berücksichtigen. Wie in der
Wortbildung ist es dann auch hierbei nicht selten der Fall, daß Konstruktionen, die als Einzelsätze inakzeptabel erscheinen, innerhalb bestimmter
Textstrukturen ohne weiteres akzeptabel sind. So ist beispielsweise BURGERS
Feststellung, der Phraseologismus stilles Wasser ‚ruhig, zurückhaltend
erscheinender Mensch‘ sei „nur möglich in prädikativer Funktion" (BURGER
1973, 75), nicht haltbar (vgl. (44a)), und ebenso wenig trifft die Vermutung
zu, der Phraseologismus altes Haus ‚alter Freund‘ scheine „nur als Vokativ
verwendbar zu sein" (BURGER 1973, 76) (vgl. (44b)):

(44)　　a) Gestern habe ich zufällig den Oskar gesehen. Dieses stille Wasser ist
　　　　　　einmal ganz aus sich herausgegangen.
　　　　b) Heute werde ich mit Peter ins Kino gehen. Ich habe das alte Haus seit
　　　　　　Monaten nicht gesehen.

Zutreffend ist dagegen BURGERS Feststellung, daß die meisten adjektivischen
Wortpaare nicht attributiv, sondern adverbial oder prädikativ verwendet
werden, also im Grunde „nur als Adverb"[34]:

(45)　　Er verschwand sang- und klanglos / hat es klipp und klar gesagt / hoch und
　　　　heilig versprochen.
　　　　Seine Aussagen sind hieb- und stichfest. Ich bin fix und fertig. Die Abmachun-
　　　　gen sind null und nichtig. Sein Protest war recht und billig. Ein derartiges
　　　　Verhalten ist gang und gäbe.

---

[34] Daß es für prädikative Verwendung „nur wenige Beispiele" gäbe (BURGER, Idiomatik,
a. a. O., S. 76), stimmt allerdings nicht.

Relativität der Modifizierbarkeit. Bei der Behandlung der syntaktisch-strukturellen Stabilität als eines Kriteriums für die Entscheidung über den Status eines Phraseologismus ist vorstehend neben den verschiedenen Aspekten, unter denen diese Erscheinung zu betrachten ist, auch deutlich geworden, daß sie nicht verabsolutiert werden darf. Es spricht zwar für die Annahme eines Phraseologismus, wenn „die Stabilität bzw. die Kontinuierlichkeit einer Wortfolge nicht durch Zusätze und Einschübe durchbrochen werden kann". Es gibt aber auch Fälle, wo der phraseologische Charakter „trotz Modifikation ... erhalten bleibt." Dabei müssen jedoch – wie die unterschiedlich gelagerten Fälle erkennen lassen – im allgemeinen besondere semantische und/oder syntaktisch-strukturelle Bedingungen gegeben sein, die nicht selten über den Satz hinausgehen und Eigenschaften der Textstruktur betreffen. „Wohl sind die Kriterien der Nichtsubstituierbarkeit, der Nichtmodifizierbarkeit usw. in weitem Umfang gültig, aber man könnte im Zweifel darüber sein, ob die einzelnen lexikalischen Elemente der phraseologischen Einheit wirklich ganz ohne Bedeutung sind, eben weil die konkrete Anschaulichkeit dahintersteht und somit durch das Bild hindurch der wörtliche Sinn der Wendungen ‚hindurchschimmert‘, der an diese ‚Wörtlichkeit‘ gebundene kommunikative Wert in Form der Abbildelemente auch in der idiomatischen Wendung bis zu einem gewissen Grad erhalten bleibt" (VIEHWEGER 1977, 307f.). Diese letztere Feststellung wird von VIEHWEGER in erster Linie auf Phraseologismen mit nichtphraseologischem Homonym bezogen.

2.2.3. Stabilität nichtidiomatischer Konstruktionen

Soweit das Phänomen der Stabilität phraseologischer Konstruktionen bisher behandelt wurde, war es mit relativ klar faßbaren Kriterien verbunden: unikale Komponenten, syntaktische Anomalien. In engem Zusammenhang damit war die Rolle der Idiomatizität erkennbar, letzten Endes als Ursache jedenfalls der transformationellen Defektivität.

Nun gibt es aber Wortverbindungen, die keine Idiomatizität aufweisen und deren Stabilität weniger (oder gar nicht) in lexikalisch-semantischen Austausch- und syntaktisch-strukturellen Abwandlungsbeschränkungen besteht, deren Komponenten einander aber doch in höherem Maße „determinieren" als dies bei völlig freien Wortverbindungen der Fall ist. Die Abgrenzung zur freien Wortverbindung ist schwierig, und in der Fachliteratur wird unterschiedlich verfahren. (Vgl. AMOSOVA 1963, 104 [„Grenzbereich"]; BURGER 1973, 20; ECKERT 1978, 62.) Wir halten es jedoch nicht für gerechtfertigt, die betreffenden Erscheinungen grundsätzlich aus dem Bereich der Phraseologismen auszuschließen. Sie werden hier als ‚Nominationsstereotype‘ bezeichnet. Es sind Wortverbindungen, deren Gesamtsemantik durch die wendungsexterne Semantik ihrer Komponenten gegeben ist, die sich aber doch noch auf nicht voraussagbare

Weise – und sei dies noch so geringfügig – von der einfachen Summe dieser Komponentenbedeutungen unterscheiden. Dieser Unterschied kann zum Beispiel darin liegen, daß die Reihenfolge der Komponenten „fest" ist (*Freud und Leid, Tag und Nacht*).

„Der Sprachgebrauch [„rečevoj usus", „rečevoj obyčaj"] wandelt derartige Wortverbindungen in eine Art phrasenhafter Stereotype um [„frazovye štampy"] (AMOSOVA 1963, 103). Maßgebend dafür sind die Häufigkeit des Vorkommens und die Wahrscheinlichkeit, mit der das Auftreten einer Komponente das Auftreten der anderen determiniert: *trautes* → *Heim, eine Abfuhr* → *erteilen, schöpferische* → *Potenzen* → *freisetzen, die nüchterne* → *Sprache* → *der Tatsachen*. Diese Stereotype fungieren vielfach als eine Benennungseinheit (Nominationseinheit), bezogen auf einen Begriff (TELIJA 1975, 426ff.):

(46)   *offenes Feuer, gesammelte Werke, belegtes Brötchen, historisches Ereignis, öffentliche Meinung, offene Gewalt, werdende Mutter; Ernst der Zeit, Gebot der Stunde, Kern der Sache, die Kraft des Faktischen; das Beste hoffen.*

Die Häufigkeit des Vorkommens und der Gebrauch dieser Wortverbindungen als Nominationseinheit unterliegen in hohem Maße außersprachlichen gesellschaftlichen Einflüssen; deshalb wird auch davon gesprochen, daß sie als stereotype Konstruktionen „institutionalisiert" seien, ohne als lexikalisch-semantische Einheit „lexikalisiert" zu sein (MATTHEWS 1974, 193f.). Im Unterschied zu „Einheiten der Sprache" versucht man sie auch als „unfreie Einheiten der Rede" zu charakterisieren (TELIJA 1975, 426f). Ein Faktor wie ‚Häufigkeit des Gebrauchs' ist nicht auf das Sprachsystem beziehbar. Derartige Wortverbindungen „entstehen in der Regel in bestimmten Stilen der Massenkommunikation (Zeitung, Rundfunk), im dienstlichen oder beruflichen Wortgebrauch oder werden als literarische Klischees reproduziert" (TELIJA 1975, 426). Es sind „Formeln des alltäglichen Umgangs", „stilistische Formeln" oder „Formeln der papiermäßig-schriftlichen Ausdrucksweise". Sie sind „in jeder Epoche sozusagen ein notwendiges Mittel zu genauer Bezeichnung eines entsprechenden Ausschnittes der Wirklichkeit" und unterliegen einer starken Dynamik (OŽEGOV 1974, 206).

Wir unterscheiden nach Form und Funktion folgende Typen der hierhergehörigen Stereotype:

1) Nichtidiomatisierte Wortpaare[35]. Dies sind in der Reihenfolge nichtvertauschbare Wortverbindungen mit *und*, also *Katz und Maus, Sonne und Mond, Bruder und Schwester, wahr und falsch, rechts und links, hin und her, lesen und schreiben*. Auch hier ist allerdings zu rechnen „with a conti-

---

[35] Ausführlich dazu MALKIEL, Y.: Studies in Irreversible Binomials. In: Lingua 1959.

nuum of subtly graded possibilities of matching" (MALKIEL 1959, 116). Bei manchen kann man auch die gelegentliche Verwendung mit Umstellung der Komponenten finden; sie wird aber – in höherem oder geringerem Maße – deutlich als das Nichtübliche aufgefaßt: *Leid und Freud, Wetter und Wind, Füße und Hände, unten und oben, können und wollen, Tal und Berg, Honig und Milch.*

Die als üblich aufgefaßte Reihenfolge kann unterschiedlich motiviert sein. In *hier und da* ist sie chronologisch, denn erst ist man *hier* und danach *da.* Durch soziale Verhältnisse determiniert ist die Reihenfolge in *Mann und Frau, Bruder und Schwester.* Bei Antonymen wird ein Element als „stärker", als merkmalhaft aufgefaßt, daher *rechts und links, Tag und Nacht, Berg und Tal.*[36] Für Wortpaare, die sich auf die vertikale Dimension beziehen lassen, hat man eine „Rangfolge" des „Oben vor Unten" zu erkennen geglaubt (*Hand und Fuß, vom Scheitel bis zur Sohle*). Der „gemeinsame Bedeutungs-nenner" der „Ausnahmen" (*drunter und drüber*) sei, daß „sie einen Zustand der Unordnung evozieren, während alle ‚regelmäßigen' Binominale geord-nete Verhältnisse beschreiben" (PLANK 1979, 140).

2) Nominale und verbale – mehr oder weniger komplexe – Klischees, wie sie vor allem die Texte der Massenmedien kennzeichnen: *im Mittelpunkt stehen, einer Sache tatenlos zusehen, kostendeckend arbeiten, sich eng an die Vorlage halten, zur Klärung beitragen, unkonventionelle Lösungen, massive wirtschaftliche Interessen, das Recht auf freie Meinungsäußerung, ein ruhiges Plätzchen, aus technischen Gründen, in bewährter Weise, für jeden Geschmack.*

3) Entsprechende Klischees, die vorwiegend in der mündlichen Kommunikation des Alltags verwendet werden: *die Gelegenheit benutzen, um ..., (etwas) kommen sehen (, daß ...), jmdn. ausreden lassen, die Freundlichkeit haben, zu ..., das Beste aus etwas machen, der Ernst des Lebens.*

4) Wortverbindungen aus Attribut + Substantiv, in denen das Attribut die Rolle eines „stehenden Epithetons" hat, das keine wesentlich neue Information vermittelt, allenfalls als eine Art Verstärkung dienen kann: *stille Klause, blaues Meer, grüne Heide, harter / schwerer Schlag, breites Spektrum ‚Viel-falt', unausbleibliche Folge, gesunder Menschenverstand, gierige Flamme, blinder Zufall.*

In diesem Zusammenhang sind auch entsprechende Konstruktionen zu stellen, die aus Märchen und Volkspoesie geläufig sind: *böser Wolf, böse Stiefmutter, schlauer Fuchs, tiefer Wald, junge Prinzessen, alte / kranke Großmutter, reicher Kaufmann, mächtiger König, armer Handwerksbursche.*

---

[36] Ausführlich MALKIEL, a. a. O., S. 142ff.

5) Manche derartige Wortverbindungen haben ihren stabilen Charakter der – zeitlich möglicherweise begrenzten – Funktion als politisches Schlagwort zu verdanken: *demagogische Umtriebe* (von reaktionärer Seite geprägt, nach den sog. Karlsbader Beschlüssen von 1829), *brennende Frage* (seit 40er Jahren des 19. Jh.), *soziale Frage* (seit 30er Jahren des 19. Jh.), *neuer Kurs* (LADENDORF 1968, 53, 48f., 37, 291).

6) Stabilität wird auch durch Terminologisierung einer Wortgruppe erzielt, und wenn es sich um politisch-ideologisch relevante Termini handelt, dann kommt es zu Wechselbeziehungen zwischen Terminus und Schlagwort: Ein derartiger Terminus kann zugleich Schlagwort sein, der Gebrauch als Schlagwort kann andererseits zur Unschärfe des Terminus, zur Entterminologisierung führen. Ohne die Beispiele im einzelnen zu erörtern, verweisen wir auf folgende: *freiheitlich-demokratische Grundordnung, ökologisches Gleichgewicht, friedliche Koexistenz, mildernde Umstände, bleibende Schäden.* – Weiteres über das Verhältnis von Terminologisierung und Phraseologisierung s. u. 2.4.2.

7) Nichtidiomatisierte onymische Wortgruppen (Wortverbindungen als Eigennamen) rücken in diesem Zusammenhang ebenfalls ins Blickfeld, also Eigennamen wie *Bund für Umwelt und Naturschutz, Nördliches Eismeer* u. ä. Über das Verhältnis von Onymisierung und Phraseologisierung Weiteres s. u. 2.4.1.

Die hier erwähnten Nominationsstereotype sind – auch wenn man sie in den weiten Bereich der Phraseologismen einbezieht – auf jeden Fall der Peripherie zuzuordnen; nach N. N. AMOSOVA bilden sie den „äußersten Grenzbereich" des phraseologischen Bestandes (AMOSOVA 1963, 104). Sie sind – entsprechend den Veränderungen in der Gebrauchsfrequenz – auch einer starken dynamischen Tendenz unterworfen. Dennoch setzt sich heute offensichtlich mehr und mehr die Ansicht durch, daß auch die nichtidiomatischen Stereotype, die als Benennungseinheit fungieren (durch „otdel'nosti nominacii" gekennzeichnet sind), zum Gegenstand der Phraseologieforschung gehören (ČERNYŠEVA 1977, 35). Der häufige Gebrauch und die Gewöhnung an sie sowie ihr „fixierter Nominationscharakter" machen sie sozusagen zu Keimzellen „künftiger und in Zukunft möglicher phraseologischer Einheiten" (AMOSOVA 1963, 104).

Von der Erscheinung der Nominationsstereotype abzuheben sind Wortverbindungen, die keine Nominationseinheit darstellen, sondern „die ‚natürlichen‘ Kontaktbeziehungen der Gegenstände und Zustände widerspiegeln" und deren Stabilität durch die Stabilität der entsprechenden Beziehungen der außersprachlichen Realität bestimmt wird (TELIJA 1975, 376), die infolge „bestimmter gesellschaftlicher Gepflogenheiten" (AGRICOLA 1975, 25) bevorzugt miteinander verbunden werden. Daß beim Trinken der Flüssigkeiten Wasser, Tee und Kaffee nach unserer Lebensweise Gefäße wie Glas und Tasse unterschiedlich verwendet werden, führt dazu, daß die Wortverbindungen *Glas Wasser* und *Tasse Kaffee* die üblichen und als „normal" empfundenen sind, während dieser Unterschied in bezug auf *Tee* nicht so deutlich ist (*Glas Tee / Tasse Tee*). Die Konstruktionen *ein Glas Kaffee* und *eine Tasse Wasser* können entsprechend den grammatisch-semantischen Normen des Deutschen ebenfalls gebildet werden; ihr tatsächlicher Gebrauch hängt von bestimmten Praxisbedingungen ab (THUN 1978, 52: „sachbezogene Fixiertheit").

Daß *Glas Wasser* und *Tasse Kaffee* „unter dem Aspekt der lexikalisch-syntaktischen Organisation der Sprache als freie Kombinationen" fungieren, „deren Verknüpfbarkeit durch keinerlei innersprachliche Beschränkungen überlagert wird" (TELIJA 1975, 376), ist eine nicht ganz problemlose Feststellung. Denn die gesellschaftliche Praxis prägt auch die Sprache, auch die durch die Abbildbeziehungen mitbestimmte Verbindbarkeit der Lexeme bzw. Wörter. Das zeigt nicht zuletzt ein Teil der weiter oben erwähnten Nominationsstereotype. Und seinerzeitige Divergenzen in der sprachlichen Entwicklung des Deutschen einerseits in der DDR und andererseits in den übrigen deutschsprachigen Ländern waren nicht zuletzt an prinzipiell ähnlichen Distributionsunterschieden, stärker oder schwächer werdenden Kombinationshäufigkeiten von Wörtern im Text abzulesen, die unterschiedliche gesellschaftliche Verhältnisse reflektierten und woraus sich schließlich neue grammatisch-semantische Normen entwickeln konnten – zumindest aber unterschiedliche Erwartungswerte für bestimmte Distributionen, unterschiedliche Auffassungen von „üblich"/„ungewöhnlich". Es gibt nicht nur „stabile kulturell-sprachliche Klischees" (TELIJA 1975, 376), sondern auch stabile politisch-ideologisch bedingte sprachliche Klischees, die zu Nominationsstereotypen werden können.

2.3. Phraseologismen als lexikalische Einheiten

2.3.1. Grundsätzliches

Neben Idiomatizität und Stabilität wird ein weiteres Kriterium zur Charakterisierung von Phraseologismen herangezogen. Es ist im folgenden zu erläutern.

Zwischen der Formativstruktur der Phraseologismen als Wortgruppe – wodurch sie sich vom Wort unterscheiden – und ihrer Idiomatizität (völlig oder teilweise) – womit sie sich dem Wort in gewissenr Hinsicht „nähern" – besteht ein Widerspruch (HÄUSERMANN 1977, 59), der den gesamten Gegenstandsbereich bestimmt. Idiomatizität und Stabilität parallelisieren den Phraseologismus dem Wort, führen zu seiner Lexikalisierung, der Speicherung im Lexikon. Das ist für ein Wort das „Normale", für eine syntaktische Wortverbindung dagegen eine zusätzliche Markierung.

Die Lexikalisierung der syntaktischen Konstruktion bedeutet, daß sie nicht mehr nach einem syntaktischen Strukturmodell in der Äußerung „produziert", sondern daß sie als „fertige" lexikalische Einheit „reproduziert" wird: „Diese im Wortbestand der Sprache bereits fertig vorhandenen geprägten Wortverbindungen brauchen im Prozeß der Rede nur reproduziert zu werden, sie verhalten sich also auch in dieser Hinsicht wie die kleinsten selbständigen, potentiell isolierbaren Bedeutungsträger der Sprache, die Wörter" (SCHMIDT 1967, 70). Deshalb werden die Phraseologismen auch als „Wortgruppenlexeme" oder „Paralexeme" (d. h. „Wortschatzeinheiten, die in Form von Wortverbindungen auftreten") (VIEHWEGER 1977, 298; FIX 1979, 6), bezeichnet. Wir übernehmen hier den Ausdruck „Phraseolexeme" (vgl. 1.2.2.2.) für eine Teilmenge der Phraseologismen, die durch die Tendenz zur Speicherung im Lexikon gekennzeichnet ist und damit den Kernbestand bildet. (Weiteres dazu s. u. 2.3.3.).

Die „Reproduzierbarkeit" der „fertigen" Konstruktion bei ihrer Verwendung in der Kommunikation (GLAZYRIN 1971, 214), das heißt auch die in diesen Fällen erfolgte Speicherung als lexikalische Einheit, nicht nur die Tendenz zur Speicherung, wird nicht selten als das entscheidende Kriterium für die Zuordnung einer Wortverbindung zu den Phraseologismen überhaupt betrachtet (HÄUSERMANN 1977, 44; PILZ 1978, 35, 292; VIEHWEGER 1977, 93; THUN 1978). Eine Verabsolutierung dieses Kriteriums[37] erscheint jedoch aus verschiedenen Gründen problematisch, zumal bisweilen unklar bleibt, was genauer unter ‚Reproduzierbarkeit' zu verstehen ist. Man darf heute wohl von der Erkenntnis ausgehen, daß nicht nur lexikalische Einheiten im engeren Sinn bei einer Äußerung „reproduziert" werden, sondern „vorgeformte" Satzstücke, Sätze und Satzkomplexe, je nach dem Grad der Entwicklung individueller sprachlich-kommunikativer Fähigkeiten und Fertigkeiten, in Abhängigkeit natürlich auch von den Zielen und Aufgaben des jeweiligen Kommunikationsereignisses und der Kommunikationssituation. Alle diese reproduzierten stereotypen Ketten allein aus diesem Grunde zu den Phraseologismen zu rechnen, würde nicht nur eine kolossale Erweiterung des Gegenstandsbereiches bedeuten, sondern auch die Abgrenzung überhaupt noch mehr erschweren. Denn wie sollte festgestellt werden, was „produziert" und was „reproduziert" wird – angesichts starker individueller Unterschiede und angesichts der Tatsache, daß kein Wörterbuch einer entsprechenden Kodifizierungsaufgabe auch nur annähernd gerecht werden könnte? Es ist auch nicht ganz zutreffend, die „Reproduzierbarkeit" als eine „zusätzliche Eigenschaft" nur der Phraseologismen anzusehen, eine Eigenschaft, „die zwischen Satz- und Wortebene verbindet" und die nur anwendbar sei auf „jene Einheiten, deren ‚lexikalische' Funktion im Widerspruch steht zu ihrer äußeren Form als Wortketten, auf die die gewöhnlichen syntaktischen Regeln

---

[37] So etwa bei PILZ, a. a. O., S. 30ff.

angewendet werden müssen."[38] Denn auch Wortbildungskonstruktionen, seien es Komposita oder Derivate, können entweder als lexikalische Einheiten „reproduziert" oder im Prozeß der Kommunikation „produziert" werden. Wie schwer eine Grenze zu ziehen ist, dürfte gerade dabei deutlich werden. Zur Bestimmung von Wortbildungskonstruktionen ist das Kriterium der Reproduzierbarkeit allerdings nicht von so großem Gewicht[39], weil sie in jedem Fall durch die Stabilität der Wortstruktur als entscheidendes Kriterium gekennzeichnet sind, was eben für die Phraseologismen nicht gilt. Außerdem hat die „Produktion" von Wortbildungskonstruktionen einen anderen Modellcharakter als die „Herausbildung" von Phraseologismen. Immerhin verliert unter diesem Gesichtspunkt die Kategorie der „Reproduzierbarkeit" etwas von ihrem phraseologiespezifischen Charakter.

Daß Phraseologismen als Wortgruppen-Konstruktionen im Prozeß der Äußerung in der Regel nicht jedesmal neu und originell gebildet, sondern als komplexe lexikalische Einheiten „übernommen" werden, ist ein abgeleitetes Merkmal, das sich aus Idiomatizität und/oder Stabilität ergibt. Aus dem Zusammenhang mit diesen beiden Merkmalen sollte deshalb auch das Merkmal der Reproduzierbarkeit nicht gelöst werden.

Dies empfiehlt sich noch aus einem anderen Grund. Wenn „häufiger Gebrauch" als „eine der notwendigen Bedingungen für das Zustandekommen einer phraseologischen Verbindung" angesehen wird (BURGER 1977, 4f.), wenn „general usage" als obligatorisches Merkmal eines Phraseologismus bezeichnet wird (GLÄSER 1978, 351), dann erhebt sich nicht nur die Frage danach, wann die Bedingung „häufiger Gebrauch", „allgemeiner Gebrauch" erfüllt und wie dies festzustellen ist, sondern auch danach, wie individuelle idiomatische Wortverbindungen, entsprechende textgebundene Konstruktionen zu behandeln sind. Lexikalisierung und „häufiger Gebrauch" sind auf jeden Fall nicht identisch; denn es gibt auch relativ selten vorkommende lexikalische Einheiten. Und wenn man okkasionelle Konstruktionen in so kategorischer Weise aus dem Bereich der Phraseologismen – die als solche erst „anerkannt" werden, wenn sie im Lexikon des Sprachsystems etabliert sind – ausschließt, dann zieht man wieder in undialektischer Weise eine Trennwand zwischen „Langue" und „Parole". Es entspricht viel eher der Grundposition, daß sprachlich-kommunikative Tätigkeit und

---

[38] HÄUSERMANN, a. a. O., S. 52f., 59. – Unzutreffend verallgemeinert PILZ, a. a. O., S. 55: Phraseologische Einheiten seien „ebenso wie Wörter (einschließlich der Komposita) Elemente des Sprachschatzes ... und damit des Lexikons."

[39] Immerhin spielt die Polarisierung zwischen lexikalisierten (gespeicherten) und nichtlexikalisierten Konstruktionen in verschiedener Hinsicht in der Wortbildung eine Rolle: FLEISCHER, W. Kommunikativ-pragmatische Aspekte der Wortbildung. In: Sprache und Pragmatik, Lunder Symposium 1978. Hrsg. v. I. ROSENGREN. Lund 1979, S. 322f.

„Sprachsystem" eine dialektische Einheit bilden[40], wenn als Phraseologismen auch okkasionelle Konstruktionen anerkannt werden, denen eine Tendenz zur Lexikalisierung innewohnt. Daß sie im sprachlichen Verkehr nur begrenzte Verbreitung haben[41], gilt demnach nicht als „Kontraindikation" für die Zuordnung von Wortverbindungen zu den Phraseologismen, vorausgesetzt sie weisen das Merkmal der Idiomatizität und/oder der Stabilität auf. Dies darf auch den Bemerkungen von A. ROTHKEGEL entnommen werden. (ROTHKEGEL 1973, 15ff.; vgl. auch TELIJA 1975, 426ff. über „unfreie Redeeinheiten".)

2.3.2. Okkasionelle Phraseologismen

Wenn der Ausdruck „okkasionelle Phraseologismen" nach dem Vorstehenden nicht mehr geradezu als „contradictio in adjecto" anzusehen ist (vgl. SCHADE 1976, 131), so bleiben damit natürlich Probleme verbunden. Er läßt sich wenigstens in dreierlei Weise anwenden.

1) Es werden darunter individuelle oder textgebundene Variationen vorhandener Phraseologismen verstanden. Die Variation erfolgt im Rahmen einer strukturell-semantischen Invariante (vertreten im Lexikon durch einen Phraseologismus oder auch mehrere gleichgeartete); vgl. die Variation von *böhmische* Dörfer ‚unverständliche Dinge' zu *ägyptische / spanische* Dörfer u. ä. Näheres dazu s. u. 5.2.1.
Diese Auffassung „okkasioneller Phraseologismen" ließe sich mit dem bisher Dargelegten ohne Schwierigkeiten in Einklang bringen.
2) Im Unterschied zu der vorstehend erwähnten Variation einzelner konkreter Phraseologismen kann auch ein charakteristisches phraseologisierbares Strukturmodell (Wortpaare, angeschlossene Vergleichskonstruktionen) individuell mit ungewöhnlichem lexikalischem Material „gefüllt" werden, wodurch okkasionelle Phraseologismen entstehen. Man vgl. die von W. SCHADE zusammengetragenen „komparativen Konstruktionen" (SCHADE 1976, 131):

---

[40] Vgl. unter diesem Gesichtspunkt auch ROTHKEGEL, a. a. O., S. 15ff. und die dort angeführten Zitate von HEGER und COSERIU, insbesondere HEGERS Ablehnung, „materiell disjunktive Fragen wie die zu stellen, ob ein bestimmtes gegebenes Phänomen der Langue oder der Parole zuzuordnen sei." HEGER, K.: Monem, Wort und Satz. Tübingen 1971, S. 7.

[41] GLÄSER, R.: Syntactico-semantic Aspects of the Phraseological Unit. In: Zeitschrift für Anglistik und Amerikanistik 26 (1978), 4, S. 351 räumt nach Forderung des obligatorischen „general usage" die Existenz von „occasional phrases ... in journalism and prose fiction" ein, aber unter Betonung von deren „limited circulation". Gegen die Annahme einer „Mauer" zwischen der ganzen Masse der „Autorphraseologie" und der Phraseologie der Langue wendet sich OŽEGOV, a. a. O., S. 159 unter Hinweis auf die Phraseologisierung geflügelter Worte.

(47)   *zusammenfallen wie ein schlecht gegangener Backpulverteig, riechen wie eine tote Maus unterm Vertiko, brachliegen wie ein Witwenbett.*

Während die Konstruktion mit der *toten Maus unterm Vertiko* an verwandte Konstruktionen (*einen toten Vogel in der Tasche haben* ‚unangenehm riechen‘) erinnert und sich insofern auch eine Beziehung zu dem unter 1) Genannten ergibt, erscheinen die übrigen ganz individuell. Der Vergleich beruht auf der wörtlichen Bedeutung (im ersten Fall) bzw. auf einer metaphorischen Verwendung von *brachliegen* in Kombination mit wörtlicher Bedeutung von *Witwenbett*. Idiomatizität ist also im ersten Fall gar nicht, im dritten nur bedingt gegeben; im zweiten Fall könnte man dies eher annehmen: Es ist eine Verstärkung unangenehmer Geruchsempfindung ausgedrückt, und es ist sehr fraglich, ob eine tote Maus im Zimmer tatsächlich so stark unangenehm riecht. Es geht nicht um die wörtliche Auffassung des Sachverhalts ‚tote Maus unter einem Möbelstück‘, sondern um die Weckung von Assoziationen und bildhaften Vorstellungen, die ‚tot‘ und ‚Maus‘ mit ‚starker unangenehmer Geruchsempfindung‘ verbinden. In allen drei Fällen ist die Funktion der Konstruktionen die der bildlichen oder bildhaft-anschaulichen Expressivität, gebunden an ein typisches syntaktisch-strukturelles Phraseologisierungsmodell. Damit sind in gewisser – freilich nicht ganz problemloser – Weise Elemente der Idiomatizität und Stabilität gegeben, so daß von okkasionellen Phraseologismen gesprochen werden kann – mit potentieller Tendenz zur Lexikalisierung.

3) Schließlich ist noch gesondert der Begriff des „Autorphraseologismus" zu betrachten, wie er z. B. von Ju. Ju. AVALIANI erörtert wird (zit. bei HÄUSERMANN 1977, 105). Darunter werden Phraseologismen innerhalb eines künstlerischen Werkes verstanden, die an das Werk gebunden sind, ohne Allgemeingut werden zu müssen. Sie müssen nicht Variationen vorhandener Phraseologismen darstellen, und ihre Phraseologismus-Eigenschaft muß auch nicht durch eine charakteristische Struktur (wie oben unter [2]) „gestützt" werden. Sie entwickeln sich entweder mit der Entfaltung des Werkes zum Phraseologismus, oder sie werden gleich zu Beginn als Phraseologismus „eingeführt". Auf jeden Fall muß der Autor den Leser zur Rezeption der Konstruktion als Phraseologismus „hinführen", da er nicht im allgemeinen Wortschatz „vorhanden" ist. In gewisser Weise handelt es sich um einen Parallelfall zur Bildung ungewöhnlicher Komposita oder Derivate, deren Verständnis ebenfalls durch die Textstruktur zu sichern ist.

AVALIANI führt den ersten Fall vor am Beispiel von E. M. Remarques Roman ‚Der schwarze Obelisk‘. Die Konstruktion *der schwarze Obelisk*, zunächst eine freie Wortverbindung, bezeichnet das „Prunkstück einer Grabsteinfirma".[42]

---

[42]   Dies und die folgenden Zitate nach HÄUSERMANN, a. a. O., S. 105.

Die Konstruktion erhält „allmählich übertragen-bildhafte Bedeutung" bis sie schließlich „phraseologisch gebunden' genannt werden kann". Dies geschieht unter anderem durch Kontextkombinationen mit Anthropomorphismen. „Zuerst tritt der Obelisk nur periphrastisch – als *köstlicher, schwedischer Granit, allseitig poliert* – auf, später dann so, wie er im Titel des Romans steht, aber auch gleich in Ellipsenform, und schließlich zusätzlich mit synonymen Varianten ... so wächst das Groteske und Ironische an ihm mit dem Wachstum der Zahl an umgangssprachlichen Wendungen in seiner Umgebung".

Nicht von so werkbestimmender Bedeutung ist das Spiel mit einem selbstgeschaffenen Phraseologismus in Th. Manns ‚Buddenbrooks' (3. Teil, 8. Kap.):

(47a)   „Es konnte nicht fehlen, daß Tony oftmals mit ihrer städtischen Bekanntschaft am Strande oder im Kurgarten verkehrte, daß sie zu dieser und jener Réunion und Segelpartie hinzugezogen wurde. Dann saß Morten ‚auf den Steinen'. Diese Steine waren seit dem ersten Tage zwischen den beiden zur stehenden Redewendung geworden. ‚Auf den Steinen sitzen', das bedeutete: ‚Vereinsamt sein und sich langweilen'. Kam ein Regentag, der die See weit und breit in einen grauen Schleier hüllte, daß sie völlig mit dem tiefen Himmel zusammenfloß, ..., dann sagte Tony: ‚Heute müssen wir beide auf den Steinen sitzen ... das heißt in der Veranda oder im Wohnzimmer. Es bleibt nichts übrig, als daß Sie mir Ihre Studentenlieder vorspielen, Morten, obgleich es mich greulich langweilt." ‚Ja', sagte Morten, ‚setzen wir uns ... Aber wissen Sie, wenn Sie dabei sind, so sind es keine Steine mehr!"

Den zweiten Fall demonstriert AVALIANI am Beispiel der Konstruktion *das eiserne Pferd* als Spitzname einer Prostituierten (die problematische Zuordnung eines Namens, wenn auch „nur" eines Spitznamens, zu den Phraseologismen bleibe hier außer Betracht!). Der von Anfang an als feste und idiomatische Konstruktion eingeführte Spitzname ist zunächst noch „von Kontexten in durchaus gehobener Form umgeben. Diese ‚heimliche' Ironie schlägt jedoch sehr bald in ‚vulgäre Satire' um ... Änderungen in der äußeren Form kommen auch da vor (z. B. die synonyme Variante *das gußeiserne Pferd*)".

Die gezielte Untersuchung der „Autorphraseologismen" im Geflecht des künstlerischen Werkes kann zweifellos einen Beitrag zur sprachlichen Gestaltungsweise des Schriftstellers liefern. Die Aufhellung der „textbildenden Potenzen" von Phraseologismen möchte I. I. ČERNYŠEVA auch in diesem Sinne verstanden wissen (weiteres dazu s. u. 5.3.1.) (ČERNYŠEVA 1977, 42).

Wie die vorstehenden Bemerkungen erkennen lassen, bestehen zwischen den okkasionellen oder individuellen Phraseologismen und dem Lexikon der Sprache selbstverständlich enge Wechselbeziehungen.

2.3.3. Begriffsbestimmung

Nach Erörterung der verschiedenen Gesichtspunkte, die für die Bestimmung des Begriffes ‚Phraseologismus‘ relevant sind, ist abschließend und die weitere Darlegung in diesem Buche bestimmend, folgendes zu sagen.

Wie bei der Fixierung und Abgrenzung sprachlicher Phänomene nicht anders zu erwarten, erweist sich die Abgrenzung der phraseologischen von der freien syntaktischen Wortverbindung nur unter Berücksichtigung von Abstufungen und Übergangsbereichen als durchführbar. Auch hier läßt sich die Konzeption von ‚Zentrum‘ und ‚Peripherie‘ anwenden. (Vgl. DANEŠ 1966; THUN 1978, 256.)

Das Zentrum wird gebildet von Wortverbindungen mit wenigstens e i n e m Autosemantikon, die alle drei Hauptmerkmale aufweisen:

Idiomatizität (vollständig oder teilweise);
Stabilität (unikale Komponente, syntaktische oder morphologisch-flexivische Anomalie oder transformationelle Defektivität);
Lexikalisierung.

Dazu tritt als syntaktisches Strukturmerkmal:

nicht festgeprägte Sätze.

Diese, das Zentrum des phraseologischen Bestandes der deutschen Sprache, ihren Kernbereich bildenden Wortverbindungen bezeichnen wir als Phraseolexeme. Sie sind kommunikativ-grammatisch (nach Tempus, Person, Modus die Verben, nach Kasus die substantivischen Phraseolexeme) mehr oder weniger variabel (innerhalb der erörterten Beschränkungen, aber doch ohne stabile Satzstruktur wie die festgeprägten Sätze; dazu s. u. 3.3.2.). Diese Wortverbindungen haben entweder keine „feste", invariable prädikative Beziehung, oder es sind „festgeprägte prädikative Konstruktionen" (vgl. REICHSTEIN 1974), dann aber mit lexikalisch-semantischer Variabilität obligatorischer Elemente der Satzstruktur, wodurch sie sich von den ‚festgeprägten Sätzen‘ unterscheiden: *die Augen gehen auf – jmdm.* Der Dativ der Person ist ein obligatorisches Element der syntaktischen Struktur des Phraseolexems, kann aber durch ganz unterschiedliche Personenbezeichnungen ausgefüllt werden: *Meinem Vater / dem Lehrer / Peter / dem die ganze Nacht Grübelnden gingen die Augen auf.* – Näheres 2.6.3.1.

Beispiele für Phraseolexeme sind demnach folgende Wortverbindungen:

⟨48⟩   vollidiomatisch: *die Engel singen hören* ‚starke Schmerzen empfinden‘, *etwas auf Eis legen* ‚für eine spätere Erledigung zurückstellen‘, *ein Schlag ins Wasser* ‚ein Mißerfolg‘, *das fünfte Rad am Wagen* ‚überflüssige Person‘, *Freund Hein* ‚Tod‘.

⟨49⟩   teilidiomatisch: *das Bett hüten* ‚krank zu Bett liegen‘, *Blut und Wasser schwitzen* ‚sehr schwitzen‘, *fix und fertig* ‚völlig abgeschlossen, bereit; völlig erschöpft', *gucken wie ein Auto* ‚verblüfft dreinschauen', *himmlische Geduld* ‚übertrieben große Geduld' *mit gemischten Gefühlen* ‚mit zwiespältigen Gefühlen', *im Brustton der Überzeugung* ‚in fester Überzeugung'.

Fehlt eines der obengenannten Hauptmerkmale oder fehlen zwei, so rückt die betreffende Wortverbindung aus dem Zentrum in Richtung zur Peripherie hin. Dann handelt es sich entweder um:

1) potentielle oder individuelle Phraseolexeme (dazu s. o.);
2) Nominationsstereotype (dazu s. o. 2.2.3.);
3) kommunikative Formeln (dazu s. u. 3.3.2.);
4) Phraseoschablonen (dazu s. u. 3.4.).

Den Terminus *Phraseologismus* oder *Wendung* verwenden wir hier als Oberbegriff für Phraseolexeme sowie für die unter 1)–4) genannten Einheiten peripherer Bereiche. Damit versuchen wir der Tatsache Rechnung zu tragen, daß ständige Wechselbeziehungen bestehen und eine scharfe Abgrenzung nicht möglich ist und die Phraseologieforschung deshalb sich nicht auf den Kernbereich, die Phraseolexeme, beschränken kann. Allerdings werden die Sprichwörter und ähnliche Phänomene hier nicht mit einbezogen (dazu s. u.).

2.4. Das Verhältnis von Eigennamen und Termini zu den Phraseologismen

Bei den bisherigen Darlegungen zur Erfassung des Begriffs der Phraseologismen und den vorgenommenen Abgrenzungen sind immer noch verschiedene Aspekte unberücksichtigt geblieben, deren Erörterung bei einer allseitigen Betrachtung des Phänomens nötig ist. Damit werden zugleich weitere Einsichten in das lexikalische Gesamtsystem der Sprache gewonnen. Dies betrifft vor allem den Bereich des Substantivs. Hier wird die strukturbezogene Zweiteilung komplexer Benennungen in Wortbildungskonstruktionen und Phraseologismen überlagert durch eine inhaltlich-funktionale Dreiteilung in Eigennamen, Termini und nichtterminologische Appellativa.

2.4.1. Eigennamen und Phraseologismen

Eigennamen (Onyme) gibt es nicht nur in der Struktur von Einzelwörtern (Simplizia) wie *Karl, Leipzig, Elbe* oder Wortbildungskonstruktionen wie *Karl-Marx-Straße, Ostsee, Ribnitz-Damgarten*, sondern als einheitliche Benennung (Nomination) auch mit Wortgruppenstruktur:

⟨50⟩   *Schwarzes Meer, Freiberger Mulde, Golf von Aden, Straße von Gibraltar, Berliner Straße, Rheinisches Schiefergebirge, Europäische Union, Bündnis 90 / Die Grünen, Hinter der Kirche* (Straße in Mainz), *Am Hohen Ufer* (Straße in Halle), *Bild am Sonntag* (Zeitungsname), *Grünes Gewölbe* (Museum im Dresdner Schloß), *Gemeinnütziges Sozialwerk des Deutschen Mieterbundes.*

Wir sprechen in diesen Fällen von Eigennamen als Wortgruppen, Mehrwortnamen oder – dieser Ausdruck wird im folgenden Verwendung finden – onymischen Wortgruppen. Diese Wortverbindungen sind funktional in erster Linie Eigennamen. Ihre Wortgruppenstruktur ist von sekundärer Bedeutung für die Funktion. Sie unterscheiden sich von nichtonymischen Benennungen grundsätzlich ebenso wie die onymischen Einzelwörter und Wortbildungskonstruktionen dadurch, daß sie Einzelobjekte (der verschiedensten Art) identifizierend benennen. Damit ist keine verallgemeinernde Klassenbedeutung verbunden. Dieser identifizierende Bezug auf einzelne Objekte, der nicht mit dem verallgemeinernden Abbild ganzer Klassen von Objekten verbunden ist, wie dies für die appellativische Wortbedeutung gilt, macht das Wesen des Eigennamens aus. (Vgl. NAMENFORSCHUNG HEUTE 1971, 8f.) Dabei ist es nicht entscheidend, ob der identifizierende Gegenstandsbezug des Namens durch semantische Elemente motiviert ist (wie in einem Teil der unter ⟨50⟩ genannten Namen, z. B. *Golf von Aden, Rheinisches Schiefergebirge*) oder ob eine solche Motivation nicht gegeben ist (*Alter Amtshof, Apels Garten* als heutige Leipziger Straßennamen). Eine sekundäre Rolle allerdings können derartige beschreibende Elemente des Namens – mehr oder weniger in Abhängigkeit von der Art des Eigennamens – spielen (NAMENFORSCHUNG HEUTE 1971, 9ff.).

Durch ihre onymische Funktion, die strukturübergreifenden Charakter hat, unterscheiden sich die onymischen Wortgruppen von den Phraseologismen. Diese Unterscheidung von onymischen und nichtonymischen Benennungen mit Wortgruppen-Charakter ist im Deutschen bekanntlich mit orthographischen Konsequenzen verbunden. Die onymischen Wortgruppen verlangen Großschreibung mindestens des ersten Wortes, auch wenn dies ein Adjektiv ist. Damit hat die Differenzierung der onymischen von den nichtonymischen (phraseologischen) Wortgruppen durchaus praktische Konsequenzen für den Sprachgebrauch:

⟨51⟩   *Böhmische Mittelgebirge* (onymische Wortgruppe) – *böhmische Dörfer* ‚Unverständliches, Unbekanntes‘ (nichtonymischer Phraseologismus); *Kalter Bach* (Flußname) – *kalter Kaffee* (nichtonymischer Phraseologismus); *Große Antillen* (Name einer Inselgruppe) – *großes Tier* ‚hohe Persönlichkeit‘; *Alter Orient* (onymische Wortgruppe) – *alter Hase* ‚erfahrene Person‘.

Als Eigennamen sind auch die von WERNER (1991, 76) genannten Beispiele anzusehen, für deren Großschreibung er plädiert, z. B. *Auswärtiges Amt, Neues Testament, Bürgerliches Gesetzbuch.* Bisweilen treten Unsicherheiten nicht nur in der Praxis des Sprachgebrauchs, sondern sogar in den Wörterbüchern auf. So war die phraseologisierte, aber keineswegs onymische Wortverbindung *schwar-*

zes Brett ,Anschlagtafel' noch im DUDEN (1991) mit groß zu schreibendem Adjektiv angeführt; erst in der Neufassung des DUDENS (1996) wird sie behandelt wie *schwarze Liste, blauer Montag*. Doch auch im DUDEN (1996) wie im DGW ist die (falsche) Großschreibung weiterhin kodifiziert z. B. bei *Schwarze Kunst* ,Buchdruck', *Schwarzer Tod* ,Pest' gegenüber *schwarze Pocken*. Ähnliche Falschschreibungen, deren Ursache in der Verwechslung von Onymisierung und Phraseologisierung oder Terminologisierung liegt, sind die folgenden:

⟨52⟩   „Probleme der *Bildenden Kunst*." (Weltbühne 15.7.80, 922)
         „... das *Autogene Training*." (ebd. 29.2.80, 242)
         „Keine Chance dem *Roten Hahn*." (LVZ 24.10.79)
         „... der *Runde Tisch*..." (FAZ 16.2.90, 6 u. ö.)
         „... das zerbrechliche Ökosystem *Tropischer Regenwald*..." (LVZ 24.4.92)
         „... die Affinität, die die *Schöne Literatur* zum Verse besitzt ..." (W. KAYSER, Das sprachliche Kunstwerk, 1956, 15).

Die Spezifik der künstlerischen Kommunikation verlangt eine vorsichtigere Bewertung, doch seien Fälle wie die folgenden wenigstens genannt:

⟨52a⟩   „... mußte Lenka die *Wilde Ehe* ihrer Tochter schweigend billigen..." (E. Strittmatter, Der Wundertäter III, 1980, 281) – „Es werden Zeiten kommen, in denen die *Kleinen Leute* nicht mehr frieren..." (ebenda, 279)

Nun könnten trotz der funktionalen – und orthographischen – Unterschiede die onymischen Wortgruppen dennoch innerhalb der Phraseologie grundsätzlich ihren Platz haben. So faßt sie I. I. ČERNYŠEVA als „lexikalische Einheiten" innerhalb der „festen Wortkomplexe", allerdings nur soweit „jede Art semantischer Transformation" fehlt. (ČERNYŠEVA 1975, 239; HÄUSERMANN 1977, 38f.) Dennoch kann sich die Phraseologieforschung nicht der ganzen Vielfalt struktureller und funktionaler Möglichkeiten onymischer Wortgruppen im Wechselspiel mit onymischen Einzelwörtern widmen; das bleibt eine Spezialaufgabe der Onomastik (Namenforschung). Eigennamen als Einzelwörter wie Wortbildungskonstruktionen und Wortgruppen werden ja auch nur sehr begrenzt in den üblichen Wörterbüchern verzeichnet. Es sprechen mehr Gründe dafür, die onymischen Wortgruppen nicht mit den nichtonymischen phraseologischen Wortgruppen zu vermischen, sondern für sich zu stellen. (Vgl. MOLOTKOV 1977, 59f.). Zusammenfassend dazu s. u. 2.4.3.

2.4.2.   Termini und Phraseologismen

In ähnlicher Weise problematisch ist das Verhältnis von Termini und Phraseologismen. Auch Termini werden zunächst unabhängig von der Struktur als Einzelwort (*Kraft, Arbeit* in der Physik), Wortbildungskonstruktion (*Produktionsverhältnisse*) oder Wortgruppe (*erste gesellschaftliche Arbeitsteilung*) durch ihre gemeinsame Funktion vereinigt, indem sie – in der Regel definiert – wissenschaftlich erarbeitete Begriffe exakt benennen und durch den Stellenwert innerhalb des Systems einer wissenschaftlichen Terminologie in anderer Weise bestimmt sind als die nichtterminologischen Wörter im allgemeinen Wortschatz.[43] Insofern unterscheiden sich auch die terminologisierten Wortgruppen von den nichtterminologischen (phraseologischen wie auch freien) Wortgruppen; allerdings – anders als die onymischen Wortgruppen – ohne orthographische Konsequenzen:

⟨53⟩ terminologisch: *spezifisches Gewicht, erweiterte Reproduktion, gleichschenkliges Dreick, spitzer Winkel.*
nichtterminologisch frei: *spezifischer Anteil, erweiterte Fragestellung, spitzer Bleistift.*
nichtterminologisch phraseologisch: *langer Atem* ‚große Ausdauer', *großer Bahnhof* ‚aufwendiger Empfang', *harter Brocken* ‚schwierige Aufgabe', *dunkler Ehrenmann* ‚kein Ehrenmann', *schwere Geburt* ‚schweres Stück Arbeit'.

Als terminologisierte Wortgruppen sind auch Beispiele wie *autogenes Training, schnelle Brüter* anzusehen. Die mit der Terminologisierung verbundene Metaphorisierung (*schnelle Brüter*) oder Institutionalisierung in der Art eines Nominationsstereotyps hat zur Schreibung mit Großbuchstaben verführt.

Der grundsätzliche Unterschied zwischen terminologischer Wortgruppe einerseits und nichtterminologischer phraseologischer Wortgruppe andererseits ist derselbe wie zwischen einem Terminus und einem Nichtterminus als Einzelwort. Der Terminus ist einem Begriff eindeutig zugeordnet, daher kontextunabhängig und fachbezogen. Die komplexe terminologische Benennung vermag entsprechend immer weitere determinierende Elemente aufzunehmen (vgl. die Einteilung der Signale in der Kybernetik; *kontinuierliche / diskontinuierliche / analoge / diskrete stetige / unstetige Signale*). Die phraseologische Wortgruppe aber bezeichnet einen Gegenstand indirekt, vermittelt. Sie hat in dieser Bedeutung dann aufgehört, Element eines terminologischen Systems zu sein (*spezifisches Gewicht* ‚besondere Bedeutung, Rolle', *jmdn. (schach)matt setzen* ‚jmdn. handlungs-, kampfunfähig machen') und ist in übertragener Bedeutung in den Allgemeinwortschatz übergegangen. Die Tatsache, daß terminologische Wortgruppen auf diese Weise ebenso zur Grundlage von Phraseologismen werden können wie nichtterminologische, ist für MOLOTKOV „ein Beweis ihrer unterschiedlichen Natur als sprachlicher Einheiten" (MOLOTKOV 1977, 61). Er lehnt es ab, „das Schema der Bildung von Phraseologismen durch Umdeutung von als Basis dienenden Wortverbindungen auf die Bildung von terminologischen oder onymischen Wortgruppen zu übertragen" (MOLOTKOV 1977, 61). Dies entspricht auch der Auffassung von TELIJA, wonach zu den Phraseologismen nur diejeni-

---

[43] Doch sind nicht alle Termini Elemente eines ausgebauten terminologischen Systems.

gen terminologischen Wortverbindungen zu zählen sind, „die im Unterschied zu den Wortgruppen eigentlich terminologischen Charakters als besonderen Zeichentyps einen Prozeß der semantischen Umdeutung durchgemacht haben" (TELIJA 1968, 272; vgl. auch OŽEGOV 1974, 216f.). Von „terminologischen Phraseologismen" ist daher u.E. nicht zu sprechen. (So ECKERT 1975, 6.)

Schließlich ist zu bedenken, daß für die Bildung von terminologisierten Wortgruppen neben Strukturen, die für nichtterminologische Benennungen ebenfalls weit verbreitet sind, auch solche Bildungsmodelle benutzt werden, die für einzelne Wissenschaftszweige und ihre Anwendungsgebiete spezifisch sind. Sie können in einer der Allgemeinsprache gewidmeten Darstellung keine nähere Berücksichtigung finden.

Im Unterschied zu den Eigennamen sind allerdings die Termini generell wie auch in der besonderen Struktur der Wortgruppe nicht auf den Bereich des Substantivs beschränkt, sondern vor allem auch im Verbalbereich – wenn auch weit schwächer – vertreten:

⟨54⟩   *vom Stapel laufen, auf Kiel legen, die Wurzel ziehen, den Anker lichten, einen Bruch erweitern, ein Boot zu Wasser lassen / bringen.*

Besondere Probleme der Abgrenzung von onymischer, terminologischer und phraseologischer Wortgruppe bieten auch die Benennungen von Krankheiten, Pflanzen, Tieren u. ä. Das wird deutlich in der Behandlung entsprechender Konstruktionen in Wörterbüchern und Lexika (die folgenden Beispiele vor allem nach DGW und DUDEN 1996).

So werden die Benennungen von Krankheiten gewöhnlich nicht als Eigennamen aufgefaßt und daher klein geschrieben (*das gelbe Fieber, die schwarzen Pocken*). Ob diese volkstümlichen Benennungen, denen die fremdsprachigen medizinischen Fachausdrücke noch zur Seite stehen, als terminologische Wortgruppen anzusehen sind oder als nichtterminologische Nominationsstereotype, ist eine zweite Frage. Sie bilden einen der Allgemeinsprache zugewandten und damit auch der Entterminologisierung ausgesetzten Bereich medizinischer Benennungen.

Merkwürdigerweise werden die prinzipiell in gleicher Weise appellativisch zu fassenden volkstümlichen Benennungen von Pflanzen und Tieren, denen ebenfalls die fremdsprachigen zoologischen und botanischen Fachausdrücke zur Seite stehen, in der Regel als onymische Wortgruppen gefaßt und daher großgeschrieben (*der Gemeine Löwenzahn, die Gemeine Stubenfliege; das Fleißige Lieschen* ‚fortgesetzt reich blühende Zierpflanze mit roten, rosa oder weißen Blüten, besonders die *Immerblühende Begonie*‘, *der Echte Kreuzdorn*).

Nichtonymisch werden demgegenüber gefaßt *die blaue Mauritius*, im DUDEN (1996) mit der Erläuterung ‚bestimmte Briefmarke der Insel Mauritius‘, und *das gelbe Trikot* ‚gelber Jersey für den an der Spitze liegenden Fahrer‘.

2.4.3. Zusammenfassung

Die Sonderstellung der onymischen und terminologischen Wortverbindungen gegenüber den Phraseologismen ergibt sich aus den folgenden Gründen:

1) Eigennamen und Termini werden unter funktionalem Gesichtspunkt erfaßt; die Formativstruktur ist hier zunächst grundsätzlich irrelevant. Es gibt Eigennamen und Termini als Einzelwörter wie als Wortgruppe. Für Phraseologismen dagegen ist die Wortgruppenstruktur konstitutiv; sie unterliegen also einem ganz anderen Erfassungsgesichtspunkt.

2) Termini, auch als Wortgruppe, sind in der Regel sprachliche Primärstrukturen. Phraseologismen dagegen sind in der Regel Sekundärstrukturen, entstehen durch Umbildung bereits vorhandener Wortverbindungen. Für onymische Wortgruppen ist sowohl die eine als auch die andere Möglichkeit in gleicher Weise gegeben: einerseits *Straße von Gibraltar* (primär), andererseits *Das Neue Blatt* als Name einer Zeitung (sekundär).

3) Der Kernbestand der Phraseologismen wie auch zahlreiche periphere Gruppen sind im Lexikon der Allgemeinsprache gespeichert, während der Kernbestand der Termini in spezifischen wissenschaftlichen Speichersystemen erfaßt wird. Die onymischen Wortgruppen sind regional und sozial außerordentlich differenziert.

4) Termini wie Eigennamen haben einen ausgeprägt interlingualen Aspekt. Termini lassen sich im Hinblick auf ihre Definierbarkeit und Kontextunabhängigkeit als Benennungseinheiten direkt durch lexikalische Elemente fremder Sprachen wiedergeben; Eigennamen werden entweder überhaupt nicht übersetzt und fungieren auch in der Fremdsprache als Identifikationszeichen, oder sie werden in ähnlicher Weise wie die Termini mit vollständiger Deckung „umgesetzt". Phraseologismen dagegen gehören ganz einer bestimmten Einzelsprache an, und auch dort, wo mehrere Sprachen das gleiche Bild verwenden, gibt es semantische und pragmatische Unterschiede. Sprichwörter und geflügelte Worte bleiben hierbei ja ausgeklammert (s. d. u. 2.5.).

5) Während im Deutschen in bezug auf die graphische Repräsentation des substantivischen Einzelwortes kein Unterschied zwischen Eigenname und Appellativum besteht (beide mit großem Anfangsbuchstaben), wird dieser Unterschied für die Wortgruppe relevant: onymische Wortgruppen werden auch bei adjektivischem ersten Element groß-, entsprechende appellativische (auch phraseologische) Wortgruppen kleingeschrieben.

6) Eigennamen existieren ausschließlich, Termini zum weitaus größeren Teil als Substantive, Phraseologismen dagegen auch als Verben (dies im Deutschen die größte Gruppe) und als Adjektive bzw. Adverbien.

Die genannten Gründe rechtfertigen es, nach einer grundästzlichen Klärung des Charakters der drei verschiedenen Benennungsklassen innerhalb einer Darstellung der Phraseologismen der Gegenwartssprache die onymischen und terminologischen Wortverbindungen mit ihren Spezifika im einzelnen unberücksichtigt zu lassen. Dabei wird nicht übersehen, daß die mannigfachen Wechselbeziehungen zwischen diesen Klassen im konkreten Einzelfall zu Abgrenzungsschwierigkeiten führen können. Die Entterminologisierung von terminologischen und die Deonymisierung von onymischen Wortgruppen können zur Entstehung von Phraseologismen führen, und die Frage, wieweit die Entwicklung in einem konkreten Einzelfall gediehen ist, wird – wie auch sonst in der Sprache – in einem bestimmten Entwicklungsstadium nicht eindeutig zu beantworten sein. In manchen Fällen wird auch über längere Zeit die eine wie die andere Einordnung möglich sein. Man vgl. *der zweite Weltkrieg* (nichtonymischer Terminus) – *der Zweite Weltkrieg* (als onymische Wortgruppe, wie auch sonst Namen von Kriegen und Revolutionen usw.: *der Siebenjährige Krieg, die Große Französische Revolution*). Nicht immer ist ein Terminus eindeutig zu identifizieren; das betrifft vor allem gesellschaftswissenschaftliche Termini in publizistischer Verwendung; vgl. folgenden Text:

(55)   „Die treibende Kraft hinter all diesen Ereignissen ist die Macht des Mammons. Die Superreichen haben sich Klubs geschaffen, in denen hinter verschlossenen Türen *der laue, der kalte oder der heiße Krieg* beschlossen wird." (NBI 22/1980, 6)

Während sich die Konstruktionen *kalter* und *heißer Krieg* terminologisch einigermaßen fassen lassen, wie auch immer ihre Verwendung im konkreten Fall sein mag, so dürfte dies bei der Konstruktion *lauer Krieg* schwieriger sein.

In solchen Fällen ist es angebracht, den Kreis der in einer Darstellung der Phraseologie zu berücksichtigenden Erscheinungen weiter zu ziehen. Diese das Wesen der Sprache charakterisierenden Übergangserscheinungen beeinträchtigen nicht die grundsätzliche Feststellung, daß der Phraseologismus „in seiner qualitativen Eigenart sich in den anderen Einheiten der Sprache nicht wiederholt und den anderen Einheiten der Sprache nur in dieser Einheit von Form und Inhalt gegenübergestellt werden" kann (MOLOTKOV 1977, 61).

2.5.   Phraseologismen und andere festgeprägte Konstruktionen

Mit den bisher erörterten Gesichtspunkten ist das ganze Netz der Verflechtung von Phraseologismen und anderen mehr oder weniger „festen" Komplexen noch immer nicht voll erfaßt.

2.5.1. Sprichwort und Sagwort

Die Erforschung des Sprichworts hat im Zusammenhang mit der Herausbildung der Phraseologieforschung eine bedeutende Rolle gespielt (dazu 1.2.2.1.). Zwischen Sprichwort und Phraseologismus gibt es tatsächlich eine Reihe von Gemeinsamkeiten:

Sprichwörter haben einen festen, invariablen lexikalischen Bestand, und sie haben in den meisten Fällen „eine metaphorische, verallgemeinerte Bedeutung" (TELIJA 1975, 427), die nicht identisch ist mit dem unmittelbar im Satz mitgeteilten Sachverhalt. Es steckt ein zu erschließender und nicht mit der wörtlichen Bedeutung ohne weiteres gegebener „tieferer Sinn" darin:

⟨57⟩   *Die Katze läßt das Mausen nicht. Durch Schaden wird man klug. Neue Besen kehren gut. Mitgegangen – mitgefangen – mitgehangen. Wer sich zur Kuh macht, der wird gemolken. Viel Glocken, viel Geläute.* – Doch vgl. ohne Bild: *Irren ist menschlich. Wer wagt, gewinnt.*

Die Sprichwörter sind feste Satzkonstruktionen „mit lehrhafter Tendenz" (SEILER 1922, 2), die sich „auf das praktische Leben" (PEUKES 1977, 11) bezieht.

Zwischen Sprichwort und Phraseologismus bestehen aber auch wichtige Unterschiede:

Sprichwörter stellen eigene Mikrotexte dar. Sie sind nicht im Lexikon einer Sprache als Benennungseinheiten gespeichert und werden demzufolge nicht wie lexikalische Einheiten „reproduziert", sondern wie andere Mikrotexte und Teiltexte (Gedichte und dgl.) „zitiert". (Vgl. HÄUSERMANN 1977, 41, 113ff.) Der Unterschied wird zum Beispiel darin deutlich, daß die Sprichwörter anders als die Phraseologismen „keinerlei formale Möglichkeiten des Anschlusses an den Kontext aufweisen" (HÄUSERMANN 1977, 113). Selbst satzwertige kommunikative Formeln (s. u. 3.3.2.), die keine oder nur geringe Variabilität der syntaktischen Struktur aufweisen, enthalten pronominale oder andere satzverflechtende Elemente: *Da liegt der Hund begraben! Jetzt reicht's mir aber! So siehst du aus! Du kannst mich mal im Mondenschein besuchen.* „Selbst wenn als aktueller Anschluß nur eine (notwendige) Handbewegung dient, reicht dies aus, um die Wortverbindung phraseologisch zu machen." (HÄUSERMANN 1977, 43). Demgegenüber hält auch G. PEUKES als „erstes syntaktisches Merkmal" von Sprichwörtern fest „das Fehlen von Morphemen, die auf einen Kontext oder eine Sprechsituation verweisen" (PEUKES 1977, 57). Das heißt auch, daß die syntaktische Struktur der Sprichwörter durch die Bevorzugung von Autosemantika (Substantiven, Verben, Adjektiven) gekennzeichnet ist. Ferner spielen im Sprichwort Reim und Rhythmus eine besondere Rolle. (*Liebe, Jagd und Schlittenbahn halten selten lange an. – Treuer Liebe Band hält über Meer und Land.*)

Zwischen Sprichwörtern und Phraseologismen bestehen Beziehungen. So kann sich aus einem Sprichwort ein Phraseologismus entwickeln: *jmdm. eine*

Grube graben ‚jmdm. hinterhältig zu schaden suchen' aus dem Sprichwort *Wer andern eine Grube gräbt, fällt selbst hinein.* Weiteres dazu s. u. 4.3.1.

Ein weiterer Unterschied zwischen Sprichwort und Phraseologismus besteht darin, daß das Sprichwort in ausgeprägterer Weise historisch fixiert ist: Daß der größte Teil der Sprichwörter bis weit in das Mittelalter zurückgeht, läßt sich einerseits aus mittelalterlichen Sprichwortsammlungen und andererseits daraus schließen, daß in den Sprichwörtern „das Handwerk hoch gepriesen wird", während sich „dagegen kaum Belege für seinen späteren Niedergang finden lassen" (DIE DEUTSCHE SPRACHE 1969, 595). Als „Blütezeit des deutschen Sprichwortes", was seine kommunikative Geltung betrifft, wird allgemein das 15.–16. Jh. angegeben. Seit dem 18. Jh. wird es in seiner Funktion für Erziehung und Bildung zunehmend ersetzt, und „neue Sprichwörter entstehen kaum" (DIE DEUTSCHE SPRACHE 1969, 596). Die Phraseologismen dagegen sind nicht in dieser Weise historisch begrenzt. Sie sind eine allgemeine sprachliche Erscheinung, und es entstehen ständig neue, während alte außer Gebrauch kommen – wie dies auch sonst bei lexikalischen Einheiten der Fall ist.

Das bedeutet jedoch nicht, daß die vorhandenen und überlieferten Sprichwörter heute in der sprachlichen Kommunikation bedeutungslos sind, wenn auch nicht alle in gleicher Weise noch lebendig sind. Noch recht geläufigen (⟨58⟩) stehen solche gegenüber, die heute wohl kaum noch gebraucht werden (⟨59⟩):

⟨58⟩   *Was du heute kannst besorgen, das verschiebe nicht auf morgen. – Kleider machen Leute. – Wie die Alten sungen, so zwitschern (auch) die Jungen. – Wer A sagt, muß auch B sagen. – Rast ich, so rost ist. – Wie man in den Wald hineinschreit, so schallt es heraus. – Keine Rose ohne Dornen. – Je oller, je toller. – Lieber den Sperling/Spatz in der Hand als die Taube auf dem Dach.*

⟨59⟩   *Jedem Schwein kommt sein Martinsabend. – Bettelleute – Beutelleute. – Junge Bettler – alte Diebe. – Liebe ohne Zucht trägt keine gute Frucht. – Man muß das alte Heu nicht eher verkaufen, bis man frisches Futter hat. – Hungrige Flöhe stechen sehr. – Wer lange will zu Hofe reiten, hänge den Mantel nach beiden Seiten. – Wenn sich die Herren raufen, müssen die Bauern Haare lassen. – Wenn der Bauer nicht muß, rührt er weder Hand noch Fuß. – Herrengunst und Lautenklang klinget wohl, aber währt nicht lang. – Pfaffen und Klaffen (‚Verleumder') hat der Teufel erschaffen.*

In den Sprichwörtern sind Erfahrungen der einfachen Menschen verallgemeinert. Es werden aber in der Regel nicht die „verschiedenen, oft sehr unterschiedlichen Möglichkeiten eines Erfahrungsbereiches" (DIE DEUTSCHE SPRACHE 1969, 597) ausgeschöpft, sondern ein konkreter Einzelfall wird verallgemeinert. Dadurch kommt es zu Einseitigkeiten und einander auch widersprechenden Sprichwörtern: *Jung gefreit hat nie gereut. – Jung gefreit hat gar oft gereut.* Zugrunde liegen natürlich moralische Anschauungen der Entstehungszeit, und das ist – wie bereits gesagt – in den meisten Fällen das Mittelalter. Wie die oben genannten und viele andere Beispiele zeigen, sind die allgemeinen Aussagen nur bei einem Teil der Sprichwörter eng mit der feudalen Gesellschaftsordnung verbunden; sie haben zum Teil ihre Gültigkeit bis heute bewahrt – auch dort, wo das sprachliche Bild Situationen fixiert, die nicht mehr unserer Zeit entsprechen (vgl. in ähnlicher Weise Phraseologismen, deren Bildcharakter an Vorgänge des Mittelalters gebunden ist: *jmdn. in Harnisch bringen, den Spieß umdrehen*).

Heute werden Sprichwörter bei ihrer Verwendung im Alltag wie besonders auch in der Publizistik und Belletristik vielfach in ironischer oder anderer expressiver Weise variiert; doch erscheint wohl etwas zu kraß die Formulierung: „Im heutigen Sprachgebrauch lebt das Sprichwort vor allem in der Variation!" (MIEDER 1975, 70). Näheres dazu im Zusammenhang mit der Variation von Phraseologismen s. u. 5.2.

L e h n s p r i c h w o r t. Nicht alle Sprichwörter entstammen dem Volksmund. Es gibt auch solche literarischer Herkunft, und diese sind ins Deutsche größtenteils aus ausländischer Literatur übernommen, „entlehnt" worden. Dabei handelt es sich entweder um die Bibel oder um griechische und lateinische Literatur des klassischen Altertums (vermittelt durch die mittelalterlichen Klöster und die Humanisten sowie auch durch die Dichtung). Doch es muß nicht in allen Fällen der Gemeinsamkeit von Sprichwörtern in verschiedenen Sprachen Entlehnung angenommen werden; es besteht auch die Möglichkeit jeweils eigenständiger Entstehung. Vgl. die folgenden Beispiele:

⟨60⟩   Lat. *Manus manum lavat.* – dt. *Eine Hand wäscht die andere.* Bibel: *Er hat eine Grube gegraben und ausgeführet und ist in die Grube gefallen.* – Dt. *Wer andern eine Grube gräbt, fällt selbst hinein.* Lat. *Non omnes, qui habent citharam sunt citharoedi* ‚Nicht alle, die eine Zither haben, sind Zitherspieler'. – Dt. *Es sind nicht alle Jäger, die das Horn blasen.* Nach diesem Typ entstanden dann mannigfache Variationen: *Es sind nicht alle Köche, die lange Messer tragen. Es ist nicht jeder ein Schmied, der ein Schurzfell trägt. Es sind nicht alles Heilige, die in die Kirche gehen.*

S a g w o r t. Jünger als das Sprichwort und auch heute noch in immer neuen Beispielen auftretend, ist das sogenannte Sagwort,[44] auch *Wellerismus* (so nach der Figur Samuel Weller in Charles Dickens' ‚Pickwick Papers'). Dabei wird einem Sprecher (daher „Sag-Wort") ein Sprichwort oder ein sprichwortähnlicher Ausdruck in den Mund gelegt, und ein Schlußteil charakterisiert die Situation, in der das Sprichwort „gesagt" wird. „Die Äußerung zeigt das Erlebnis von einer unerwarteten Seite: die Beziehung zwischen beiden Gliedern ist meist überraschend, neu und witzig (DIE DEUTSCHE SPRACHE 1969, 600f.). Das Grundmodell des Sagwortes besteht also aus drei Teilen: dem „Ausspruch", der Angabe dessen, der ihn tut (meist angeschlossen mit „sagte"), und einer Hand-

---

[44] Der Terminus nach SEILER, F.: Das deutsche Lehnsprichwort. T.4. Das deutsche Sagwort und anderes. Halle (Saale) 1924.

lung des Sprechers, die eine expressive Beziehung zu dem Ausspruch herstellt. Vgl. die folgenden Beispiele:[45]

⟨61⟩   *Was sich liebt, das neckt sich, sagte die Katze und fraß die Maus. – Viel*
         Kinder, viel Segen, sagte der Küster, als er den Taufschilling in die Tasche
         steckte. – Scherben bringen Glück, sagte der Glaser, der den Leuten über
         Nacht die Scheiben einwarf. – Was ein Häkchen werden will, krümmt sich
         beizeiten, sagte der Nagel und bog sich vor Lachen, als sich der Mann auf den
         Daumen schlug.

Im Unterschied zu den Sprichwörtern haben die Sagwörter kaum belehrenden Charakter, sondern sind „Ausdruck des gesunden und oft derben Volkswitzes" (DIE DEUTSCHE SPRACHE 1969, 601). Sie sind vor allem im niederdeutschen Sprachgebiet verbreitet. Die Gattung geht bis ins klassische Altertum zurück und wurde im Mittelalter ins Deutsche übernommen.

2.5.2.   Sentenz, Maxime, Aphorismus, geflügeltes Wort

Ein enges Verhältnis besteht zwischen geflügeltem Wort und Sprichwort einerseits und geflügeltem Wort und Phraseologismus andererseits. Zur Begriffsbestimmung vgl. 1.2.2.1. Das geflügelte Wort ist nicht wie das Sprichwort an die Satzstruktur gebunden und kann daher noch eher phraseologisiert werden. Sobald der Bezug auf die Quelle in der kommunikativen Verwendung entfällt, liegt im Grunde ein Phraseologismus vor. Dabei ist allerdings zu bedenken, daß der Quellenbezug auf verschiedene Weise gegeben sein kann, auch durch indirekte Anspielung oder sonstwie implizit. Solange die geflügelten Worte als „fremde Rede" gebraucht werden, sind sie „eine besondere Schicht von Einsprengseln, ein besonderer Typ von Redeeinheiten, in denen die Korrelation zwischen der Inhalts- und der Ausdrucksebene vom Aufbau der Redeabschnitte her zwar gesetzmäßig, aber nicht aus der regulären Information zu ermitteln ist, die sich aus der Struktur der Einheit in ihrer vorliegenden Bedeutung ergibt." (TELIJA 1975, 427).

Den bereits genannten Beispielen von phraseologisierten geflügelten Worten (1.2.2.1.) fügen wir hier noch die folgenden hinzu:

⟨62⟩   *auf des Messers Schneide stehen* (nach Homer), *feurige Kohlen auf jmds.*
         Haupt sammeln (Bibel, Römer 12,20), *jmdm. goldene Brücken bauen* ,jmdm.
         weitgehend entgegenkommen' (Fischart, Gargantua: *dem Feinde goldene*
         Brücken bauen), *den Wald vor lauter Bäumen nicht sehen* ,das Wichtigste vor
         unwichtigen Einzelheiten übersehen' (Wieland, Musarion), *ein Schauspiel für*

---

[45]   Weitere – auch modernere – bei MIEDER, W.: Sprichwörter im modernen Sprachgebrauch. In: Muttersprache 85 (1975), 2, S. 86ff.

Götter (Goethe, Erwin und Elmire), *in sieben Sprachen schweigen* ‚ein sehr schweigsamer Mensch sein' (F. A. Wolf, 1759–1824).

Mit der Phraseologisierung können die verschiedensten syntaktischen und lexikalischen Umformungen, Reduktionen u. dgl. verbunden sein. So läßt sich der Phraseologismus *nach jmds. Pfeife tanzen* ‚widerspruchslos tun, was der andere will' auf folgende Quellen zurückführen. In Äsops Fabel 27 (‚Der flöteblasende Fischer') „versucht ein Fischer erst vergeblich durch Flötenspiel die Fische an sich zu locken, dann greift er zum Netz und spricht, als sie nun vor ihm auf dem Strande hüpfen: ‚O ihr schlechtes Getier, als ich flötete, wolltet ihr nicht tanzen, nun ich aber aufgehört habe, tut ihr's!" Danach in der Bibel: „Wir haben euch gepfiffen, und ihr wolltet nicht tanzen!" (Matthäus 11,17; Lukas 7,32; in neuer Fassung: Wir haben euch aufgespielt ...) (BÜCH-MANN 1964, 465).

Andererseits entwickeln sich aus geflügelten Worten auch Sprichwörter mit fester Satzstruktur und verallgemeinerter Metaphorik:

⟨62⟩   *Wir leben nicht, um zu essen; wir essen, um zu leben* (Sokrates). *Das Hemd ist (mir) näher als der Rock* (Plautus). *Wer zuerst kommt, mahlt zuerst* (Eike v. Repgow, Sachsenspiegel). *Kleine Blumen, kleine Blätter* (Goethe, Mit einem gemalten Band). *Sollen dich die Dohlen nicht umschrein, mußt nicht Knopf auf dem Kirchturm sein* (Goethe, Zahme Xenien).

Dabei ist natürlich auch immer mit der Möglichkeit zu rechnen, daß ein Schriftsteller ein ihm bekanntes umlaufendes Sprichwort in sein Werk „einbaut" und damit dann nur „weitervermittelt" hat.

Autorenbezogen sind auch Maxime und Aphorismus. Der Ausdruck *Aphorismus* gehört zu einem griechischen Verb für ‚abgrenzen, definieren', und in Medizin und Naturwissenschaft der Antike wurden zunächst damit in einprägsamer Form überlieferte Ratschläge oder Erkenntnisse bezeichnet. Später wurden in diese Form auch Aussagen philosophischen, moralischen usw. Inhalts gebracht. Der moderne Aphorismus hat sich seit der Renaissance entwickelt und eine besondere Entfaltung im Frankreich des 18. Jh. erlebt, wo Schriftsteller wie La Rochefoucault, Pascal, Montesquieu und Chamfort zu seinen Hauptvertretern gehören. In Deutschland ist einer der bekanntesten Verfasser von Aphorismen G. Chr. Lichtenberg (1742–1799); dann ist auf die Romantik zu verweisen (F. Schlegel, Novalis), auf Goethe, Schopenhauer (‚Aphorismen zur Weltweisheit'), K. Kraus, P. Altenberg (Diogenes in Wien. Aphorismen, Skizzen und Geschichten, Berlin 1979).

Der Aphorismus stellt eine Art Gegenpol zum Sprichwort dar. Für ihn ist charakteristisch, daß weniger Verhaltensweisen und Erkenntnisse lehrhaft vermittelt als vielmehr geradezu in Frage gestellt werden (GROSSE 1965; PEUKES 1977, 12ff.) Dies eben drückt ein Lichtenbergscher Aphorismus direkt aus: „Dinge zu bezweifeln, die ganz ohne weitere Untersuchung jetzt geglaubt werden, das ist die Hauptsache überall" (GROSSE 1965, 85). Dabei werden nicht selten differenziertere Gedanken entwickelt, die nicht in die prägnante Sprichwortform zu fassen sind, sondern zu komplexeren und komplizierteren Satz- und Textstrukturen führen:

(64) „Die Summe unserer Erkenntnisse besteht aus dem, was wir gelernt, und aus dem, was wir vergessen haben." (M.v. Ebner-Eschenbach) – „Wie man, auf einem Schiffe befindlich, sein Vorwärtskommen nur am Zurückweichen und Kleinerwerden der Gegenstände auf dem Ufer bemerkt, so wird man sein Alt- und Älterwerden daran inne, daß Leute von immer höheren Jahren einem jung vorkommen." (Schopenhauer) – „Man mag nicht *mit* jedem leben, und so kann man auch nicht *für* jeden leben; wer das recht einsieht, wird seine Freunde höchlich zu schätzen wissen, seine Feinde nicht hassen noch verfolgen; vielmehr erlangt der Mensch nicht leicht einen größern Vorteil, als wenn er die Vorzüge seiner Widersacher gewahr werden kann: dies gibt ihm ein entschiedenes Übergewicht über sie." (Goethe)

„Zwischen den beiden Polen, zwischen Sprichwort und Aphorismus, sind auch die beiden Gattungen Sentenz und Maxime anzusetzen" (PEUKES 1977, 14). Dabei ist noch am ehesten faßbar das Wesen der *Sentenz*, zu lat. *sententia* ‚Meinung‘. Auch ihr ist – wie dem Sprichwort – eine lehrhafte Tendenz eigen. Sie entstammt gewöhnlich einem künstlerischen Werk und gibt – anders als der Aphorismus – in knapper und verständlicher, einprägsamer Form eine für das praktische Leben bedeutsame Erkenntnis wieder. Die Sentenz ist wie das Sprichwort in allgemeinem Gebrauch. Die Grenzen zwischen Sentenz, geflügeltem Wort und Sprichwort sind daher recht fließend.

Was den Unterschied zwischen geflügeltem Wort und Sentenz betrifft, so wird man davon ausgehen können, daß ‚geflügeltes Wort‘ der Oberbegriff ist, auch Einzelwörter und nichtprädikative Benennungen mit erfassend. Sentenzen sind dann wohl die meisten derjenigen geflügelten Worte entsprechenden Inhalts (s.o.), die als Satzstrukturen festgeprägt umlaufen und aus belletristischen Werken stammen:

(65) *Dem Mimen flicht die Nachtwelt keine Kränze* (F. Schiller, Prolog zu Wallensteins Lager). – *Drum prüfe, wer sich ewig bindet, ob sich das Herz zum Herzen findet* (F. Schiller, Lied von der Glocke). – *Der Starke ist am mächtigsten allein* (F. Schiller, Wilhelm Tell). – *Sein Schicksal schafft sich selbst der Mann* (G. Kinkel, Otto der Schütz). *Alle Räder stehen still, wenn dein starker Arm es will* (G. Herwegh, Bundeslied).

Die Maxime steht dem Aphorismus näher, und vieles von dem, was Goethe unter dem Titel ‚Maximen und Reflexionen‘ veröffentlichte, ließe sich wohl ohne weiteres auch als Aphorismus bezeichnen, obwohl unter Maxime im allgemeinen Sprachgebrauch eher eine ‚allgemeine Lebensregel, Grundsatz des Wollens und Handelns‘, aber auch ‚Denkspruch‘ verstanden wird. Vgl. die folgenden Beispiele Goethes:

(66)   „Altes Fundament ehrt, darf aber das Recht nicht aufgeben, irgendwo wieder
einmal von vorn zu gründen". – „Der törigste von allen Irrtümern ist, wenn
junge gute Köpfe glauben, ihre Originalität zu verlieren, indem sie das Wahre
anerkennen, was von andern schon anerkannt worden." – „Alles Abstrakte wird
durch Anwendung dem Menschenverstand genähert, und so gelangt der Menschenverstand durch Handeln und Beobachten zur Abstraktion." – „Im Betrachten wie im Handeln ist das Zugängliche von dem Unzugänglichen zu unterscheiden; ohne dies läßt sich im Leben wie im Wissen wenig leisten."

2.6.   Zur inneren Struktur von Phraseologismen

Die bisherige Darlegung hat sich befaßt mit der Charakterisierung von Wesens-
zügen der Phraseologismen in Abhebung von freien syntaktischen Wortverbindungen sowie mit dem Verhältnis von Phraseologismen zu anderen festgeprägten Konstruktionen. Im folgenden sind zur weiteren Klärung des Wesens der
Phraseologismen Bemerkungen zu ihrer inneren Struktur zu machen, die einerseits eine gewisse Hinführung zu der in Kapitel 3 zu gebenden Klassifikation
des phraseologischen Bestandes der deutschen Gegenwartssprache darstellen,
andererseits an die vorstehend insbesondere im Zusammenhang mit der Behandlung der Stabilität gemachten Bemerkungen anschließen (vgl. 2.2.) und sie
weiterführen, also auch voraussetzen. Die richtige Verwendung eines Phraseologismus erfordert, daß die phraseologischen Bestandteile (Komponenten, Konstituenten) in ihrer Gebundenheit (Festigkeit) erkannt und von den variablen
unterschieden werden. (Vgl. AMOSOSA 1963, 147ff.)

2.6.1.   Allgemeines zur Komponentenstruktur

Wir gehen davon aus, daß die Komponenten eines Phraseologismus weiterhin
wesentliche Merkmale des Wortes bewahren und ihren Wortcharakter nicht
grundsätzlich eingebüßt haben (vgl. auch 1.2.1., 2.3.3.), wenngleich in dieser
Hinsicht gewisse Probleme nicht zu übersehen sind (vgl. z.B. einen Teil der
unikalen Komponenten 2.2.1. sowie der Komponenten mit syntaktischer Anomalie 2.2.2.).
    Die festen Komponenten eines Phraseologismus können Autosemantika sein
(Substantive, Adjektive, Adverbien, Numeralia, Verben), bisweilen auch als
„Basiselemente" bezeichnet, oder es können Synsemantika sein, auch als
„Verknüpfungselemente" bezeichnet (Pronomen, Präposition, Artikel, Kon-
junktion; vgl. ROTHKEGEL 1973, 19). Nach dem hier zugrunde gelegten Phraseologismus-Begriff ist mindestens ein Basiselement erforderlich, um einen
Phraseologismus zu bilden. Es können auch mehrere sein, doch Phraseologismen

mit mehr als drei Basiselementen sind relativ selten (sofern nicht Konstruktionen mit expliziter Satzstruktur; vgl. 3.3.2.). Vgl. – mit zunehmender Zahl von Basiselementen – die folgenden Reihen:

⟨67⟩   *auf Anhieb* ‚sofort, beim ersten Versuch', *nach Gutdünken* ‚beliebig, nach eigenem Ermessen', *an Bord* , auf einem Schiff / Flugzeug', *dem Vernehmen nach* ‚nach dem, was man hört / was allgemein bekannt ist', *einen heben* ‚Alkohol trinken', *es haben mit jmdm.* ‚auf jmdn. fixiert sein', *jmdm. etw. / eins husten* ‚eine Zumutung von jmdm. zurückweisen', *etw. auf sich halten* ‚auf seinen Ruf / sein Äußeres Wert legen' *in sich gehen* ‚bereuen'.

Zur Problematik der ‚eingipfligen' Phraseologismen vgl. AMOSOVA (1963, 125ff.). Dort werden Konstruktionen aus einem Autosemantikum und einem (oder mehreren) „Dienstwort" (služebnoe slovo) so bezeichnet.

⟨68⟩   *mit Ach und Krach* ‚unter großen Schwierigkeiten (gerade noch)', *alt aussehen* ‚in einer üblen Lage sein', *baden gehen* ‚scheitern, erfolglos bleiben', *im Dunkeln tappen* ‚im Ungewissen sein', *jmdn. unter Druck setzen* ‚mit Drohungen zu beeinflussen suchen', *Haare lassen* ‚Schaden erleiden', *gegen eine / die Wand reden* ‚jmdn. vergeblich zu überzeugen versuchen', *auf den letzten Drücker* ‚in letzter Minute'.

⟨69⟩   *die Engel singen hören* ‚starke Schmerzen empfinden', *sich mit fremden Federn schmücken* ‚Leistungen anderer als eigene ausgeben', *mit der Faust auf den Tisch schlagen* ‚energisch werden, sich Respekt verschaffen', *mit offenen Karten spielen* ‚aus seinen Absichten kein Geheimnis machen', *jmdm. den Wind aus den Segeln nehmen* ‚jmdn. im voraus seiner Argumente berauben', *etw. ist ein Tropfen auf den heißen Stein* ‚viel zu wenig'.

⟨70⟩   *wissen, wo Barthel den Most holt* ‚alle Schliche kennen, sehr findig sein', *sich (keine) grauen Haare wachsen lassen* ‚sich (keine) Sorgen machen', *sein Herz in beide Hände nehmen* ‚Mut zu etwas fassen', *wenn Ostern und Pfingsten auf einen Tag fallen* ‚niemals', *den Wald vor lauter Bäumen nicht sehen* ‚das Wichtigste vor unwichtigen Einzelheiten übersehen'.

Die vorstehende Übersicht zeigt Phraseologismen mit einem (⟨67⟩), zwei (⟨68⟩), drei (⟨69⟩) und vier (⟨70⟩) Basiselementen. Die Kopula *sein* ist dabei nicht mitgerechnet (dazu s. u. 3.5.1.). Am häufigsten sind solche wie unter ⟨68⟩ und ⟨69⟩. Unter den substantivischen Phraseologismen überwiegen bei weitem die aus zwei Basiselementen, unter den verbalen dürften die Beispielgruppen ⟨68⟩ und ⟨69⟩ annähernd gleich verteilt sein. Gruppe ⟨70⟩ ist sehr selten, abgesehen von entwickelten Vergleichskonstruktionen (2.6.3.2.). Gruppe ⟨67⟩ wird im wesentlichen durch präpositionale Substantivgruppen gebildet, die adverbial gebraucht werden, sowie durch Konstruktionen mit *sein*.

Einen noch höheren Komplexitätsgrad erreichen – außer Vergleichen – vor allem noch Konstruktionen mit fester Negation oder mit Pronomina wie *alle* u. ä.:

⟨71⟩ *ein Gesicht machen wie drei Tage Regenwetter* ‚mißmutig / unzufrieden dreinschauen', *nicht alle Tassen im Schrank haben* ‚nicht recht bei Verstand sein',
von Tuten und Blasen keine Ahnung haben ‚nicht das mindeste verstehen', *mit
etw. keinen Hund hinter dem Ofen (her)vorlocken können* ‚bei niemandem
Interesse wecken können'.

An dieser Beschränkung des Umfanges der Phraseologismen wird die Tendenz
zur Limitierung der Komplexität lexikalisierter Einheiten deutlich. Für die
festgeprägten Sätze gelten etwas andere Verhältnisse (s. u. 3.3.2.), doch ist dabei
zu bedenken, daß ihre Zahl insgesamt relativ gering ist.

Sind die Phraseologismen als Wortgruppen nichtprädikativen Charakters
lexikalisiert, werden sie auch als ‚nominative Phraseologismen' von den festgeprägten Sätzen als ‚kommunikativen Phraseologismen' unterschieden.[46] Es
können substantivische, adjektivische, adverbiale und verbale Gruppen sein, und
sie übernehmen entsprechende Satzgliedfunktionen (über diese Klassifikation
nach „phraseologischen Wortarten" s. u. 3.5.).

Bei den verbalen Gruppen sind zu unterscheiden Strukturen mit phraseologisierter syntaktischer „Leerstelle", die lexikalisch variabel ist, von Strukturen
ohne solche obligatorische „Leerstelle":

⟨72⟩ *Er öffnete seinem Vater / dem Lehrer / allen Freunden die Augen* (*die Augen öff-
nen – jmdm.* ‚jmdm. den wahren Sachverhalt zeigen'). Ohne den Dativ nichtphra-
seologisch: *Er öffnete die Augen.* – *Peter hat das Zeug zum Lehrer / Leiter /
Musiker* (*das Zeug haben – zu etw.* ‚befähigt sein zu etw., die Begabung haben
zu etw.'). Ohne die Präpositionalgruppe nichtphraseologisch: *Er hat das Zeug.* –
Karl ist seinem Onkel / dem jungen Burschen / mir aufs Dach gestiegen (*aufs
Dach steigen – jmdm.* ‚jmdm. die Meinung sagen, jmdn. zur Ordnung rufen').
Ohne den Dativ nichtphraseologisch: *Karl ist aufs Dach gestiegen.*

Das Charakteristische in diesen Fällen ist das Vorhandensein eines obligatorischen syntaktischen Strukturelements mit variabler lexikalischer Füllung. Nicht
variabel ist die Füllung von verbalen Ergänzungsstellen dagegen in den folgenden Beispielen:

⟨73⟩ *Vera hängt die Fahne nach dem Wind* (*die Fahne nach dem Wind hängen* ‚sich
aus Eigennutz / Bequemlichkeit der jeweils herrschenden Meinung anschließen'). – *Sie gab ihrem Herzen einen Stoß* (*seinem Herzen einen Stoß geben*
‚sich zu etwas durchringen'). – *Vater hat wieder einmal das Kind mit dem
Bade ausgeschüttet* (*das Kind mit dem Bade ausschütten* ‚etw. ohne Berücksichtigung positiver Seiten pauschal verurteilen'.)

---

[46] NAZARJAN, a. a. O., differenziert zunächst „nichtkommunikative" und „kommunikative" phraseologische Einheiten und untergliedert erstere in „nominative" sowie
„komparative", „interjektionale", „modale" und in „Hilfs-/Dienstfunktion" (služebnye)
verwendete.

Ist das Subjekt des Satzes, in den der Phraseologismus eingebaut wird, eine feste Komponente dieses Phraseologismus, dann handelt es sich um „festgeprägte prädikative Konstruktionen" (vgl. 2.3.3.sowie ausführlicher 2.6.3.).

Die syntaktisch dominierende Basiskomponente der phraseologischen Wortgruppenstruktur wird als *Kernwort* bezeichnet: bei verbalen Phraseologismen das Verb (die Augen in die Hand *nehmen* ‚ganz genau hinsehen‘, *gucken* wie ein Auto ‚verblüfft dreinschauen‘), bei substantivischen Phraseologismen das Substantiv, das durch Attribute näher bestimmt ist (ein offenes *Geheimnis*, ein *Tanz* auf dem Vulkan, der *Stein* des Anstoßes).

Ist die syntaktisch dominierende Komponente kein Basiselement, sondern ein synsemantisches Wort (Präposition vor allem), dann ist es nicht angebracht, sie als Kernwort zu fassen (*mit* verschränkten Armen, *ohne* alle Umschweife, *durch* die Bank ‚gänzlich, ohne Ausnahme‘). Es ist dann zweckmäßig, auf die weitere strukturell-syntaktische Differenzierung zu verzichten, ebenso bei den Wortpaaren (*Hab und Gut, hegen und pflegen, des langen und breiten*). Der Begriff des „grammatischen Kerns" ist also nur begrenzt anwendbar (AMOSOVA 1963, 155f.).

Damit wird deutlich, daß mit dem syntaktisch zu charakterisierenden Kernwort die semantische Hierarchie in der phraseologischen Wortgruppenstruktur nicht immer adäquat erfaßt werden kann. Das ist besonders problematisch für die Frage, unter welchem Stichwort ein Phraseologismus lexikographisch zu kodifizieren ist. Diese die Semantik des Phraseologismus charakterisierende Basiskomponente muß nicht immer mit dem syntaktisch dominierenden Kernwort zusammenfallen; sie wird als *Stützwort* (russ. *opornoe slovo*; OŽEGOV 1974, 199ff.) bezeichnet. So wird man *große Augen machen* ‚erstaunt blicken‘ nicht unter *machen*, sondern unter *Auge*, *im Bilde sein* nicht unter *sein*, sondern unter *Bild*, *Lust haben* nicht unter *haben*, sondern unter *Lust*, *aus Leibeskräften* nicht unter *aus*, sondern unter *Leibeskräften* lexikographisch verzeichnen. Es bleiben genügend Schwierigkeiten bei der Einzelentscheidung; OŽEGOV weist aber mit Nachdruck darauf hin, daß es grundsätzlich möglich sei, das Stützwort zu ermitteln. Es sei die „sinnbildende Komponente", die Komponente, die die freie Wortverbindung „phraseologisiert"; bei bestimmten Typen von Phraseologismen sei es das erste Wort, das als semantisches „Signal" der ganzen Wortgruppenkonstruktion diene (OŽEGOV 1974, 200).

2.6.2. Besondere Gruppen von Komponenten

Gewisse Besonderheiten in der Struktur von Phraseologismen ergeben sich daraus, daß bestimmte Pronomina, Negationen, das Reflexivum als feste Komponenten auftreten können. Auch Eigennamen und Fremdwörter stellen solche besonderen Komponenten dar.

2.6.2.1. Pronominale Komponenten

1) Unter den pronominalen Komponenten ist auffälig das neutrale Personalpronomen *es*. Es gibt Konstruktionen, in denen dieses *es* weder ersetzt noch eliminiert noch flexivisch verändert werden kann (vgl. 2.2.2.1.):

⟨74⟩ *es haben – hinter den Ohren* ,gerissen sein' / *im Kopf* ,nicht ganz normal sein' / *auf der Lunge* ,eine kranke Lunge haben' / *mit anderen Frauen* ,untreu sein' / *immer mit dem Auto* ,ständig mit dem Auto beschäftigt sein'; *es zu etw. bringen* ,eine angesehene Stellung erreichen', *es jmdm. geben* ,jmdn. verprügeln, mit Worten zurechtweisen', *es schaffen* ,eine Leistung vollbringen', *es bringen auf etw.* ,erreichen', *es zu tun bekommen mit jmdm.* ,in Konflikt kommen mit jmdm., in Berührung kommen mit jmdm.', *es dahin bringen, daß* ,erreichen', *es jmdm. recht machen* ,zufriedenstellen', *es ankommen lassen auf etw.* ,etw. wagen, riskieren', *es auf etw. / jmdn. abgesehen haben* ,auf etw. / jmdn. abzielen'.

In diesem Zusammenhang gehört auch eine Reihe von Konstruktionen der 3. Person, wie: *es gibt* ,es ist vorhanden', *wie kommt es?, es geht, wenn es hochkommt, es gilt + Inf., es handelt sich um.*
Die vorstehenden Konstruktionen sind von solchen zu unterscheiden, in denen die Position des Pronomens durch unterschiedliche lexikalische Elemente, je nach Satzstruktur und Kontext, eingenommen werden kann:

⟨75⟩ *Die Jahre bringen es mit sich, daß die Haare grau werden – Daß die Haare grau werden, bringen die Jahre mit sich (es mit sich bringen* ,zur Folge haben). – *Ich bringe es nicht übers Herz, ihn zu enttäuschen – Ihn zu enttäuschen bringe ich nicht übers Herz (es übers Herz bringen* ,es fertig bringen, tun können'). – *Bei diesen Worten gab es mir einen Stich – Diese Worte gaben mir einen Stich.*

2) Konstruktionen mit dem Indefinitpronomen *einer, eins* als obligatorischer Komponente:

⟨76⟩ *jmdm. eins auswischen* ,eine Bosheit, einen Schaden tun', *jmdm. eine runterhauen* ,eine Ohrfeige geben', *jmdm. eins hintendrauf / hinter die Ohren geben* ,einen Schlag auf den Hintern / den Kopf geben', *sich einen abbrechen* ,sich zieren'; ferner eine Reihe gleichstrukturierter Konstruktionen mit der Bedeutung ,Alkohol trinken' bzw. ,betrunken sein': *einen zur Brust nehmen, einen schmettern / zischen / zwitschern, einen auf die Lampe gießen, einen sitzen haben, einen in der Krone haben, sich einen hinter den Schlips gießen, sich einen unter das Jackett brausen.*

In ähnlicher Weise wird auch *etwas* verwendet, in diesen Fällen dann nicht zu verstehen als Kennzeichnung einer syntaktischen Position, die lexikalisch unterschiedlich gefüllt werden kann:

⟨77⟩ *Karl hat etwas gegen lange Busfahrten (etwas haben gegen jmdn. / etw.* ,jmdm. / einer Sache abgeneigt sein'). – *Vera hat etwas mit dem jungen Burschen (etwas haben mit jmdm.* ,ein Verhältnis haben mit jmdm.'.). – *Er wird sich doch nicht etwas antun (sich etwas antun* ,Selbstmord begehen'). – *Peter möchte gern etwas vor-*

stellen (etwas vorstellen ‚als besonderer Mensch erscheinen'). – *Das ist so sicher wie nur etwas* (‚ganz sicher').

In manchen Fällen sind *einer, eins* und *etwas* austauschbar: *jmdm. etwas hintendrauf geben, jmdm. etwas auswischen.*

Die Negierung von *einer, eins* ist gewöhnlich *keiner, keins* (s. o. ⟨76⟩), von *etwas* gewöhnlich *nichts:*

⟨78⟩   *Aus der Heirat ist etwas / nichts geworden. Von all seinen Bemühungen hat er schließlich doch etwas / nichts gehabt (etwas haben von etw.* ‚in den Genuß einer Sache kommen'). – *Wenn er das sagt, so will dies etwas / nichts heißen (etwas heißen wollen* ‚von Bedeutung sein').

3) Das Possessivpronomen als phraseologische Komponente wird auf das Subjekt bezogen und in Abhängigkeit davon nach der Person verändert:

⟨79⟩   *Er wird sein / du wirst dein blaues Wunder erleben (sein blaues Wunder erleben* ‚eine höchst unangenehme Überraschung'). – *Er setzte sich endlich auf seine / du ... auf deine vier Buchstaben (sich auf seine vier Buchstaben setzen* ‚sich hinsetzen'). – *Wir werden nicht unsere Haut zu Markte tragen (seine Haut zu Markte tragen* ‚sich in Gefahr begeben'). – *Das müßt ihr auf eure Kappe nehmen (etwas auf seine Kappe nehmen* ‚die Verantwortung für etw. übernehmen'). – *Vera steht im Leben ihren Mann (seinen Mann stehen* ‚sich bewähren, behaupten'). – *Das ist Wasser auf meine / seine Mühle* ‚bestärkt mich / ihn in meiner / seiner Meinung'.

4) Das Pronomen *alle* tritt meist als obligatorische attributive Komponente auf; das neutrale *alles* (antonymisch *nichts*) selten substantivisch:

⟨80⟩   *über alle Berge sein* ‚weit weg', *mit allen Wassern gewaschen sein* ‚durchtrieben', *mit allen Fasern (seines Herzens) an jmdm. hängen* ‚sehr eng', *Hans Dampf in allen Gassen sein* ‚sich überall auskennen', *von allen guten Geistern verlassen sein* ‚aller Vernunft beraubt sein', *alle Hände voll zu tun haben* ‚sehr viel', *alle viere von sich strecken* ‚sterben, ausruhen', *sich alle Finger lecken nach etw.* ‚sich sehr um etw. bemühen'. – *Alles von sich geben* ‚sich erbrechen', *alles in allem* ‚im ganzen gesehen', *nicht um alles in der Welt* (verstärkte Verneinung).

In den vorstehend genannten Beispielen drückt *all-* entsprechend seiner auch im freien Gebrauch üblichen Bedeutung ein hohes Maß aus, ist selbst als Komponente des Phraseologismus also nicht idiomatisiert, obwohl die Phraseologismen als ganze idiomatisch sind und eine Verbindung wie *alle Hände* in bezug auf eine Person (*Ich habe alle Hände voll zu tun.*) im freien Gebrauch nicht möglich ist, da *zwei Hände* (*beide Hände!*) die natürliche Höchstzahl darstellen.

Davon abzuheben sind präpositionale Konstruktionen, die entweder gar nicht oder nur schwach idiomatisch sind, wo *all-* ebenfalls ein hohes Maß ausdrückt, aber durch gewisse Äquivalente mehr oder weniger ersetzbar ist:

(81)　*in alle / die ganze Welt* ‚überallhin', *in aller / ganz in der Stille / Frühe / Ruhe; mit aller / größter Liebe / Deutlichkeit / Kraft / Entschiedenheit; wider alles / jedes Erwarten, ohne alles / jedes / jegliches Aufsehen / Aufheben.*

Kaum ersetzbar dagegen in: *bei aller Arbeit* ‚ungeachtet großer Arbeitsbelastung', *auf alle Fälle* ‚für jede Möglichkeit', *zu allem Unglück* ‚das Unglück noch vergrößernd, verstärkend'; *Mädchen für alles* ‚Person für jede Arbeit'. Beachte auch: *alle naselang* ‚sehr oft'.

5) Wie das Possessivpronomen wird auch das Reflexivpronomen als phraseologische Komponente entsprechend dem Subjekt verändert:

(82)　*Du wirst dir doch keinen abbrechen dabei* (*sich einen abbrechen* ‚sich sehr anstrengen'). – *Er ist wieder zu sich / Ihr seid wieder zu euch gekommen* (*wieder zu sich kommen* ‚das Bewußtsein wieder erlangen, wieder zur Ruhe kommen'). – *Dieser Bursche hat es in sich / Du hast es wirklich in dir* (*es in sich haben* ‚nicht zu unterschätzen sein'). – *Hast du das von dir aus getan* (*von sich aus etw. tun* ‚unaufgefordert'). – *Wir werden uns keine Blöße geben* (*sich eine Blöße geben* ‚eine Schwäche zeigen').

Im letzten Beispiel ist das Reflexivum erforderlich, damit eine akzeptable Satzstruktur entsteht (**eine Blöße geben*; anders dagegen: *jmdm. keine Blöße zeigen!*); im ersten Beispielsatz entsteht ohne Reflexivum eine nichtphraseologische, aber syntaktisch akzeptable Konstruktion.
Nicht regulär nach der Person variabel ist das Reflexivum in Fällen, wo entweder die ganze Konstruktion in der dritten Person fest ist oder wo das Reflexivum mit Präposition sich semantisch weitgehend verselbständigt hat:

(83)　*Das ist eine Sache für sich* ‚eine besondere Angelegenheit'. *Deine Vorschläge haben etwas für sich* ‚sind erwägenswert'. *Wir haben hier an sich* ‚eigentlich' *nicht viel zu tun. Was hat es mit deinen Briefen auf sich* ‚Was haben deine Briefe zu bedeuten?'

6) Nicht wenige Phraseologismen enthalten obligatorisch Pronominaladverbien mit *da-*:

(84)　*Der arme Kerl hat d(a)ran glauben müssen* (*daran glauben müssen* ‚umkommen, etwas Unangenehmes erleiden'). – *Es darf nicht dahin kommen, daß wir alle ohne Überlegung handeln. – Wie komme ich dazu, Ihnen Platz zu machen* (‚Warum sollte gerade ich ...') – *Ich finde nichts dabei, wenn mein Sohn allein ins Ausland fährt* (*nichts dabei finden* ‚keinerlei Einwände haben'); ähnlich auch: *nichts dagegen haben. – „Sie suchte sich eine Stelle als Magd in Rom, er war aber dahinter* (‚sehr darauf bedacht'), *daß es bei strengen Leuten wäre"* (H. Mann). – *Mir liegt nichts daran* (‚ich lege keinen Wert darauf'), *heute noch einen Spaziergang zu machen.*

In den meisten Fällen ist das Pronominaladverb allerdings nur als Verweis auf folgenden Nebensatz oder entsprechende infinite Konstruktion erforderlich (Ausnahme das erste Beispiel). Es entfällt bei unmittelbarem Anschluß der präpositionalen Substantivgruppe (die bei *daran glauben müssen* nicht möglich ist): *Wie komme ich zu diesem Zugeständnis? Mir liegt nichts an einem Spaziergang.*

7) Von den Numeralia werden vor allem die Grundzahlen bis *dreizehn* in Phraseologismen verwendet, zum Teil attributiv mit einem Substantiv, zum Teil auch selbständig:

(85)   *eins a sein* ,sehr gut', *etw. eins, zwei, drei getan haben* ,im Handumdrehen', *für zwei / drei arbeiten* ,mehr arbeiten als normalerweise jmd. arbeitet', *nicht bis drei zählen können* ,dumm sein', *etw. in drei Worten sagen* ,kurz und bündig', *drei Schritte vom Leibe bleiben* ,nicht zu nahe kommen', *hinter etw. / jmdm. drei Kreuze machen* ,froh sein, daß man etw. hinter sich / mit jmdm. nichts mehr zu tun hat', *ewig und drei Tage* ,unerträglich lange', *sicher wie zwei mal zwei vier* ,sehr sicher', *auf allen vieren* ,auf Händen und Füßen kriechend', *unter vier Augen* ,ohne Zeugen', *in seinen vier Wänden / Pfählen* ,zu Hause', *in alle vier Winde* ,überallhin', *alle viere von sich strecken* ,sich hinlegen, es sich bequem machen, um auszuruhen', *seine fünf Sinne nicht ganz beisammen haben / nicht alle fünfe beisammen haben* ,nicht ganz bei Verstand sein', *fünf(e) gerade sein lassen* ,es nicht genau nehmen', *sich etw. an den fünf Fingern abzählen können* ,etw. Selbstverständliches erkennen / von selbst erkennen', *ein Buch mit sieben Siegeln* ,etwas Unverständliches', *sieben Meilen gegen den Wind stinken* ,sich schon von weitem aufdringlich bemerkbar machen', *alle neune werfen / schieben* ,einen vollen Erfolg haben', *sich alle zehn Finger nach etw. lecken* ,auf etw. begierig sein', *sich durch keine zehn Pferde von etw. abhalten lassen* ,sich durch nichts abhalten lassen', *bis fünf nach zwölf auf etw. beharren* ,in aussichtsloser Lage', *es schlägt dreizehn* ,es ist genug, es geht zu weit'.

2.6.2.2. Negation

Was die Negation betrifft, so ist das „System der affirmativen Wendungen ... durch ein symmetrisches System negativer Wendungen ... zu ergänzen" (FIX 1974–76, 69). Das heißt: Alle Phraseologismen können grundsätzlich mit einer Negation versehen werden. Dabei sind unterschiedliche formale Negierungs-mittel verwendbar:

(86)   *Gustav hat bei seinem Vater keinen / nicht gerade einen Stein im Brett. – Marianne hat noch nie / keinen Kohldampf geschoben. – Peter hat den Streit nicht / nie einen Streit / noch keinen Streit vom Zaune gebrochen. – Antje hat Peter keinen Korb gegeben.*

Die unterschiedlichen Negationsmittel sind in ihrem Bedingungszusammenhang noch nicht eingehend untersucht. Neben textsyntaktischen und semantischen Bedingungen, die für Negierungen auch außerhalb der Verbindung mit Phraseo-logismen gelten, mögen hier auch Idiomatizitäts- und Stabilitätsgrad des Phra-seologismus mit von Bedeutung sein. Daß aber bei geringerer semantischer Selbständigkeit der Komponenten und damit auch größerer Stabilität des Phraseologismus der Gebrauch zur Bevorzugung von *nicht*, im umgekehrten Fall zur Bevorzugung von *kein* (= ‚nicht ein‘) tendiere (vgl. VIEHWEGER 1977, 302), läßt sich nicht ohne weiteres verallgemeinern, wie die Beispiele unter ⟨86⟩ zeigen. Es scheinen noch eher formale Gesichtspunkte eine Rolle zu spielen. Phraseologismen mit Substantiv und bestimmtem Artikel tendieren zur Negierung durch *nicht*, solche mit unbestimmtem Artikel und ohne Artikel zur Negierung durch *kein* (MILITZ 1979a, 24f.). Außerdem tendieren präpositionale Gruppen generell zur Negierung durch *nicht* (VIEHWEGER 1977, 302). Dabei ist – wie gesagt – der Einfluß textsyntaktischer Bedingungen nicht zu übersehen, der andere Regelungen verlangen kann. Man vgl. die folgenden Beispiele:

⟨87⟩   *(nicht) in die Binsen gehen* ‚entzweigehen, unbrauchbar werden‘, *das Blatt (nicht) zu wenden suchen* ‚eine günstigere Lage herbeizuführen suchen‘, *(nicht) die Farbe wechseln* ‚sich einer anderen Ansicht anschließen, seiner Überzeugung untreu werden‘, *sich (nicht) in den Haaren liegen* ‚sich nicht streiten‘, *jmdm. (nicht) über den Mund fahren* ‚jmdn. auf ungehörige Weise beim Sprechen unterbrechen‘, *jmdm. (nicht) die Stange halten* ‚für jmdn. eintreten‘, *(nicht) ins Wasser fallen* ‚nicht zustande kommen‘, *jmdn. (nicht) unter Druck setzen* ‚jmdn. mit Drohungen zu beeinflussen suchen‘, *etw. (nicht) zu Papier bringen* ‚niederschreiben‘, *(nicht) in Bewegung setzen, (nicht) in Verzug geraten.*

⟨88⟩   *jmdm. (keine) schönen Augen machen* ‚mit jmdm. flirten‘, *jmdm. (k)einen Bären aufbinden* ‚(zum Spaß) etwas Unwahres sagen‘, *(keine) Bäume ausreißen* ‚große Taten vollbringen‘, *(kein) böses Blut machen* ‚Erregung, Zwietracht verursachen‘, *(k)einen Haken haben* ‚mit einer verborgenen Schwierigkeit verbunden sein‘, *sich (k)ein Herz fassen* ‚Mut zu etw. fassen‘, *mit jmdm. (k)ein Hühnchen zu rupfen haben* ‚mit jmdm. etw. zu bereinigen, sich auseinanderzusetzen haben‘, *(k)eine Lippe riskieren* ‚ein offenes Wort sagen‘, *(k)einen Bock schießen* ‚einen elementaren Fehler machen‘.

Doch gibt es genügend Beispiele, die der genannten Tendenz nicht entsprechen, woraus sich ergibt, daß weitere Untersuchungen erforderlich sind. So ist etwa die Negierung durch *nicht* zumindest zulässig in folgenden Fällen mit Substantiv ohne Artikel:

⟨89⟩   *(nicht) Farbe bekennen* ‚sich (nicht) endlich entscheiden, bindend äußern, den wahren Sachverhalt zugeben‘, *einer Sache (nicht) Rechnung tragen* ‚etw. (nicht) berücksichtigen‘, *(nicht) Gas geben* ‚den Gashebel (nicht) drücken‘.

In manchen Fällen wird man schwanken oder beide Möglichkeiten akzeptieren:

⟨90⟩   *(kein / nicht) Gras über etw. wachsen lassen* ‚etw. in Vergessenheit geraten lassen‘, *(keinen / nicht) reinen Wein einschenken* ‚jmdm. die Wahrheit über etwas Unangenehmes sagen‘, *(kein / nicht) Oberwasser bekommen* ‚einen Vorteil erlangen / in eine günstigere Position gelangen‘, *(in keine / nicht in) Übereinstimmung bringen.*

90

Ist *ein* als Numerale anzusehen, dann wird durch *nicht* negiert:

(91)   *(nicht) mit einem blauen Auge davonkommen* ‚einer Gefahr ohne größeren
        Schaden entgehen‘, *(nicht) in einem Boot sitzen* ‚dieselben Interessen ver-
        folgen, sich in der gleichen Lage befinden‘. – Anders aber: *(k)ein Auge zu-
        drücken* ‚Nachsicht üben‘.

Daß die Negierung eines Phraseologismus, wie vorstehend gezeigt, grundsätzlich möglich ist, bedeutet, daß die Negation in diesen Fällen nicht phraseologisiert, keine Komponente des Phraseologismus ist. Es ist weiter zu bedenken, daß
nicht alle Phraseologismen von ihrer semantischen und strukturellen Beschaffenheit her die gleiche Affinität zur Realisierung der grundsätzlich gegebenen
Negierungsmöglichkeiten haben, wenngleich immer Textzusammenhänge
denkbar sind, wo die Negierung sinnvoll ist. So kann man wohl die folgenden
Phraseologismen als wenig negierungsfreundlich betrachten: *jmdm. aufs Dach
steigen* ‚jmdn. zurechtweisen‘, *fix und fertig sein* ‚völlig erschöpft sein‘, *Bauklötze staunen* ‚sehr staunen‘, *das Gras wachsen hören* ‚das Neueste immer
zuerst wissen‘, *ganz aus dem Häuschen sein* ‚ganz aufgeregt sein‘. Vor allem
hyperbolische Vergleiche dürften – wie komparative Phraseologismen überhaupt
– weniger zur Negierung tendieren.

Die festgeprägten Sätze (kommunikative Formeln) sind im Hinblick auf die
Negierung gesondert zu beurteilen (dazu s. u. 3.3.2.).

Von den bisher behandelten Fällen sind solche zu unterscheiden, in denen
ein Negationselement zum obligatorischen Komponentenbestand des Phraseologismus gehört: Phraseologismen, „die als Negato existieren, können in der Regel
nicht als Affirmativen gebraucht werden" (Fɪx 1974–76, 70). Die Negation ist
„fest", die Affirmationstransformation nicht möglich (über Transformationsbeschränkungen von Phraseologismen vgl. auch 2.2.2.2.). Dabei kann *nicht, kein*
oder auch ein anderes Negierungsmittel phraseologisiert sein; bisweilen ist auch
eine Variation zwischen verschiedenen Negierungsmitteln möglich.

(92)   *nicht alle Tassen im Schrank haben* ‚überspannte Ansichten haben, etw.
        Unsinniges vorhaben / getan haben‘, *das Pulver nicht erfunden haben* ‚nicht
        sehr klug sein‘ (doch vgl. ⟨93⟩, ⟨115⟩), *jmdm. nicht von den Fersen / der Hacke
        gehen* ‚jmdn. unentwegt belästigen‘, *nicht von schlechten Eltern sein* ‚beacht-
        lich sein, gehörige Wirkung zeigen‘, *nicht an Herzdrücken sterben* ‚alles offen
        und ohne Hemmungen aussprechen‘, *mit jmdm. ist nicht gut Kirschen essen*
        ‚mit jmdm. muß man wegen seiner Reizbarkeit o. ä. vorsichtig umgehen‘, *sich
        nicht lumpen lassen* ‚jmdn. großzügig beschenken / bewirten‘, *nicht die Bohne*
        ‚überhaupt nicht‘, *jmdm. nicht grün sein* ‚jmdn. nicht leiden können‘, *nicht
        ohne / nicht von Pappe sein* ‚beachtlich / gut sein‘, *jmdn. nicht riechen können*
        ‚jmdn. nicht leiden können‘;
        kein Blatt vor den Mund nehmen ‚etw. offen, unverblümt aussprechen‘, *mit
        etw. (bei jmdm.) keinen Blumentopf gewinnen können* ‚nicht den kleinsten
        Erfolg erzielen können‘, *keinen Finger rühren / krumm machen* ‚nichts tun‘,
        mit etw. keinen Hund hinter dem Ofen (her)vorlocken können ‚mit etw. bei

niemandem Interesse wecken können', *keine großen Sprünge machen* ,sparsam
sein, haushalten', *keinen Stein auf dem andern lassen* ,alles zerstören';
nie und nimmer ,niemals (verstärkt)', *einmal und nie wieder* ,zu keiner Zeit
und unter keinen Umständen wieder', *jetzt oder nie* ,gerade jetzt gilt es',
überall und nirgends zu Hause sein ,keinen festen Standort haben', *für nichts
und wieder nichts* ,umsonst', *mir nichts, dir nichts* ,mit Leichtigkeit, rasch',
nichts für ungut ,[Bitte, nicht übelzunehmen]', *weder Fisch noch Fleisch*
,nichts Bestimmtes, etwas Halbes'.

Die Phraseologismen mit Negierungselementen müssen in ihrer Gesamtbedeutung
nicht unbedingt eine Negierung ausdrücken, vgl. z. B. *nicht von schlechten Eltern
sein, nicht von Pappe sein, keine großen Sprünge machen.* Mit negierender
Gesamtbedeutung dagegen: *jmdm. nicht grün sein, keinen Finger rühren* u. a.

Für einen großen Teil der Phraseologismen mit Negierungselement gilt die
Feststellung von dessen obligatorischem Charakter mit gewissen Einschränkungen. So ist z. B. sehr oft eine pointierte Frage als Variation (dazu ausführlicher
5.2.) vor dem Hintergrund der mit Negierungselement lexikalisierten Konstruktion auch ohne dieses Negierungselement möglich:

(93)   *Hat der wirklich noch alle Tassen im Schrank? Ist er dir je von der Hacke
         gegangen? Hat er damals etwa ein Blatt vor den Mund genommen? Denkst du,
         damit bei diesem Burschen einen Blumentopf gewinnen zu können? Sie glauben
         doch nicht etwa, der Peter hat das Pulver erfunden?*

In all diesen Fragen wird eine negative Antwort unterstellt bzw. erwartet,
vorausgesetzt, so daß die obligatorischen Negierungselemente im Text implizit
gegeben sind und damit auch die richtige Dekodierung des Phraseologismus
gewährleistet ist. Das wäre bei Verwendung in einem positiven Aussagehaupt-
satz nicht ohne weiteres möglich (eventuell unter Zuhilfenahme pointierter
Intonation oder ähnlicher Mittel).

Über die Entsprechung von *etwas* und *nichts* innerhalb phraseologischer
Konstruktionen vgl. 2.6.2.1. Eine ähnliche Entsprechung ist gegeben zwischen
kein und *jeder* im folgenden Fall:

(94)   *mit keiner Faser an etw. denken* ,überhaupt nicht' – *mit jeder Faser / allen
         Fasern an etw. / jmdn. hängen* ,sehr stark, eng', *auf jeden / keinen Fall* ,unbe-
         dingt', *um jeden / keinen Preis, zu jeder / keiner Zeit* ,immer / niemals'.

Ohne antonymisches *kein*: *jede Menge Äpfel* ,sehr viele'.

2.6.2.3. Der Typ *zugrunde gehen*

Ein besonderes Problem der Zuordnung stellen Konstruktionen dar, die aus
einem Verb als zweiter Komponente bestehen und deren erste Komponente
genetisch eine präpositionale Substantivgruppe darstellt, die heute aber als e i n
Wort aufgefaßt und sozusagen „adverbialisiert" ist. Sie kommt außerdem in den
meisten Fällen als selbständige lexikalische Einheit nicht vor, sondern ist an die

Kombination mit bestimmten Verben gebunden. Es handelt sich demnach unter diesem Gesichtspunkt um eine unikale Komponente. Aus Gründen, die im folgenden deutlich werden, sind diese Konstruktionen jedoch nicht im Zusammenhang mit den übrigen unikalen Komponenten (2.2.1.) behandelt worden. Es geht um Konstruktionen der folgenden Art:

(95)   *abhanden kommen, außerstande sein / setzen, imstande sein, instand halten / setzen / bringen, vonnöten sein / werden, vonstatten gehen, zugrunde gehen / legen / liegen / richten, zugute halten / kommen / tun, zuleide tun, zumute sein / werden, zunichte machen / werden, zunutze kommen / machen (sich), zupaß kommen, zustande kommen, zuschanden arbeiten / fahren / machen / reiten / sein / werden, zuschulden kommen lassen (sich), zustande bringen / kommen, zustatten kommen, zutage bringen / fördern / kommen / legen / liegen / treten, zuteil werden, zuwege bekommen / bringen.*

Der relativ junge Charakter dieser Konstruktionen wie auch ihr Entwicklungsweg geht daraus hervor, daß noch bis ins 19. Jh. geschrieben wurde etwa: *zu Grunde richten, zu Wege bringen, von Statten gehen* u.ä., während WILMANNS (1899) bereits Kleinschreibung konstatiert (vgl. WILMANNS 1899, 126; SCHELUDKO 1968, 24), ähnlich wie heute üblich sind: *zu Hause bleiben, in Betracht ziehen, zu Fall bringen, außer Landes gehen, zu Tale fahren / stürzen.* Der Verschmelzungsprozeß der präpositionalen Gruppe ist durch die semantische Entwicklung (Verlust spezieller Bedeutungsmerkmale des Substantivs, zunehmende Abstraktion) in Verbindung mit zunehmender Gebrauchshäufigkeit gefördert worden. Außerdem haben sich insbesondere die Konstruktionen mit der Präposition *zu*, die den weitaus größten Teil bilden, gegenseitig gestützt. – Der neue DUDEN (1996) läßt allerdings fakultativ die alte Getrenntschreibung der präpositionalen Substantivgruppe neben der bisher üblichen Zusammenschreibung wieder zu in Fällen wie z.B. *außer Stande sein, zu Grunde gehen, zu Leid(e) tun, zu Mute sein, zu Nutze machen, zu Schanden werden, zu Schulden kommen.* Das gilt jedoch nicht für Fälle wie *abhanden kommen, vonstatten gehen, zunichte machen, zupaß kommen, zustatten kommen, zuteil werden.*

In einer Reihe von Fällen sind derartige Präpositionalkonstruktionen, ebenfalls „adverbialisiert", zu selbständigen lexikalischen Einheiten geworden, da sie in ihrem Gebrauch nicht an eine irregulär begrenzte Reihe von Verben gebunden sind: *beiseite, beileibe* ‚wahrhaftig', *vorhanden* (dies adjektivisch-attributiv im Unterschied zu *abhanden* verwendbar), *bisweilen, zufrieden* (ebenfalls adjektivisch-attributiv). Konstruktionen mit diesen Wörtern sind in der Regel (wenn nicht zusätzliche Idiomatisierung eintritt) freie syntaktische Wortverbindungen oder verbale Komposita (*sich zufriedengeben, jmdn. zufriedenstellen*).

Einen dritten Entwicklungsweg ist die präpositionale Konstruktion *zurecht* gegangen, die zwar auch nicht als selbständige lexikalische Einheit üblich ist (anders also als *zufrieden*), aber mit den Verben eindeutig zu einer Wortbildungskonstruktion verschmolzen ist (wie *zufrieden-*) und sich durch die Zusammenschreibung vom Typ *zugrunde gehen* unterscheidet. Während aber die Konstruktionen mit *zufrieden-* als Komposita anzusehen sind (mit geringer Reihenbildung), ist es begründet, die Konstruktionen mit *zurecht-* als Präfixbildungen zu klassifizieren: Die Konstituente *zurecht-* läßt sich semantisch nicht an die Präpositionalgruppe *zu Recht* anschließen; das semantische Hauptgewicht ist auf das Verb verlagert, und die Reihenbildung ist stark ausgebaut: *zurechtbiegen, -kommen, -legen, -rücken, -schieben* u. v. a.

Die Konstruktionen des Typs *zugrunde gehen* repräsentieren also sozusagen eine historische Zwischenphase. Das macht ihre Statusbestimmung so schwierig. Man hat sie sowohl als Wortbildungskonstruktionen als auch Phraseologismen bezeichnet.[47] Mir erschien angesichts der noch bis zum DUDEN (1991) kodifizierten orthographischen Regelung, die eine Desubstantivierung des einstigen Präpositionalgefüges zum Ausdruck brachte, die Zuordnung zu den Wortbildungskonstruktionen im Hinblick auf die ähnlich gearteten Fälle mit *zufrieden-* und *zurecht-* eher gerechtfertigt – trotz aller Argumente, die N. SCHELUDKO dagegen vorgebracht hatte. Daraus wäre die Konsequenz der Zusammenschreibung der ganzen Konstruktion (z. B. *zugrundegehen*) zu ziehen gewesen. Durch die Neuregelung im DUDEN (1996) wird jedoch – außer in Konstruktionen wie *abhanden kommen* – der substantivische Charakter des Präpositionalgefüges wieder stärker betont, so daß die Auffassung als Phraseologismus den Vorzug verdient.

Von der vorstehend behandelten Gruppe abzusetzen sind Konstruktionen, die ebenfalls aus einem Präpositionalgefüge und einem Verb bestehen, aber durchweg den Wortgruppencharakter stärker bewahrt haben:

⟨96⟩   *im Trüben fischen* ,aus einer unklaren Situation Nutzen ziehen‘, *auf dem Trockenen sitzen* ,(finanziell) in Schwierigkeiten sein, nichts mehr zu trinken haben‘, *im Dunkeln / Finstern tappen* ,im Ungewissen sein, nichts Genaueres wissen‘, *ins Reine bringen* ,in Ordnung bringen‘, *sich über etw. ins Klare kommen / im Klaren sein* ,eine Sache verstehen, begreifen / begriffen haben‘.

Hierbei handelt es sich um substantivierte Adjektive im übertragenen Gebrauch, wobei allerdings die übertragene Bedeutung nicht in allen Fällen an den Gebrauch innerhalb des Phraseologismus gebunden ist (vgl. die entsprechenden Sememe von *dunkel, klar* auch im freien Gebrauch). Dennoch ist es im Hinblick auf die spezialisierte Gesamtbedeutung gerechtfertigt, von Phraseologismen zu sprechen. Der DUDEN (1991) forderte noch die Kleinschreibung des Adjektivs (*im dunkeln tappen*). So wurden in diesen Fällen die Phraseologismen von homonymen freien Konstruktionen geschieden. Die Neuregelung im DUDEN

---

[47]   Vgl. die Übersicht bei SCHELUDKO, N.: Zur Frage der Verbeinheiten des Typs „zugrunde gehen". In: Deutsch als Fremdsprache 5 (1968), H. 1.

(1996) gibt diese Differenzierung auf, so daß nunmehr die metaphorisch gebrauchten Konstruktionen unter ⟨96⟩ orthographisch wie die nichtmetaphorisch
gebrauchten Konstruktionen unter ⟨97⟩ behandelt werden. Fakultativität von
Groß- und Kleinschreibung wie beim größten Teil der unter ⟨95⟩ aufgeführten
Konstruktionen ist hier also nicht gegeben.

⟨97⟩   *im Kalten sitzen* ‚im ungeheizten Raum‘, *auf dem Trockenen sitzen* ‚an einem
         Platz, wo man nicht naß wird‘, *jmdm. im Dunkeln nicht erkennen, im Dunkeln
         (herum)tappen.*

Konsequenz herrschte allerdings in der orthographischen Behandlung dieser
Erscheinung nicht, denn substantivierte Farbbezeichnungen im metaphorischen
Gebrauch wurden auch als Bestandteile von Phraseologismen gewöhnlich schon
nach DUDEN (1991) großgeschrieben:

⟨98⟩   *ins Blaue hinein* ‚ohne Plan und Zweck‘, *ins Schwarze treffen* ‚das Entschei-
         dende, Wesentliche, Richtige äußern‘.

Nicht metaphorischer, sondern phraseologisch eingeengter Gebrauch (eine
spezielle Denotatsbeziehung) liegt vor in den folgenden Konstruktionen, die zu
Recht substantivierte Farbbezeichung oder anderes Adjektiv mit großem Anfangsbuchstaben zeigen:

⟨99⟩   *(ganz) in Weiß kommen* ‚in weißer Kleidung‘, *Ausflug ins Grüne* ‚in die
         grünende Natur‘, *(noch) im Hellen* ‚bei Tageslicht‘.

Die bis zur Neuregelung im DUDEN (1996) geltende Schreibweise der unter ⟨96⟩
aufgeführten Konstruktionen belegte also eine Tendenz zur Kleinschreibung
metaphorisch gebrauchter substantivierter Adjektive in Phraseologismen.
Umgekehrt ist es vielfach noch heute bei Konstruktionen unter ⟨52⟩ und weiteren in 2.4.1. und 2.4.2. genannten: Großschreibung von Adjektiven in metaphorischen Phraseologismen (*der Runde Tisch* u. ä.). Das heißt: Nicht Klein- oder
Großschreibung „an sich“ indizieren bzw. indizierten metaphorischen Gebrauch
oder Phraseologisierung, sondern eine Markierung im Kontrast zur üblichen
Schreibweise. Dabei stand und steht der praktische Sprachgebrauch nicht immer
mit den kodifizierten orthographischen Regeln im Einklang.

2.6.2.4. Eigennamen als Komponenten

Die Verwendung von Eigennamen als phraseologischen Komponenten ist in den
verschiedenen Sprachen unterschiedlich ausgeprägt: im Bulgarischen soll dies
z. B. bedeutend stärker der Fall sein als im Russischen.[48] Für das Deutsche

---

[48] Vgl. LEONIDOVA, M.: K voprosu o sočetaemosti sobstvennogo imeni vo frazeolo-
      gičeskich edinicach. In: Problemy leksikologii. Minsk 1973, S. 64. – Dort auch Ver-
      such einer Systematisierung unterschiedlicher funktionaler Rollen des Eigennamens
      in Phraseologismen.

fehlen vorläufig noch quantitative Vergleichsangaben, doch dürfte kaum von besonders starker Ausnutzung dieser Strukturtyps gesprochen werden können. (Vgl. KUDINA/STARKE 1978; FLEISCHER 1976).

Bevorzugte Klassen von Eigennamen. Von den verschiedenen Klassen von Eigennamen werden in Phraseologismen vor allem Personennamen verwendet, und zwar häufiger Rufnamen als Familiennamen:

⟨100⟩ *ein Hans im Glück* ‚Glückspilz‘, *die großen Hansen* ‚die „vornehmen“, „hochgestellten“ Leute‘, *der blanke Hans* ‚Nordsee / Meer bei Flut und Sturm‘, *jmdn. zur Minna machen* ‚jmdn. energisch zurechtweisen, grob tadeln‘, *die grüne Minna* ‚Transportwagen für Verhaftete‘, *den dicken Wilhelm spielen* ‚protzen‘ (fehlt im DGW und WDG), *seinen Friedrich Wilhelm darunter setzen* ‚unterschreiben‘, *seit Adams Zeiten* ‚seit jeher‘, *den alten Adam ablegen* ‚ein neuer, anderer Mensch werden‘, *der alte Adam* ‚die menschliche Schwäche‘, *bei Adam und Eva anfangen* ‚sehr weit ausholen‘;
von Amors Pfeil getroffen sein ‚verliebt sein‘, *Herkules am Scheidewege* ‚ein Mensch vor der Wahl zwischen zwei entgegengesetzen Möglichkeiten‘, *Kräfte haben wie Herkules* ‚sehr stark sein‘;
der wahre Jakob ‚der / das Rechte‘, *den dummen August spielen* ‚der Spaßmacher sein, andere auf eigene Kosten zum Lachen bringen‘, *der deutsche Michel* ‚Bezeichnung für den biederen, ehrlichen, aber politisch schlafmützigen deutschen Kleinbürger‘, *für den alten Fritzen* ‚umsonst, vergeblich‘, *Freund Hein* ‚der Tod‘.

Moderne Rufnamen kommen nicht vor; es handelt sich um alte, einst sehr verbreitete, vor allem männliche volkstümliche Namen (vgl. *Hans* z. B. auch im Volksmärchen), zum Teil mit Bezug auf bestimmte biblische Personen und Ereignisse (*Adam, Eva, Jakob*); ferner um Namen preußischer Könige (*Friedrich, Wilhelm*) und um solche aus der antiken Mythologie.

Konstruktionen mit Familiennamen beziehen sich in der Regel auf historisch identifizierbare Personen. So soll *Aßmann* (*es machen / halten wie Aßmann* ‚wie man will‘) auf einen kurhessischen Pfarrer *Raßmann* zurückgehen (bevorzugte Äußerung: „Das mache ich, wie ich will!“) (BORCHARDT/WUSTMANN/SCHOPPE 1954, 39). In festgeprägten Sätzen wie *Da kennen Sie Buchholzen schlecht* oder *Dazu hat Buchholz kein Geld* soll der Familienname eines Finanzministers Friedrichs II. von Preußen enthalten sein. Man vgl. ferner: *nach Adam Riese* ‚Bekräftigung für die Richtigkeit einer Rechnung‘ (Verfasser volkstümlicher Rechenbücher, 1492–1559) (BORCHARDT/WUSTMANN/SCHOPPE 1954, 400), *rangehen wie Blücher* ‚eine Sache energisch anfassen‘ (preußischer General 1813), *Kotzebues Werke studieren* ‚sich übergeben‘ (Schriftsteller 1761–1819), *das Ei des Kolumbus* ‚überraschend einfache Lösung einer Schwierigkeit‘ (zuerst 1565 berichtet) (BORCHARDT/WUSTMANN/SCHOPPE 1954, 113).

Eine nicht unbedeutende Rolle spielen adjektivische Derivate von Völker- und Ländernamen, die allerdings selbst nicht mehr als Eigennamen zu bezeichnen sind:

(101)   *sich auf Französisch empfehlen* ,sich heimlich davonmachen, ohne sich zu verabschieden', *ein französisches Bett* ,Doppelbett', *ein französisches Fenster* ,bis zum Fußboden reichendes Fenster mit Brüstungsgitter'; *nicht die feine englische Art* (ironisch), *englische Krankheit* ,Rachitis', *englisches Kostüm* ,langes, vom Herrensakko abgewandeltes Schneiderkostüm für Damen'; *spanischer Reiter* ,mit Stacheldraht überzogenes Holzgestell, das als Sperre verwendet wird', *spanische Wand* ,zusammenklappbare Wand aus mehreren, mit Stoff oder Papier bespannten, durch Scharniere verbundenen Holzrahmen', *etw. kommt jmdm. spanisch vor* ,sonderbar, verdächtig'; *böhmische Dörfer* ,etwas ganz Unverständliches', *hinter schwedischen Gardinen* ,im Gefängnis'; *mit jmdm. deutsch reden* ,offen, unverblümt die Wahrheit sagen'.

Die zugrunde liegenden substantivischen Völker- und Ländernamen selbst kommen seltener vor: *stolz wie ein Spanier, leben wie (der) Herrgott in Frankreich* ,sehr gut leben', *der reiche Onkel aus Amerika.*

Nur in wenigen Konstruktionen begegnen Ortsnamen: *ab nach Kassel!* ,los jetzt!', *aus Schilda stammen* ,ein Schildbürger, d. h. ein törichter Mensch sein' (fehlt DGW und WDG, wo allerdings *Schildbürger*), *ausgehen wie das Hornberger Schießen* ,ohne Ergebnis bleiben', *seinen Tag von Damaskus erleben* ,ein anderer Mensch werden'.

Ganz vereinzelt bleiben Flußnamen: *den Rubikon überschreiten* ,eine unwiderrufliche Entscheidung treffen', *mit Spreewasser getauft sein* ,aus Berlin stammen'.

Deonymisierung des Eigennamens. Die Eigennamen können innerhalb des Phraseologismus zwar ihren Eigennamencharakter bewahren, d. h. onymisch bleiben. In diesen Fällen haben sie vor allem die Funktion eines Vergleichsbezuges: *wie in Abrahams Schoß* ,wohlgeborgen', *alt wie Methusalem* ,sehr alt', *Zustände wie im alten Rom* ,überholte, veränderungsbedürftige Zustände', *nach Adam Riese.*

Der onymische Charakter ist auch in Phraseolexemen und festgeprägten Sätzen bewahrt, wo der Eigenname nicht auf eine bestimmte historische oder mythologische Person festgelegt ist: *da will ich Matz heißen!* ,Bekräftigung einer Behauptung', *dem Peter nehmen und dem Paul geben* ,von dem einen etwas leihen, um den anderen zu bezahlen'.

Aber in vielen – vielleicht in den meisten – Fällen sind die entsprechenden Komponenten eines Phraseologismus deonymisiert, nur genetisch als Eigennamen zu betrachten.[49] Dieser Prozeß ist besonders deutlich in attributiven Wort-

---

[49]   Grundsätzlich zur Deonymisierung oder „Appellativierung" von Eigennamen z. B. MÜLLER, F. C.: Wer steckt dahinter? Düsseldorf, Wien 1964.

verbindungen aus Adjektiv + Substantiv aus Rufnamen: *sanfter Heinrich* ‚Mehlsuppe‘, *blauer Heinrich* ‚Graupensuppe‘, *langer Laban* ‚übermäßig großer Mensch‘, *falscher Wilhelm* ‚Perücke, falscher Zopf‘, *getreuer Eckart* ‚erfahrener, getreuer Ratgeber, Warner‘, *ungläubiger Thomas* ‚mißtrauischer Mensch‘, *dummer Peter*.

Die Deonymisierung besteht in einem Teil der Konstruktionen darin, daß der Personenname als allgemeinere Personenbezeichnung gebraucht wird. Handelt es sich dabei um Fälle wie *dummer August, langer Laban, getreuer Eckart*, so ist die Verbindung mit dem betreffenden Adjektiv so stabil, daß im allgemeinen auch die Namen allein, ohne das Adjektiv, die entsprechende Assoziation hervorrufen: *August* impliziert ‚dumm‘, *Laban* ‚lang‘, *Eckart* ‚getreu‘.

Anders dagegen in Konstruktionen wie *falscher Wilhelm, blauer Heinrich* usw. Hier ergibt erst die Kombination mit dem Adjektiv den Denotatsbezug; die Eigennamen sind überhaupt nicht mehr als Personenbezeichnung verwendet. Diese Phraseologismen sind alle stark expressiv und daher stärkeren Verwendungsbeschränkungen unterworfen. Der erstere Typ ist in dieser Hinsicht mehr differenziert (einerseits *getreuer Eckart* – andererseits *langer Laban*).

Der einstige Eigenname in dem Phraseologismus *jmdm. den schwarzen Peter zuschieben* ‚jmdm. die Schuld zuschieben‘ ist schon außerhalb der Konstruktion deanthroponymisiert, fungiert nicht als Personenname, sondern als Name eines Kartenspiels bzw. einer bestimmten Spielkarte und wird in dieser Funktion zur phraseologischen Komponente.

Durch den unbestimmten Artikel wird die Deonymisierung angezeigt in der Konstruktion *aus einem Saulus zu einem Paulus werden* ‚seine Meinung völlig ändern, d. h. hier aus dem Bekämpfer einer Ansicht zu ihrem Verteidiger werden‘ (nach der Bibel: der Christenverfolger *Saulus* wird zum Apostel *Paulus*).

Auch Phraseologismen mit appositioneller Substantivverknüpfung wie *Rotte Korah* ‚zügellose Horde‘, *Freund Hein, Meister Petz* ‚Bär‘ enthalten ein deonymisiertes Element.

Die unter ⟨101⟩ genannten Konstruktionen, in denen das genetische Eigennamenelement im Unterschied zu den unter ⟨100⟩ genannten nicht im Substantiv, sondern im adjektivischen Attribut steckt, sind in bezug auf den Grad der semantischen Verschmelzung unterschiedlich zu beurteilen. In manchen Fällen ist das deonymische Adjektiv nur als eine Art zusätzliche Verstärkung anzusehen, und die Bedeutung des Substantivs wird dadurch nur unwesentlich oder gar nicht verändert: *ägyptische Finsternis* ‚tiefe, starke Finsternis‘, *babylonische Sprachverwirrung, homerisches Gelächter* ‚schallendes, lautes Gelächter‘. In anderen Fällen hat das Adjektiv wesentlichen Anteil an der Bedeutung des Phraseologismus: *gordischer Knoten* ‚schwer lösbare Aufgabe‘, *trojanisches Pferd* (im DGW als *Trojanisches Pferd* unter Verweis auf *Danaergeschenk* ‚unheilvolle Gabe‘).

Wie in den letztgenannten spielen Namen aus Dichtung und Mythologie der Antike noch in weiteren Phraseologismen eine Rolle: *in Morpheus Armen ruhn* ,schlafen', *dem Neptun opfern* ,sich bei Seekrankheit übergeben', *Scylla und Charybdis* ,zwei gleich große Gefahren, Schwierigkeiten', *den Pegasus besteigen / satteln* ,Verse machen'.

Namenscherze und Scherznamen. In Anlehnung an L. RÖHRICH verstehen wir unter Namenscherzen Phraseologismen, deren Bedeutung durch das Spiel mit einzelnen Namen oder Namenbestandteilen zustande kommt, indem zum Beispiel formal gleiche oder ähnliche Elemente lediglich auf Grund des äußeren Gleichklangs in eine semantische Beziehung gebracht werden: *nach Bethlehem gehen* ,zu Bett gehen' (RÖHRICH 1991–92, 28, 186). In diesen Fällen wird von einem echten Eigennamen ausgegangen.

Um einen Scherznamen handelt es sich dagegen – und diese heben wir im Unterschied zu RÖHRICH von den vorgenannten Bildungen ab –, wenn eine appellativische Bedeutung in eine Namenstruktur gebracht wird, also kein echter Eigenname vorliegt: *aus / von Dummsdorf sein* ,dumm sein', *nicht von Gebersdorf sein* ,geizig sein'. Die quasi-onymischen Elemente sind hier im Grunde als unikale Komponenten von Phraseologismen zu betrachten (vgl. 2.2.1.1.).

Etwas anders sind Scherznamen zu beurteilen wie *Hans Liederlich* ,liederlicher Mensch', *Hans Taps* ,täppischer Bursche, Tölpel', mit denen die Struktur aus Ruf- und Familiennamen unter Verwendung des echten Rufnamens *Hans* und „redender" Familiennamen nachgebildet wird; schließlich mit komplexerer Struktur noch *Hans Dampf in allen Gassen* ,einer, der sich überall auskennt', *Schmalhans ist Küchenmeister bei jmdm.* ,jmd. muß sehr sparen, hat wenig zu essen'.

2.6.3. Besondere Strukturtypen

Unter besonderen Strukturtypen von Phraseologismen werden hier die sogenannten festgeprägten prädikativen Konstruktionen sowie die komparativen Phraseologismen und die phraseologischen Wortpaare verstanden, wobei die beiden letztgenannten Typen eine besondere Phraseologisierungsaffinität aufweisen.

2.6.3.1. Festgeprägte prädikative Konstruktionen

Ausgehend von den „Grundaspekten der regulären Satzveränderung" hat A. D. REICHSTEIN drei Typen prädikativer Einheiten herausgearbeitet, die nicht in allen Aspekten eine reguläre Veränderung zulassen (REICHSTEIN 1973, 1974). Er unterscheidet den lexikalischen (L-)Aspekt (Stabilität der lexikalischen Füllung), den strukturell-syntaktischen (S-)Aspekt (Satzstruktur, z. B. Substantiv$_{Nom}$

+ Verb$_{fin}$ + Substantiv$_{Akk}$) und den kommunikativ-grammtischen (K-)Aspekt (Tempus-, Modusformen, Negation, Frage, Aufforderung u. a.).

Konstruktionen, die unter allen drei Aspekten stabil sind, d. h. keine reguläre Veränderbarkeit aufweisen, sind festgeprägte Sätze (dazu Näheres s. u. 3.3.2.). Konstruktionen, die unter dem L-Aspekt variabel, aber unter dem S- und K-Aspekt invariabel sind, nennt REICHSTEIN „festgeprägte Satzschemas": *Der und ein Seemann?!* Dazu s. u. 3.4.

Konstruktionen, die unter dem L-Aspekt stabil, unter dem K-Aspekt aber variabel sind, nennt REICHSTEIN „festgeprägte prädikative Konstruktionen". Es gelingt ihm damit, die Strukturbesonderheit dieses Typs von Phraseologismen gegenüber der Masse der übrigen Phraseolexeme deutlich zu machen. Diese Strukturbesonderheit hat Konsequenzen für ihren Einbau in Sätze und Texte und muß deshalb bei ihrer Verwendung beachtet werden (vgl. Übersicht 1).

Ü b e r s i c h t 1: Festgeprägte prädikative Einheiten

Paradigmati-sche Aspekte	Festgeprägte prädikative Einheit	Beispiele
S, K, L	festgeprägter Satz	*Da lachen ja die Hühner!*
S, L	festgeprägte prädikative Konstruktion	*Das Blatt wendet sich.*
S, K	festgeprägtes Satzschema	*Der und ein Seemann?!*

Die syntaktische Minimalstruktur der hierhergehörigen Konstruktionen ist Substantiv$_{Nom}$ + Verb$_{fin}$:

⟨102⟩   *die Wogen gehen hoch* ‚es herrscht eine erregte Stimmung', *der Wind dreht sich* ‚die Situation ändert sich', *der Groschen fällt* ‚etw. wird verstanden', *die Saat geht auf* ‚die Folgen zeigen sich', *das Eis bricht* ‚Hemmungen, Widerstände schwinden', *die Post geht ab* ‚es geht los, hoch her'; mit Kopula und Prädikativum: *das Maß ist voll* ‚es ist genug, es reicht', *der Ofen ist aus* ‚es ist Schluß damit'.

In vielen Fällen wird eine dritte syntaktische Position obligatorisch oder doch bevorzugt durch ein variables lexikalisches Element besetzt:

⟨103⟩   *der Atem geht aus – jmdm.* ‚jmd. hat keine Kraft mehr', *die Augen gehen über – jmdm.* ‚jmd. beginnt zu weinen, ist innerlich überwältigt', *die Augen gehen auf – jmdm.* ‚jmd. erkennt die Zusammenhänge', *die / alle Felle schwimmen fort / weg – jmdm.* ‚jmd. muß die Hoffnung aufgeben', *der Hut geht hoch – jmdm.* ‚jmdm. reißt die Geduld', *der Hafer sticht – jmdm.* ‚jmd. ist übermütig', *der Kamm schwillt – jmdm.* ‚jmd. gerät in Zorn, wird übermütig, eingebildet', *ein Licht geht auf – jmdm.* ‚jmdm. wird etwas klar', *der Kopf raucht – jmdm.*

‚jmd. muß sich geistig anstrengen', *die Haare sträuben sich – jmdm.* ‚jmd. ist entsetzt', *das Blatt schießt – jmdm.* ‚jmdm. kommt plötzlich eine Erkenntnis'.

Daß weitere syntaktische Positionen durch ein stabiles lexikalisches Element besetzt sind, ist seltener; es handelt sich dabei meist um eine adverbiale Präpositionalgruppe, ein adjektivisches Attribut oder ein Akkusativobjekt. Konstruktionen mit vier stabilen lexikalischen Elementen sind ganz vereinzelt. In REICHSTEINS Material ist das quantitative Verhältnis des unter ⟨102⟩ und ⟨103⟩ zusammengefaßten zweigliedrigen Typs, zu dem drei- und schließlich viergliedrigen etwa 60 % – 35 % – 5 % (REICHSTEIN 1974, 323). Zu den letztgenannten beiden Typen vgl. die folgenden Beispiele:

⟨104⟩ *die Haare stehen zu Berge – jmdm.* ‚jmd. ist entsetzt', *ein Stein fällt vom Herzen – jmdm.* ‚jmd. ist von einer Sorge befreit', *die Trauben hängen zu hoch – jmdm.* ‚etw. ist für jmdn. unerreichbar und wird deshalb von ihm als nicht erstrebenswert hingestellt', *die Spatzen pfeifen von den Dächern – etw.* ‚etw. ist allgemein bekannt', *zarte Fäden spinnen sich an – bei / zwischen ...* ‚ein Liebesverhältnis beginnt'; *der Himmel hängt voller Geigen – jmdm.* ‚jmd. ist glücklich, voller Zuversicht', *keine Perle fällt aus der Krone – jmdm.* ‚jmd. vergibt sich nichts', *kein Auge bleibt trocken* ‚alle lachen Tränen', *Hopfen und Malz ist verloren – bei jmdm.* ‚bei jmdm. ist jede Mühe umsonst / nichts mehr zu bessern'.

Die lexikalische (L-Aspekt) und syntaktisch-strukturelle (S-Aspekt) Stabilität dieses Typs von Phraseologismen besteht darin, daß die stabilen Komponenten die prädikative Beziehung konstituieren, Subjekt und Prädikat lexikalisch nicht variabel sind. Es liegt also nicht die „übliche" Wortgruppenstruktur der verbalen Phraseolexeme vor, deren lexikalisierte „Grundform" das Verb im Infinitiv aufweist. Die im Unterschied zu den festgeprägten Sätzen gegebene kommunikativ-grammatische (K-Aspekt) Variabilität besteht darin, daß die Konstruktion im Rahmen der Grundstruktur (wozu vor allem die 3. Person des finiten Verbs gehört) nach den kommunikativ-grammatischen Kategorien variabel ist:

⟨105⟩ *Damit wird dir ein Stein vom Herzen fallen. Ist dir dabei nicht ein Stein vom Herzen gefallen? Ich wünschte, seinem Vater fiele nun ein Stein vom Herzen. Damit fällt euch wohl noch kein Stein vom Herzen.*

In semantischer Hinsicht sind die festgeprägten prädikativen Konstruktionen durch Teil- oder Vollidiomatizität gekennzeichnet; in vielen Fällen ist die Metaphorik noch nachvollziehbar, wenn die Gesamtbedeutung bekannt ist, aber daß die Konstruktion in einer bestimmten Richtung metaphorisch zu verstehen ist, geht aus ihren Komponenten allein nicht immer hervor. Die semantische Struktur bezieht sich vor allem auf die Einschätzung von Personen nach den unter ⟨103⟩ und ⟨104⟩ genannten Typen sowie in etwas geringerem Umfang auf die Einschätzung von Situationen nach dem unter ⟨102⟩ genannten Typ. Diese zusammen machen etwa 85 % aller hierhergehörigen Konstruktionen aus (REICHSTEIN 1974, 324). Auch die unter ⟨102⟩ genannten Konstruktionen haben letzten

Endes einen personalen Bezug, denn die „Situation" ist „immer implizit auf eine bestimmte Person oder ein Kollektiv bezogen" (REICHSTEIN 1974, 324).

Wie grundsätzlich bei allen Phraseologismen so ist auch hier die Stabilität nicht absolut; es gibt gewisse Variationsmöglichkeiten sowohl des verbalen (*die Karre ist verfahren / steckt im Dreck / läuft richtig*) als auch des nominalen Elements (*die Karre / Sache / Geschichte / das alles ist verfahren*). Damit können sich die festgeprägten Konstruktionen den freien, regulären prädikativen Konstruktionen nähern. Andererseits gibt es „bevorzugte Satzrealisationen" (REICHSTEIN 1974, 325), womit sich diese Konstruktionen dann den festgeprägten Sätzen nähern: *Das Maß ist voll. Der Groschen ist gefallen.* – Im übrigen Weiteres zur Variation s. u. 5.2.

Phraseologisierte Teilsätze. Als phraseologisierte Teilsätze werden hier Phraseologismen mit Nebensatzstruktur verstanden. Bei den meisten davon ist der Anschluß an den Hauptsatz nicht frei, sondern wird durch ein bestimmtes Verb vermittelt, das in diesen Fällen demnach mit zum Phraseologismus gehört. Durch die Einbettung in Hauptsätze unterscheiden sich diese Konstruktionen von den weiter unten zu behandelnden festgeprägten Sätzen (vgl. 3.3.2.). Ein Teil von ihnen läßt sich zu den komparativen Phraseologismen rechnen (dazu 2.6.3.2.). Nicht als Vergleichskonstruktionen anzusehen sind die folgenden:

⟨106⟩   *wissen, wo Barthel den Most holt* ‚alle Schliche kennen, sehr findig sein‘, *wissen, wie der Hase läuft* ‚(über den Ablauf einer Sache) Bescheid wissen‘, *nicht wissen, wo einem der Kopf steht* ‚völlig durcheinander sein‘, *(nicht) wissen, was die Glocke geschlagen hat / was gespielt wird / woher, wohin der Wind weht* ‚(nicht) Bescheid wissen‘, *bleiben sollen, wo der Pfeffer wächst* ‚nicht gern gesehen sein, sich fernhalten sollen‘, *jmdm. zeigen, wo der Zimmermann das Loch gelassen hat* ‚jmdm. die Tür weisen‘, *jmdm. zeigen, was eine Harke ist* ‚jmdn. scharf zurechtweisen‘.

Von den vorstehenden unterscheiden sich die folgenden Konstruktionen dadurch, daß der Anschluß an den Hauptsatz nicht an ein bestimmtes Verb gebunden ist:

⟨106a⟩ *wenn Ostern und Pfingsten auf einen Tag fallen* ‚niemals‘, *wenn es hoch kommt (sind es zwei Stunden Fußweg / verdient er 800 Mark)* ‚hoch gerechnet‘, *wenn alle Stricke / Stränge reißen* ‚wenn keine andere Möglichkeit bleibt‘.

Die Konstruktionen entsprechen in der kommunikativ-grammatischen Variabilität z. T. den festgeprägten prädikativen Konstruktionen, in deren Zusammenhang sie hier behandelt werden. Sie werden dann in Abhängigkeit vom Verb des Hauptsatzes entsprechend verändert:

⟨107⟩   *Er wußte nicht, wo ihm der Kopf stand. Ich zeigte ihm, wo der Zimmermann das Loch gelassen hatte.*

Anders aber: *Wir sagten ihm, er solle bleiben, wo der Pfeffer wächst* (nicht: *wuchs*). *Der wußte schon, wo Barthel den Most holt* (nicht: *holte*). Beide Möglichkeiten scheinen akzeptabel: *Er wußte nicht, wie der Hase läuft / lief.*

Je stärker die Situationsbezogenheit und Durchsichtigkeit der einzelnen Bildkomponenten, um so stärker ist die kommunikativ-grammatische Bindung der verbalen phraseologischen Komponente an das Hauptsatzverb.

2.6.3.2. Komparative Phraseologismen

Die komparativen Phraseologismen werden zunächst durch eine besondere semantische Beziehung konstituiert. Sie werden als Vergleich an ein freies Element des Satzes fest angeschlossen. Insofern liegt ihnen ein strukturell-semantisches Modell zugrunde; unterschiedliche lexikalische Ausfüllung der Struktur ist stets als Vergleichsbeziehung aufzufassen (vgl. GLAZYRIN 1971; SCHADE 1976). Daher bezeichnet I. I. ČERNYŠEVA die komparativen Phraseologismen (wie auch die Wortpaare) als „phraseologische Einheiten mit expliziten strukturellen Merkmalen" (ČERNYŠEVA 1970, 48). Die syntaktische Rolle im Satz ist in der Regel die einer Adverbialbestimmung oder eines Attributs.

Es lassen sich mehrere syntaktische Grundstrukturen unterscheiden, von denen hier die wichtigsten genannt seien (vgl. auch PILZ 1978, 736ff.):

(108)   Anschluß des Vergleichs an ein Verb oder Adjektiv/Adverb durch *wie* + Substantiv (einfach oder erweitert):
frieren wie ein Schneider, einschlagen wie eine Bombe, schreien wie am Spieße, gucken wie ein (umgekipptes) Auto ‚sehr erstaunt blicken' (wohl herzuleiten von den nichtabgeblendeten Scheinwerfern [Vgl. KÜPPER 1963, I, 85.]); *daliegen wie ein geprellter Frosch* ‚erschöpft', *aussehen wie eine gebadete Maus* ‚völlig durchnäßt', *aussehen wie ein lebendes / wandelndes Fragezeichen* ‚eine schlechte Körperhaltung haben';
dastehen wie ein begossener Pudel ‚beschämt, enttäuscht', *zusammenhalten wie Pech und Schwefel* ‚sehr fest', *aussehen wie Milch und Blut* ‚sehr jung, wohl', *sich benehmen wie ein Elefant im Porzellanladen* ‚plump, tolpatschig';
gesund wie ein Fisch im Wasser, weich wie Butter (in der Kurve), alt wie Methusalem, klar wie Kloßbrühe ‚völlig klar' *dumm wie Bohnenstroh, falsch wie eine Katze, frech wie Oskar* ‚sehr'.

(109)   Anschluß des Vergleichs an ein Verb oder Adjektiv/Adverb durch *wie* + Partizip (auch erweitert):
aussehen wie geleckt ‚sauber, sorgfältig gekleidet', *lügen wie gedruckt* ‚unverschämt lügen', *sich fühlen wie gerädert* ‚völlig erschöpft', *schreiben wie gestochen* ‚sauber, gut lesbar', *kommen wie gerufen* ‚im passenden Augenblick';
aussehen wie geschniegelt und gebügelt ‚übertrieben sorgfältig gekleidet', *wie weggeblasen sein* ‚plötzlich verschwunden sein';
antworten wie aus der Pistole geschossen ‚rasch, ohne langes Überlegen', *aussehen wie aus dem Ei gepellt* ‚sauber, frisch', *dastehen wie vom Donner gerührt* ‚überrascht und unbeweglich', *sich fühlen wie vor den Kopf geschlagen*

,verblüfft, wie betäubt', *aufspringen wie von der Tarantel gestochen* ,plötz-lich';
okkasionell: *unschuldig wie ein ungepelltes Ei* (FREITAG 21.12.90., 9).

⟨110⟩ Anschluß an ein Verb oder Adjektiv/Adverb durch *wie* + Satz:
jmd. ist so frech, wie er lang ist ,sehr frech', *jmd. redet, wie er es versteht* ,ohne genügende Sachkenntnis', *jmd. redet, wie ihm der Schnabel gewachsen ist* ,natürlich, ohne Scheu'.

⟨111⟩ Anschluß an ein Substantiv durch *wie* (sehr selten):
ein Kerl wie ein Baum ,groß und stark', *ein Mensch wie du und ich* ,ein ganz normaler Mensch', *Zustände wie im alten Rom* ,überholte, verbesserungs-bedürftige Zustände'.

⟨112⟩ Anschluß vorwiegend an Verb oder Adjektiv/Adverb durch andere Strukturen als *wie*: *dümmer, als die Polizei erlaubt*; *so still, daß man eine Stecknadel zu Boden / zur Erde fallen hören könnte*; *lügen, daß sich die Balken biegen* ,ungeheuerlich lügen', *dreinschlagen, daß die Fetzen fliegen* ,sehr'; *jmd. tut, als hätte er die Weisheit mit Löffeln gefressen* ,überheblich sein'; *jmd. macht ein Gesicht, als hätten ihm die Hühner die Butter vom Brote gefressen* ,ein enttäuschtes Gesicht machen', *du machst ein Gesicht, als ob du mich fressen wolltest* ,ein böses Gesicht'. „Ein junger Mensch", der „so entsetzlich schwa-dronierte, *daß die Milch auf dem Tisch sauer wurde* ..." (H. Heine; zit. nach SANDERS 1977, 81). *Es ist, um auf die Bäume zu klettern* ,es ist nicht mehr auszuhalten'.

Die Bindung des festen Vergleichs an das Bezugswort ist von unterschiedlicher Stabilität. Neben Konstruktionen mit nahezu einmaliger Verbindung (*schreiben wie gestochen*) stehen solche mit der Entwicklung ganzer Serien von Ver-gleichsbildungen zu einem Ausgangsbegriff oder – allerdings seltener – mit Bezugnahme der gleichen Vergleichskonstruktion auf verschiedene Ausgangs-begriffe.

So verzeichnet G. GROBER-GLÜCK Serien volkstümlicher Vergleichsbildun-gen in Verbindung mit den Adjektiven *falsch, hungrig, gefräßig, schlau, dumm, frech, gesund* (zit. nach PILZ 1978, 124ff.). Danach wird z. B. auf das Adjektiv *falsch* bezogen der Vergleich mit Katze, Schlange, Hund, Fuchs, Rabe, Spinne, Kröte, Kaninchen, Hamster, Iltis, Tiger u. a.; ferner auf Judas, Hexe, Teufel, Pharisäer u. a., schließlich auf Gift, Nacht, Sünde, Geld u. a. Das Adjektiv *blau* ,betrunken' wird kombiniert mit Vergleichen wie: Frostbeule, Haubitze, tausend Mann, ein Ritter, Strandhaubitze, Veilchen, ganzes Veilchenbeet u. a. (Vgl. KÜPPER 1963, I, 104f.). Die immer neuen Vergleiche, die der Volksmund findet, haben in den genannten Fällen die Funktion expressiver Verstärkung des Ausgangsbegriffes, die für die komparativen Phraseologismen insgesamt charak-teristisch ist.

Darin erschöpft sich ihre Funktion jedoch nicht. Sie vermögen in anderen Serien den Ausgangsbegriff durchaus in verschiedenster Weise semantisch zu differenzieren:

104

<113>   *dastehen wie versteinert* ,starr' / *wie ein Ölgötze* ,unbeholfen' / *wie ein begossener Pudel* / *wie eine Eins* ,gerade und aufrecht'; *aussehen wie Milch und Blut* ,gesund, frisch' / *wie der Tod* ,leichenblaß' / *wie drei Tage Regenwetter* ,griesgrämig' / *wie das Leiden Christi* ,schlecht' / *wie ein Pfingstochse* ,aufgeputzt' / *wie aus dem Ei gepellt* / *wie eine gebadete Maus* / *wie ein wandelndes Fragezeichen* / *wie ein Stück Malheur* ,beklagenswert'.

Ob „bloße" expressive Verstärkung oder zusätzliche semantische Nuancierung, hängt von der semantischen Qualität des Ausgangswortes/-begriffes ab. Um expressive Verstärkung handelt es sich vorwiegend bei adjektivischem Bezugswort; bei verbalem sind beide Funktionen möglich.

Wörter für Begriffe, die eng mit Emotionen verbunden sind, eignen sich besonders gut zur Verwendung in expressiv-verstärkenden Vergleichskonstruktionen. Es kommt dann – gerade umgekehrt wie in den unter <113> genannten Fällen – zu unterschiedlichen Bezugsbegriffen für ein und dasselbe Vergleichswort:

<114>   *dumm / falsch / faul / schön wie die Sünde, stark / gesund / täppisch / hungrig wie ein Bär, falsch / schwarz / stehlen wie ein Rabe, treu / toll / müde / frieren wie ein Hund*; dazu mit semantischen Differenzierungen: *aussehen / sich verkriechen wie ein geprügelter Hund, leben wie ein Hund* ,schlecht', *bekannt sein wie ein bunter Hund* ,als auffallend sehr bekannt sein'.

Die sich dabei entwickelnden konnotativen Reihen folgen nicht selten assoziativen Analogien, und es muß keine begrifflich-semantisch nachvollziehbare Motivation in der Kombination zwischen Ausgangsbegriff und Vergleich gegeben sein, vgl. z. B. *frech wie Oskar, müde wie ein Hund* oder *falsch wie ein Hund, falsch wie ein Kaninchen* (man vgl. auch Wortbildungskonstruktionen wie *Affenhitze*).

Über Beziehungen zwischen komparativen Phraseologismen dieser Art und Wortbildungskonstruktionen s. u. 4.1.4.

Komparative Phraseologismen können auch aus Phraseologismen anderer Typs – gewissermaßen tertiär, wenn Phraseologismen an sich bereits Sekundärbildungen darstellen – gebildet werden. Anders gesagt: Phraseologismen können in die Vergleichsstruktur umgebildet werden. Nicht immer ist dabei zu entscheiden, ob vielleicht nicht auch der komparative Phraseologismus die Ausgangsstruktur darstellt, aus der der nichtkomparative abgeleitet wurde. Das sei hier dahingestellt.

<115>   *jmd. kann kein Wässerchen trüben* ,kann nichts Unrechtes, Böses tun' – *Er tut, als ob er kein Wässerchen trüben könnte. Nicht bis drei zählen können* ,dumm sein' – *Er tut, als ob er nicht bis drei zählen könnte* ,stellt sich dumm an'. *Die Weisheit mit Löffeln gefressen haben* ,sich sehr klug dünken' – *Er tut, als ob er die Weisheit mit Löffeln gefressen hätte. Das Pulver nicht erfunden haben* ,nicht sehr klug sein' – *Er tut, als ob er das Pulver erfunden hätte.*

Komparative Phraseologismen können in der Funktion einer indirekten Verneinung gebraucht werden: *Er schwimmt wie eine bleierne Ente* ,schwimmt nicht' (SCHADE 1976, 132). *Er versteht soviel davon, wie der Hahn vom Eierlegen* ,versteht nichts davon'. *Er redet wie der Blinde von der Farbe* ,versteht nicht, worüber er redet'.

Über die Frage, wieweit individuelle und okkasionelle Vergleichsbildungen als komparative Phraseologismen mit einzubeziehen und wo die Grenzen zu ziehen sind, vgl. 2.3.2. Daß erst dann von einem Phraseologismus gesprochen werden sollte, wenn das Vergleichselement in ein Element der Verstärkung und verallgemeinernden Charakteristik übergangen sei (GLAZYRIN 1971, 211), halte ich für problematisch: Wie wären dann die unterschiedlichen semantischen Beziehungen bei Vergleichskonstruktionen mit *Sünde* zu beurteilen (s. o. ⟨114⟩)?

2.6.3.3. Phraseologische Wortpaare

In ähnlicher Weise wie die komparativen Phraseologismen sind die phraseologisierten Wortpaare (auch Paarformeln oder Zwillingsformeln genannt; vgl. SCHRÖTER 1980) durch eine charakteristische Struktur gekennzeichnet: zwei (nur selten drei) der gleichen Wortart angehörende Wörter, verknüpft durch eine Konjunktion (meist *und*, auch *weder ... noch*, *oder*) oder Präposition (*in*). Auch nichtidiomatische Wortpaare dieser Art können eine strukturelle Stabilität (feste Reihenfolge) aufweisen (dazu ausführlicher unter 2.2.3.). Eine weitere Teilgruppe ist gekennzeichnet durch eine unikale Komponente (in seltenen Fällen auch beide Komponenten unikal; vgl. 2.2.1.2.).

Die Komponenten sind semantisch verwandte Wörter: Synonyme, Antonyme oder in andere Weise – vielfach als Komplementärbegriffe – durch die Übereinstimmung semantischer Merkmale charakterisiert (vgl. 1.2.2.2. Hinweis auf H. PAUL). Bisweilen liegt Reimbindung vor (Stab-, Endreim). Dies weist auf ihre einstige Rolle im zum Teil mündlich überlieferten Wortschatz der Rechtssprache. Die Bedeutung der Konstruktionen ist entweder eine an die Kombination beider Komponenten gebundene Metapher (*durch dick und dünn* ,alle Schwierigkeiten überwindend', ,ohne Rücksicht'), oder Nuancierung, Verstärkung oder sonstige Expressivierung der Bedeutung einer der Komponenten (*hoffen und harren, blank und bloß, Hab und Gut*). Die phraseologisierten Wortpaare kommen in allen Hauptwortarten vor und können entsprechende Satzgliedfunktionen übernehmen:

⟨116⟩   Substantive: *Hab und Gut* ,Besitz', *das Wohl und Weh(e)* ,das Geschick', *das Tun und Treiben* ,das Verhalten, Handeln', *das Kommen und Gehen* ,starker Publikumsverkehr'. – „Da ist alles irdische *Wachsen und Werden* nur wieder eine Episode im All." (D. Noll, Abenteuer des Werner Holt II) – „Erfrischend auch hier das unverblümt vorgetragene *Für und Wider*, wobei abermals die Bezüge des historischen Stoffs zu unserem *Hier und Heute* mit wachem Interesse vermerkt werden." (ND 19./20. 4. 1980)

Adjektive/Adverbien: *null und nichtig* ‚völlig ungültig, außer Kraft', *klein und häßlich* ‚gefügig, unterwürfig', *klipp und klar* ‚sehr deutlich, unmißverständlich', *kurz und bündig* ‚auf eine kurze Formel gebracht', *frank und frei* ‚unverblümt, ohne Scheu', *toll und voll* ‚völlig betrunken', *weit und breit* ‚in der ganzen Umgebung, ringsum', *hier und da, da und dort* ‚stellenweise', *hin und wieder* ‚bisweilen', *dann und wann* ‚bisweilen', *dann und dann* ‚zu einem bestimmten Zeitpunkt, der hier nicht näher bezeichnet werden soll / muß'. Verben: *hegen und pflegen* ‚sorgfältig pflegen', *zittern und zagen* ‚große Angst haben', *Worte drehen und deuteln* ‚auslegen', *nicht leben und nicht sterben können* ‚dahinsiechen'. – „Neue Industrie *reckte und streckte* sich..." (LVZ 20.9.79, 8)

Die adjektivischen Wortpaare sind allerdings in der Regel nur prädikativ und adverbial verwendbar. Die Stabilität der substantivischen Wortpaare wird durch Kasusmarkierung nur der zweiten Komponente (*des Grund und Bodens*) unterstrichen (vgl. 1.2.2.2.).

Ein großer Teil der substantivischen Wortpaare ist als Präpositionalgruppe phraseologisiert und kann dementsprechend nur als Adverbialbestimmung (in Sonderfällen als präpositionales Attribut) verwendet werden. Die Präposition ist obligatorische phraseologische Komponente:

⟨117⟩ *mit Ach und Krach* ‚mit knapper Not', *mit Hängen und Würgen* ‚unter großen Schwierigkeiten', *mit Sack und Pack* ‚mit aller Habe', *bei Nacht und Nebel* ‚in aller Heimlichkeit', *auf Gedeih und Verderb* ‚auf Glück und Unglück, bedingungslos', *nach Jahr und Tag* ‚nach langer Zeit', *mit Fug und Recht* ‚mit vollem Recht', *auf Schritt und Tritt* ‚überall', *hinter Schloß und Riegel* ‚im / ins Gefängnis', *mit Mann und Maus* ‚vollständig', *in Bausch und Bogen* ‚pauschal, ohne zu differenzieren', *zu Nutz(en) und Frommen* ‚zugunsten', *an Ort und Stelle* ‚sofort, dort wo die Ereignisse sich abgespielt haben / abspielen', *zwischen Tür und Angel* ‚in aller Eile'.

Entsprechendes gilt für phraseologisierte Präpositionalgruppen aus Adjektiven und Adverbien:

⟨118⟩ *aus nah und fern* ‚von überallher', *im großen und ganzen* ‚insgesamt (gesehen)', *auf immer und ewig* ‚für alle Zeit', *seit eh und je* ‚schon immer'.

Nur als Prädikativum sind einige Wortpaare – ohne oder auch mit Präposition – zu verwenden wie:

⟨119⟩ *Feuer und Flamme sein* ‚sehr begeistert sein', *ein Herz und eine Seele sein* ‚in bestem Einvernehmen stehen', *ganz Auge und Ohr sein* ‚sehr aufpassen', *außer Rand und Band sein / geraten* ‚übermäßig ausgelassen sein', *von echtem Schrot und Korn sein* ‚tüchtig, rechtschaffen', *in Amt und Würden sein / kommen*.

Das Prädikativum kann selbstverständlich auch als nachgestelltes Attribut, ohne Kopula, verwendet werden: *Die Kinder, außer Rand und Band, hörten auf keine Ermahnung mehr.*

Eine Reihe von Wortpaaren ist fest an ein bestimmtes Verb gebunden. Das Wortpaar ist dann jeweils Komponente eines verbalen Phraseologismus:

⟨120⟩ *Mund und Nase aufsperren* ‚völlig überrascht sein', *jmdm. Brief und Siegel geben* ‚jmdm. die Sicherheit / Wahrheit von etwas beteuern', *von Tuten und Blasen keine Ahnung haben* ‚nichts von einer Sache verstehen', *bei jmdm. ist Hopfen und Malz verloren* ‚jmd. ist nicht mehr zu bessern', *Himmel und Hölle / Erde in Bewegung setzen* ‚alles aufbieten';
etw. hoch und heilig versprechen / versichern ‚feierlich, fest', *etw. / alles kurz und klein schlagen* ‚völlig zerschlagen', *jmdn. braun / grün und blau schlagen / prügeln* ‚jmdn. heftig verprügeln', *jmdn. dumm und dämlich reden* ‚jmdn. durch vieles Reden zur Zustimmung bewegen wollen, ohne ihm Zeit zum Nachdenken zu lassen', *sich krumm und bucklig lachen* ‚heftig lachen', *jmdm. wird gelb und grün vor Augen* ‚jämmerlich zumute', *mit jmdm. auf du und du stehen* ‚sehr vertraut sein'.

Als Sonderfälle stellen wir abschließend Wortpaare zusammen, die nicht durch *und* verbunden sind oder die in anderer Weise von dem bisher behandelten Strukturtyp abweichen:

⟨121⟩ *Tür an Tür* (wohnen) ‚eng benachbart', *Hand in Hand* ‚gemeinschaftlich, zusammen', *Auge in Auge* ‚einander persönlich gegenüberstehend', *Hals über Kopf* ‚überstürzt', *weder Fisch noch Fleisch* ‚nichts Bestimmtes, etwas Halbes', *von Ort zu Ort* ‚ständig den Ort wechselnd', *von Zeit zu Zeit* ‚manchmal', *von A bis Z* ‚gänzlich', *auf Biegen oder Brechen* ‚um jeden Preis. – Diese Konstruktionen sind nicht zu verwechseln mit den unter 3.4.1. behandelten Phraseoschablonen;
über kurz oder lang, früher oder später ‚in nicht sehr ferner Zukunft', *mehr oder weniger / minder* ‚in bestimmtem Maße', *wohl oder übel* ‚ob man will oder nicht', *nicht aus noch ein wissen* ‚völlig ratlos sein', *(alles) grau in grau malen / sehen* ‚pessimistisch darstellen, negativ beurteilen', *mehr schlecht als recht* ‚schlecht' (Abwandlung von *schlecht und recht*, ursprünglich ‚einfach, aber richtig'), *von heute auf morgen* ‚sofort, ohne Vorbereitung', *weder gehauen noch gestochen* ‚nichts Ordentliches, Entschiedenes';
hieb- und stichfest ‚unwiderlegbar', *sang- und klanglos* ‚ohne viel Aufhebens, in aller Stille', *was nicht niet- und nagelfest ist* ‚was ohne erhebliche Kraftanstrengung zu bewegen ist';
sage und schreibe ‚tatsächlich, obwohl es unglaublich scheint': „*Sage und schreibe* 1200 fleißige Helfer fanden sich auf den Feldern ... ein, um Erdbeeren zu ernten." (LVZ 25.6.79) – „Neunundzwanzig Jahre, *sage und schreibe*, liegen die weißen Kniestrümpfe nun im schwarzen Moorloch". (M. Schulz, Triptychon mit sieben Brücken, 1974, 154) – Ähnlich auch *höre und staune*; *wie er leibt und lebt* ‚ganz wie er in Wirklichkeit aussieht';
(wie) gesagt, (so) getan ‚kaum war die Absicht ausgeprochen, wurde sie schon ausgeführt';
das ist gehupft wie gesprungen ‚völlig gleich';
ländlich-sittlich ‚noch nicht von städtischen Sitten berührt' (nach DGW „scherzhaft, oft mit gutmütigem Spott"); *schiedlich friedlich* ‚in Frieden, ohne harte Auseinandersetzung': „... daß sie sich umbilde zu einer zwar radikalen,

aber doch zu einer Parteimacht, mit der die Regierung und Unternehmer verhandeln können, mit der man *schiedlich friedlich* auskommen kann." (bürgerlicher Abgeordneter G. Schmoller 1904; zit. nach W. GUTSCHE, Herrschaftsmethoden des deutschen Imperialismus 1897/98 bis 1917. Dokumente, Berlin 1977, 90);

wennschon – dennschon ‚ist einem die Gelegenheit gegeben, dann nutzt man sie auch‘: „Freundlich vertrauend vom Weltbühnenchef gebeten, auch ich möge kundtun, was mir im vergangenen Jahr beim Lesen besonders gefallen habe, nehme ich mir wieder mal heraus – *wennschon, dennschon* –, das Höchstmaß von zehn Zeilen zu sprengen ..." (P. Edel, in: Weltbühne 1.1.80, 16)

Die unter 2.1. ⟨5⟩ gezeigte Homonymie von Phraseologismus und freier syntaktischer Wortverbindung kennzeichnet auch einen Teil der Wortpaare (ROTHKEGEL 1973, 115ff.):

⟨122⟩ *Hören und Sehen sind ihm vergangen* ‚Er war äußerst betroffen / erlitt starke Schmerzen.‘ – *Hören und Sehen sind ihm schon immer schwergefallen. / Wir erhielten weder Fisch noch Fleisch* ‚keinen Fisch und auch kein Fleisch‘. / *Ob er früher oder später* (in bezug auf einen vereinbarten Termin) *kommt, kann er noch nicht sagen.*

3. Zur Klassifikation der Phraseologismen in der deutschen Gegenwartssprache

3.1. Allgemeines

Es ist bereits wiederholt darauf hingewiesen worden, daß – soweit überhaupt die Phraseologie des Deutschen Gegenstand der Reflexion gewesen ist – Fragen der Klassifikation bei der Erörterung im Vordergrund gestanden haben (vgl. 1.2.2.2.; 1.2.3.[2]). Sie stellen sich hier anders als beim Einzelwort (Klassifikation der Wortarten, nach grammatisch-morphologischen Merkmalen, nach semantischen Klassen etwa beim Substantiv: Konkreta, Kollektiva, Stoffbezeichnungen, Abstrakta usw.) oder bei der Wortbildungskonstruktion (außer nach den vorgenannten Gesichtspunkten etwa noch nach Wortbildungstypen). Es fehlt den Phraseologismen ein eigenes System von Strukturtypen und Bildungselementen (Affixen), wie es die Wortbildung kennt, und da es sich um Wortgruppen oder Sätze handelt, sind die für Wörter anwendbaren Klassifikationskriterien nicht voll auf die Phraseologismen übertragbar. Das Erkenntnisinteresse ist hier infolge der ganz anderen Strukturen und konstitutiven Merkmale auch anders gerichtet. Es geht ja nicht um Klassifikationen irgendwelcher Art, sondern um solche, die es erlauben, eine Übersicht über das Phänomen zu schaffen, die Einblicke in das Wesen und die Funktion der Phraseologismen, ihre Eigenständigkeit und ihre Wechselbeziehungen zu anderen sprachlichen Einheiten vermitteln.

Im Zusammenhang mit der Charakterisierung des Wesens phraseologischer Konstruktionen sind deshalb im Kapitel 2 mehrfach auch Gesichtspunkte zur Sprache gekommen, die als Klassifikationskriterien gelten könnten. Da das „irreguläre" Verhältnis (s. o. 2.1.) zwischen der Bedeutung der als Komponenten in den Phraseologismus eingehenden Wörter einerseits und der Bedeutung des Phraseologismus andererseits ein konstitutiver Faktor der Phraseologismen überhaupt ist, bietet sich dieses semantische Klassifikationskriterium an. Da aber die Vielfalt der Erscheinungen damit allein nicht differenziert genug erfaßt werden kann, sind weitere strukturelle und funktionale Kriterien heranzuziehen. Alle Klassifikationsversuche sind von vornherein dadurch beeinträchtigt, daß die Gegenstandsbestimmung (wie im Kapitel 2 deutlich geworden ist) weit schwieriger ist als die – ihrerseits bekanntlich auch die mannigfachsten Probleme aufwerfenden und durchaus nicht einheitlichen – Bestimmungen der Gegenstände ‚Wort' und ‚Wortbildungskonstruktion'. Diese sind immerhin formal noch besser faßbar. Aus diesem Grunde dürfen die Klassifikationsversuche nicht überbewertet werden (vgl. 1.2.3.[2]).[50] Die Zahl einzelner konkreter sprachlicher Erscheinungen, deren Einordnung in bestimmte „Stellen" des Klassifikationssystems nicht eindeutig möglich ist, ist auf dem Gebiete der Phraseologie noch größer als etwa in der Wortbildung. Dies spricht nicht unbedingt gegen die angewandten Klassifikationskriterien, sondern macht die Dynamik des Systems deutlich.[51] Die Klassifikationsversuche haben dennoch ihren Wert, weil mit ihrer Hilfe gerade die Dynamik und Flexibilität des Systems erfaßt werden kann. Andererseits ist zu bedenken, daß eine ganze Reihe von Fragen der Beschreibung der Phraseologie, der Semantik und der funktionalstilistisch und kommunikativ-pragmatisch differenzierten Verwendung der Phraseologismen auch ohne vollständige klassifikatorische Einordnung behandelt werden können.

Angesichts des geschilderten Sachverhalts erscheint es nicht nur gerechtfertigt, sondern notwendig, verschiedene Möglichkeiten der Klassifikation des phraseologischen Bestandes vorzuführen – zumindest in Grundzügen –, bevor die dieser Darstellung zugrunde gelegte Aufgliederung erläutert wird. Dabei sind Rückgriffe auf die insbesondere in 2.1.–2.3. behandelten Fragen unvermeidlich.

3.2. Grundzüge unterschiedlicher Klassifikationen

3.2.1. Die Klassifikation von E. AGRICOLA

E. AGRICOLA konzentriert sich auf eine Klassifikation nach semantischen Kriterien („Bedeutungsvereinigung" der einzelnen Wörter einer „Wendung" zu „einer neuen, besonderen Bedeutung", einer „Gesamtbedeutung"). (Vgl. AGRICOLA 1977, 27ff.). Danach werden zunächst „freie", „lose" und „feste" Wortverbindungen unterschieden. Mit der Zwischengruppe der losen Wortverbindungen wird vor allem versucht, die nichtidiomatischen festen Benennungskomplexe zu erfassen: Termini (*der absolute Nullpunkt*), onymische Wortgruppen (*die Hohe Tatra*, aber auch *das Rote Meer*), stereotype Vergleiche (*schwarz wie die Nacht*), bestimmte Konstruktionen mit einem metaphorischen Semem einer Komponente (*eiserner ‚fester' Bestand*).

---

[50] Zurückhaltend auch HÄUSERMANN, a.a.O., S.39 u.ö.; KOLLER, W.: Redensarten. Linguistische Aspekte, Vorkommensanalysen, Sprachspiel, Tübingen 1977, S.54.
[51] Vgl. HÄUSERMANN a.a.O., S.39; FIX, Zum Verhältnis, a.a.O., 1974, S.306: bei der „Einordnung" der Phraseologismen ist mit „Übergangsfällen" zu rechnen, was „nicht Ungenauigkeit des Resultats, sondern adäquate Beschreibung der Zwischenstellung" der betreffenden Phraseologismen bedeute.

Die „festen" Wortverbindungen werden nach dem Grad der „Bedeutungsverschmelzung" weiter untergliedert:

1) einfache phraseologische Verbindungen („Gesamtbildung ... aus den Einzelteilen zu begründen") – *Anordnungen treffen, in Anrechnung bringen*;
2) phraseologische Einheiten (trotz „durchsichtiger Beziehung" der „Einzelglieder" die „Bedeutung der gesamten Einheit ... nicht direkt erschließbar") – *Öl ins Feuer gießen, jmdm. geht ein Licht auf*;
3) starre phraseologische Verbindungen (Idiome) – *etw. auf dem Kerbholz haben, mit dem Klammersack gepudert sein*. Dazu auch die festgeprägten Sätze: *Haste Töne! Schwamm drüber!*

Die durch ihre besondere Struktur gekennzeichneten „Zwillingsformeln (Wortpaare)" hebt AGRICOLA gesondert heraus; nach ihrer Semantik teilen sie sich auf auf die obengenannten Gruppen 2) und 3). Sprichwörter, Sentenzen und ähnliche „Arten von festen Wendungen" werden pauschal als „andere Wortverbindungen", die „jenseits der formalen oberen Grenze der Redewendungen liegen" angeschlossen.

Diese Klassifikation ist durchaus geeignet für eine grobe Abstufung der Phraseologismen unter dem zugrunde gelegten Gesichtspunkt. AGRICOLA ist bemüht, die Erscheinung der Phraseologismen in den Gesamtzusammenhang der semantischen Reaktionen bei der Verbindung von Wörtern im Satz zu stellen (Kollokabilität; Monosemierung durch Bedeutungsverknüpfung und grammatische Verknüpfung). Bei ihrer Beurteilung muß bedacht werden, daß sie Bestandteil einer knappen Einführung in sein Wörterbuch ‚Wörter und Wendungen' ist.[52]

Die Erläuterungen zu den einzelnen Gruppen sind allerdings nicht differenziert genug, und die Nennung einzelner Demonstrationsbeispiele läßt manches im unklaren. So kann man nicht alle onymischen Wortgruppen unter die „losen" Wortverbindungen einreihen, weil es ebensogut motivierte wie unmotivierte gibt (vgl. 2.4.1.), und ähnliches gilt für die Termini (2.4.2.). Wenn die Wortpaare wegen ihrer Struktur gesondert herausgehoben werden, so verdienen dies aus semantischen wie strukturellen Gründen auch die Vergleichskonstruktionen (komparativen Phraseologismen; vgl. 2.6.3.2.). Daß als einfache phraseologische Verbindungen nur verbale Konstruktionen genannt werden, ist nicht begründet (vgl. Fälle wie *blühender Blödsinn* ‚großer Blödsinn', *der goldene Mittelweg*). Die Abgrenzung zwischen phraseologischen Verbindungen und phraseologi-

---

[52] Sie wird für sein phraseologisches Wörterbuch übernommen von GÖRNER, H.: Redensarten. Leipzig 1979. – Zur Kritik AGRICOLAS vgl. auch FIX, Zum Verhältnis, a. a. O., 1974, S. 228ff.; sie bezieht sich vor allem auf das Fehlen eines einheitlichen Bezugspunktes und die Anwendung verschiedenartiger Kriterien.

schen Einheiten ist zu unbestimmt. Was heißt, „die Einzelglieder" phraseologischer Einheiten „erklären sich selbst", aber die Gesamtbedeutung sei „nicht direkt erschließbar"? Könnte nicht auch *reden wie ein Buch* ‚viel, lebhaft reden‘ unter die einfachen phraseologischen Verbindungen gerechnet werden, wenn bei diesen „ein Glied der Wendung ... abgeblaßt oder teilweise umgedeutet" sein soll? Die festgeprägten Sätze werden pauschal als „starre phraseologische Verbindungen" qualifiziert, was ihrem differenzierten Charakter nicht gerecht wird (vgl. z. B. Fälle wie: *Wie's kommt, so kommt's!*).

3.2.2. Die Klassifikation von I. I. ČERNYŠEVA

I. I. ČERNYŠEVA ist bemüht, „alle wesentlichen Faktoren" zu berücksichtigen, „die feste Wortkomplexe konstituieren",[53] und zwar:

1) die grammatische (syntaktische) Struktur (einerseits Wortgruppen, andererseits „prädikative Verbindungen und Sätze");
2) „Verknüpfungsart der Komponenten" (singulär–seriell–modelliert);
3) „Bedeutung als Resultat des Zusammenwirkens von Struktur und semantischer Transformation der Komponenten" (Umdeutung des Komponentenbestandes – typisierte Struktur – eigentliche lexikalische Bedeutung des Komponentenbestandes).

Von „singulärer Verknüpfung" wird bei irregulärem „semantisch-syntaktischem Resultat", Nichtübereinstimmung der Bedeutung der Komponenten mit der Bedeutung des ganzen Phraseologismus gesprochen. Von „serieller Verknüpfung" wird (entsprechend einem Teil von Agricolas „losen Wortverbindungen" und einem Teil seiner „phraseologischen Verbindungen") gesprochen, wenn eine umgedeutete Komponente mit einer Serie von Komponenten, nicht nur mit einer, verbindbar ist (*blind: Eifer, Haß, Liebe ...; ergreifen: das Wort, die Flucht, Maßnahmen...* – Doch liegt hier jedesmal die gleiche Semantik von *ergreifen* vor?). Bei der „modellierten Verknüpfung" in der Art der weiter unten behandelten Phraseoschablonen (vgl. 3.4.1.) handelt es sich „um bestimmte Strukturen ... der Sprache mit einer typisierten Semantik, die auf der Ebene der Rede situativ realisiert werden."

Daraus geht hervor, daß Verknüpfungsart und Umdeutungsprozeß (dieser ermittelt durch den Vergleich der Bedeutung der betreffenden Komponente innerhalb und außerhalb des Phraseologismus) in Wechselbeziehung stehen. Die Verknüpfungsart ist gegeben durch die Graduierung der lexikalischen Stabilität.

---

[53] Das folgende nach ČERNYŠEVA, I. I. (1975, 206ff.). In ČERNYŠEVA (1986, 176ff.) ist die Übersicht etwas erweitert, doch bleiben die vier Hauptklassen (s. u.).

Das Kriterium der syntaktischen Struktur liegt dagegen auf einer anderen Ebene (vgl. Übersicht 2).

Übersicht 2: Klassifizierung nach ČERNYŠEVA

Verknüpfungsart der Komponenten	Bedeutung des festen Wortkomplexes	Über- tragen (ganz)	Über- tragen (teilw.)	Model- liert	Eigent- lich
Singulär		I A	I B		IV
Seriell			II		
Modelliert				III	

Zu Ia werden Konstruktionen gerechnet wie: *Neue Besen kehren gut* ‚Wer eine Stelle antritt, zeigt sich anfangs besonders eifrig' (so WDG). – *Leere Fässer tönen am meisten* ‚Wer am wenigsten leistet, tut am geschäftigsten'. – *ins Wasser fallen* ‚scheitern, nicht stattfinden'. – *jmdm. auf den Socken sein* ‚jmdn. verfolgen'.

Ib repräsentiert die Konstruktion *blinder Passagier* ‚unberechtigt und unbemerkt Mitreisender'.

Zu II gehören: *blinder Eifer / Haß / Liebe – blindes Fenster / Knopfloch – das Wort / die Flucht / Maßnahmen ergreifen*.

Zu III: *jmdn. in Schutz nehmen – etw. zum Ausdruck bringen – ein Betonklotz von Hotel – Vater hin, Vater her*.

Zu IV: *der Nahe Osten – die Europäische Union*.

Als Oberbegriff für alle genannten Arten verwendet ČERNYŠEVA den Terminus „feste Wortkomplexe (stehende Wortkomplexe)", und sie versteht darunter „semantische Ganzheiten ... in dem Sinne, daß sie über eine besondere Semantik verfügen, die nicht aus der regulären Fügungspotenz der Lexeme in der Syntagmatik herzuleiten ist."

Innerhalb dieser festen Wortkomplexe werden als Phraseologismen (phraseologische Wortfügungen) nur solche nach dem Typ I (Ia, Ib) bezeichnet. Typ II repräsentiert „phraseologisierte Verbindungen", Typ III „modellierte Bildungen", Typ IV „lexikalische Einheiten".

114

Die Phraseologismen ihrerseits werden „strukturell-semantisch" weiter untergliedert:

1) phraseologische Einheiten (Typ Ia) mit „Umdeutung" des gesamten Komponentenbestandes und „ganzheitlicher Semantik". Dazu werden auch die komparativen Phraseologismen und Wortpaare gezählt (mit Ausnahme des Typs *Schlag auf Schlag*, s. u. über Phraseoschablonen 3.4.1.);
2) phraseologische Verbindungen (Typ Ib);
3) phraseologische „Ausdrücke" bzw. festgeprägte Sätze (nach dem syntaktischen Kriterium der Satzstruktur; dazu sowohl die Sprichwörter als auch die „Satzredensarten" *(Wo der hinhaut, wächst kein Gras mehr.)*.

Die phraseologisierten Verbindungen werden nach der syntaktischen Struktur differenziert:

1) verbale Verbindungen (Substantiv + Verb) – *seine Gier / Leidenschaft / Hunger bezähmen*;
2) nominale Verbindungen (Adjektiv + Substantiv) – *sauberer Mensch / Charakter / Haltung*.

Die modellierten Bildungen werden untergliedert in:

1) feste analytische Verbalverbindungen (meist Abstraktum + Verb) – *in Eile sein, Sorge tragen, in Schrecken versetzen*;
2) „typisierte grammatisch-stilistische Konstruktionen" – *ein Bierfaß von einem Kerl, es ist/war zum Heulen, sicher ist sicher* (vgl. Phraseoschablonen 3.4.1.).

Bei den lexikalischen Einheiten fehle „jede Art" von Umdeutung; „ein bedeutender Teil" von ihnen werde „als Termini" verwendet.

Diese differenzierte Klassifikation vermag vieles von der Heterogenität der Phraseologismen und dem abgestuften Verhältnis zwischen „festen" und „freien" Wortverbindungen zu erfassen, doch auch sie ist nicht ohne gewisse Schwächen. So werden bei den Phraseologismen unter 1) mit Einbeziehung der Wortpaare und komparativen Phraseologismen Gruppen zusammengefaßt, die nicht alle dem konstitutiven semantischen Kriterium entsprechen (da sowohl Wortpaare als auch komparative Phraseologismen in dieser Hinsicht heterogen sind). Die prädikativen Konstruktionen (vgl. 2.6.3.1.) werden mit ihrer besonderen Struktur an keiner Stelle der Klassifikation deutlich, ebensowenig wie bei AGRICOLA. Die Abgrenzung von phraseologischen Verbindungen und phraseologisierten Verbindungen ist nicht sehr deutlich. Wenn allein schon die zweifache Koppelungsmöglichkeit *blutiger Anfänger / Laie* ,absoluter, völliger Laie' ausreichen soll, um diese Konstruktionen den phraseologisierten Verbindungen zuzurechnen, dann müßte dies auch für *schwarzer Markt* gelten. ČERNYŠEVA sieht darin zwar „singuläre Verknüpfung" einer übertragenen Komponente, daher phraseologische Verbindung, aber WDG verzeichnet als usuelles Semem für *schwarz* ,ungesetzlich, verboten, heimlich' mit Fügungen wie *schwarze Geschäfte, schwarze Kasse* (ähnlich auch DGW). Die semantische Untergliederung der phraseologischen Wortgruppen (Ia und Ib) wird für die festgeprägten Sätze aufgegeben; hier ist allein das syntaktische Kriterium der Satzstruktur maßgebend, obwohl die entsprechenden Konstruktionen in semantischer Hinsicht auch nicht homogen sind. Daß die Sprichwörter ohne weiteres den Phraseologismen zugeschlagen werden, während die phraseologisierten Verbindungen davon ausgeklammert bleiben, wird m. E. der Besonderheit der Sprichwörter nicht gerecht (vgl. 2.5.1.). Jedenfalls stehen die phraseologisierten Verbindungen den Phraseologismen auf Grund ihrer Wortgruppenstruktur näher. Nicht klar genug ist auch das Verhältnis bestimmt zwischen den phraseologisierten Verbindungen Typ 1) einerseits und den modellierten Bildungen Typ 1) andererseits. Das Phänomen der „semantischen Ganzheit" der lexikalischen Einheiten in seinem Unterschied zur „semantischen Ganzheit" der Phraseologismen wird nicht deutlich genug, zumal dabei zwischen Phraseologisierung, Terminologisierung und Onymisierung nicht klar genug unterschieden wird (vgl. 2.4.). Schließlich erscheinen die für die einzelnen Klassen und Subklassen verwendeten Bezeichnungen zum Teil als recht mißverständlich: „Phraseologisierte Bildungen" sind danach keine Phraseologismen. „Phraseologische Ausdrücke" sind nur solche mit Satzstruktur. Und sind nicht alle Phraseologismen „lexikalische Einheiten", nicht nur Konstruktionen des Typs IV (ein Teil von diesen vielleicht sogar am wenigsten: völlig motivierte Termini)?

Ein Vergleich der Klassifikationen von AGRICOLA und ČERNYŠEVA an Hand einiger konkreter Konstruktionen zeigt eine sehr unterschiedliche Einordnung und veranschaulicht zugleich die Problematik und Begrenztheit solcher Klassifikationen. Zur Demonstration werden dabei nach Möglichkeit Beispiele benutzt, die von den Autoren selbst bei den einzelnen Klassen angegeben worden sind.

Übersicht 3

Klassifikation nach AGRICOLA	Klassifikation nach ČERNYŠEVA
Lose Wortverbindung	Typ II: *eiserne Reserve*
	Typ III (1): *Gas geben*
	Typ IV: *italienischer Salat*
Einfache phraseologische Verbindung	Typ Ib: *Abschied nehmen*
	Typ II: *Anerkennung zollen*
	Typ III (1): *in Erwägung ziehen*
Phraseologische Einheit	Typ Ia: *etw. auf Eis legen*
	Typ Ib: *der springende Punkt*

116

Die geringsten Differenzen gibt es – wie zu erwarten – bei den Konstruktionen, deren idiomatischer Charakter am ausgeprägtesten ist: AGRICOLAS starren phraseologischen Verbindungen einerseits und ČERNYŠEVAS phraseologischen Einheiten andererseits. Auch in der Zuordnung der festgeprägten Sätze zu dieser Klasse stimmen beide Autoren überein, mit der Einschränkung allerdings, daß AGRICOLA die Sprichwörter davon ausnimmt und gesondert stellt.

3.2.3. Zur Klassifikation von U. FIX

U. FIX strebt auf der Grundlage eines Materials von etwa 5000 Konstruktionen nach einer „geschlossenen Darstellung" des phraseologischen Bestandes der deutschen Sprache in einem „mehrdimensionalen System", das „sowohl Wesensbestimmung als auch Klassifikation" der Phraseologismen gibt (FIX 1974–76, 258). Sie möchte in konsequenter Weise einheitliche Kriterien zugrunde legen. Dabei betont sie die Notwendigkeit der syntaktischen Betrachtung der Phraseologismen. Weder eine vollständige Erfassung ihres Wesens noch ihre Klassifikation sei möglich, wenn sie sich nur an „semantischen Eigenheiten" orientieren (FIX 1979, 3ff.). Die Analyse und Klassifikation hat nach U. FIX die folgenden Grundsätze zu berücksichtigen:[54]

1) Dem Phraseologismus (bei FIX: „Wortgruppenlexem") fehlen als Wortgruppe „für die Vervollständigung des Satzes wesentliche Relationen"; er steht zwischen Wort und Satz.
2) Da Phraseologismen „nur im Satz verwendet werden können", hat das Verb „Ansatzpunkt einer jeden Untersuchung" von Phraseologismen zu sein.
3) Vergleich der phraseologischen Konstruktionen mit „freien Sätzen" und der Bedeutung der Phraseologismen mit den „isolierten Konstruktionsmodellen der jeweiligen Verben".

Die Orientierung auf das Verb („unbedingte Verbgebundenheit" des Phraseologismus) für die „Erfassung der syntaktisch-semantischen Relationen" innerhalb des Phraseologismus führt zu einer Einteilung des Verbbestandes nach syntaktischen und semantischen Merkmalen in 4 Gruppen (soweit das Verb obligatorisches Element des Phraseologismus ist), wozu als Gruppe 5 dann noch die verblosen Phraseologismen treten:

Gruppe A – Verben mit einem hohen Maß spezieller semantischer Merkmale, schwach ausgeprägter Polysemie (*ärgern, langweilen; beißen, gähnen, lachen*);

---

[54] Vereinfachte Darstellung bei FIX, U.: Zum Verhältnis von Syntax und Semantik im Wortgruppenlexem. In: LS/ZISW. Reihe A, H. 56, Berlin 1979, S. 3ff.; ausführlicher FIX, Zum Verhältnis, a. a. O., 1974, S. 274ff.

Gruppe B – das Verb *sein*;

Gruppe C – Verben, die im größten Teil der Merkmale mit *sein* übereinstimmen; sie können jedoch außer dem Statischen auch Verharren und Verlauf ausdrücken und bei Nominaltransformationen nicht wegbleiben (*scheinen, heißen, bleiben, werden, dünken*);

Gruppe D – Verben mit geringerem Maß spezieller semantischer Merkmale, also stark ausgeprägter Polysemie („beziehungsweit": *haben, legen, nehmen, machen, setzen*);

Gruppe E – Phraseologismen ohne obligatorisches Verb.

Als entscheidendes Merkmal für ein Wortgruppenlexem gilt die „Stabilität in der Besetzung", die lexikalische Stabilität. Nach der Übereinstimmung oder Nichtübereinstimmung der Verbbedeutung beim Vergleich mit dem freien Satz werden zwei Subklassen von Wortgruppenlexemen unterschieden:

1) Wortgruppenlexem$_1$ – Übereinstimmung der Verbbedeutungen (*Er schläft mit offenen Augen – Er schläft im Unterricht ständig.*);

2) Wortgruppenlexem$_2$ – Nichtübereinstimmung der Verbbedeutungen (*Er winkt mit dem Zaunpfahl – Er winkt mit dem Taschentuch*).

Typ 1) wird von U. FIX später auch als „Phraseologismus", Typ 2) als „Idiom" bezeichnet. (Vgl. FIX 1979, 12; BURGER 1973.)

Die weitere Subklassifizierung benutzt syntaktische Konstruktionsmodelle mit folgenden Elementen: Valenz (Substantiv$_{Akk}$, Präpositionalgruppe, Substantiv$_{Dat1}$, Substantiv$_{Dat2}$ [*Er setzt den Daumen aufs Auge – ihm.*], Reflexivum, Präposition, Selektionsmerkmale ‚Human' (jmd.) -‚Animated' (etwas = nicht belebt).

Der Vergleich der Wendungen mit freien Sätzen nach den Konstruktionsmodellen ergibt drei Gruppen:

1) Übereinstimmung des Konstruktionsmodells der Wendung mit dem des freien Satzes:

A) *Er hängt den Mantel an den Nagel – Er hängt seinen Beruf an den Nagel.* Konstruktionsmodell: *etw. an etw. hängen.*

B) *Er lockt ihn in das Zimmer – Er lockt ihn in eine Falle.* Konstruktionsmodell: *jmdn. in etw. locken.*

Entsprechend den Verbbedeutungen handelt es sich in A) um ein Wortgruppenlexem$_2$, ein „Idiom", in B) um ein Wortgruppenlexem$_1$, einen „Phraseologismus".[55]

---

2) Übereinstimmung des Konstruktionsmodells und der lexikalischen Besetzung: *Er streut ihm Salz in die Suppe – Er streut ihm Sand in die Augen.* Konstruktionsmodell: *jmdm. etw. in etw.* streuen. Das zweite Beispiel kann in derselben lexikalischen Besetzung sowohl als freier Satz wie auch als Wortgruppenlexem gebraucht werden, im letzteren Fall jedoch nur mit Veränderung der Verbbedeutung, also als „Idiom". „Phraseologismen" müssen hier fehlen, weil völlige Umdeutung erforderlich ist, damit die Konstruktion als Wortgruppenlexem aufgefaßt werden kann.

3) Nichtübereinstimmung des Konstruktionsmodells und Nichtübereinstimmung der lexikalischen Besetzung:

A) *Er setzt ihn außer Gefecht.* Es wird nicht von Konstruktionsmodell, sondern von „Konstruktionsgerüst" gesprochen: *jmdn. außer etw. setzen.*

B) *Er lacht sich in den Bart.* Konstruktionsgerüst: *sich in etw. lachen. – Er übergibt ihm etwas zu treuen Händen.* Konstruktionsgerüst: *jmdm. etw. zu etw. übergeben.*

Hier sind wieder beide großen Klassen möglich: In A) liegt ein „Idiom", in B) liegen „Phraseologismen" vor.

Die Klassifizierung nach den Konstruktionsmodellen wird schließlich noch auf die Verbgruppen A–E bezogen. Dies kann hier im einzelnen nicht weiter vorgeführt werden. Es zeigt sich dabei beispielsweise, daß innerhalb des Typs 3) Konstruktionen mit D-Verben vorwiegend als „Idiome", solche mit A-Verben vorwiegend als „Phraseologismen" erscheinen, weil die semantisch stärker spezialisierten A-Verben weniger zur Aufgabe dieser Bedeutung neigen, es sei denn mit völliger bildlicher Umdeutung (*jmdm. Sand in die Augen streuen*). Die „weite" Semantik der D-Verben geht dagegen in speziellere Wendungsbedeutungen ein (*sich die Sache aus dem Kopf schlagen, jmdm. den Daumen aufs Auge setzen*).

Bei den Wortgruppenlexemen mit *sein* vollzieht sich der Phraseologisierungsprozeß nicht am Verb, sondern im nominalen Teil; die Bedeutung von *sein* ist so strukturiert, daß sich dabei nichts verändert.

Die Funktionsverbgefüge werden in die Klassifikation von U. FIX integriert; sie sind nach dem Konstruktionsmodell 1) in den Verbgruppen B (*sein*) und D vertreten (Weiteres dazu s. u. 3.4.2.).

Die Klassifikation von U. FIX zielt demnach auf die Einordnung der Wortgruppenlexeme in ein „mehrdimensionales Gefüge":

1. nach der Veränderung der Verbbedeutung (in manchen Fällen auch der Bedeutung nominaler Teile im Vergleich zum freien Gebrauch), wonach sich die Grobklassifizierung als „Idiom" oder „Phraseologismus" richtet;
2. nach den Konstruktionsmodellen 1)–3);
3. nach der Gebundenheit an bestimmte Verbgruppen (A–E).

Die Konstruktion *sich zwischen zwei Stühle setzen* ‚sich nach zwei Seiten in eine unangenehme Lage bringen‘ ist demnach zu klassifizieren als: 1. „Idiom“, 2. Typ (2), 3. Gruppe D.

In dem Streben nach objektiven und einheitlichen Klassifikationskriterien, in der Erarbeitung der Verbklassifizierung und der Unterscheidung von Konstruktionsmodellen und Konstruktionsgerüsten sowie dem in Verbindung damit herausgearbeiteten Zusammenhang von syntaktischen und semantischen Gesichtspunkten bei der Klassifizierung der Phraseologismen liegen zweifellos erhebliche Fortschritte. Dennoch hat auch diese Klassifikation ihre schwachen Stellen. Indem sie den Wortgruppencharakter der Phraseologismen verabsolutiert, werden sowohl die verschiedenen Typen der festgeprägten Sätze als auch die festgeprägten prädikativen Konstruktionen (vgl. 2.6.3.1.) ausgeklammert. Damit bleibt ein nicht unwesentlicher Teil des phraseologischen Bestandes der deutschen Sprache unberücksichtigt. Da die Umdeutung wenigstens eines Teiles der Konstruktion Voraussetzung für die Einbeziehung in die Untersuchung ist, bleiben auch Phänomene wie die nichtidiomatischen festen Vergleichskonstruktionen (*schwarz wie die Nacht, hungrig wie ein Wolf*) unberücksichtigt. Fragen des Verhältnisses von Terminologisierung, Onymisierung und Phraseologisierung treten nicht ins Blickfeld. Das Verfahren der Scheidung von „Idiomen“ und „Phraseologismen“ funktioniert nicht ohne Probleme. Es orientiert sich einerseits ausdrücklich an der Verbbedeutung (vgl. Fix 1974–76, 33ff.; Fix 1979, 11f.), muß jedoch im Falle der D-Verben (wegen ihrer sehr „weiten“, wenig speziellen Bedeutung) sowie des „bedeutungsleeren“ Verbs *sein* und der verblosen Konstruktionen auf den Vergleich der Bedeutung der nominalen Komponenten verlagert werden.[56] Unter diesem Blickwinkel leuchtet dann nicht mehr ein, weshalb bei den A-Verben ausschließlich der Vergleich der Verbbedeutungen erfolgt und die nominalen Komponenten für die Differenzierung von „Idiomen“ und „Phraseologismen“ überhaupt keine entscheidende Rolle spielen sollen (vgl. auch 2.1. mit dem Hinweis auf den Unterschied zwischen *einen Streit vom Zaune brechen* und *Kohldampf schieben*, der auf diese Weise von U. Fix nicht erfaßt wird). Beim Vergleich der Bedeutung nominaler Komponenten mit der wendungsexternen Bedeutung kommt es dann in konkreten Fällen zu nicht immer übezeugenden Entscheidungen über den Status als „Idiom“ oder „Phraseologismus“: *ein alter Hase sein, der graue Alltag* seien „Idiome“, *von den Socken sein* ‚sehr überrascht sein, staunen‘ sei ein „Phraseologismus“ (Fix 1979, 16f.). Die besondere Rolle der unikalen Komponenten (vgl. 2.2.1.) tritt ebenfalls nicht ins Blickfeld, und die Modalverben sind nicht gesondert erfaßt, obwohl es schwer sein dürfte, sie in die Gruppe A oder D einzuordnen.

---

[56] So für die D-Verben erst Fix, Zum Verhältnis ..., 1979, S. 15.

3.2.4. Zur Klassifikation von A. ROTHKEGEL

Wie U. FIX – allerdings ohne Kenntnis von deren Untersuchung – beschränkt sich auch A. ROTHKEGEL auf Phraseologismen, die „die Grenze des Wortes überschreiten, die des Satzes unterschreiten" (ROTHKEGEL 1973, 1), klammert die festgeprägten Sätze also von vornherein aus, ebenso „mehrteilige Konjunktionen" sowie „Vergleiche wie *schwarz wie die Nacht*" (ROTHKEGEL 1973, 5). Auch ROTHKEGEL unterscheidet unter semantischem Gesichtspunkt zwei Hauptgruppen von Phraseologismen (in ihrer Terminologie: „feste Syntagmen"):

1) „Feste Syntagmen erster Ordnung" (FS_1), d. h. Konstruktionen, deren Komponenten „nicht kommutierbar sind, ohne daß die Zuordnung zu einer bestimmten Inhaltseinheit gestört wurde" (*sich ins Zeug legen* ,sich anstrengen').

2) „Feste Syntagmen zweiter Ordnung" (FS_2) d. h. Konstruktionen, die eine teilweise Kommutation gestatten, „wobei zumindest einer der Kontextpartner nicht ausgetauscht werden darf, wenn die Zuordnung des anderen zu einer bestimmten Inhaltseinheit bestehen bleiben soll" (*kalte Miete* ,ohne Heizungskosten berechnete Miete für eine zentralgeheizte Wohnung').

Diese Unterscheidung entspricht prinzipiell dem Vorgehen von AMOSOVA (1963), wo auf diese Weise „Idiome" (= FS_1) und „Phraseme" (= FS_2) getrennt werden. Ähnlich auch U. FIX mit WGL_1 (= FS_2) und WGL_2 (= FS_1); allerdings mißt U. FIX der Verbbedeutung für die Ermittlung des Status eine besondere Rolle bei.

Die Differenzierung wird bestätigt durch zwei Arten der semantischen Determination:

1) „Endozentrische Determination" liegt vor, wenn in die Bedeutung der Gesamtkonstruktion die reguläre Bedeutung e i n e r der Komponenten eingeht, während die andere Komponente umgedeutet ist („eine singulär auftretende Bedeutung aufweist") (ROTHKEGEL 1973, 27), vgl. *leer ausgehen* ,keinen Nutzen, keinen Vorteil haben', *schwarzer Markt*.

2) „Exozentrische Determination" liegt vor, wenn der „referentielle Bezugspunkt außerhalb" der Lexikonbedeutungen b e i d e r Komponenten liegt (wobei drei verschiedene Möglichkeiten unterschieden werden: *magisches Auge* ,Kontrollampe'; *die Zelte abbrechen* ,abreisen'; *Notiz nehmen* ,bemerken, wahrnehmen'). (Vgl. ROTHKEGEL 1973, 30).

Auf der Grundlage des beschriebenen Determinationsverhältnisses, das auch lexikalische und syntaktische Konsequenzen hat (ähnlich dem unter 2.2. über ,Stabilität' Gesagten), wird eine syntaktisch bestimmte Klassifikation entwickelt, ausgerichtet „auf die Möglichkeiten ... vor allem einer maschinellen Analyse" der Phraseologismen (ROTHKEGEL 1973, 86). Die „syntaktische Charakteristik" sei als „Kriterium der Klassenbildung besonders geeignet"; die „syntaktische Kombination, gesehen als Wortklassenkombination" sei ein „sicheres Merkmal zur Identifikation der semantischen Einheit des Gesamtausdrucks sowie zur Identifikation bestimmter Wörter als FS-Konstituenten" (ROTHKEGEL 1973, 86). Unter Beziehung auf den Baumgraphen der Konstituentenstruktur eines Satzes werden die einzelnen syntaktischen Subsysteme der Phraseologismen in Abhängigkeit von dem jeweils „dominierenden Knoten" dargestellt:

1) Phraseologismen als Substantivgruppe (N-dominiert),
2) Phraseologismen als Adverbialgruppe (A-dominiert),
3) Phraseologismen als Präposition (P-dominiert),
4) Phraseologismen als Verbgruppe (V-dominiert).

Die vier Hauptgruppen werden nach morphologischen (Unterschiede in der Flexionsbeschränkung) und syntaktischen (Transformationsmöglichkeiten) Gesichtspunkten in verschiedene Grundtypen eingeteilt, wobei in einzelnen dieser Grundtypen sowohl endozentrische als auch exozentrische Determination vorkommen. Maßgebend für die Subklassifizierung der Grundtypen sind die Wortklassen der beteiligten Komponenten und die Art ihrer syntaktischen Verknüpfung. In der Hauptklasse 1) erscheinen demnach die folgenden Grundtypen (hier nur durch jeweils einen exemplarischen Repräsentanten angedeutet): *kalte Ente* ‚Bowle', *Geld und Gut, Vitamin B* ‚gute Beziehungen', *Dame von Welt / Eis am Stiel.* In der Hauptklasse 2): *über Gebühr* ‚übertrieben, mehr als gerechtfertigt', *von Hause aus, Tag und Nacht, mit Fug und Recht, des weiteren, Hals über Kopf, von Zeit zu Zeit* ‚manchmal, bisweilen', *expressis verbis* ‚ausdrücklich, deutlich' („fremdsprachliche Adverbialphrasen"). In der Hauptklasse 3): *in Anbetracht.* In der Hauptklasse 4): *Rechnung tragen* ‚berücksichtigen', *freie Hand lassen* ‚Entscheidungsbefugnis nicht einschränken', *das Blaue vom Himmel erzählen, Stein und Bein schwören, zu Buche schlagen.* Die Funktionsverbgefüge werden auf mehrere syntaktische Grundtypen „aufgeteilt", insgesamt aber als zwischen endozentrischer und exozentrischer Determination stehend charakterisiert.

Dieses syntaktische Klassifikationsprinzip gibt die Möglichkeit, z. B. gleichstrukturierte phraseologische Wortpaare syntaktisch-funktional zu unterscheiden:

a) *Sein Grund und Boden wurde beschlagnahmt.* (N-dominiert)
b) *Tag und Nacht hat er gearbeitet.* (A-dominiert)
c) *Peter war nur noch Haut und Knochen.* (V-dominiert)

Andererseits fehlen in dieser Klassifikation nicht nur die bereits erwähnten festgeprägten Sätze, sondern auch die prädikativen Konstruktionen und phraseologisierten Teilsätze (vgl. 2.6.3.1.). Die morphologischen und syntaktischen Kriterien der Subklassifizierung verdecken in manchen Fällen semantische Differenzierungen. So sind Konstruktionen wie *Schlag auf Schlag, Kopf an*

122

Kopf, Schritt für Schritt grundsätzlich von Paaren wie *Hals über Kopf, Hand in Hand* verschieden (vgl. dazu über Phraseoschablonen 3.4.1.). Dies wird bei der Darstellung des entsprechenden Grundtyps aber nicht deutlich (ROTHKEGEL 1973, 138ff.).

3.3. Nominative und kommunikative Phraseologismen

3.3.1. Allgemeines. Nominative Phraseologismen

Der Bereich phraseologisierter Konstruktionen ist nicht nur in seiner Abgrenzung zu nichtphraseologischen Erscheinungen schwer zu fassen, sondern auch in sich außerordentlich heterogen. Das wirkt sich auf alle Versuche einer stringenten Klassifikation und Gegenstandsbestimmung aus, wie vorstehend gezeigt wurde. Sie erfassen in ihrem Streben nach einem konsequenten Klassifikationssystem nicht immer wirklich alle wichtigen Teilgruppen. Die Einsicht in die Vielgestaltigkeit des Phänomens erscheint uns – zumindest für den Zweck der vorliegenden Darstellung – wichtiger als die Aufgliederung nach einem in sich geschlossenen Klassifikationssystem. Unter diesem Gesichtspunkt ist die hier vorgeschlagene Gruppierung der Phraseologismen zu betrachten. Mit einem einzigen „Satz" einheitlicher Kriterien soll deshalb nicht gearbeitet werden.

Aus den Darlegungen des Kapitels 2 über das Wesen der Phraseologismen ergeben sich bereits auch Klassifikationskriterien. Danach sind unter dem Gesichtspunkt der Idiomatizität (2.1.) zu unterscheiden: voll- (*sich in den Haaren liegen, schneller Hirsch*), teil- (*einen Streit vom Zaun brechen, blutiger Anfänger*) und nichtidiomatische (*blinder Zufall, Gebot der Stunde*) Phraseologismen. Die Unterscheidung von voll- und teilidiomatischen Phraseologismen entspricht in etwa der Differenzierung von Wortgruppenlexem$_1$ und Wortgruppenlexem$_2$ (später „Idiom" und „Phraseologismus") bei U. FIX (vgl. 3.2.3.) und von „festen Syntagmen erster bzw. zweiter Ordnung" bei A. ROTHKEGEL (vgl. 3.2.4.); Genaueres s. dort. Über die nichtidiomatischen Konstruktionen vgl. 2.2.3.

Nach dem Grade der Stabilität (2.2.) sind Phraseologismen mit unikaler Komponente (*Fersengeld* geben, sich *mausig* machen) (vgl. 2.2.1.) von solchen ohne diese zu unterscheiden.

Unter referentiellem Gesichtspunkt sind schließlich von den nichtterminologischen appellativischen die onymischen (*Schwarzes Meer*) und die terminologischen (*spezifisches Gewicht*) Konstruktionen abzuheben (vgl. 2.4.1.2.).

Werden nicht von vornherein festgeprägte Sätze ausgeklammert, dann bieten die syntaktischen Strukturen als nichtprädikativ fixierte Wortgruppe einerseits und als phraseologisierter Satz andererseits ein wesentliches Differenzierungskriterium. Diese Gegenüberstellung ist aber noch zu grob. Es ist notwendig, durch zusätzliche Kriterien der Vielfalt der sprachliche Realität gerecht zu werden. Dabei lassen sich die Kriterien der syntaktischen Struktur mit solchen des referentiellen Bezugs (der Benennungsfunktion) verbinden.

Unter den Phraseologismen mit fester prädikativer Beziehung sind drei Typen zu unterscheiden (vgl. 2.6.3.1.). Die festgeprägten prädikativen Konstruktionen (*jmdm. geht der Hut hoch*) sind in ihrer kommunikativ-grammatischen Veränderbarkeit nicht grundsätzlich von den nichtprädikativen verbalen Phraseologismen verschieden (*jmdn. auf den Besen laden*) und haben mit ihnen auch die nominative Funktion gemeinsam. Wir fassen sie als Phraseolexeme zusammen (vgl. 2.3.3.). Diese Phraseolexeme, entweder voll- oder teilidiomatisch, sind lexikalische Einheiten zur Benennung von Gegenständen (im weitesten Sinn, also auch Personen umfassend), Erscheinungen, Handlungen, Zuständen, Eigenschaften u. dgl.[57] Die nominativen Phraseologismen stehen in gewisser Wechselbeziehung zum Wort, das als lexikalische Einheit ebenfalls der Benennung von Begriffen dient. Daher sind die Phraseolexeme ebenfalls nach Wortklassen gliederbar (vgl. 2.5.), was für die festgeprägten Sätze (*Das schlägt dem Faß den Boden aus.*) selbstverständlich nicht gilt.

Wortgruppen als Benennungseinheit nichtidiomatischen Charakters setzen wir als Nominationsstereotype von den Phraseolexemen ab (Näheres dazu 2.2.3.). Unter dem Gesichtspunkt der nominativen Funktion sind sie jedoch mit den Phraseolexemen zusammenzufassen.

In Übersicht 4 sind syntaktisch-strukturelle, semantische und lexikalische Merkmale der nominativen Phraseologismen erfaßt.

Übersicht 4

	Phraseoloexeme		Nominations-stereotype
	als Wort-gruppe	als festgeprägte präd. Konstruktion	
Nominationseinheit	+	+	+
Prädikativ fixiert	−	+	−
Vollidiomatisch	±	±	−
Teilidiomatisch	±	±	−
Unikale Komponente	±	−	−

---

[57] Vgl. NAZARJAN, a. a. O., S. 63 – ČERNYŠEVA, Phraseologie, a. a. O., S. 215f. unterscheidet unter den nominativen „festen Wortkomplexen" noch „rein nominative" und „nominativ-expressive" (= „stilistisch markierte Wortfügungen, weil sie immer Elemente der subjektiven Einschätzung/Modalität enthalten").

Aus der Übersicht geht die zentrale Stellung der Phraseolexeme mit Wortgruppencharakter hervor, die als lexikalische Einheit dem Wort am nächsten stehen. Sie allein sind auch durch die Verwendung unikaler Komponenten (wenngleich nicht als obligatorisches Merkmal) gekennzeichnet. Die festgeprägten prädikativen Konstruktionen und die Nominationsstereotype „entfernen" sich sozusagen nach verschiedenen Seiten von ihnen: erstere durch ihre prädikative Struktur, letztere durch die fehlende Idiomatizität. Da die prädikative Struktur der ersteren aber – wie bei den Wortgruppen – kommunikativ-grammatisch variabel ist und sie durch teil- oder vollidiomatischen Charakter gekennzeichnet sind, wodurch ihre Lexikalisierung bedingt ist, lassen sie sich zu Recht mit unter die Phraseolexeme fassen.

3.3.2. Kommunikative Formeln

Unter den von A. REICHSTEIN unterschiedenen drei Typen von Phraseologismen mit fester prädikativer Beziehung bleiben nach Zuordnung der festgeprägten prädikativen Konstruktionen zu den Phraseolexemen mit nominativer Funktion noch die „eigentlichen festgeprägten Sätze" und die „festgeprägten Satzschemas" (REICHSTEIN 1973, 215f.)[58] Im folgenden werden zunächst erstere behandelt.

Diese Konstruktionen sind durch eine stabile prädikative Beziehung gekennzeichnet, vielfach mit expliziter – teilweise auch impliziter, d.h. reduzierter – Satzstruktur. Im Unterschied zu den festgeprägten prädikativen Konstruktionen ist die Satzstruktur nicht oder doch nur sehr begrenzt kommunikativ-grammatisch variabel.

⟨123⟩   Explizite Satzstruktur: *Das wäre ja gelacht!* ‚Das wollen wir doch einmal sehen!', *Da liegt der Hund begraben!* ‚Das ist der Kern der Sache!', *Wir sprechen uns noch!* [Drohung], *Fertig ist die Laube!* ‚[Ausruf zum Abschluß einer Tätigkeit]', *Da brat mir einer 'nen Storch!* ‚[Ausruf der Verwunderung, Entrüstung], *Sei kein Frosch!* ‚[Aufforderung zum Mitmachen]'.
         Implizite Satzstruktur: *Hand aufs Herz!* ‚[Aufforderung zur ehrlichen Meinungsäußerung]', *Na, (dann) gute Luft! Na dann gute Nacht!* ‚[Ausruf, wenn Schlimmes befürchtet]', *Schwamm drüber!* ‚Wir wollen nicht mehr davon reden, das Geschehene soll vergessen sein', *Bis dann!* ‚[Abschiedsformel mit Hinweis auf das nächste Wiedersehen]', *Ausgerechnet Bananen!* ‚Ausgerechnet das!' *Und wie!* ‚[Bestätigung]'.

---

[58] Der Terminus „fest geprägte Sätze" bei KLAPPENBACH, R.: Feste Verbindungen in der deutschen Gegenwartssprache. In: Beiträge zur Geschichte der deutschen Sprache und Literatur 82. Sonderbd. E. Karg-Gasterstädt zum 75. Geburtstag gewidmet. Halle (Saale) 1961, S. 451; „festgeprägte Sätze" bei AGRICOLA, E.: Wörter und Wendungen. ⁹1979, S. XXVIII.

Die grundsätzliche Feststellung, daß diese Konstruktionen keine regulären kommunikativ-grammatischen Veränderungen zulassen, ist nicht für jeden Einzelfall zu verabsolutieren. Darauf ist im Zusammenhang mit der Abgrenzung zu den festgeprägten prädikativen Konstruktionen schon hingewiesen worden (vgl. 2.6.3.1.). So wird in manchen Fällen eine begrenzte Tempusvariation zu akzeptieren sein: *Da lag der Hund begraben!*, *Fertig war die Laube!* Am stabilsten sind die Konstruktionen mit impliziter Satzstruktur. Hier würde die geringste Veränderung in der Regel schon zur Auflösung des Phraseologismus führen. Das gilt auch für die verselbständigten Teilsätze:

⟨124⟩   *Nicht daß ich wüßte* ,meiner Meinung nach nicht', *daß ich nicht lache!*, *wenn ich fragen darf* ... ,[in höflicher Rede, besonders in einer Frage, Aufforderung]', *wo die Liebe hinfällt* ... ,[resignierende Feststellung] Da kann man nichts machen'.

A. REICHSTEIN zählt zu den eigentlichen festgeprägten Sätzen auch „Sprichwörter, zahlreiche Satzredensarten, geflügelte Worte u. a." (REICHSTEIN 1973, 216; KLAPPENBACH 1961, 451). Diese klammern wir hier aus (vgl. Näheres unter 2.5.).

Im Unterschied zu den nominativen Phraseologismen (s. o.) handelt es sich hier um kommunikative Phraseologismen. Sie haben nicht nur Satzstruktur, sondern entsprechen in ihrer Funktion auch Sätzen. Ihre Bedeutung läßt sich in der Regel nicht durch Wortäquivalente umschreiben, sondern dazu sind Satzäquivalente erforderlich (vgl. NAZARJAN 1976, 145).[59] Eine Aufgliederung nach phraseologischen „Wortarten" wie bei den Phraseolexemen ist nicht möglich. Konstruktionen dieser Art werden in der Regel als textgliedernde oder kommunikationssteuernde Signale verwendet, nicht als Benennungseinheiten. Wir sprechen deshalb von kommunikativen Formeln. Es sind „feststehende Formeln, Bemerkungen, Ausrufe, die uns die Sprache für bestimmte Situationen gebrauchsfertig zur Verfügung stellt" (SANDERS 1977, 98).[60] Sie sind auch als

---

[59]   Ausnahmen sind etwa *haste was kannste* und einige weitere unten angeführte.

[60]   Zum Ausdruck *Formel:* PILZ, a. a. O., S. 631 „phraseologische Formel"; Grober-Glück (zit. PILZ, a. a. O., 126) „Umgangsformel"; AFONKIN, J.: Konversationsformeln. Leningrad 1976 „Konversationsformeln"; ISABEKOV, S.: O semantičeskoj strukture nemeckich pogovorok. In: MGPIIJ. Sbornik naučnych trudov. Vyp. 71. Moskva 1972. S. 59. über seine „pogovorki": „kommunikativ abgeschlossene, allseitig stabile, idiomatische feste Phrasen, die keine Sprichwörter oder Zitate (geflügelte Worte) darstellen". (dt. Fassung W. F.); vgl. auch „Situationsmodelle" (WENZEL, J.: Gesprochene Sprache im Konversationsunterricht für Fortgeschrittene. In: Deutsch als Fremdsprache 9 (1972), 2, S. 106), „Äußerungsformen" (GLÖCKNER, H.: Die Äußerungsform – eine kommunikative Größe bei der Entwicklung der Gesprächsfähigkeit. In: Deutsch als Fremdsprache 10 (1973), 6, S. 339ff.; „dialogtypische Wortverbindungen" (PETZSCHLER, H., I. ZOCH: Die Rolle dialogtypischer Wortverbindungen und

„konventionalisierte Verbindungen mit eher pragmatischer als semantischer Funktion" bezeichnet worden, mit einer „Affinität zur gesprochenen Sprache" (BURGER 1977, 17). Wir fassen diese Konstruktionen hier weiter, als es zunächst H. BURGER in bezug auf die von ihm so genannten „pragmatischen Idiome" tut.[61] Er verweist in diesem Zusammenhang lediglich auf Gruß- und Abschiedsformeln sowie andere „sprachliche Signale der Höflichkeit" (BURGER 1973, 59; doch vgl. weiter BURGER 1979).

Die kommunikativen Formeln sind in ihrer semantischen Struktur uneinheitlich (vgl. ISABEKOV 1972: REICHSTEIN 1973, 219f.). Es gibt voll-, teil- und nichtidiomatische:

⟨125⟩   vollidiomatisch: *(Ach) du kriegst die Motten!* ‚[Ausruf der Verwunderung, Bestürzung]', *nichts für ungut* ‚nehmen Sie es mir nicht übel', *haste was kannste / hast du was kannst du* ‚sehr schnell', *koste es, was es wolle* ‚unter allen Umständen', *Wie sollte ich!?* ‚[Ausruf der Zurückweisung oder Ablehnung]', *Das durfte nicht kommen!* ‚[spöttischer Ausruf, mit dem eine unpassende Bemerkung oder ein unangenehmes Ereignis quittiert wird]';
teilidiomatisch: *nichts da!* ‚kommt nicht in Frage, nein', *abwarten und Tee trinken!* ‚keine Übereilung!', *Abgemacht, Seife!* ‚Abgemacht, einverstanden!', *Eßt und trinkt und schont die Butter!* ‚[Tischformel, Aufforderung zum Essen]', *Erst können vor Lachen!* ‚[Ausruf, wenn eine Forderung nicht erfüllt werden kann]';
nichtidiomatisch: *Die linke Hand kommt vom Herzen* ‚[wird gesagt, wenn die linke Hand zur Begrüßung gereicht wird]', *Ich bin dabei* ‚bereit zur Beteiligung', *Das kannst du mir glauben!* ‚[Ausruf der nachdrücklichen Versicherung]', *Was nicht ist, kann noch werden!* ‚[tröstender Zuspruch bei Feststellung eines Mangels]', *Tu, was du nicht lassen kannst!* ‚[wird resignierend gesagt, wenn der Kommunikationspartner sich gutem Zureden, eine Handlung zu unterlassen, nicht zugänglich zeigt]'.

Wie die genannten Beispiele zeigen, ist nicht immer eine fest umrissene Bedeutung der Konstruktion anzugeben, die ihren Gebrauch bestimmt. Es geht vielmehr um die Angabe von Kommunikationsbedingungen, unter denen die betreffende Äußerung verwendet wird. Es sind in hohem Maße pragmatische Regelungen (BURGER 1973, 59). Allerdings gilt das nur für einen Teil der kommunikativen Formeln, wie die unter ⟨123⟩ bis ⟨125⟩ genannten Beispiele erkennen lassen.

In manchen Fällen kann die pragmatische Spezialisierung der Konstruktionen unter Wahrung der konstruktionsexternen Bedeutung der einzelnen Komponenten mit generellen semantischen Verschiebungen in der Gesamt-Satzbedeutung verbunden sein:

Wendungen bei der Vervollkommnung sprachlichen Könnens auf dem Gebiet des dialogischen Sprechens. In: Deutsch als Fremdsprache 11 (1974), 4, S. 209ff.).
[61]   Vgl. BURGER, Idiomatik, a.a.O., S. 58ff. – Dabei ist der Ausdruck *Idiom* mißverständlich, da nicht durchweg völlige Idiomatizität vorliegt.

1) „Verengung der Gesamtbedeutung"[62], ähnlich wie in dem Phraseolexem *ein freudiges Ereignis* (vgl. 2.1.⟨5⟩). Der Unterschied zur regulären Bedeutung des Satzes besteht dann darin, daß die kommunikative Formel nicht für alle Situationen angewendet wird, für die die reguläre Semantik zutrifft, sondern in der Anwendung auf ganz bestimmte pragmatische Situationen spezialisiert und standardisiert ist.

⟨126⟩   *Ich denke gar nicht daran (das zu tun)!* ‚[Verweigerungsformel]', *Man kann nie / nicht wissen!* ‚[Formel zur Ermahnung zur Vorsicht / Zurückhaltung]', *Ich weiß, was ich weiß!* ‚[Formel, mit der man zu erkennen gibt, daß man informiert ist – ohne daß man bereit ist, sich näher darüber zu äußern]', *Da hast du's / haben wir's* ‚[Formel, mit der Erwartetes / Befürchtetes, das eingetreten ist, quittiert wird]', *Darf ich stören?* ‚[Formel, mit der ein unvorbereitetes Kommunikationsereignis eingeleitet wird]'.

2) „Ironische Modifikation". Die ironische Umdeutung bezieht sich meist auf eine Komponente (Adjektiv, Substantiv), die auch außerhalb der Konstruktion ironisch gebraucht werden kann. Aber die kommunikative Formel zeigt doch die bevorzugte, standardisierte Verwendungsweise.

⟨127⟩   *Du bist gut!* ‚[Formel, mit der man ablehnend / zurückhaltend auf den Kommunikationspartner reagiert]', *Das wird ja immer schöner!* ‚[Formel der Kritik / Ablehnung]', *Das fängt ja heiter an* ‚[Formel der kritischen / ablehnenden Reaktion auf ein neues Ereignis]'.

A. REICHSTEIN spricht von einem „globalen Idiomatismus", der „nicht die innersprachlichen Besonderheiten des Satzes, sondern seinen kommunikativen Wert in der Rede" widerspiegele (REICHSTEIN 1973, 219)[63]. Es tritt nicht nur individueller Idiomatismus für jede einzelne Konstruktion auf, sondern auch ein „Gruppenidiomatismus", der für verschiedene Gruppen von kommunikativen Formeln gilt: „Bei allen Kommandos und ähnlichen Formeln des Berufsverkehrs" ist das zusätzliche Bedeutungselement ‚Autorität der offiziellen Institution'; bei den Höflichkeitsformeln ist dies ‚Autorität der sozialen Institution'.

Für einen Teil der kommunikativen Formeln dieser Art gilt, daß die gleiche Konstruktion – nicht selten mit differenzierter Intonation – unter verschiedenen Kommunikationsbedingungen anwendbar ist und dann unterschiedliche pragmatische Funktion hat.[64]

---

[62]   Dies und die folgenden „Punkte": REICHSTEIN, A.D.: Zur Analyse der festgeprägten Sätze im Deutschen. In: Deutsch als Fremdsprache 10 (1973), 4, S. 220.

[63]   Vgl. auch Makkai, A.: Idiom Structure in English. The Hague, Paris 1972, S. 134, 179 („cultural", „hypersememic idioms").

[64]   Vgl. Makkai, a. a. O., S. 134f. (Rolle der Intonation).

⟨128⟩   *Da kannst du was erleben!*
(a) ‚[Drohung für den Fall der Nichtbefolgung einer Aufforderung]‘;
(b) ‚[Aufforderung, etwas zu tun / mitzukommen, mit dem Versprechen, daß damit Interessantes / Angenehmes verbunden ist]‘
Ich kann auch anders!
(a) ‚[Drohung, nachdem der Partner sich „milden“ Mitteln gegenüber nicht zugänglich gezeigt hat]‘;
(b) ‚[Ankündigung, daß man nicht nur ernst, sondern auch heiter sein kann]‘;
Was ist schon dabei!?
(a) ‚[Formel, mit der Kritik „herabgespielt“ wird: Es ist doch gar nicht so schlimm]‘;
(b) ‚[Formel, mit der der Anspruch des Kommunikationspartners auf Würdigung einer Leistung zurückgewiesen wird: Das ist doch gar kein Kunststück]‘.

Ein anderes semantisches Verhältnis zeigen Konstruktionen mit „Idiomatizität aller Aspekte“ (semantisch, kommunikativ, lexikalisch; vgl. 2.6.3.1.), d. h. mit „Aufhebung aller denotativen Bedeutungselemente des Satzes und der Einführung neuer konnotativer Bedeutungselemente, die in ihrer Gesamtheit die interjektionale oder modale Bedeutung“ der Konstruktion konstituieren (REICHSTEIN 1973, 219):

⟨129⟩   *Du kriegst die Tür nicht zu! Da legst du dich nieder!* ‚[Ausrufe des Erstaunens]‘, *Da lachen ja die Hühner!* ‚[Formel der Ablehnung / Distanzierung: Das ist doch lächerlich!]‘, *Hat sich was!* ‚[Formel der Ablehnung / des Verzichts]‘, *Himmel noch (ein)mal!* ‚[Ausruf der Bestürzung / Erregung]‘, *Da wird (doch) der Hund in der Pfanne verrückt* ‚[Ausruf des Erstauens / der Bestürzung]‘.

Modalverben in kommunikativen Formeln. Mit der Bedeutung der Modalverben hängt es zusammen, daß sie in kommunikativen Formeln häufiger vertreten sind als in Phraseolexemen, obwohl sie auch dort nicht fehlen. Am zahlreichsten sind die Formeln mit *sollen* und *wollen*.

⟨130⟩   *Er soll nur kommen! Das soll mir / uns / ihm erst mal einer nachmachen!* ‚[rhetorische Aufforderung, die (drohende) Herausforderung, Verwünschung darstellen kann]‘, *Das sollte mir mal einer sagen!* ‚[Warnung]‘, *Wie oft soll ich das noch sagen?!* ‚[Ausruf der Ungeduld]‘, *Was soll denn das?!* ‚[Ausruf des ablehnenden Erstaunens]‘, *So was soll's geben!* ‚[Formel der Bestätigung, auch des Erstaunens]‘.
Das will / wollte ich dir / ihm auch geraten haben! ‚[Drohung]‘, *Das will ich meinen* ‚davon bin ich überzeugt‘, *Wer nicht will, der hat schon* ‚dann eben nicht!‘, *Na, dann wollen wir mal!* ‚[Formel zum Beginn einer Tätigkeit, Aufforderung]‘, *Komme, was da wolle! Koste es, was es wolle!* ‚[ungeachtet dessen, was daraus folgt; unter allen Umständen]‘.
Das muß man ihm / dir lassen! ‚[Formel der (eventuell widerwilligen) Anerkennung]‘, *Das muß man gesehen haben!* ‚[Formel der erstaunten Anerkennung]‘. *Man wird doch wohl mal / noch fragen dürfen?* ‚[Formel ironisch-kritischer Reaktion auf ablehnendes Verhalten des Kommunikationspartners]‘, *Der dürfte*

fürs erste / vorläufig nicht wiederkommen / genug haben ‚[spöttische Formel nach Zurechtweisung eines Menschen]‛.

Differenzierung nach der kommunikativen Funktion. Ohne daß im folgenden alle kommunikativen Formeln in ein geschlossenes System von Funktionen gebracht werden sollen, seien einige der wichtigsten Funktionsgruppen genannt (vgl. auch Pilz 1978, 633ff.).

1) Höflichkeitsformeln (Kontaktformeln), darunter
   Grußformeln (*Guten Tag!, Wie geht's?, Meine Damen und Herren!, Mit vorzüglicher Hochachtung, Guten Tag und guten Weg, Mach's gut!, Frohes Fest!, Herzlichen Glückwunsch!, Hals- und Beinbruch!*);
   Konversationsformeln (*wenn ich fragen darf, nichts für ungut, bitte mal herhören!*);
   Tischformeln (*Wohl bekomm's!, Ich wünsche wohl zu speisen / gespeist zu haben!*);
   Dankesformeln: (*Besten / herzlichen / schönen / vielen Dank. Ich bedanke mich.*);
2) Schelt- und Fluchformeln (*Da soll doch gleich ein Donnerwetter dreinschlagen!, Verflixt und zugenäht!*);
3) Kommentarformeln[65] (Reaktion auf Verhalten des Partners oder sonstige Gegebenheiten der Kommunikationssituation), darunter Formeln des Zweifels, der Ablehnung, Kritik (*Wer's glaubt, wird selig!, Das fehlte gerade noch!*);
   Formeln des Erstaunens (*Das haut den stärksten Seemann um!*);
   Formeln der Zustimmung, Bestätigung (*Und ob!* [vgl. Egorov 1967.] *Das will ich meinen!, Ich bin dabei!*);
4) Stimulierungsformeln (Aufforderung an den Partner zu bestimmtem Verhalten, darunter auch Drohung, Warnung; z.B. *Na, wird's bald!?, Na, dann wollen wir mal!, Wie oft soll ich das noch sagen!?, Der Himmel gnade dir!*).

3.4. Phraseoschablonen

3.4.1. Überblick

Mit dem Begriff der Phraseoschablonen wird versucht, eine Erscheinung zu erfassen, die sich nicht der Differenzierung von nominativen und kommunikativen Phraseologismen einordnet. Die Konstruktionen liegen in einem Grenzbe-

---

65 Hier anders gefaßt als bei Pilz, a.a.O., S.646ff.

130

reich der Phraseologie zur Syntax. Ihre Einbeziehung in die Phraseologie ist strittig. Es handelt sich um syntaktische Strukturen – und zwar sowohl nichtprädikative Wortverbindungen als auch Satzstrukturen –, deren lexikalische Füllung variabel ist, die aber eine Art syntaktischer Idiomatizität aufweisen. Das syntaktische Konstruktionsmodell hat eine vom entsprechenden nichtidiomatischen Modell abweichende, irreguläre Bedeutung. Konstruktionen dieser Art haben eine festgeprägte Modellbedeutung, die bei Ausfüllung des Modells mit entsprechendem lexikalischem Material eine Wortverbindung erzeugt, deren allgemeine Bedeutung durch die Bedeutung des Modells bereits vorbestimmt ist (vgl. OŽEGOV 1974, 214). Soweit es sich dabei um Satzstrukturen handelt, fallen sie mit dem zusammen, was A. REICHSTEIN „festgeprägtes Satzschema" nennt (REICHSTEIN 1973, 215).[66] Es ist jedoch erforderlich, prinzipiell gleichgeartete Konstruktionen auch mit Wortgruppencharakter, ohne feste prädikative Beziehung, hier mit zu berücksichtigen, von I. I. ČERNYŠEVA insgesamt als „typisierte grammatisch-stilistische Konstruktionen" bezeichnet (vgl. 3.2.2.). R. ECKERT möchte lieber von „phraseologisiertem syntaktischem Muster" sprechen; die lexikalischen Komponenten bewahren „ihre direkte Bedeutung" und „nur das Konstruktionsschema" sei „idiomatisiert" (ECKERT 1979, 260; vgl. auch EGOROV 1967).

Bei dem größten Teil der entsprechenden Konstruktionsmuster handelt es sich um die Bedeutung der Intensivierung, die ihnen aufgeprägt ist. Es sei auf die folgenden Modelle – meist Satzstrukturen, z. T. aber auch nichtprädikative Wortgruppenstrukturen – verwiesen:

1) Wiederholung des gleichen Substantivs / Adjektivs / Partizips II / Adverbs, verbunden durch die Kopula *ist*:
   Urlaub ist Urlaub. Sicher ist sicher. Tot ist tot. Geschenkt ist geschenkt. Hin ist hin.
2) Wiederholung des finiten Verbs, verbunden durch *und*:
   Der Wagen will und will nicht anspringen. Der Brief kommt und kommt nicht ‚bleibt lange aus‘. „Das war in dem Winter, der *nicht enden und nicht enden* wollte." (M. W. Schulz, Triptychon mit sieben Brücken) – Im letzt-

---

[66] Auf die Satzstruktur beschränkt auch O. I. MOSKAL'SKAJA: Grammatičeskij idiomatizm i sintagmatika. In: Inostrannye jazyki v vysšej škole. Moskva 1962, S. 9 den Begriff. Es gehe „um grammatischen Idiomatismus, der auf der Ebene des Satzes auftritt". Der Terminus „ustojčivye sintaksičeskie s-chemy" – allerdings in etwas anderer Bedeutung – bei OŽEGOV, a. a. O., S. 214. „Phraseoschema" bei ŠMELEV, D. N.: O „svjazannych sintaksičeskich konstrukcijach v russkom jazyke. In: Voprosy Jazykoznanija 1960, H. 5. – „Phraseoschema" als „linguistische Einheit der syntaktisch-phraseologischen Zwischenebene" nach ECKERT, Die Phraseologie, a. a. O., S. 260 auch bei LEONIDOVA, M. A.: Frazeoschema kak lingvističeskaja edinica promežutečnogo urovnja. In: Slavjanska filologija 15 (1978).

genannten Fall ist das von *wollen* abhängige infinite Verb wiederholt, was selten vorkommt. Der Unterschied zum erstgenannten Beispiel, ebenfalls mit *wollen*, hängt wahrscheinlich mit der Endstellung des finiten Verbs im Nebensatz zusammen.

3) Frageadverb bzw. -pronomen + Substantiv als Ausrufesatz: *Welch eine Frau! Was für ein Pech! Wieviel Arbeit!*

4) Demonstrativpronomen oder funktional äquivalentes Adverb + Substantiv als Ausrufesatz:
So ein Pechvogel! Dieses Glück!

5) Entsprechende Konstruktionen mit finiter Verbform:
Wie er läuft! Was du nicht alles gelesen hast!

6) Wiederholung des gleichen Substantivs, verbunden durch Präposition *an / auf / für*. In Abhängigkeit von der Semantik des Substantivs tritt dabei neben dem intensivierenden auch ein iteratives Moment hervor:
Kopf an Kopf, Stern an Stern; Schlag auf Schlag; Minute für Minute, Schritt für Schritt. „Die Ostvorstadt wird *Takt für Takt* wohnlicher gestaltet." (LVZ 26./27.5.79)[67]
Hierher auch die intensivierende Genitivkonstruktion (Potenzierungsformel):
Buch der Bücher, Spiel der Spiele.

Wiederholung des gleichen Wortes (meist wohl eines Substantivs) in anderen Konstruktionen ist mit anderen Modellbedeutungen verbunden. Verbreitet ist z.B. Wiederholung des gleichen Substantivs in Verbindung mit antonymischen Lokaladverbien:

1) Substantiv + *hin*, gleiches Substantiv + *her*. Das Modell hat eine allgemeine konzessive Bedeutung, die je nach weiterem Kontext und Semantik der Substantive gewisse Abschattungen erhält:
„*Mörder hin, Mörder her!* dachte ich. Es ist ja alles egal ...", ,wie dem auch sei'. (B. Traven, Baumwollpflücker; zit. WDG) – *Bruder hin, Bruder her* ,wenn er auch mein Bruder ist ...' (WDG)
Bisweilen wird noch *und* als Koppelungselement eingeschoben: „Indessen *Form hin und Form her* – die Tatsachen selbst haben der Auffassung von P. zu ihrem Rechte verholfen ..." (F. Mehring 14, 162 [1897])

2) *raus aus* + Substantiv, *rein in* + gleiches Substantiv, ähnlich *rauf auf / an ..., runter von...* Die Bedeutung des Modells liegt in der Hervorhebung plötzlichen, unmotiviert erscheinenden Wechsels, bisweilen mit der Abschattung ungeordneten Durcheinanders:

---

[67] Diese Konstruktionen unterscheiden sich von den Wortpaaren unter 2.6.3.3. durch eine verallgemeinerungsfähige Konstruktionsbedeutung, die aber eben nicht der „regulären" Bedeutung der syntaktischen Konstruktion entpsricht.

raus aus den Klamotten, rein in die Klamotten ,rascher Bekleidungswechsel'. „Wie es so geht – einer bringt das Sternbildererfinden in Mode, die anderen folgen ihm. *Rauf an den Himmel – runter vom Himmel.* Bis endlich eine astronomische Konfusion herrschte." (Weltbühne, 17. 6. 80, 799)

Der sprachlichen Fassung expressiver Wertung dienen die folgenden Modelle:

1) Personal-/Demonstrativpronomen + *und* + Substantiv mit unbestimmtem Artikel:
   Du und ein Schwimmer?! Ich und ein Redner?! Der und ein Leiter?! Die „idiomatisierte" Bedeutung liegt darin, daß im Unterschied zur regulären Bedeutung der Aufzählung (X + Y) der erstaunte Zweifel an der Zuordnung von Personalpronomen und Substantiv zum Ausdruck gebracht wird, weitergehend unter Umständen sogar eine abschätzige Negierung.
   Das Modell kann abgewandelt werden, indem statt des Substantivs auch ein Adjektiv oder ein Infinitiv einsetzbar sind:
   Mein Bruder und großzügig?! Du und studieren?! „Bei dieser Frage ist dem Vater nicht wohl zumute. *Arno und heiraten? Arno – und Ehefrau und Kind?*" (W. Steinberg; zit. REICHSTEIN 1973, 216).

2) Substantiv + *von* + Substantiv (bevorzugt mit unbestimmtem Artikel). Im Unterschied zum vorgenannten Modell bringt diese Konstruktion nicht den Zweifel oder die Negation, sondern die tatsächliche wertende Zuordnung zum Ausdruck, vielfach als Metapher:
   ein Betonklotz von Hotel, ein Ozean von einem Markt, diese Kalkhöhle von Wohnung, dieses Bierfaß von einem Kerl (E. Strittmatter), *dieser übereifrige Esel von einem Pförtner* (B. Disken). „Karoline steht erst einmal *vor einer Bruchbude von Haus,* als sie in Berlin den Neubeginn ihres Lebens versucht." (ND 1. 7. 80.) – „Daß England in dem Bewußtsein: ,Britania rules the waves' etwas verwunderlich aufsieht, wenn *die Landratte von Vetter* – als die wir ihm erscheinen – plötzlich auch zur See fährt, ist nicht zu verwundern..." (Bismarck, 10. 1. 1885) Im Unterschied zu den sonstigen attributiven Substantivkoppelungen mit *von* steht in dieser Konstruktion das determinierte Substantiv an zweiter Stelle.[68]

3) Nicht bevorzugt der expressiven Wertung von Personen oder Gegenständen, sondern von Situationen, und zwar in der Regel abschätzig, dient das Modell *es + ist + zum* + Infinitiv:
   Es ist zum Lachen / Davonlaufen / Heulen / Verrücktwerden!
   Soll ein konkreter Gegenstands- oder Personenbezug hergestellt werden, kann das *es* auch durch ein Substantiv ersetzt werden: *Die Luft ist zum*

---

[68] Vgl. auch ČERNYŠEVA, a. a. O., S. 237; von dort auch eine Reihe der Belege.

Schneiden ‚dick, verbraucht'. *Mein Hemd war zum Auswringen,* als ich die Dienststelle erreichte." (G. Radtke)[69]

Hierher ferner Konstruktionen aus *haben* + *gut* + Infinitiv ohne *zu: Du hast gut lachen / arbeiten / schreiben...* ‚Es fällt dir leicht, zu...'

Einen Spezialfall stellen mehrteilige (korrelative) Konjunktionen oder Präpositionen dar[70], auf die allein von R. Klappenbach der Ausdruck „syntaktische Schablonen" bezogen wird. Sie unterscheiden sich „von allen anderen Gefügen dadurch ..., daß sie erst dann sinntragend sind, wenn sie durch andere gehaltvolle Wörter aufgefüllt werden, die ihnen hinzutreten müssen ... Sie sind alle unverrückbar fest miteinander verkoppelt und lassen keinen Austausch mit anderen Wörtern zu" (KLAPPENBACH 1961, 456). Vgl. z. B. *von ... bis, von ... her, insofern ... als, zu ... als daß, entweder ... oder, sowohl ... als auch.* A. I. MOLOTKOV spricht von „Strukturmustern zur Bildung von Phraseologismen" (MOLOTKOV 1977, 39f.), und Konstruktionen wie *von Ort zu Ort* ‚ständig den Ort wechselnd', *von Zeit zu Zeit* ‚manchmal', *von A bis Z* ‚gründlich' sind dann tatsächlich als Phraseologismen (und zwar vollidiomatische Phraseolexeme) anzusehen, da in diesen Fällen dem strukturellen Rahmen *von ... zu, von ... bis* die verallgemeinerte gemeinsame Bedeutung fehlt.

Mit der Erscheinung der Phraseoschablonen ist die Brücke von der Phraseologie zur Syntax geschlagen. Sie sind unter phraseologisch-lexikologischem wie unter syntaktischem Gesichtspunkt zu behandeln. Von manchen Autoren werden sie ausdrücklich aus der Phraseologie ausgeschlossen (Vgl. EGOROV 1967, bes. 6ff.), vor allem wegen der Modellbildung und Modellbedeutung. Diese Modellbedeutung entspricht in gewisser Weise dem Phänomen der Wortbildungsbedeutung. Doch Modellhaftes wird heute nicht mehr ohne weiteres als unvereinbar mit dem Status von Phraseologismen betrachtet (Näheres s. u. 4.4.2.).

3.4.2. Funktionsverbgefüge

Wortverbindungen aus Substantiv + Verb bedürfen in diesem Zusammenhang einer gesonderten Behandlung. Oberflächenhaft gleichstrukturierte Konstruktionen sind nicht immer gleich zu beurteilen, sondern können sich recht unterschiedlich in das System der festen Wortverbindungen einordnen. Dabei muß

---

[69] Vgl. ČERNYŠEVA, a. a. O., S. 238; von dort auch einige der Belege. Auf „emotionale Intonation" als „konstitutives Element" all dieser Konstruktionen weist hin EGOROV, V. F.: Konstrukcija und ob! v nemeckom jazyke. In: Inostr. Jazyki v vysšej i srednej škole. Vyp. 1, Tula 1967, S. 12.

[70] Ausführlich über die korrelativen Konjunktionen HEINEMANN, M.: Untersuchungen zu korrelativen Konstruktionen der deutschen Gegenwartssprache. In: Beiträge zur Geschichte der deutschen Sprache und Literatur 97. Halle (Saale) 1976.

hier nicht der gesamte Forschungsstand zum Problem der Funktionsverbgefüge eingehend erörtert werden.[71]

Eine klare Positionsbestimmung der Funktionsverbgefüge in ihrem Verhältnis zu den Phraseologismen hat bereits U. FIX gegeben (FIX 1974–76, S. 60ff.). Es sind Konstruktionen mit „beziehungsweiten" Verben (Gruppe D bei FIX, vgl. 3.2.3.) oder *sein* (Gruppe B) mit einem Verbalsubstantiv (nomen actionis), dessen konstruktionsexterne Bedeutung innerhalb der Konstruktion bewahrt wird (also keine Idiomatisierung). Auch von einer „Desemantisierung" der Verben kann im Grunde nicht gesprochen werden, da ihre konstruktionsexterne Bedeutung bereits wenig speziell ist, sie einen hohen Grad von Polysemie aufweisen (FIX 1974–76, 305ff.) und „mit einem ihrer Sememe in die Wendung eingehen" (FIX 1979, 15).[72] „Die Bedeutungsveränderung im Funktionsverbgefüge besteht nicht in einem völligen Aufheben der Einzelbedeutungen, sondern in einem anderen Verteilungsverhältnis der Funktionen der Bedeutungen in der Wendung." Dadurch kommt „die eigentliche Leistung des Funktionsverbgefüges", nämlich „der Ausdruck einer Aktionsart" zustande (FIX 1974–76, 63). Das ist die verallgemeinerbare Bedeutung dieser syntaktischen Struktur, und das berechtigt uns, sie hier als einen Spezialfall der Phraseoschablonen zu klassifizieren. Wie bei den oben angeführten anderen Phraseoschablonen werden die Bedeutungen der Komponenten „nicht aufgehoben", wohl aber in bestimmter Weise „modifiziert" (FIX 1974–76, 64). Diese Modifikation läßt sich „nicht auf das Verb oder auf das Nomen festlegen, sondern entsteht durch das Zusammenwirken beider" (FIX 1975–76, 63; vgl. auch TOLIKINA 1978, 66). Es ist die Modellbedeutung einer bestimmten Aktionsart (in Abhängigkeit von der Wahl des Verbs: *setzen / bringen, kommen, sein* ...). Damit ist ein deutlicher „Unterschied in den Bedeutungszusammenhängen bei Funktionsverbgefügen und Wortgruppenlexemen" zu fassen (FIX 1974–76, 64).

Deshalb sind die Funktionsverbgefüge nicht als Sondergruppe innerhalb der Wortgruppenlexeme₁ anzusehen (FIX 1974–76, 64); sie sind überhaupt nicht als Wortgruppenlexeme₁ zu qualifizieren, sondern in die Gruppe der Phraseoschablonen einzuordnen.

Damit verfahren wir auch anders als A. ROTHKEGEL, die die Funktionsverbgefüge – freilich ohne sie in präziser Weise zu bestimmen, wie dies U. FIX tut – ohne weiteres zu ihren „festen Syntagmen" zählt (ROTHKEGEL 1973, 50), obwohl von ihr eingeräumt wird, daß nicht nur die nominale Komponente nicht

---

[71]   Dies geschieht z. B. bei PERSSON, a. a. O., zuletzt bei HELBIG 1979, worauf hier verwiesen sei.

[72]   Vgl. auch TOLIKINA, E. N.: K voprosu o sistemnych zakonomernostjach leksičeskoj sočetaemosti i processov frazoobrazovanija. In: Sovremennost' i slovari. Moskva 1978, S. 66: „keine Desemantisierung" der Verben, da Elemente grammatischer Bedeutung.

idiomatisiert ist, sondern daß z. B. auch das Verb *nehmen* in entsprechenden Konstruktionen keine „singuläre, an einen bestimmten Kontextpartner gebundene Bedeutung hat" (ROTHKEGEL 1973, 52).[73]

Freilich ist mit der Zuordnung der Funktionsverbgefüge zu den Phraseoschablonen insofern ein Problem verbunden, als der strukturelle Rahmen auch zum Ausdruck der gleichen Aktionsart verschiedene Verben zuläßt (*in Erwartung versetzen – in Umlauf setzen*), die nicht immer austauschbar und auch vom Modell her nicht generell „aufgrund semantischer Regularitäten" (BURGER 1973, 41) vorhersagbar sind. Ähnliches gilt auch für die Wahl der Präpositionen (*sich zur Wehr setzen – jmdm. in Kenntnis setzen*). Doch die individuellen Bindungs- und Auswahlmöglichkeiten halten sich in engen Grenzen, sowohl was die Verben als auch was die Präpositionen (vorwiegend *in* und *zu, zur / zum*) betrifft. Manche der unter 3.4.1. genannten Phraseoschablonen lassen ähnliche Erscheinungen erkennen (z. B. die individuelle Bindung der Präpositionen *an / auf / für* bei der Konstruktion intensivierend-iterativer Wortpaare).

Konsequent als „lineare oberflächenstrukturelle Erscheinung" charakterisiert das Funktionsverbgefüge als „Ergebnis einer Kombination zwischen Komponenten auf der semantischen Ebene" auch I. PERSSON (1975, 15). Er gibt auf dieser Grundlage eine geschlossene Beschreibung des Systems der „kausativen Funktionsverbgefüge" und ermittelt dabei auch Restriktionsregeln für die Wahl bestimmter Verben und Präpositionen (Verhältnis zwischen *in* und *zu*), so daß damit deren Verwendung in dieser Gruppe von Funktionsverbgefügen generell erklärbar wird.

Nimmt man „Phasen-Aktionsarten"[74] als grammatische Kategorien dann an, „wenn semantische Klassen in systematischer Weise mit morphologischen und/oder syntaktischen (nicht mit lexikalischen) Formen verbunden sind" (HELBIG 1979, 281), dann lassen sich im Deutschen drei Aktionsarten unterscheiden, je nachdem, ob a) ein Zustand (bzw. Vorgang), b) eine Zustandsveränderung oder c) das Bewirken von Zustand bzw. Zustandsveränderung ausgedrückt werden (Vgl. HELBIG 1979, 281). Vgl. die folgenden Beispielgruppen:

⟨131⟩   a) durativ (auch kursiv) – *in Beziehung / Verbindung stehen, im Gegensatz / Zusammenhang stehen, sich in Auflösung befinden, Bedarf haben an etw., in Bewegung / Fahrt / Geltung sein, unter Kontrolle sein / stehen.*

          b) inchoativ – *Herzklopfen bekommen, ins Rollen / Rutschen / Schwanken kommen / geraten, zur Geltung / zum Überlaufen / zum Erliegen kommen.*

---

[73]   Vgl. auch PERSSON, a.a.O., S. 14f. mit Hinweis auf Widersprüche in ROTHKEGELS Argumentation.

[74]   Vgl. dazu PERSSON, a.a.O., S. 30. – Dabei ist zu berücksichtigen, daß nach der Auffassung von PERSSON, ebenda 44, „den semantischen Elementen an sich keine Aktionsart und keine Kasusrelation zukommt, sondern daß diese erst entstehen, wenn die semantischen Elemente in eine Proposition eingesetzt werden."

c) kausativ – *ins Rollen / Rutschen / Schwanken bringen, in Bewegung / Brand / Gang / Umlauf setzen, zum Erliegen / Halten / Stillstand bringen, unter Kontrolle bringen, unter Beschuß nehmen.*

Dabei treten je nach dem Wortbildungstyp des Verbalsubstantivs semantische Unterschiede in Verbindung mit dem Wechsel der Präpositionen (*in* oder *zu*) auf. Übertragen verwendbar sind z. B. *in Fluß / ins Rollen / in Schwung bringen,* nicht zu übertragen dagegen *zum Fließen / Rollen / Schwingen bringen* (so PERSSON 1975, 124).

Da als eine Bedingung für die Qualifizierung als Funktionsverbgefüge gilt, daß das Nomen ein Nomen actionis ist, erscheint es nicht gerechtfertigt, in Fällen, wo kein entsprechendes Verb mehr vorhanden ist oder das Substantiv überhaupt nur in der betreffenden Konstruktion verwendet wird, von einem Funktionsverbgefüge zu sprechen.[75] Das gilt auch für die Fälle, wo die semantische Beziehung des Verbalsubstantivs zu dem zugrunde liegenden Verb verloren gegangen ist. Deshalb werden folgende Konstruktionen als Phraseolexeme und nicht als Funktionsverbgefüge (und damit Phraseoschablonen) qualifiziert:

(132)   *in Mißkredit bringen / kommen / geraten, zum Vorschein bringen / kommen, in Verruf 'schlechten Ruf / Leumund' bringen / geraten / kommen / sein, in Anspruch nehmen 'beanspruchen', in Angriff nehmen 'beginnen, anpacken', in Abrede stellen 'leugnen', den Ausschlag geben 'entscheidend sein', in Mitleidenschaft ziehen 'etw. / jmdn. zusammen mit anderem beschädigen, beeinträchtigen'.*

Auch wenn die in der Konstruktion verwendeten Verben merkliche Bedeutungsunterschiede gegenüber dem konstruktionsexternen Gebrauch aufweisen (Verben geringer ausgeprägter Polysemie etwa), ist die Konstruktion als Phraseolexem anzusehen:

(133)   *die Flucht ergreifen, Maßnahmen treffen, sich einen Kampf liefern, ein Geständnis ablegen, Anklage erheben, Respekt zollen, Gefahr laufen, Folge leisten, Schritt halten, Verdacht schöpfen.*

Das gleiche gilt – wie gesagt –, wenn das Substantiv kein Nomen actionis ist:

(134)   *in / auf Rente gehen, zu Papier bringen,[76] zur Welt bringen, sich in die Nesseln setzen, Platz nehmen, Stunden nehmen, sich für jmdn. ins Mittel legen, sich in die Riemen legen 'kräftig rudern', die Beine in die Hand nehmen 'sich beeilen'.*

---

[75]   Anders für eine Reihe von Fällen PERSSON, a. a. O., S. 91. – Weitere Bedingungen ebenda, S. 108.

[76]   Dies mit PERSSON, a. a. O., S. 90 gegen ROTHKEGEL, a. a. O., S. 54.

In ⟨132⟩–⟨134⟩ handelt es sich z. T. um voll-, z. T. um teilidiomatische Phraseo-lexeme. Hier zeigt sich eine Tendenz der „zunehmenden Phraseologisierung und Stabilisierung" einzelner Verbindungen des in sich keineswegs homogenen, sondern sehr differenzierten Konstruktionstyps (HELBIG 1979, 279).

3.5. Morphologisch-syntaktische Klassifikation

3.5.1. Grundsätzliches

Bereits im Zusammenhang mit der Behandlung des Klassifikationsvorschlages von A. ROTHKEGEL (3.2.4.) ist die Klassifikation nach der Funktion von Wort-arten oder -klassen zur Sprache gekommen. Sie ist syntaktisch relativ gut durchführbar und erlaubt eine Reihe von Einsichten in die Struktur des phraseo-logischen Bestandes wie auch in die Verwendung der Phraseologismen. In Frage kommen hier allerdings nur die nichtprädikativ fixierten Phraseolexeme (also im wesentlichen ohne die festgeprägten prädikativen Konstruktionen, vgl. 2.6.3.1.) und die Nominationsstereotype; kommunikative Formeln (3.3.2.) und Phraseoschablonen (3.4.) bleiben außerhalb dieser Klassifikation. Sie beruht darauf, daß die in Frage kommenden Phraseologismen nach ihrem Verhältnis zu den in Wortklassen geordneten Wörtern gruppiert werden können. Wir sprechen demnach von einer morphologisch-syntaktischen Klassifikation.[77] Es ist eine Gruppierung nach gewissen „phraseologischen Wortarten" (HÄUSERMANN 1977, 56), doch könnte diese Bezeichnung mißverständlich wirken, weswegen sie hier vermieden wird.

Die Entsprechungen zwischen Phraseologismus und wortklassenbestimmtem Wort sind vor allem die folgenden (vgl. auch MOLOTKOV 1977, 126f.):

1) Der Phraseologismus übernimmt – wie das Wort – als Ganzes eine syntakti-sche Rolle als Satzglied.
2) Der Phraseologismus verfügt über die gleichen morphologisch-grammati-schen Kategorien wie die jeweils wortklassenäquivalenten Wörter: als „Substantiv" und „Adjektiv" über Genus, Numerus, Kasus; als „Verb" über Tempus, Modus, Person, Numerus. Diese grundsätzlich vorhandene Ent-sprechung kann im praktischen Gebrauch bei bestimmten Arten von Phraseo-logismen allerdings eingeschränkt sein.

---

[77] Bei ČERNYŠEVA, Phraseologie, S. 217: „lexikalisch-syntaktische Klassifikation"; MO-LOTKOV, a. a. O., S. 126: „lexikalisch-grammatische Charakteristik"; GLÄSER, a. a. O., S. 353: „syntactico-semantic classification".

3) Der Phraseologismus ist ebenfalls der Valenz unterworfen. Phraseologismen können als „Verb" wie Wörter ein- oder mehrwertig sein und sich nach der semantischen Qualität der Ergänzungsbestimmungen unterscheiden.

4) Phraseologismen unterliegen – wie Wörter – bei der Verknüpfung im Satz den Forderungen der semantischen Kongruenz. Phraseologismen, die eine Person oder einen Gegenstand bezeichnen, können sich beispielsweise nicht verbinden mit Wörtern, die eine Tätigkeit bestimmen.

Die Einordnung der Phraseologismen nach der morphologisch-syntaktischen Klassifikation muß nicht identisch sein mit der Wortart der Komponenten, die als Basiselemente auftreten. Doch spielt die Wortklassenzugehörigkeit der Komponenten eine gewisse Rolle, die abhängig ist von der syntaktischen Struktur des Phraseologismus. So kann ein Phraseologismus, in dessen Basiselementen kein Verb vorkommt, nicht als verbaler Phraseologismus fungieren. Ein Phraseologismus, dessen Basiselemente Substantive sind, kann aber auch ein adverbialer Phraseologismus sein; vgl. die unterschiedliche Zuordnung substantivischer Wortpaare bei A. ROTHKEGEL (3.2.4.).

Unter Berücksichtigung der Wortart der Komponenten, der möglichen Satzgliedrolle und des morphologischen Paradigmas unterscheiden wir demnach die folgenden Klassen von Phraseologismen:

1) substantivische,
2) adjektivische,
3) adverbiale,
4) verbale.

Wir verzichten hier auf die gesonderte Behandlung von präpositionalen, pronominalen und interjektionalen Phraseologismen. Es soll jedoch darauf hingewiesen werden.

Unter präpositionalen Phraseologismen („von P' dominierte feste Syntagmen") versteht A. ROTHKEGEL Konstruktionen wie *in Anbetracht* ,im Hinblick auf', *an Hand* ,mit Hilfe', *in betreff* ,betreffs', *im Laufe* ,während', *auf Seiten* ,bei' (ROTHKEGEL 1973, 141f.). Hier sind präpositionale Wortgruppen aus der adverbialen Funktion heraus in die Funktion komplexer Präpositionen hinübergewachsen (zu einer anderen Entwicklung präpositionaler Substantivgruppen vgl. 2.6.2.3.).

Unter pronominalen Phraseologismen versteht I. ČERNYŠEVA Konstruktionen wie *sich nach allem und jedem (erkundigen)* ,nach allem ohne Ausnahme', *dies und das* ,allerlei Verschiedenes', *dieser und jener* ,einige', *der und der* ,ein bestimmter Mensch, der nicht genauer bezeichnet wird' (ČERNYŠEVA 1975, 217). Es sind pronominale Wortpaare (vgl. 2.6.3.3.). Ihre Zahl ist außerordentlich gering.

Was von verschiedenen Autoren als „interjektionaler Phraseologismus" bezeichnet wird (ČERNYŠEVA 1975, 217)[78], ist in der vorliegenden Darstellung unter den kommunikativen Formeln mit behandelt (vgl. 3.3.2.), da es sich um satzwertige – kommunikative – Phraseologismen handelt.

So einleuchtend die morphologisch-syntaktische Klassifikation nach dem bisher Gesagten erscheinen mag, so ist doch nicht zu übersehen, daß auch sie mit einigen Problemen verbunden ist. Das betrifft vor allem die Differenzierung von nominalen (substantivischen) und verbalen Phraseologismen.

Schwierigkeiten der Abgrenzung. Oben ist darauf hingewiesen worden, daß ein Phraseologismus eine verbale Komponente enthalten muß, um als verbaler Phraseologismus fungieren zu können. Diese Komponente kann auch durch das Verb *sein* oder durch *haben* gebildet werden. Die Antwort auf die Frage, ob eines dieser Verben im konkreten Fall als obligatorische Komponente des Phraseologismus anzusehen ist oder nicht, ist im Hinblick auf den besonderen semantischen und syntaktischen Charakter dieser Verben bisweilen schwierig. Auf Ungenauigkeiten und Inkonsequenzen der lexikographischen Fixierung entsprechender Konstruktionen verweist E. MITSCHRI (vgl. MITSCHRI 1979, 41f.)[79].

Der semantisch-syntaktische Unterschied zwischen dem Verb *sein* und den übrigen Verben wird von U. FIX eingehend erläutert und in sechs Merkmalen erfaßt (FIX 1974–76, 282ff.). Sie kommt zu der Feststellung, daß „die eigentliche Leistung von *sein* nicht im Bedeutungsbereich, sondern in der Prädikation zu suchen ist", woraus sich ergibt, daß Phraseologismen mit dem Verb *sein* in ihrer Bedeutung durch *sein* nicht mit bestimmt werden (wie das bei den übrigen verbalen Phraseologismen der Fall ist, wo das Verb eine wesentliche semantische Rolle spielen kann). Phraseologismen mit *sein* müssen ihre phraseologischen Merkmale „in der Nominalphrase allein entfalten". Das Verb *sein* „leistet keinen Beitrag zum Wortgruppenlexem-Charakter außer dem, die Wortgruppe in den syntaktischen Bereich zu stellen und damit auslösend zu wirken". Das Verb *sein* sei „ausschließlich Katalysator" (FIX 1974–76, 297).

Die Frage danach, ob in einer Konstruktion mit *sein* das Verb als Komponente des Phraseologismus anzusehen ist (und damit ein verbaler Phraseologismus vorliegt) oder nicht, ist also nicht im Blick auf die phraseologische Bedeutung zu entscheiden, die von *sein* nicht beeinflußt wird. Die Frage ist vielmehr mit syntaktischen Mitteln (vor allem Nominalisierungsformation der Konstruktion) zu entscheiden.

---

[78] Ferner MOLOTKOV, a. a. O., S. 147ff.: dort differenziert nach emotionalen und voluntativen Konstruktionen, ferner nach Wunsch-, Gruß-, Aufforderungs-, Beschwörungsformeln.

[79] Über die Konstruktionen mit *sein, haben, werden* vgl. auch ROTHKEGEL, a. a. O., S. 74.

Ist der nominale Teil ohne Bedeutungsveränderung in der syntaktischen Rolle eines Substantivs (Subjekt/Objekt ohne *sein*) verwendbar, dann ist das Verb *sein* keine obligatorische Komponente, es liegt also ein substantivischer Phraseologismus vor:

(135) *Karl ist doch bloß eine halbe Portion (eine halbe Portion sein* ‚ein Schwächling sein‘*). Hast du diese halbe Portion schon gesehen? / Das Leben dieser Gesellschaft ist ein Tanz auf dem Vulkan (ein Tanz auf dem Vulkan sein* ‚leichtsinniges und ausgelassenes Treiben in gefährlicher Lage‘*). Einen Tanz auf dem Vulkan mache ich nicht mit. / Die Urlaubsreise ist eine schwierige Kiste (eine schwierige Kiste sein* ‚schwierig / gefährlich sein‘*). So eine schwierige Kiste gefällt mir nicht.*

Ähnlich sind Konstruktionen wie *ein alter Hase* ‚erfahrener Mensch‘, *ein lahmes Huhn* ‚Mensch ohne Schwung‘ als substantivische Phraseologismen zu klassifizieren.[80]

Anders dagegen die folgenden, die nicht als Subjekt oder Objekt verwendet werden können.

(136) *Peter ist sein eigener Herr (sein eigener Herr sein* ‚unabhängig sein‘*). Karl ist guter Dinge (guter Dinge sein* ‚froh sein‘*).*

In ähnlicher Weise sind die Konstruktionen mit präpositionaler Substantivgruppe und *sein* nach adverbialen und verbalen Phraseologismen zu differenzieren (adverbial, wenn ohne *sein* in gleicher Bedeutung als Adverbialbestimmung verwendbar):

(137) Adverbial: *hinter Schloß und Riegel sein* ‚verhaftet‘, *auf freiem Fuße sein* ‚nicht in Haft‘, *an Ort und Stelle sein* ‚dort, wo sich die Ereignisse abspielen, abgespielt haben‘, *in seinem Fahrwasser sein* ‚tun, was man beherrscht‘.
Verbal: *in der Schwebe sein* ‚noch nicht entschieden sein‘, *auf dem Damm sein* ‚gesund sein‘, *von den Socken sein* ‚sehr erstaunt sein‘, *auf dem laufenden sein* ‚informiert sein‘, *nicht von schlechten Eltern sein* ‚nichts zu wünschen übriglassen‘, *in anderen Umständen sein* ‚schwanger sein‘.

Schließlich sind auch adjektivische Phraseologismen von verbalen mit *sein* zu unterscheiden (adjektivisch, wenn ohne *sein* in gleicher Bedeutung attributiv verwendbar):

(138) Adjektivisch: *zum Malen schön* ‚sehr schön‘, *zum Greifen nah* ‚sehr nah‘ *sein*.
Verbal: *fein heraus sein* ‚sich in einer günstigen Lage befinden‘, *gut daran sein* [dasselbe], *nahe daran sein* ‚im Begriff sein, etw. zu tun‘.

Das Verb *haben* wird unter dem hier interessierenden Gesichtspunkt von U. FIX „in die Nähe" von *sein* gestellt. Auch *haben* „stellt eine Relation zwischen

---

[80] Im Unterschied zu FIX, Zum Verhältnis, a. a. O., 1976, S. 58, die diese Konstruktion unter die „Wendungen mit *sein*" und nicht unter die „verblosen Wendungen" einordnet.

Sachverhalten her", und es ist wie bei *sein* in einer bestimmten Weise „von Bedeutungsleere zu sprechen"[81]. Die Bedeutung des Phraseologismus wird – wie bei *sein* – von den nominalen Bestandteilen bestimmt. (Vgl. MITSCHRI 1979, 45.)

Eine Konstruktion ist als substantivischer Phraseologismus zu betrachten, wenn die nominale Komponente sich mit gleicher Bedeutung ohne das Verb *haben* als Subjekt/Objekt verwenden läßt.

⟨139⟩ Substantivisch: *Ich kenne Peters glückliche Hand in solchen Dingen (eine glückliche Hand haben in etw. ,*Geschick bei etw. haben'). *Wir brauchen endlich ein Dach über dem Kopf (ein Dach über dem Kopf haben* ,ein Zimmer, eine Wohnung haben'). *Sein breiter Rücken hat schon manchen gedeckt (einen breiten Rücken haben* ,einen großen Einfluß haben, viel ertragen können'). Verbal: *freie Hand in etw. haben* ,nach eigenem Ermessen vorgehen können', *seine Hand im Spiele haben* ,mitwirken', *Luft haben* ,eine Atempause haben', *sein Ohr an der Masse haben* ,sich kontinuierlich über die Meinung der Masse informieren', *ein Auge haben für etw.* ,etw. kenntnisreich zu würdigen / beurteilen wissen', *ein Ohr haben für jmdn.* ,für jmds. Bitten, Vorschläge offen sein'.

Die Anwendung der genannten Differenzierungskriterien ist – wie stets bei sprachlichen Erscheinungen – nicht völlig frei von subjektiven Faktoren. Man vgl. z. B. die Tendenz der Entwicklung substantivischer Phraseologismen aus verbalen, die vielfach als Autonomisierung bezeichnet wird (vgl. 5.2.1., 5.2.3.).

3.5.2. Substantivische Phraseologismen

Für die substantivischen Phraseologismen ist grundsätzlich wichtig das Verhältnis von Onymisierung, Terminologisierung und Phraseologisierung (dazu vgl. 2.4.) sowie die Charakterisierung der Nominationsstereotype (vgl. 2.2.3.), worauf im folgenden nicht näher eingegangen wird.

3.5.2.1. Syntaktische Strukturen

Die substantivischen Phraseologismen weisen die folgenden syntaktischen Strukturen aus „Kernwort" und Attribut auf. (Vgl. auch KLAPPENBACH 1961, 452ff.)

1) adjektivisches Attribut + Substantiv:

⟨140⟩ *üble Nachrede* ,Verleumdung', *armer Schlucker* ,mittelloser, bedauernswerter Mensch', *kalte Dusche* ,Ernüchterung, Dämpfer', *offene Stadt* ,nicht befestigte

---

[81] FIX, Zum Verhältnis, a. a. O., 1974, S. 309f. Ebenda, 1976, S. 76 Hinweis darauf, daß die „Wendungen mit *haben*" noch einer gesonderten Untersuchung bedürfen.

142

und verteidigte Stadt', *offenes Geheimnis* ‚längst allgemein bekanntes Geheimnis', *die letzte Stunde (das letzte Stündlein)* ‚Todesstunde', *unsicherer Kantonist* ‚unzuverlässiger Mensch'[82], *geistiger Vater* ‚Urheber, Erfinder', *siamesische Zwillinge* ‚an einzelnen Körperteilen miteinander verwachsene Zwillinge', auch scherzhaft übertragen ‚zwei Menschen, die auf Grund gleicher Verhaltensweisen ... als zusammenhörig betrachtet werden', *großes / hohes Tier* ‚hochstehende Persönlichkeit'[83], *der kleine Mann* ‚der einfache Mann'[84], *schöne Seele* ‚[Schlagwort für empfindsames und tugendhaftes Gemüt, heute spöttisch]'[85], *das flache / platte Land* ‚[Gegensatz zur Stadt]', *das glatte Gegenteil* ‚das krasse Gegenteil', *die alte Mär* ‚die überholte Geschichte, Erklärung', *das leibliche Wohl* ‚körperliches Wohlbefinden, besonders Nahrung', *schneller Hirsch* ‚Motorrad, Moped'.
Vgl. folgende Textbelege: „Mitgebracht haben sie [die Jugendlichen] ihre *schnellen Hirsche*, vor allem Moped S 50." (LVZ 24. 9. 79) – [In der Stralsunder Seebadeanstalt] „treffen sich ... Kinder, Frauen und Männer zum gemeinsamen Baden. Zur Zeit hat *das kühle Naß* noch acht bis neun Grad." (ND 27./28. 10. 79). – „Mit einer schlagkräftigen Europol sollen *schräge Vögel* [Kriminelle] bekämpft werden" (LVZ 29. 3. 96). – „Auf den *harten Kern* des Problems verweisend, stellt das Blatt fest ..." (ND 7. 1. 77) – „Übrigens wird die Grünanlage am Schwanenteich wieder in der ursprünglichen Form hergerichtet. Es bleibt also auch künftig dabei, daß wir alles tun, um *öffentliches Grün* zu erhalten." (LVZ 11. 5. 79).

Strukturvarianten entstehen durch die Verwendung von adjektivischen Komparativformen, Partizipien I und II und Numeralia in der attributiven Position:

(141) *Älterer Bürger* ‚Rentner', *bessere Hälfte* ‚Ehefrau', *engere Heimat / Wahl*, *höhere Gewalt* ‚unabwendbares Ereignis, Naturkatastrophe', *höheres Wesen* („höhere Wesen, die noch nicht Gott sind, doch auch nicht mehr Mensch" zit. DGW 8, 3094).
Blühende Phantasie, der lachende Dritte ‚aus der Auseinandersetzung anderer den Nutzen Ziehender', *fahrende Habe* ‚beweglicher Besitz' (DGW 3, 1431: „Rechtssprache, veraltet, noch scherzhaft"), „die *gähnende Leere* im Plenarsaal" (H. Apel, Die deformierte Demokratie, Stuttgart 1991, 175), *kommender Mann / kommende Größe* ‚Mensch, der bedeutsam zu werden verspricht', *leuchtendes Vorbild, rettende Tat* ‚entscheidende Handlung' (zuerst 1848 – vgl. LADENDORF 1968, 270), *rettender Engel* ‚Helfer in der Not', *ruhender Pol*, *schreibender Arbeiter* ‚schriftstellerisch tätiger Arbeiter'[86], *schreiendes Un-*

---

[82] Nach der alten Einteilung Preußens in Kantone ‚Aushebungsbezirke' (DUDEN 11, 371).
[83] Seit Anfang des 16. Jh.: LADENDORF 1968, S. 111.
[84] Vgl. E. Kästners Gedicht „Das Lied vom Kleinen Mann" (1931).
[85] Anscheinend von Wieland Mitte des 18. Jhs.: LADENDORF, a. a. O., S. 280.
[86] In der DDR seit Ende der 50er Jahre; vgl. zum Sachlichen: Literatur der DDR. Von einem Autorenkollektiv unter Leitung von H. HAASE und H.-J. GEERDTS, E. KÜHNE, W. PALLUS, Berlin 1976, 228f.

recht, schwimmender Sarg ‚wenig seetüchtiges Schiff‘, *stehende Ovationen* (vgl. Sprachpflege 39, 1990, 39ff.), *treibende Kraft* ‚Initiator, Anreger‘.

So selten das Partizip I im nichtattributiven Gebrauch heute auch ist, Konstruktionen mit attributivem Partizip I sind außerordentlich häufig und tendieren oft zum Phraseologismus, zumindest als Nominationsstereotyp.

Geschlossene Gesellschaft ‚nicht für alle zugängliche Veranstaltung‘, *verbrannte Erde* ‚völlig zerstörtes Land‘, *verkrachte Existenz* (auch: *verpfuschte, verfehlte*) ‚Mensch, der im Berufsleben Schiffbruch erlitten hat‘, *gelehrtes Haus* ‚gelehrter Mensch, scherzhaft‘, *geflügeltes Wort* (dazu 1.2.2.1., 2.5.2.). „Einmal monatlich werden... ‚*gestandene*‘ und junge *Schriftsteller* Auskunft über ihre literarische Arbeit geben." (Sonntag 37/1979, 5).

Drei Grazien ‚drei weibliche Personen, meist junge Mädchen, scherzhaft‘, *die / meine fünf Sinne* ‚Verstand‘, *böse Sieben* ‚zänkische Frau‘, *die erste Hilfe* ‚provisorische Soforthilfe bei Unglücksfällen‘, *der erste beste* ‚der erste, der in Frage kommt, ein beliebiger‘, *erste / zweite / dritte Wahl* ‚Güte‘: „Es waren Leute der ersten Wahl", denn wenige können ein Jagdflugzeug bedienen" (zit. DGW 8, 3825); *die fünfte Kolonne* ‚im Auftrage einer fremden Macht tätige Geheimorganisation mit dem Ziel, einen Umsturz vorzubereiten‘.

Die Erweiterung des Modells durch mehrere adjektivische (bzw. partizipiale oder pronominale) Attribute ist relativ selten:

⟨142⟩   *ein gern gesehener Gast; das gemeinsame europäische Haus, meine / seine alte Dame* ‚Mutter‘, *mein / sein besseres Ich* ‚die besseren Regungen eines Menschen‘.

Über unflektierten Gebrauch des adjektivischen Attributs in Voranstellung vgl. 2.2.2.1.

2) S u b s t a n t i v + a d j e k t i v i s c h e s A t t r i b u t (u n f l e k t i e r t). Dieser Strukturtyp ist nur gering belegt:

⟨143⟩   *Forelle / Karpfen blau* ‚vor dem Kochen mit siedendem Essigwasser übergossen, damit die Haut blau wird‘, *Kaffee verkehrt* ‚Milch mit etwas Kaffee‘, *Kaffee komplett* ‚Kaffee mit Zucker und Sahne‘.

3) S u b s t a n t i v + s u b s t a n t i v i s c h e s A t t r i b u t i m G e n i t i v. Dieser Typ ist nach Typ 1) und vor Typ 4) am häufigsten vertreten.

⟨144⟩   *der Abschaum der Gesellschaft* ‚verkommene Menschen‘, *das Auge des Gesetzes* ‚Polizei‘, *das Ei des Kolumbus* ‚verblüffend einfache Lösung‘, *die Herren der Schöpfung* ‚die Männer, ironisch‘, *der Stein des Anstoßes* ‚Ursache des Ärgernisses‘: „Carepakete, neuester *Stein des Anstoßes* für den Hartl." (zit. DGW 7, 3234), *der Kehrichthaufen der Geschichte* ‚geschichtlicher Untergang‘, *das Rad der Geschichte* ‚geschichtliche Entwicklung‘, *die Spitze des Eisberges* ‚kleinerer bekannter Teil einer mißlichen Sache größeren Ausmaßes‘.

Auch hier sind Erweiterungen durch Attribuierung der ersten oder zweiten Komponente relativ selten:

⟨145⟩   *Haus / Tag(e) der offenen Tür* ,Gelegenheit zur Besichtigung (eines Betriebes, einer Institution o. ä.) für die Öffentlichkeit' (DUDEN 11, 314f.), *Politik der offenen Tür* ,Offensein nach allen politischen Richtungen hin' (DUDEN 11, 553), *Kavalier der alten Schule* ,Mann mit ausgesuchter Höflichkeit', *das älteste Gewerbe der Welt* ,Prostitution' („freut sich das Finanzamt über die guten Geschäfte im ältesten Gewerbe der Welt": zit. DUDEN 11, 259), *die grünen Lungen der Großstädte* ,Parks und Wälder innerhalb der Großstädte oder in unmittelbarer Umgebung', *das edle Blut der Reben* ,Wein'.

4) **Substantiv + präpositionales Attribut.** Bei den Konstruktionen mit *von* sind die Phraseolexeme bzw. Nominationsstereotype nicht mit der Phraseoschablone (vgl. 3.4.1.) zu verwechseln.

⟨146⟩   *der Mann auf der Straße* ,der einfache Mann, Durchschnittsbürger', *der Bund fürs Leben* ,Ehe', *ein Dach über dem Kopf* ,Unterkunft', *eine Fahrt ins Blaue* ,Ausflug mit unbekanntem Ziel', *ein Faß ohne Boden* ,eine Angelegenheit ohne Ende', *der Hecht im Karpfenteich* ,ein Mensch, der durch seine Anwesenheit Unruhe erzeugt', *Herkules am Scheideweg* ,ein Mensch vor der Wahl zwischen zwei entgegengesetzten Möglichkeiten', *der Himmel / die Hölle auf Erden* ,eine äußerst angenehme / unangenehme Lebenslage', *eine Schraube ohne Ende* ,eine Angelegenheit ohne Ende', *ein Silberstreifen am Horizont* ,Hoffnungsschimmer', *das Tüpfelchen auf dem i* ,was noch fehlt zur Vollkommenheit', *Christel von der Post* ,Postzustellerin' („.... bat unsere trabimotorisierte *Christel von der Post* um eine Stellungnahme ..." – Weltbühne 4/77, 99).

Erweiterungen der ersten oder zweiten Komponente sind ebenfalls selten:

⟨147⟩   *Liebe auf den ersten Blick* ,rasch entbrannte Liebe', *ein Schaf / Kalb mit fünf Beinen* ,etwas Unmögliches', *junger Wein in alten Schläuchen* ,nicht wirklich Erneuertes', *der reiche Onkel aus Amerika* ,unbekannter, mysteriöser Geldgeber', ähnlich: "... gründete ... eine eigene Zeitung ..., für die sogleich eine ,*reiche Tante aus Amerika*' mit Stützungsgeldern zur Hand war." (Weltbühne 48/76, 1525)

5) **Substantiv + Substantiv ohne Flexion.** Eine Komponente ist meist ein Eigenname (vgl. 2.6.2.4.); diese Fälle werden im folgenden nicht wiederholt.

⟨148⟩   *ein Häufchen Elend* ,unglücklicher, bedrückter Mensch', *Mutter Grün / Natur* ,die grünende Natur' („Jubiläumspräsent bei *Mutter Grün*" – LVZ 6./7. 10. 79), *Vitamin B* ,gute Beziehungen', *Schema F* ,pauschale Verfahrensweise ohne Rücksicht auf besondere Umstände'[87], *Stunde Null* ,Zeitpunkt eines Neubeginns', *Bruder Lustig* ,leichtfertiger Mensch' (scherzhaft).

In diesem Zusammenhang ist auf die zunehmende Zahl von Konstruktionen mit *Nummer Eins* zur Bezeichnung des Wichtigsten, der Hauptsache hinzu-

---

[87]   Als „Schlagwort für bürokratische Schablonisierung" wohl seit Ende des 19. Jh.: LADENDORF 1968, S. 278.

weisen,[88] vgl. etwa *Thema Nummer Eins, Feind Nummer Eins* ‚Hauptfeind‘,
Problem Nummer Eins.

6) attributives Substantiv im Genitiv + Substantiv. Die Voranstellung des Genitivattributs hat sich nur in wenigen Fällen (sofern es sich nicht
um Eigennamen oder bestimmte Personenbezeichnungen wie *Mutter, Vater*
handelt) erhalten; vgl. dazu 2.2.2.1.(3): *des Pudels Kern, wes Geistes Kind.*

7) Wortpaare in substantivischer Funktion. Eine Zusammenstellung phraseologischer Wortpaare in 2.6.3.3.; über die unterschiedlichen Funktionen von
Wortpaaren vgl. auch 3.2.4.

Die substantivischen Phraseologismen sind der Konkurrenz von Wortbildungskonstruktionen in höherem Maße ausgesetzt als die verbalen und wohl auch
adverbialen. Das hängt mit der starken Entwicklung der nominalen Komposition
im Deutschen zusammen. Zu diesem Verhältnis von Phraseologie und Wortbildung vgl. 4.1.4.

3.5.2.2. Semantische Gruppierungen

Die substantivischen Phraseologismen lassen sich nach dem Verhältnis von
konstruktionsexterner und -interner Bedeutung der Komponenten (vgl. dazu
grundsätzlich 2.1.) in Nominationsstereotype, voll- und teilidiomatische Phraseolexeme gruppieren.

1) Über die Nominationsstereotype vgl. 2.2.3.
2) Bei den teilidiomatischen Phraseolexemen kann entweder das Kernwort
idiomatisiert sein oder das Attribut.

⟨149⟩   idiomatisiertes Kernwort: *diebische Elster* ‚diebische Frau‘, *großer Bahnhof*
          ‚großer / festlicher Empfang‘, *eine Schraube ohne Ende* ‚eine Angelegenheit
          ohne Ende‘;
          idiomatisiertes Attribut: *faule Ausrede* ‚wenig überzeugende Ausrede‘, *blutiger
          Anfänger / Laie* ‚sehr unerfahrener Anfänger / Laie‘, *das Ende vom Lied* ‚das
          Ende der ganzen Angelegenheit‘, *eine Fahrt ins Blaue, der goldene Mittelweg.*

3) Die vollidiomatischen Phraseolexeme mit phraseologisch gebundener Bedeutung beider Komponenten lassen sich in zwei Teilgruppen danach gliedern,
ob ein nichtphraseologisches Homonym (vgl. dazu 2.1.) existiert oder nicht.

⟨150⟩   mit nichtphraseologischem Homonym (also interne semantische Kongruenz
          aufweisend): *dicke Luft* ‚gefährliche Situation‘, *kalte Dusche, Faß ohne Boden,*

---

[88] Vgl. die zahlreichen Beispiele bei SHUMANIJASOW, A.: Umgangssprachliche Wörter
und Wendungen in der Presse der DDR. Diss. A. Leipzig 1978, S. 102.

Hecht im Karpfenteich, Silberstreifen am Horizont, volles Haus ‚ausverkaufte Theater-, Konzertvorstellung‘, *der erste Spatenstich* ‚Zeremoniell beim Beginn eines Baues‘;
ohne nichtphraseologisches Homonym (also auch ohne interne semantische Kongruenz): *magisches Auge* ‚Kontrollampe‘, *das Auge des Gesetzes, der Stein des Anstoßes.*

Ist das Kernwort nicht idiomatisiert, so entspricht die semantische Kompatibilität des Phraseologismus der des Kernwortes im nichtphraseologischen Gebrauch: *Ich hörte mir seine ständigen / faulen Ausreden nicht an. Peter beteiligte sich gern an der Fahrt ins Blaue / in die Stadt.* Ist dagegen das Kernwort idiomatisiert oder handelt es sich um einen vollidiomatischen Phraseologismus, kann sich die semantische Kompatibilität ändern: *Der alte Hase* ‚erfahrene Fachmann‘ *schrieb alles genau auf. Das lahme Huhn rauchte gemütlich seine Pfeife. Es fand ein großer Bahnhof statt. Er hörte sich die kalte Dusche ungerührt an. Ein neues Blatt der Geschichte hat begonnen.*

Unikale Komponenten finden sich in substantivischen Phraseologismen kaum; Ausnahme: *armer Schlucker* (vgl. 2.2.1.).

3.5.3. Adjektivische Phraseologismen

Es ist eine berechtigte Frage, ob man überhaupt von adjektivischen Phraseologismen sprechen kann, wenn man die obengenannten Kriterien zugrunde legt. Sie fehlen denn auch bei ROTHKEGEL (1973, 110ff.), und bei ČERNYŠEVA gibt es sie nur als „Paarformeln" (1986, 186). Soweit Adjektive als Attribute eine phraseologische Verbindung mit einem Substantiv eingehen, handelt es sich in der Regel um substantivische (s. o.) oder adverbiale (s. u.) Phraseologismen. Sind sie mit einem Verb phraseologisch verbunden, liegt ein verbaler Phraseologismus vor: *klein beigeben* ‚einlenken, sich fügen‘. Auch in Verbindungen wie *platt sein* ‚sehr erstaunt sein‘, *sauer sein / werden* ‚ärgerlich, mißmutig‘, *voll sein* ‚betrunken sein‘ kann nicht von adjektivischen Phraseologismen gesprochen werden. Betrachtet man sie als feste Wortverbindungen, dann ist das Verb *sein* bzw. *werden* obligatorisch, und es handelt sich um einen verbalen Phraseologismue; akzeptiert man die Adjektive auch ohne das Verb in der entsprechenden Bedeutung, also *sauer* ‚mißmutig, ärgerlich‘, *voll* ‚betrunken‘ (was nach WDG nicht ausgeschlossen wäre, allerdings doch bevorzugt in prädikativer Funktion), dann sind die Adjektive aus der festen Wortverbindung gelöst, und es ist ebenfalls nicht mehr von adjektivischen Phraseologismen zu sprechen.

Ein adjektivischer Phraseologismus muß eine phraseologische Wortverbindung sein, die als Ganzes nicht nur als Prädikativum verwendbar ist (weil dies u. a. auch für Adverbien gilt: *Das ist recht und billig.*), sondern in der Möglichkeit attributiver Voranstellung den syntaktischen Funktionen des flektierten Adjektivs entspricht. Das muß für adjektivische Phraseologismen als Kriterium angesetzt werden, obwohl bekanntlich nicht alle Adjektive auch attributiv gebraucht werden können.

Demnach könnte man eine Konstruktion wie *gut gepolstert* (sein), ‚wohlbeleibt, -genährt, mit Geld gut ausgestattet‘, als adjektivischen Phraseologismus ansehen (HÄUSERMANN 1977, 110): *Ich habe gestern einen (recht) gut gepolsterten Herrn kennengelernt.* Über die Schwierigkeit allerdings der Abgrenzung zu verbalen Phraseologismen mit *sein* vgl. 3.5.1., ⟨138⟩. Immerhin zeigt sich ein deutlicher Unterschied etwa zu der Konstruktion *schwer von Begriff sein* ‚langsam begreifen‘, die sich nicht in der gleichen Weise ohne *sein* attributiv verwenden läßt und deshalb eindeutig als verbaler Phraseologismus mit *sein* zu qualifizieren ist. Es gilt also offenbar für phraseologische Konstruktionen nicht die für nichtphraseologische Konstruktionen generelle Transformationsregel der Nominalisierung des Prädikatausdrucks:

Der Schüler ist gut – der gute Schüler.
Das Land ist reich an Bodenschätzen – das an Bodenschätzen reiche Land.
Der Schüler ist schwer von Begriff – *der von Begriff schwere Schüler.

Ähnlich strukturiert wie *gut gepolstert* aus Adjektiv/Adverb + Partizip II sind folgende Konstruktionen:

⟨151⟩ *frisch / neu gebacken* ‚in einem Amt, einer Lebenssituation neu‘ – *frisch gebackener Ehemann / Doktor; kurz angebunden* ‚abweisend, mürrisch, *gut / schlecht angeschrieben bei jmdm.* ‚bei jmdm. viel / wenig gelten‘, ähnlich *schwarz angeschrieben* ‚unbeliebt‘, *gut / wenig beschlagen* ‚sehr / wenig kenntnisreich‘, *dünn / dick gesät* ‚selten / häufig vorkommend‘, *schief gewikkelt* ‚im Irrtum‘.

In bezug auf die Komparationsmöglichkeit verhalten sich die Konstruktionen unterschiedlich, vgl. immerhin: *kürzer angebunden, schlechter angeschrieben, besser beschlagen, dünner gesät.*

In diesen Zusammenhang sind weitere Partizipialkonstruktionen zu stellen wie: *jmdm. aus dem Herzen gesprochen* ‚jmds. Zustimmung sicher‘, *von allen guten Geistern verlassen* ‚nicht recht bei Verstand‘, *nicht auf den Kopf gefallen* ‚nicht dumm‘. Die Steigerung erfolgt hier durch *mehr, am meisten, in hohen / höherem Maße* o. ä.

Nichtpartizipiale Konstruktionen wie *fertig auf dem Docht sein* ‚völlig erschöpft sein‘, *weit vom Schuß sein* ‚in Sicherheit sein‘ sind wie *schwer von Begriff sein* (s. o.) als verbale Phraseologismen zu behandeln.

Als verbale Phraseologismen gelten selbstverständlich auch alle Konstruktionen, deren verbale Komponente in Form des Partizips I oder II den Phraseologismus attributiv verwendungsfähig macht; die verbale Komponente kann dabei nicht entfallen: *böses Blut machen – böses Blut machende Gerüchte.*

Auch ein kleiner Teil adjektivischer Wortpaare ist attributiv (unter Flexion in der Regel allerdings nur des zweiten Elements) verwendbar und daher als adjektivischer Phraseologismus zu betrachten:

(152) „... als ... der *fix und fertige* ‚völlig erschöpfte' Konrad hereingeschleppt wurde" (G. Grass, Blechtrommel, zit. WDG); *eine klipp und klare Stellungnahme, die doppelt gemoppelte* ‚zweimal gegebene' *Erklärung; eine erstunkene und erlogene Geschichte* ‚völlig unwahre'.

Einen Spezialfall verstärkender/steigernder komparativer Phraseologismen bilden Konstruktionen nach dem Muster *zum* + Infinitiv + Adjektiv, die ebenfalls attributiv-flektiert verwendet werden:

(153) *ein zum Malen schönes Mädchen* ‚sehr schönes', *zum Greifen nahe Berge, zum Brechen volles Zimmer* (dafür auch: *brechend volles Zimmer*).

Ein Einzelfall ist schließlich die Konstruktion *sattsam bekannt* ‚genügend, bis zum Überdruß bekannt': „... der mit der *sattsam bekannten* Freiheitsdemagogie bemäntelte Kurs des sozialen Abbaus ..." (Weltbühne 16/80, 491)
   Die attributiv-flektierte Verwendung komparativer Phraseologismen mit *wie* (vgl. 2.6.3.2.) erfolgt in der Regel mit Transformation in eine entsprechende Wortbildungskonstruktion: *Der Käse ist weich wie Butter* → *der butterweiche Käse*; vgl. 4.1.4.

3.5.4. Adverbiale Phraseologismen

Im Unterschied zu den adjektivischen, die mehr oder weniger eine Randerscheinung darstellen, sind die adverbialen Phraseologismen außerordentlich reich entwickelt.

3.5.4.1. Syntaktische Strukturen

Zum größten Teil werden die syntaktischen Strukturen adverbialer Phraseologismen unter Verwendung von Substantiven als Stützwort und Basiselement gebildet. Entsprechend der Adverbialfunktion unterliegen sie in der Regel aber keinerlei Flexion. Wenn eine Komponente eine Flexionsform aufweist, ist sie in dieser erstarrt (*des weiteren, hinter den Kulissen*).

1) Präposition + Substantiv. Das Substantiv wird entweder angeschlossen ohne Artikel a), durch „Präposition mit enklitischem Artikel" (ROTHKEGEL 1973, 127) b) oder durch Präposition + Artikel (bestimmt oder unbestimmt) c). In einer Reihe von Konstruktionen ist das Substantiv als unikale Komponente anzusehen (vgl. 2.2.1.).

a) *auf Anhieb* ‚sofort, beim ersten Versuch', *wider Erwarten* ‚unerwarteterweise', *ohne / von Belang* ‚ohne / von Bedeutung / Interesse', *mit*

Verlaub ‚mit deiner / Ihrer Erlaubnis‘ (veraltend), *um Haaresbreite* ‚sehr knapp‘, *aus Versehen* ‚versehentlich‘, *zu Hause* ‚daheim‘.

Die folgenden Konstruktionen sind eher als Kombination mit adjektivischer Komponente unter Wegfall des zugehörigen Substantivs aufzufassen denn als substantiviertes Adjektiv mit Kleinschreibung (vgl. anders 2.6.2.3.):

seit langem, vor kurzem, bei weitem.

b) *aufs Geratewohl* ‚auf gut Glück‘, *im Handumdrehen* ‚sehr schnell‘, *im nachhinein* ‚nachträglich‘, *zur Gänze* ‚ganz‘, *zur Genüge* ‚genug‘.

Das Gegenstück zu den obengenannten Konstruktionen *seit langem* usw. bilden hier Konstruktionen wie *im allgemeinen, im ganzen,* vielleicht auch *aufs höchste* (ROTHKEGEL 1973, 127), da eine gewisse semantische Sonderentwicklung vorzuliegen scheint (‚sehr‘). Doch der regelmäßig gebildete adverbiale Superlativ ist hier nicht anzuschließen (*aufs beste* – *am besten* usw.).

c) *durch die Bank* ‚gänzlich, ohne Ausnahme‘, *unter der Hand* ‚heimlich‘, *vor der Zeit* ‚zu früh, sehr zeitig‘, *in der Tat* ‚wirklich, tatsächlich‘, *um ein Haar* ‚beinahe‘, *mit einem Schlag* ‚auf einmal‘, *in einem Atemzug.*

Auch hier kann die Basiskomponente elliptisch sein:
auf ein neues ‚noch einmal‘, *über ein kleines* ‚in Kürze‘.

2) Präposition + attributiv erweitertes Substantiv. Die Erweiterung besteht in der Regel aus einem adjektivischen, bisweilen auch pronominalem Attribut oder Numerale a), seltener aus Substantiv im Genitiv in Vor- und Nachstellung b).

a) *mit offenen Armen* ‚freudig‘, *mit verschränkten Armen* ‚untätig‘, *mit bloßem Auge* ‚ohne Brille oder Fernglas‘, *unter freiem Himmel* ‚im Freien‘, *am / vom grünen Tisch* ‚ohne Verbindung mit der Praxis‘, *zu ebener Erde* ‚im Erdgeschoß‘, *auf jeden Fall* ‚unbedingt‘, *zu jeder Zeit* ‚immer‘, *unter allen Umständen* ‚unbedingt‘, *zu seinen Gunsten* ‚zu seinem Vorteil‘, *unter vier Augen* ‚ohne Beteiligung einer dritten Person‘, *mit drei Worten* ‚knapp‘, *beim ersten Hahnenschrei* ‚in aller Frühe‘.

Unflektiertes Adjektiv nur vereinzelt: *auf gut Glück* ‚ohne Planung und Vorbereitung‘.

b) *ohne Ansehen der Person* ‚ohne Rücksicht auf die Person, unparteiisch‘, *unter Ausschluß der Öffentlichkeit* ‚ohne Teilnahme der Öffentlichkeit‘, *im Brustton der Überzeugung* ‚in voller Überzeugung‘, *nach dem Buchstaben des Gesetzes* ‚in formaler Auslegung gesetzlicher Bestimmungen‘, *im Eifer des Gefechtes* ‚in der Erregung, vor Aufregung‘; – *auf Schusters Rappen* ‚zu Fuß‘, *aus aller Herren Länder* (vgl. 2.2.2.1.[3]).

3) **Präposition + Substantiv + Präposition**. Hier geht es nicht um die regulären Konstruktionen mit mehrteiligen Konjunktionen (*um unserer Freundschaft willen*) und auch nicht um reguläre Koppelungen verschiedener Präpositionen (*von heute bis übermorgen*), sondern um idiomatisierte, semantisch irreguläre Konstruktionen:[89]

von Hause aus ‚von der Familie her‘, *von Rechts wegen* ‚eigentlich‘, *um eine Nasenlänge voraus* ‚knapp voraus‘.

Diese Konstruktionen sind selten. Als erste Präposition steht gewöhnlich *von*.

4) In einigen Konstruktionen, die hier nicht im einzelnen unterschieden werden, ist die präpositionale Substantivgruppe erweitert entweder durch ein unflektiert gebrauchtes Adjektiv, das vor der Präpositionalgruppe steht, oder in noch komplexerer Weise unter Verwendung des Possessivpronomens:

kurz vor Toresschluß ‚im letzten Augenblick‘, *hoch zu Roß* ‚zu Pferde‘ („Urlaub *hoch zu Roß* gehört zu dem interessanten Angebot des ungarischen Reisebüros ..." – ND 28.10.77)

für mein / sein Leben gern ‚sehr gern‘, *ich für mein Teil / meine Person* ‚ich selbst, was mich betrifft‘.

5) **Präposition + Adverb/Adjektiv**. Läßt man die unter 1) genannten Fälle wie *seit langem* hier beiseite, so bleiben insgesamt wohl nur wenige geläufige Beispiele dieses Typs[90]:

für gewöhnlich ‚üblicherweise‘, *in bar* ‚mit Bargeld‘, *im voraus* ‚schon vorher‘, *seit alters* ‚schon immer, von je her‘;

mit Erweiterungen: *von klein auf* ‚seit der Kindheit‘.
Zu Konstruktionen wie *bis dann* vgl. 3.3.2.

6) **Substantiv + und + Substantiv**. Diese Wortpaare werden meist als substantivischer Phraseologismus verwendet (vgl. 2.6.3.3. (116)), doch begegnen auch adverbiale:

Tag und Nacht ‚ständig, ohne auszuruhen‘, *Knall und Fall* ‚sehr plötzlich‘.

Über *sage und schreibe*, das ebenfalls adverbial aufzufassen ist, vgl. 2.6.3.3. ⟨121⟩.

---

[89] Ein Teil der von ROTHKEGEL, a.a.O., S.132 aufgeführten Beispiele scheint dem nicht zu entsprechen: *von Anfang an*, *von Geburt an* sind wohl doch semantisch regulär.

[90] Auch hier scheint ein Teil der von ROTHKEGEL, a.a.O., S.127 genannten Beispiele nicht herzugehören: *von auswärts*, *von heute*.

7) Adjektiv/Adverb + und + Adjektiv/Adverb. Dieser Typ ist stark besetzt, und hier liegt in erster Linie die Entfaltung der Adverbien in adverbialen Phraseologismen. Dabei sind zwei Untergruppen zu unterscheiden: Doppelungen des gleichen Wortes a) und Verwendung eines Synonyms, Antonyms oder komplementären Wortes als zweiter Komponente b); vgl. auch hierzu 2.6.3.3. ⟨116⟩.

a) *durch und durch* ‚völlig, ganz und gar‘, *nach und nach* ‚ganz allmählich‘, *da und da* ‚an einer bestimmten Stelle, die nicht genauer bezeichnet werden soll‘, *um und um* ‚nach allen Seiten, ganz‘, *über und über* ‚völlig, ganz und gar‘. In der Doppelung des gleichen Basiselements liegt eine intensivierende Bedeutung allgemeinerer Art, die durch die Semantik des jeweiligen Adverbs spezialisiert wird, so daß etwa *durch und durch* und *über und über*, im WDG mit der gleichen Bedeutungsangabe versehen, nicht in gleicher Weise verwendet werden können. Die Konstruktionen stehen damit den Phraseoschablonen nahe (vgl. 3.4.1.).

b) *null und nichtig* ‚absolut ungültig‘, *recht und billig* ‚gerechtfertigt‘, *gut und gern* ‚mehr als reichlich‘, *kreuz und quer* ‚planlos in alle Richtungen‘, *dann und wann* ‚manchmal‘, *hie und da* ‚stellenweise‘.

8) Präposition + Substantiv + und + Substantiv: *mit Ach und Krach*. Weitere Beispiele unter 2.6.3.3. ⟨117⟩.

9) Präposition + Adjektiv/Adverb + und/oder + Adjektiv/Adverb: *im großen und ganzen, über kurz oder lang*. Weitere Beispiele unter 2.6.3.3. ⟨118⟩, ⟨121⟩.

10) Präposition + Substantiv + Präposition + Substantiv. Entweder mit Wiederholung des gleichen Substantivs a) oder mit semantisch komplementärem Substantiv b):

a) *von Zeit zu Zeit* ‚manchmal‘, *von Haus zu Haus* ‚von einer Familie zur andern‘, *von Ort zu Ort* ‚ständig den Ort wechselnd‘.

b) *von A bis Z* ‚gründlich‘, *von Kopf bis Fuß* ‚völlig, von oben bis unten‘.

11) Erstarrte Genitivkonstruktionen verschiedener Art: *stehenden Fußes* ‚sofort‘, *leichten / schweren Herzens* ‚gern / ungern‘, *linker / rechter Hand* ‚links / rechts‘, *des langen und breiten* ‚sehr umständlich‘, *des weiteren* ‚weiterhin‘, *des näheren* ‚im einzelnen, genauer‘; dazu vgl. 2.2.2.1.(2).

12) Als adverbiale Phraseologismen sind schließlich die in entsprechender Funktion verwendeten komparativen Phraseologismen zu erfassen, die ihrerseits unterschiedliche Strukturen haben; ausführlich dazu 2.6.3.2.

3.5.4.2. Zur Semantik und zur Konstruktionsweise

Auch unter den adverbialen Phraseologismen lassen sich voll-, teil- und nicht-idiomatische unterscheiden.

Vollidiomatisch sind vor allem Metaphern wie *um Haaresbreite, im Handumdrehen, durch die Bank, aus heiterem Himmel* ‚völlig überraschend', meist also Phraseologismen mit substantivischem Basiselement, sowie – auch mit adjektivisch/adverbialem Basiselement – Wortpaare wie *nach Jahr und Tag, gut und gern, über kurz oder lang*.

Teilidiomatisch ist ein großer Teil der nichtmetaphorischen Präpositionalgruppen, in denen die Bedeutung des substantivischen Basiselements mit der Bedeutung des freien Substantivs übereinstimmt und der phraseologische Charakter durch eine spezialisierte Bedeutung der Präposition zustande kommt oder in denen ein Substantiv als unikale Komponente (vgl. 2.2.1) gebunden ist: *aus Versehen, zur Genüge, wider Erwarten, zu seinen Gunsten.* Hierher auch ein Teil der Wortpaare wie *null und nichtig*.

Nichtidiomatisch ist ein Teil der erweiterten Präpositionalgruppen: *zu jeder Zeit, unter Ausschluß der Öffentlichkeit,* ferner manche Konstruktionen mit adjektivisch/adverbialem Basiselement (*in bar*) sowie wenige Wortpaare (*auf immer und ewig*). In diesen Fällen liegen Nominationsstereotype vor (vgl. 2.2.3.).

Die Abgrenzung zwischen teil- und nichtidiomatischen Konstruktionen ist bisweilen schwierig. Bei der in vielen Fällen gegebenen semantischen Übereinstimmung des substantivischen Basiselements mit dem entsprechenden Substantiv im freien Gebrauch hängt die Entscheidung davon ab, wie die Semantik der Präposition beurteilt wird. Und dies wiederum ist angesichts der ausgeprägten Polysemie oder der „Beziehungsweite" der Präpositionen recht schwierig (REITER 1975). In gewisser Weise liegt in der „Beziehungsweite" der Präpositionen ein ähnlicher Fall vor wie in der „Beziehungsweite" der Funktionsverben; nur fehlt den präpositionalen Konstruktionen die verallgemeinerte Konstruktionsbedeutung der Funktionsverbgefüge (vgl. 3.4.2.).

Zu beachten ist dennoch auch die Berührung mit den Phraseoschablonen (vgl. besonders 3.5.4.1.[7]).

Was die Expressivität der Konstruktionen betrifft, so ist sie vor allem bei den vollidiomatischen gegeben und bei den Wortpaaren überhaupt, d. h. einmal durch die Metaphorik und zum andern durch die paarige Struktur. Die anderen Konstruktionen unterscheiden sich in dieser Hinsicht kaum von den einfachen Adverbien, abgesehen vielleicht noch von einem Teil der Konstruktionen mit unikaler Komponente.

Die meisten adverbialen Phraseologismen haben modale Bedeutung, ein kleinerer Teil lokale oder temporale. Sie werden vorwiegend als Adverbialbestimmung verwendet; die Wortpaare z. T. als Prädikativum, allerdings nur solche ohne Präposition und mit adjektivischen Basiselementen (*kurz und bündig*). Attributive Verwendung ist außerordentlich selten (*Urlaub hoch zu Roß*).

3.5.5. Verbale Phraseologismen

Die verbalen Phraseologismen sind am reichsten entwickelt und weisen die mannigfachste Strukturen auf. Die ausgeprägte Entfaltung verbaler Phraseologismen im Deutschen hängt sicherlich mit den im Vergleich zum Substantiv stärker eingeschränkten Möglichkeiten der Wortbildung zusammen.[91]

3.5.5.1. Syntaktische Strukturen

Die Vielfalt der syntaktischen Strukturen ergibt sich daraus, daß die obligatorische verbale Komponente mit unterschiedlich strukturierten Substantiv-, Adjektiv-/Adverbialgruppen und auch noch mit Verben kombiniert werden kann.[92] Die folgende Übersicht kann nicht alle zu differenzierenden Feinheiten der syntaktischen Strukturierung (z. B. Artikelgebrauch bei den Substantiven) vollständig und ausführlich berücksichtigen. Sie ist geordnet nach dem Wortklassencharakter der zu der verbalen Komponente tretenden zweiten Basiskomponente und ihrer syntaktischen Struktur.

Substantivische Basiskomponente

1) Einfaches Substantiv mit oder ohne Artikel: *das Hasenpanier ergreifen* ‚fliehen‘, *die Karten aufdecken* ‚seine Absichten zu erkennen geben‘, *(jmdm.) die Leviten lesen* ‚jmdn. scharf zurechtweisen‘; *(jmdm.) eine Abfuhr erteilen* ‚jmdn. schroff abweisen‘, *ein Auge riskieren* ‚(unbemerkt) hinsehen‘, *jmdm. einen Bären aufbinden* ‚jmdm. (zum Spaß) etwas Unwahres sagen‘; *Fersengeld geben* ‚fliehen‘, *Lunte riechen* ‚Verdacht schöpfen‘, *Schule machen* ‚nachgeahmt werden‘. Über Reflexivkonstruktionen vgl. 2.6.2.(5).
Für sich stellen wir *haben* und *sein: das Nachsehen haben* ‚benachteiligt sein‘, *den Drehwurm haben* ‚schwindlig sein‘, *die Stirn haben* ‚die Dreistigkeit / den Mut haben‘, *Lust haben zu etw.* ‚etw. gern tun wollen‘, *Streit haben mit jmdm.* ‚sich mit jmdm. streiten‘, *einen Blick haben für etw.* ‚etw. gut kennen‘;
Mode sein ‚aktuell sein, dem herrschenden Geschmack entsprechen‘.

---

[91] Über die Unterschiede zwischen Wortbildung des Verbs und des Nomens vgl. FLEISCHER, W.: Typen funktionaler Differenzierung in der Wortbildung der deutschen Sprache der Gegenwart. In: Beiträge zur Geschichte der deutschen Sprache und Literatur Bd. 98. Halle (Saale) 1977, S. 133ff.
[92] Die Möglichkeit zweier verbaler Komponenten wird bei ROTHKEGEL, a. a. O., S. 142ff. überhaupt nicht berücksichtigt.

2) Adjektivisch-attributiv erweitertes Substantiv, ebenfalls mit oder ohne Artikel, im Singular oder Plural. Das Attribut kann auch ein Pronomen (Possessiv-, Indefinitpronomen) oder ein Numerale sein, dazu vgl. 2.6.2.(7). Es ist in der Regel flektiert (über Anomalien vgl. 2.2.2.1.[1]). *den dicken Wilhelm spielen* ‚protzen‘, *jmdm. den schwarzen Peter zuschieben* ‚jmdm. wider besseres Wissen die Schuld geben‘, *(die) letzte Hand anlegen* ‚etw. vollenden‘; *sein blaues Wunder erleben* ‚eine höchst unangenehme Überraschung‘, *keinen guten Faden spinnen mit jmdm.* ‚mit jmdm. nicht gut auskommen‘; *seinen Dreier dazugeben* ‚sich ungefragt äußern zu etw.‘; *drei Kreuze machen* ‚erleichtert sein‘, *reinen Tisch machen* ‚eine Sache klären‘, *große Stücke halten auf jmdn.* ‚jmdn. sehr schätzen‘, *tauben Ohren predigen* ‚erfolglos zu jmdm. sprechen‘, *jeder Beschreibung spotten* ‚alles Maß übersteigen‘.
Über Genitivkonstruktionen vgl. 2.2.2.1.(2).
Mit *haben* oder *sein*: *eine lange Leitung haben* ‚begriffsstutzig sein‘, *jmds. rechte Hand sein* ‚unentbehrlicher Helfer sein‘, *des Todes sein* ‚in Todesgefahr schweben‘.
In manchen Konstruktionen ist die attributive Erweiterung nicht (mehr?) unbedingt erforderlich, wird jedoch bevorzugt verwendet: *große Augen machen* ‚staunen‘, *leeres Stroh dreschen* ‚nur Unwesentliches sagen‘, *keinen blassen Dunst haben* ‚nichts verstehen‘.
3) Erweiterung des Substantivs durch attributive Präpositionalgruppe.
Nägel mit Köpfen machen ‚eine Sache ordentlich machen‘, *den Boden unter den Füßen verlieren* ‚den Halt verlieren‘, *die Katze im Sack kaufen* ‚etw. ungeprüft / ungesehen kaufen‘.
4) Erweiterung der Verbalkomponente durch (adverbiale) Präpositionalgruppe. Die beiden Gruppen 3) und 4) werden bei U.Fix unterschieden, indem im ersten Fall die Präpositionalgruppe als „Nomenmodifikator“, im zweiten Fall als „Satzmodifikator“ qualifiziert wird (FIX 1974–76, 7ff.).
die Kastanien aus dem Feuer holen für jmdn. ‚für jmdn. etw. Gefährliches / Unangenehmes tun‘, *die Beine in die Hand nehmen* ‚sehr schnell laufen‘, *den Nagel auf den Kopf treffen* ‚genau das Richtige sagen bzw. tun‘, *ein Haar in der Suppe finden* ‚einen verborgenen Nachteil entdecken‘.
Infolge des besonderen syntaktisch-semantischen Charakters von *haben* und *sein* (vgl. 3.5.1.) ist der Unterschied zwischen den Typen 3) und 4) in den Konstruktionen mit diesen Verben kaum zu machen:
Haare auf den Zähnen haben ‚sich zu wehren wissen‘, *ein Brett vor dem Kopf haben* ‚begriffsstutzig sein‘, *seine Hand im Spiele haben* ‚beteiligt sein, mitwirken‘, *Hahn im Korbe sein* ‚der einzige Mann unter lauter Frauen; die wichtigste Person sein‘.

5) **Substantivisches Wortpaar** (über die Wortpaare vgl. 2.6.3.3. sowie 3.5.4.1.). Hier geht es nur um die obligatorisch an ein bestimmtes Verb gebundenen substantivischen Wortpaare: *Mittel und Wege finden / suchen* ‚erfolgversprechende Möglichkeiten‘, *Blut und Wasser schwitzen* ‚stark schwitzen, sich sehr anstrengen‘, *Stein und Bein schwören* ‚mit Nachdruck geloben‘; *Himmel und Erde in Bewegung setzen* ‚alles aufbieten‘; *(nur noch) Haut und Knochen sein* ‚stark abgemagert sein‘. – Weitere Beispiele unter 2.6.3.3. ⟨119⟩, ⟨120⟩.

6) **Substantiv mit Präposition, zum Teil attributiv erweitert** (durch Adjektiv, Pronomen, Numerale); anstelle des Substantivs auch Reflexivpronomen (dazu 2.6.2.1.).
etw. zu den Akten legen ‚etw. als erledigt ansehen‘, *jmdm. unter die Arme greifen* ‚jmdn. unterstützen‘, *etw. aus den Ärmeln schütteln* ‚etw. schnell / mühelos tun‘, *mit einem blauen Auge davonkommen* ‚einer Gefahr ohne größeren Schaden entgehen‘, *am Ball bleiben* ‚eine Sache weiterverfolgen‘, *sich in die Brust werfen* ‚protzen‘, *an sich halten* ‚sich zurückhalten‘, *etw. (nicht) über sich bringen* ‚etw. (nicht) fertigbringen‘, *auf seine Kosten kommen* ‚seinen Nutzen haben‘; *ins reine bringen* ‚klären‘, *mit sich ins reine kommen* ‚sich selbst klar werden‘, *jmdn. auf dem laufenden halten* ‚jmdn. ständig informieren‘, *auf dem trockenen sitzen* ‚kein Geld haben‘ (zur orthographischen Neuregelung vgl. 2.6.2.3.);
jmdn. zum besten haben ‚necken‘, *etw. vor sich haben* ‚etw. steht jmdm. noch bevor‘, *auf der Hut sein vor jmdm.* ‚sich hüten vor jmdm.‘, *außer Atem sein* ‚vor Anstrengung atemlos sein‘, *zu Gast sein bei jmdm.* ‚bei jmdm. als Gast sein‘, *im Anzug sein* ‚sich nähern‘.

7) **Substantivisches Wortpaar mit Präposition;** vgl. auch hierzu 2.6.3.3. ⟨119⟩.
von Pontius zu Pilatus gehen / laufen ‚viele erfolglose Wege machen müssen, um etw. zu erreichen‘, *vom Regen in die Traufe kommen* ‚aus einer unangenehmen Lage in eine noch unangenehmere kommen‘.

Adjektivisch-adverbiale Basiskomponente

1) **Ohne Erweiterung:** *klein beigeben* ‚nachgeben, den Widerstand aufgeben‘, *gewahr werden einer Sache* ‚etw. bemerken‘, *sauer reagieren auf etw.* ‚sich nicht erfreut zeigen‘, *gerecht werden einer Sache* ‚einer Sache genügen, sie bewältigen‘, *gerecht werden jmdm.* ‚jmdn. angemessen beurteilen‘, *langsam schalten* ‚schwer begreifen‘;
mit Reflexivum: *sich frisch machen* ‚sich erfrischen‘, *sich an etw. gütlich tun* ‚reichlich von etw. nehmen‘.
Über den Typ *zugrunde gehen* vgl. 2.6.2.3.; über Konstruktionen mit *es (es gut haben)* 2.6.2.(1).

2) Mit Präposition (z. T. Adverb): *zu kurz kommen* ‚benachteiligt sein‘,
sich von innen begucken ‚schlafen‘, *jmdn. für dumm verkaufen* ‚für dumm
halten‘, *jmdm. zu bunt werden* ‚unerträglich werden‘.
3) Durch Präpositionalgruppe erweitert: *jmdm. schwer im Magen
liegen* ‚jmdn. bedrücken‘, *hoch im Kurs stehen* ‚sehr geschätzt sein‘, *nahe
am Wasser gebaut haben* ‚sehr empfindsam sein, zum Heulen neigen‘, *fest
im Sattel sitzen* ‚eine Position sicher behaupten‘.
Die Konstruktionen mit *sein* sind relativ zahlreich: *fertig auf dem Docht sein*
‚völlig erschöpft‘, *weg vom Fenster sein* ‚keine Rolle mehr spielen‘, *schwer
von Begriff sein* (vgl. dazu auch 3.5.3.).
Nicht zu verwechseln sind die Konstruktionen mit substantivischer Basiskomponente, Typ 6), die durch ein nichtphraseologisches adjektivisch-
adverbiales Element erweitert werden können: *gut auf seine Kosten kommen,
total auf dem trockenen sitzen, jmdm. tüchtig unter die Arme greifen.*
4) Adjektivisch-adverbiales Wortpaar: *etw. hoch und heilig versprechen* ‚nachdrücklich versprechen‘; weitere Beispiele unter 2.6.3.3. (120), mit
sein: gang und gäbe sein ‚allgemein üblich‘.

Zweite verbale Basiskomponente

Die Konstruktionen sind danach zu unterscheiden, ob die phraseologischen
Basiskomponenten ausschließlich verbalen Charakters sind oder ob außer der
zweiten verbalen Komponente noch nominale Komponenten beteiligt sind.

1) Nominales Element + Vollverb + Hilfsverb. Das nominale Element ist in der Regel ein Substantiv (reine Kasusform, präpositional, erweitert durch Possessivpronomen o. ä.):
kein Wässerchen trüben können ‚harmlos sein‘, *(keine) Bäume ausreißen
können* ‚(nicht) sehr kräftig sein‘, *jmdm. (nicht) das Wasser reichen können*
‚jmdm. (nicht) ebenbürtig sein‘, *nicht von der Luft leben können* ‚einen
Beruf, Geld brauchen‘.
2) Nominales Element und zwei Vollverben: *seine Felle davon-
schwimmen sehen* ‚seine Hoffnungen zunichte werden sehen‘, *die Engel im
Himmel singen hören* ‚starke Schmerzen empfinden‘, *sich den Wind um die
Ohren wehen lassen* ‚Erfahrungen in der Praxis sammeln‘, *Luft schnappen
gehen* ‚ins Freie / spazieren gehen‘.
3) Konstruktionen ohne nominales Element mit modalen Hilfsverben: *(noch) hingehen mögen* ‚(noch) erträglich sein‘, *nicht wahrhaben
wollen* ‚nicht bemerken wollen‘, *etw. haben wollen von einer Sache* ‚in den
Genuß einer Sache kommen wollen‘; *jmdn. etw. glauben machen wollen*
‚jmdm. etw. einreden‘, *daran glauben müssen* ‚sterben‘.
Modale Hilfsverben bilden auch ohne zugehörigen Infinitiv phraseologische
Konstruktionen: *für etw. können* ‚schuld sein an etw.‘, *mit jmdm. (gut)*

können ‚sich mit jmdm. (gut) verstehen‘, *nicht mehr können* ‚keine Kraft mehr haben‘, *nicht aus seiner Haut können* ‚seine Eigenart nicht verleugnen können‘, *jmdn. etwas wollen* ‚etwas Übles im Sinne haben‘.
Über den Gebrauch von modalen Hilfsverben in kommunikativen Formeln vgl. 3.3.2.

4) Konstruktionen ohne modale Hilfsverben: *sich nicht zu lassen wissen vor etw.* ‚sehr erregt sein über etw.; übertriebene Höflichkeit / Geschäftigkeit zeigen‘, *jmdn. zu nehmen wissen* ‚jmdn. richtig zu behandeln wissen‘, *jmdn. etw. wissen lassen* ‚jmdn. über etw. informieren‘, *zu wünschen übrig lassen* ‚nicht so gut sein, wie man erwarten könnte‘, *nichts zu lachen haben* ‚in einer schwierigen Lage sein‘, *nichts zu bestellen haben* ‚nicht mitwirken können‘, *baden gehen* ‚sein Ziel nicht erreichen, vereitelt werden‘, *mit sich reden lassen* ‚nachgiebig / umgänglich sein‘.

5) Konstruktionen mit Partizip + Verb: *jmdn. ungeschoren lassen* ‚nicht behindern, unbehelligt lassen‘, entsprechend *ungeschoren bleiben*, *etw. dahingestellt sein lassen* ‚etw. unentschieden lassen‘, *jmdn. unbenommen bleiben* ‚in freier Entscheidung jmds. bleiben‘, *jmdn. gestohlen bleiben können* ‚von jmdm. fernbleiben sollen‘, *es jmdm. angetan haben* ‚jmdn. bezaubern, entzücken‘.

Sonstige Konstruktionen

Gesondert sei hingewiesen auf die komparativen Phraseologismen, von denen ein großer Teil an ein bestimmtes Verb gebunden ist: *wie von der Tarantel gestochen – aufspringen, wie am Spieß – schreien*; Weiteres dazu unter 2.6.3.2. ⟨108⟩ ⟨109⟩) sowie auf verbale Konstruktionen mit *es* (ausführlich 2.6.2.1.):

es haben – im Kopf ‚nicht normal sein‘, *– hinter den Ohren* ‚gerissen sein‘;
es gilt ‚es ist notwendig‘ (+ Infinitiv): „Auf diese Weise *gilt es*, die Landwirtschaft zu einem Zweig der angewandten Wissenschaft zu machen ...“ (Einheit 8/77);
zu den verbalen Wortpaaren (*schalten und walten*) vgl. 2.6.3.3. ⟨116⟩.

3.5.5.2. Zur Semantik und zur Konstruktionsweise

Unter den meisten Strukturtypen überwiegen offensichtlich die vollidiomatischen, letzten Endes auf metaphorischer Umdeutung beruhenden Phraseologismen (vgl. dazu auch 2.1.), wobei der metaphorische Prozeß vielfach nicht mehr nachvollziehbar ist. Bisweilen ist eine nominale Metapher an ein nicht umgedeutetes Verb gebunden, so daß auch von einem verbalen, nicht einem adverbialen Phraseologismus zu sprechen ist, dann aber einem teilidiomatischen *(mit einem blauen Auge davonkommen)*. Das gilt auch für verstärkende Komponenten (z. B. Wortpaare), die an ein Verb (mit gelegentlich geringen Variationsmöglichkeiten) gebunden sind *(etw. hoch und heilig versprechen)*. Auch in einer Reihe der Konstruktionen mit *haben* und *sein* ist von teilidiomatischen Phraseologismen zu sprechen *(des Todes sein, Streit haben)*, wenn nicht überhaupt Konstruktionen wie *Streit haben* als Nominationsstereotype zu qualifizieren sind. Die Grenze ist hier fließend.

Daß umgekehrt ein teilidiomatischer Phraseologismus durch Umdeutung nur der verbalen Komponente entsteht, ist seltener; doch vgl. die unter 3.4.2. ⟨133⟩ genannten Beispiele.

Über die Problematik der Idiomatizitätsbestimmung bei unikalen Komponenten vgl. 2.2.1.1.

Idiomatisierung nicht durch Metaphorisierung, sondern durch Bedeutungsspezialisierung (im konstruktionsexternen Sememkomplex der Komponenten zunächst nicht festgelegte Einengung der Anwendungsmöglichkeiten) zeigen nicht selten besonders Konstruktionen mit mehr als einer verbalen Komponente *(sich nichts sagen lassen, zu wünschen übrig lassen, etw. haben wollen von ...)*.

Ist die nominale Komponente nicht umgedeutet, ist eine attributive Erweiterung in den meisten Fällen möglich *(kluge Maßnahmen treffen)*, während sonst der verbale Phraseologismus vorwiegend adverbial erweitert werden muß; allerdings ist dieser Mechanismus noch nicht vollständig geklärt (zu dieser Frage ausführlicher 2.2.2.2. [3)]; zu den syntaktischen Konstruktionsbesonderheiten insgesamt 2.2.2.).

V a l e n z. Ein besonderes Problem stellt die Valenz der verbalen Phraseolexeme dar (vgl. dazu KOLDE 1979). Dabei sind die konstruktionsinterne („innere") und die konstruktionsexterne („äußere") Valenz zu unterscheiden (vgl. STEPANOVA 1967).

Die konstruktionsinterne Valenz bezieht sich auf das Verhältnis der phraseologischen Komponenten zueinander. Die Tatsache, daß es verbale Phraseolexeme gibt, in denen die innere Valenz der verbalen Komponente mit der Valenz des entsprechenden Verbs im freien Gebrauch übereinstimmt, und solche, in denen das nicht der Fall ist, benutzt U. FIX für ihre Unterscheidung von Konstruktionsmodellen und Konstruktionsgerüsten (vgl. 3.2.2., 4.4.2.).

Übereinstimmung: *Peter setzte alles auf einen Tisch* (nichtphraseologisch). – *Peter setzte alles auf eine Karte* (phraseologisch).

Nichtübereinstimmung: *Peter redete mich dumm und dämlich* (reden + Akk.-Obj. als Personenbezeichnung im freien Gebrauch nicht möglich). *Karl steht Schlange / Schmiere* (stehen + Akk.-Obj. als konkrete Sachbezeichnung im freien Gebrauch nicht möglich). *Sie werden sich wieder in die Haare kriegen* (sich kriegen + in + Akk. im freien Gebrauch nicht möglich).

In verbalen Phraseolexemen, die ein nichtphraseologisches Homonym haben, muß die innere Valenz der Verben in den beiden Konstruktionen übereinstimmen, sonst könnte es nicht zur Bildung des Homonyms kommen *(Peter wäscht seinem Sohn tüchtig den Kopf.).* Daher haben die Konstruktionen mit Nichtübereinstimmung der Valenz des Verbs im phraseologischen und im freien Gebrauch keine nichtphraseologischen Homonyme.

Die konstruktionsexterne Valenz betrifft das Verhältnis des verbalen Phraseologismus als syntaktischer Funktionseinheit, als Satzglied im Ganzen, innerhalb der Satzkonstruktion. Was die semantische Kompatibilität betrifft, so ist es charakteristisch, daß der weitaus größte Teil der verbalen Phraseolexeme Verhaltensweisen von Menschen bezeichnet. Für den denkenden und kommunizierenden Menschen ist der Mitmensch, der Partner in seinen Beziehungen und Verhaltensweisen Ziel und Gegenstand der expressiven sprachlichen Charakterisierung, die eben weitgehend mit den verbalen Phraseolexemen vorgenommen wird. In ihrer syntaktischen Valenz sind die meisten von ihnen einwertig; sie werden ohne obligatorische Ergänzungsbestimmung als Objekt oder Adverbialbestimmung konstruiert:

⟨154⟩   *Peter schießt mit Kanonen nach Spatzen / hat sich in den Finger geschnitten / den Teufel im Leibe / sich auf die Zunge gebissen / aus der Mücke einen Elefanten gemacht.*

In allen unter ⟨154⟩ genannten Fällen gehören die Ergänzungsbestimmungen des Verbs (außer dem Subjekt) als feste Komponenten zum Phraseologismus, es handelt sich um innere Valenz. Eine konstruktions-externe Valenzrelation besteht lediglich zum Subjekt; die Phraseologismen sind also einwertig.

Zweiwertig sind dagegen die folgenden Phraseologismen:

⟨155⟩   *Karl stellt die ganze Wohnung auf den Kopf / nimmt den Schwiegersohn unter die Lupe / hat dem Vater sein Herz ausgeschüttet / ist einem Erpresser in die Hände gefallen.*

In diesen Sätzen sind die Substantivgruppen *die ganze Wohnung, den Schwiegersohn, dem Vater, einem Erpresser* keine Komponenten des Phraseologismus, sondern lexikalisch variable „Füllungsmöglichkeiten" der von der konstruktionsexternen Valenz des Phraseologismus gegebenen „Leerstelle", die obligatorisch mit einem Dat.- oder Akk.-Obj. besetzt werden muß.

Auch der syntaktisch obligatorische, lexikalisch variable präpositionale Anschluß kommt vor:

⟨156⟩   *Susanne hat bei ihrem Lehrer einen Stein im Brett / holt für ihren Freund die Kastanien aus dem Feuer / hat mit Marianne ein Hühnchen zu rupfen.*

Wie die Konstruktionen mit einfachen Verben können auch die Satzkonstruktionen mit verbalen Phraseologismen durch freie Angaben, unabhängig von der Valenz, erweitert werden:

⟨157⟩   *Peter schießt immer wieder mit Kanonen nach Spatzen. Susanne hat sich gestern in der Diskussion aber in den Finger geschnitten. Karl ist in seiner Naivität einem Erpresser in die Hände gefallen.*

160

In diesen Sätzen sind die Gruppen *immer wieder, gestern in der Diskussion aber, in seiner Naivität* freie Ergänzungsbestimmungen, die von der Valenz des Phraseologismus nicht gefordert werden.

Die „abstrakte semantische Struktur" verbaler Phraseologismen, die sich in der Valenz mit ausdrückt, kann von der semantisch äquivalenter Verben abweichen: *jmdn. töten* mit Agens als Nomen im Nominativ, Patiens im Akkusativ – *Karl hat den Hasen getötet.* Aber phraseologische Konstruktionen zeigen z. T. das Patiens im Dativ (vgl. BONDZIO 1974, 46): *Karl hat dem Hasen den Garaus gemacht / das Lebenslicht ausgeblasen.*

Weiteres über das Verhältnis verbaler Phraseologismen zu verbalen Wortbildungskonstruktionen vgl. 4.1.4.

4. Phraseologie und Wortbildung

4.1. Zum Verhältnis unter dem nominativen Aspekt

4.1.1. Grundsätzliches zur sekundären Benennung

Die Bedürfnisse nach neuen sprachlichen Benennungen (Nominationseinheiten) werden befriedigt entweder durch die Beschaffung völlig neuer Formative (dies heute fast ausschließlich auf dem Wege der Entlehnung) oder durch verschiedene Möglichkeiten der Ausnutzung vorhandener Formative: durch Bezeichnungsübertragung (mit anschließendem Bedeutungswandel), Wortbildung oder Phraseologisierung. Von Bedeutungswandel sprechen wir gewöhnlich mit Bezug auf semantische Veränderungen von Wort-Formativen: Bereits vorhandene lexikalische Einheiten ändern ihre Bedeutung. Durch Wortbildung oder Phraseologisierung werden jedoch neue lexikalische Einheiten (Einheit von Formativ und Bedeutung) geschaffen. Als Einheiten der lexikalischen Benennung und Quelle der Bereicherung des Wortschatzes haben Wortbildungskonstruktionen und Phraseoloexeme eine wesentliche funktionale Gemeinsamkeit. Dies gilt allerdings jeweils nur für die Kernbereiche. Nichtlexikalisierte Wortbildungskonstruktionen, die als syntaktische Parallelkonstruktionen fungieren, einerseits und kommunikative Formeln (mit Satzstruktur) andererseits haben an dieser funktionalen Gemeinsamkeit nicht teil. Dazu kommt insofern eine teilweise formale Gemeinsamkeit, als Wortbildungskonstruktionen wie Phraseologismen Einheiten mit komplexer Formativstruktur sind, aus mehr als einem Morphem bestehend. Damit ist allerdings zugleich auf einen wesentlichen Unterschied verwiesen: Für die Identifizierung einer Wortbildungskonstruktion ist die Formativstruktur (die Stabilität des Wortes) maßgebend; idiomatischer Charakter ist dafür nicht entscheidend. Für ein Phraseolexem wird die Stabilität der Wortgruppenstruktur dagegen vor allem lexikalisch-semantisch konstituiert, da sich die syntaktische Struktur der phraseologischen Wortverbindung im Prinzip von derjenigen der freien Wortverbindung nicht unterscheidet. (Vgl. auch PÜSCHEL 1978, 151ff.)

Für die Wortbildung lassen sich Modelle mit einer verallgemeinerten Wortbildungsbedeutung ermitteln; die Idiomatisierungsprozesse der Phraseolexeme sind nicht in ähnlicher Weise modellierbar (doch vgl. zum Problem des Modellbegriffs 4.4.).

162

Die Phraseologisierung wird vielfach als „sekundäre Nomination" bezeichnet, d. h. sie besteht in der „Verwendung schon in der Sprache vorhandener nominativer Mittel in einer für sie neuen Benennungsfunktion" (TELIJA 1977, 129). Allerdings liegen auch einer Wortbildungskonstruktion „in der Sprache vorhandene nominative Mittel zugrunde". Auch das Vorhandensein konstruktionsgebundener Grundmorpheme (unikaler Komponenten) ist für Wortbildungskonstruktionen wie für Phraseolexeme charakteristisch. Man wird in der Phraseologisierung demnach einen Spezialfall sekundärer Nomination zu sehen haben. Mit Recht stellt V. N. TELIJA fest, daß das Problem der „phraseologischen Nomination" innerhalb des Komplexes der Nomination überhaupt am wenigsten untersucht sei (TELIJA 1977, 147). Sie nennt als grundsätzliche Charakteristika die folgenden (TELIJA 1977, 137, 139, 185f.):

1) Die sekundäre Benennung ist ein semiologischer Prozeß, der unmittelbar durch die kommunikative Sphäre der Sprache dominiert wird.
2) Die allgemeinen Gesetzmäßigkeiten der sekundären Nomination werden gebrochen durch System und Strukturen der jeweiligen konkreten Einzelsprache.
3) Eine entscheidende Rolle bei der sekundären Benennung kommt dem subjektiven Faktor zu. Das benennende Subjekt übernimmt nicht einfach eine gespeicherte Benennung, sondern wird durch die Wahl bestimmter Benennungsmotive (vielfach wertenden Charakters) aktiv.

Eine neue Benennung kann entweder eine Benennungslücke schließen oder als Variante neben eine bereits vorhandene Benennung treten.[93] In dem einen wie dem anderen Fall kann es sich um eine unkonnotierte, „rein nominative" Benennungseinheit handeln oder um eine konnotierte, expressive Benennung. Danach werden neben nominativen auch nominativ-expressive, bisweilen noch expressiv-nominative Phraseologismen (mit Dominanz des Expressiv-Emotionalen) unterschieden. (Vgl. RJAZANOVA 1976, 55ff.; vgl. 3.3.1.) Für alle diese Funktionen kommen sowohl Wortbildungskonstruktionen als auch Phraseologismen in Frage. Doch für den Kernbereich der Phraseologismen, die Phraseolexeme, überwiegen Benennungen expressiven Charakters. In der Wortbildung ist es umgekehrt.

Auch Phraseologismen, die nicht in erster Linie die Funktion expressiver Konkurrenzformen erfüllen, sondern primär der Schließung einer Benennungslücke dienen, weisen – in Verbindung damit – nicht selten ein gewisses Maß von Expressivität (Bildlichkeit o. ä.) auf. Das durch sie benannte Denotat läßt

---

[93] Über unterschiedliche Motive für Neubenennungen vgl. SCHIPPAN, TH.: Lexikalische Bedeutung und Motivation. In: ZPSK. 27 (1974) H. 1-3; FLEISCHER, W.: Neologismen als Wortbildungssynonyme. In: LAB. Leipzig 1977, 18, S. 37ff.

sich unter Umständen auch durch eine Umschreibung benennend erfassen, aber erst der nominative (nominativ-expressive) Phraseologismus führt zu einer sprachlich fixierten Begriffskonsolidierung. Im Unterschied zur bloßen Umschreibung handelt es sich dann um „fixierte Ausdrücke".[94] Die Phraseologisierung besteht hier im Grunde in einer Umfunktionierung eines nichtfixierten deskriptiven Ausdrucks in einen fixierten.[95] Dabei bleibt die sekundäre Benennung nicht ohne Einwirkung von begrifflichen Elementen in der Bedeutung der als Primärbenennung vorhandenen Wörter, die bestimmte Benennungsmotive liefern. Damit ist die sekundäre Benennung eine kognitiv-kommunikative Leistung: man vgl. unter diesem Gesichtspunkt nominative (nominativ-expressive) Phraseologismen wie:

(158)   *der lachende Dritte* ‚Unbeteiligter, der aus dem Streit zweier anderer den
        Vorteil hat‘, *Fahrt ins Blaue* ‚kleine Vergnügungsfahrt, bei der das Ziel vorher
        nicht allgemein bekannt ist‘, *grüne Welle* ‚Folge synchron geschalteter Ver-
        kehrsampeln an einem durchgehenden Straßenzug‘, *bunter Teller* ‚Teller mit
        Gebäck, Obst, Süßigkeiten‘, *Mann auf der Straße* ‚der den Durchschnitt der
        Bevölkerung repräsentierende Bürger‘, *Tag der offenen Tür* ‚Tag, an dem jeder
        die Möglichkeit hat, bestimmte Einrichtungen, die sonst für die Öffentlichkeit
        gesperrt sind, zu besichtigen‘, *der erste Spatenstich* ‚feierliches Zeremoniell
        zum Beginn eines (größeren, gesellschaftlich wichtigen) Baues‘.

4.1.2. Expressive Konkurrenzformen

Eine Hauptfunktion der Phraseolexeme liegt – wie bereits mehrfach angedeutet – in der Expressivitätssteigerung. Die „Quellen" dieser Expressivität, ihre motivierenden Faktoren sind vor allem die folgenden:

1) Bildlicher Charakter (metaphorische oder metonymische Umdeutung), vgl.
   den Spieß umdrehen, der schnelle Hirsch ‚Motorrad‘. Doch nicht alle bildlichen Phraseologismen sind in gleicher Weise expressiv, da sich die Expressivität „verschleißt" (s. u.).
2) Lautlich-rhythmische Eigenschaften der Wortverbindungen (vor allem
   Wortpaare mit Stab- und Endreim: *null und nichtig, toll und voll*; vgl.
   2.6.3.3.).

---

94   Demgegenüber stehen die „nicht-fixierten Ausdrücke" als „deskriptive Ausdrücke ...
     gewissermaßen frei zur Prädikation über Gegenstände zur Verfügung": WIMMER, R.:
     Referenzsemantik. Tübingen 1979, S. 150.
95   Vgl. dazu auch TELIJA, V.N.: Vtoričnaja nominacija i ee vidy. In: Jazykovaja
     Nominacija. Moskva 1977, S. 168: In den Akten der sprachlichen Benennung voll-
     ziehe sich die Umwandlung von Begriffen in lexikalische Bedeutung.

3) Wortpaare mit semantischem Doppelungseffekt (Doppelung von Synonymen, Antonymen, Wörtern mit semantisch komplementärem Charakter: *hegen und pflegen, auf Gedeih und Verderb*; außer 2.6.3.3. vgl. weiter 3.5.3. ⟨152⟩, 3.5.4.1. (7).

4) Isolierungserscheinungen einzelner Komponenten, und zwar
   – Formativanomalie: *guter Dinge sein* (vgl. 2.2.2.1.),
   – nichtintegriertes Fremdwort: *ad absurdum führen* (vgl. 2.2.1.1. ⟨12⟩),
   – unikale heimische Komponente: *fröhliche Urständ feiern* (vgl. 2.2.1.1.).

5) Sonstige Verwendungsbeschränkungen des Phraseologismus im Ganzen, ohne daß dabei unbedingt die unter Punkt 1)–4) genannten Erscheinungen eine Rolle spielen müssen: *sich blicken lassen* ,auftauchen, in Erscheinung treten' – laut WDG ,umgangssprachlich', *etw. sich zu eigen machen* ,sich etw. aneignen, erlernen' – laut WDG ,gehoben'; im DGW beide ohne Markierung. Weiteres dazu vgl. 5.1.

Das Expressivitätspotential der Phraseologismen wird also aus unterschiedlichen Quellen gespeist. Daraus ergeben sich auch Unterschiede in der semantischen Struktur und dem Charakter der sekundären Nomination (vgl. z. B. über Polysemie unten, über Synonymie unter 4.2.).

Die Expressivität der Phraseolexeme hat eine in hohem Maße personenbezogene Verwendung zur Folge; besonders gilt dies für die verbalen Phraseolexeme (vgl. 3.5.5.2.). Nicht von ungefähr werden auch in hohem Maße Bezeichnungen für menschliche Körperteile und Kleidungsstücke als Basiskomponente in Phraseologismen verwendet (vgl. unter 4.2.).

Da die Expressivität sprachlicher Einheiten bekanntlich nicht konstant ist, sondern einem Verschleiß, einer Abnutzung unterliegt, ist eine ständige Tendenz zur Schaffung neuer expressiver Benennungen wirksam. Dabei können die Konstruktionen mit abgeschwächter Expressivität weiterhin als synonymische Konkurrenzformen zur Verfügung bleiben. So sind etwa die folgenden metaphorischen Konstruktionen heute mehr oder weniger „abgeblaßt":

⟨159⟩   *eine Rolle spielen* ,wichtig sein, eine Funktion haben', *im Mittelpunkt stehen* ,wichtig sein', *auf der Hand liegen* ,offensichtlich sein', *einer Sache Aufmerksamkeit schenken* ,etw. beachten', *Herr der Situation sein* ,die Situation beherrschen', *einer Sache Herr werden* ,etw. bewältigen', *etw. dahingestellt sein lassen* ,etw. unentschieden lassen'.

Die Schaffung neuer expressiver Benennungen erfolgt durch die okkasionelle Variation vorhandener (dazu 5.2.) und die Schaffung neuer Phraseologismen, unter Verwendung von Bildern aus neuen Lebensbereichen. Als Beispiel ist etwa zu verweisen auf Bilder aus dem Fußball und dem Film:

⟨160⟩   *am Ball sein / bleiben* ,sich von etw. nicht abbringen lassen, etw. mit Eifer (weiter) verfolgen', *ins Aus geraten, ins (soziale) Abseits geraten* ,in die (soziale) Isolierung', *ein Eigentor schießen* ,etw. tun, was sich für den Urheber selbst nachteilig auswirkt';

einen Film drehen ,mit einer Frau ein Liebesabenteuer haben' (nach DGW),
der Film reißt ,der gedankliche Zusammenhang geht verloren', *ein Stück Film
fehlt* ,eine Gedächtnislücke ist vorhanden'.

Vgl. die folgenden Textbelege (der zweite zeigt Ersatz des in der Expressivität
abgeschwächten *im Stich lassen*):

⟨161⟩　„Früher drehte sich für mich alles um diesen Robinson. Jetzt *reißt der Film
　　　　fortwährend*, ohne daß ich es will, und ich bin bei Defoe, seiner Haltung,
　　　　seiner Auffassung vom Schreiben, meiner Haltung, meiner Auffassung ..."
　　　　(R. Hohberg, Weimarer Beiträge 7/1979, 14)
　　　　„Welcher Teufel ihn dann geritten hat, ihn zu der Tat inspirierte, die ... für ihn
　　　　selbst so schwere Folgen hatte ... der Angeklagte vermochte es nicht zu sagen.
　　　　Sein Gedächtnis *ließ ihn im Stich*, volkstümlich gesagt: *Ihm fehlte ein Stück
　　　　Film* ..." (ND 18.7.78, 8)

Auch unter Verwendung seit langem üblicher Basiskomponenten können neue
metaphorische Konstruktionen entstehen, z. B. mit *Kopf*:

⟨162⟩　„Nun wollen wir diesen Leuten keineswegs ihre Kompetenz bestreiten, *sich
　　　　einen Kopf darüber zu machen*, wie sie ihren Kindern die Diskrepanz zwischen
　　　　tatsächlichen Grenzen und denen in ihren Atlanten begreiflich machen wollen
　　　　..." (LVZ 15.3.79, 8)
　　　　„Werner Tübke, ein Maler, der *sich über alles Wichtige einen Kopf macht*."
　　　　(Überschrift LVZ 28./29.7.79, 9)

Der Phraseologismus *sich einen Kopf machen über etw.* ,angestrengt über etw.
nachdenken' ist offenbar noch nicht alt. (Vgl. SPRACHPFLEGE 1979, 151; 1980,
25.)

4.1.3. „Polysemie"

Im allgemeinen wird festgestellt, daß die Polysemie von Phraseologismen
geringer entwickelt sei als die Polysemie von Simplizia und von Wortbildungskonstruktionen (vgl. ČERNYŠEVA 1975, 227f.).[96] Das leuchtet insofern ein, als
sich aus dem komplexen Charakter der Phraseologismen eine geringere Affinität
zur Polysemie ergibt: Mehrere aufeinander zu beziehende Sprachzeichen schrän-
ken ihren Bedeutungsumfang in der Regel gegenseitig ein. So ist der größte Teil
der kommunikativen Formeln, der komparativen Phraseologismen und der
Wortpaare, sind auch viele substantivische und adverbiale Phraseologismen nur
in geringem Maße polysemantisch. Dennoch ist die Erscheinung von größerer

---

[96]　SHUMANIJASOW, a. a. O., S. 199 nennt nur fünf polysemantische „umgangssprachliche
　　　Wendungen" aus seinem Material.

Bedeutung, als in den Wörterbüchern meist deutlich wird;[97] allerdings ist bei verbalen Phraseologismen eher von „Beziehungsweite" als von Polysemie im Sinn der Differenzierung abgrenzbarer Sememe zu sprechen (s. u.); vgl.:

⟨163⟩ *in die Luft gehen* 1. ‚wütend werden', 2. ‚explodieren'; *sich in den Finger schneiden* 1. ‚sich (ungewollt) selbst schaden', 2. ‚sich irren'; *ein Faß aufmachen* 1. ‚viel Aufhebens machen', 2. ‚tüchtig feiern'; *Farbe bekennen* 1. ‚sich bindend äußern', 2. ‚den wahren Sachverhalt zugeben', 3. ‚eine bestimmte Leistung bzw. Fähigkeit nachweisen'; *in Fahrt kommen* 1. ‚in (fröhliche) Stimmung kommen', 2. ‚in Wut geraten'; *den Kanal voll haben* 1. ‚einer Sache in höchstem Grade überdrüssig sein', 2. ‚erschöpft sein', 3. ‚betrunken sein'.

Eine typische Erscheinung ist die unterschiedliche Bedeutung verbaler Phraseologismen in Abhängigkeit von der Verbindung mit einer Personen- oder Sachbezeichnung als Subjekt oder Objekt:

⟨164⟩ *jmdm. in die Hände fallen* – Personenbezeichnung als Subjekt: ‚in jmds. Gewalt geraten', Sachbezeichnung: ‚zufällig gefunden werden'; *vor die Hunde gehen* – Personenbezeichnung als Subjekt: ‚herunterkommen, sterben', Sachbezeichnung: ‚vernichtet werden'; *auf die Beine bringen* – Personenbezeichnung als Objekt: ‚jmdm. finanziell oder gesundheitlich aufhelfen', Sachbezeichnung: ‚etw. zustande bringen, ins Leben rufen, organisieren'.

ČERNYŠEVA (1975, 228f.) unterscheidet „sekundäre Metaphorisierung" und „parallele Metaphorisierung". Erstere schließt sich an das durch Metaphorisierung entstandene erste Semem an, stellt eine neue Metaphorisierung dieses Semems dar; letztere besteht darin, daß die verschiedenen Sememe in gleicher Weise von der direkten Bdeutung der Wortverbindung ausgehen.

Eine charakteristische Metaphorisierungskette, die sich in mehreren Phraseologismen belegen läßt, zeigt die Sememabfolge:

1. ‚einer Sache / einer Person überdrüssig sein',
2. ‚erschöpft sein',
3. ‚betrunken sein'.

Entsprechende Beispiele sind: *den Kanal voll haben (von etw. / jmdm.), bedient sein (von etw. / jmdm.), genug haben (von etw. / jmdm.)*.

Weit häufiger noch läßt sich die semantische Verschiebung von (2) zu (3) beobachten: *fertig (auf dem Docht) sein, auf dem letzten Loch pfeifen, total hin sein, jmdn. hat es erwischt, auf dem Zahnfleisch kriechen, sich kaum noch auf dem Gerüst halten können*.

Weitere sekundäre Metaphorisierungsprozesse: ‚körperlich' → ‚finanziell' (*den Rest geben, auf die Beine kommen*), ‚wegjagen' → ‚antreiben zur Arbeit' (*jmdm. Beine machen, jmdm. Feuer unter dem Hintern machen*).

---

[97] Der Frage, wieweit in manchen der folgenden Beispiele statt von Polysemie eher von Homonymie zu sprechen wäre, soll hier nicht nachgegangen werden.

Die Unterscheidung zwischen sekundärer und paralleler Metaphorisierung wird sich nicht immer eindeutig vornehmen lassen. Die Semantik des Phraseologismus beruht auf einem durchsichtigen Bild. Zwischen der unmittelbaren Bedeutung seiner Komponenten einerseits *(den Stier – bei den Hörnern – packen, jmdm. – auf die Zehen – treten)* und der außerordentlichen Weite in den Möglichkeiten der Anwendung des Bildes als Benennung komplexer Situationen oder Verhaltensweisen andererseits besteht ein Kontrast. Daraus haben sich die auf den ersten Blick widersprüchlich erscheinenden Charakterisierungen solcher Phraseologismen als „treffend" einerseits (BURGER 1973, 93) und als „unscharf" andererseits (KOLLER 1977, 140; vgl. auch HÄUSERMANN 1977, 100f.) ergeben. „Treffend" oder „genau" sind sie, weil die Vorstellung von einer komplexen Situation auf rationelle Weise in dem in der lexikalischen Einheit fixierten, bewahrten Bild in denotativ-konnotativer Einheit faßbar, verfügbar gemacht wird. Im Kontext „treffender" heißt dann: anschaulicher, leichter sinnlich erfaßbar als eine „trockene" Umschreibung oder ein in höherem Grade abstraktes Einzelwort. Da diese Konstruktionen als expressive Situationsabbilder in bequemer Weise auf die verschiedensten Denotate oder Sachverhalte beziehbar, ihre Anwendungsmöglichkeiten – im Rahmen des Bildes – kaum begrenzt sind, sind sie andererseits „unscharf", wenn man sie mit der profilierteren Semstruktur eines Einzelwortes vergleicht: einerseits *jmdn. beleidigen*, andererseits *jmdn. vor den Kopf stoßen, auf den Schlips treten* usw. In solchen Fällen der „parallelen Metaphorisierung" ist im Grunde von Polysemie nicht zu sprechen, da die sprachliche Konstruktion ein eindeutiges Bild fixiert und sich für die Anwendung des Bildes auf die verschiedensten konkreten Situationen nicht eine Reihe von Sememen „herauspräparieren" läßt. W. KOLLER spricht von „semantisch-pragmatisch komplexen" Phraseologismen (KOLLER 1977, 70; ČERNYŠEVA 1977, 38f.). Ihre „Bedeutung" außerhalb konkreter Texte ist schwer zu isolieren und lexikographisch zu fixieren, eben wegen der Weite der Beziehungsmöglichkeiten; vgl. z. B. *den Stier bei den Hörnern packen*: ‚entschlossen an eine schwierige Aufgabe herangehen' (WDG), ‚etw. mutig an seiner gefährlichen Stelle anpacken' (FRIEDERICH), ‚eine schwierige bzw. gefährliche Sache entschlossen anpacken' (GÖRNER); *weg vom Fenster sein* ‚nichts mehr ausrichten bzw. nicht mehr mithalten können, keine Rolle mehr spielen' (GÖRNER), ‚von der Öffentlichkeit nicht mehr beachtet, abgeschrieben, nicht mehr gefragt sein' (DGW).

Teilidiomatische Phraseolexeme wie *Verdacht schöpfen, Maßnahmen treffen, Platz nehmen*, in denen kein Bild fixiert ist, haben kaum Polysemie entwickelt. Die entsprechenden Substantive werden als Komponenten des Phraseologismus durch Aktualisierung eines ihrer konstruktionsexternen Sememe monosemiert. Das Substantiv *Aufmerksamkeit* hat nach WDG drei Sememe: 1. ‚Konzentration auf ein Objekt', 2. ‚zuvorkommendes Verhalten', 3. ‚kleines Geschenk'. In dem Phraseolexem *jmdm. Aufmerksamkeit schenken* ist Semem$_1$ aktualisiert, in der freien syntaktischen Wortverbindung *jmdm. eine Aufmerksamkeit schenken* dagegen Semem₃.

4.1.4. Parallelität der Benennung

Die Proportionen in der Verteilung auf die einzelnen Hauptwortarten sind für Wortbildungskonstruktionen und Phraseolexeme unterschiedlich. Während in der Wortbildung das Substantiv die reichsten Möglichkeiten aufweist, sind die Phraseolexeme im Verbalbereich am stärksten entwickelt. Dabei wirkt sich offensichtlich die Rolle des Substantivs als der Benennung von Begriffen par excellence aus. Die substantivische Benennung eines Begriffs ist durch eine starke Tendenz zur Univerbierung gekennzeichnet, der Konzentration zu einem Wort. Die verbale Fassung, die Prozesse und Handlungen in bezug auf den benannten Grundbegriff bezeichnet, wird seltener zu einem Wort kondensiert. Das hängt einmal mit der geringeren Fülle verbaler Wortbildungsmittel im Deutschen (und einer Überlastung der verbalen Präfixe) zusammen und zum anderen damit, daß bei Verwendung eines (vor allem: teilidiomatischen) Phraseolexems die substantivische Benennung des Begriffs in ihrer Formativstruktur erhalten bleibt, was vor allem bei Termini wichtig ist (*Widerspruch einlegen* gegenüber *widersprechen*). Die substantivischen Konstruktionen sind schließlich in starkem Maße der Konkurrenz der im Deutschen stark entfalteten Komposition ausgesetzt, auch dies ein Grund für die geringere Entwicklung substantivischer Phraseologismen.

Der Unterschied zwischen nominalem und verbalem Bereich in bezug auf das Verhältnis von Wortbildung und Phraseologisierung zeigt sich auch in einer ungleichen Gestaltung von Benennungsparallelitäten. (Vgl. auch ALECHINA 1979.)

N o m e n. Im nominalen Bereich sind parallele Benennungen, d.h. Benennung eines und desselben Denotats unter Verwendung der gleichen Lexeme durch eine Wortbildungskonstruktion (Kompositum) wie auch durch einen Phraseologismus, selten, obwohl – wie bekannt – Kompositum und freie syntaktische Wortverbindung vielfach nebeneinander gebraucht werden (*schwache Stelle – Schwachstelle* ‚Angriffspunkt‘, *heilender Schlamm – Heilschlamm* [ND 1.7.80]).

Das Verhältnis von Kompositum und phraseologischer Wortverbindung stellt sich in diesem Bereich etwa so dar:

1) Parallele Benennung ohne wesentliche semantische Differenzierung (dies wie gesagt selten): *schwarzer Markt – Schwarzmarkt, springender Punkt – Springpunkt* (dazu 2.1. ⟨7⟩).
Hierher auch eine Reihe von Benennungen nach Motiven aus der antiken Mythologie: *das Faß der Danaiden – Danaidenfaß* ‚endlose, fruchtlose

Arbeit' (aus dem verbalen Phraseologismus *das Faß der Danaiden füllen*), *der Faden der Ariadne – Ariadnefaden* ‚Hilfsmittel, um sich aus schwieriger Lage herauszufinden' (KOROLEVA 1977, 78).

Im Unterschied zu den vorstehenden Fällen ist sehr geläufig die Parallelität adjektivisch-adverbialer Vergleichsbildungen (vgl. PILZ 1978, 738f.): *müde wie ein Hund – hundemüde, fleißig wie eine Biene – bienenfleißig, steif wie ein Stock – stocksteif, schlau wie ein Fuchs – fuchsschlau, dumm wie Bohnenstroh – strohdumm*. Doch diese Parallelität ist nicht durchgehend: nicht bei Eigennamenkomponenten (*frech wie Oskar* ‚sehr frech') und nicht bei Erweiterungen des Vergleichselements (*gesund wie ein Fisch im Wasser – *fischgesund*).

Bei den komparativen Parallelbildungen herrscht eine gewisse syntaktische Funktionsteilung: die komparativen Phraseologismen werden adverbial, die Wortbildungskonstruktionen adjektivisch-attributiv bevorzugt; in prädikativer Funktion stehen beide nebeneinander.

2) Keine Parallelität der Benennung: Verbindung zweier Lexeme entweder nur als Wortbildungskonstruktion oder nur als Phraseologismus: *Blindband* ‚Musterband, dessen Seiten unbedruckt sind' – **blinder Band, Leichtindustrie – *leichte Industrie, Sozialversicherung – *soziale Versicherung, Brustkorb – *Korb der Brust, Löffelbagger – *Bagger mit einem Löffel (löffelartigem Greifer)*. Andererseits: *blinder Passagier – *Blindpassagier; rote Rübe – *Rotrübe, leichtes Mädchen* ‚leichtlebig' *– *Leichtmädchen, kalte Dusche* ‚Ernüchterung, Dämpfer' *– *Kaltdusche, das Rad der Geschichte – *Geschichtsrad, der Stein des Anstoßes – *Anstoßstein*.

Metaphorischer Gebrauch findet sich sowohl bei Komposita als auch bei den Phraseologismen; danach lassen sich die beiden verschiedenen Benennungsstrukturen also nicht auseinanderhalten. Eine gewisse Rolle spielen formale Gesichtspunkte. So erscheinen Partizipien und adjektivische Derivate im allgemeinen nicht als erste unmittelbare Konstituente substantivischer Komposita, daher dominiert in diesen Fällen die phraseologische Wortverbindung: *rettender Engel, unbeschriebenes Blatt* ‚unerfahren, unbekannt', *wunderlicher Heiliger* ‚sonderbarer Mensch'; weitere Beispiele 3.5.2.1. ⟨141⟩. Ähnliches gilt für Konstruktionen mit Komparativ als erstem Element (*bessere Hälfte, höhere Gewalt*), während Superlativformen als erste Bestandteile von Komposita ganz geläufig sind (*Höchst-, Schwerst-, Reinst- u. ä.*). In manchen Fällen fungiert anstelle des Partizips das entsprechende Grundmorphem als erste Konstituente, so daß sich dann doch eine Konkurrenz von Kompositum und Phraseologismus ergibt (vgl. oben *springender Punkt – Springpunkt*). Statt *laufendes Band* ist heute *Fließband*, nicht *fließendes Band* üblich. Die früher übliche Wortverbindung *arbeitende Klasse* ist heute durch *Arbeiterklasse* ersetzt; daneben wird aber *herrschende Klasse* ohne äquivalentes Kompositum gebracht. Das hängt wohl mit

Unterschieden in der Rolle der Substantive *Arbeiter* einerseits und *Herrscher* andererseits zusammen. Die Aufteilung der Benennungen auf Komposita und Phraseologismen wird also durch sehr unterschiedliche Faktoren beeinflußt und ist noch keineswegs völlig aufgeklärt.

3) Die Kombination mehrerer Lexeme ist sowohl als Wortbildungskonstruktion wie auch als Phraseologismus üblich, aber mit semantischer Differenzierung: *dicker Kopf* ‚Kopfschsmerzen, Kopf voller Sorgen' – *Dickkopf* ‚starrsinniger Mensch', *fest im Sattel (sitzen/sein)* ‚eine sichere Position erlangt haben' – *sattelfest (sein)* ‚(gut) beschlagen', *flaches Land* (wie *plattes Land* Gegensatz zu *Stadt*) – *Flachland* ‚Ebene', *großes Tier* ‚hochstehende Persönlichkeit' (daneben auch natürlich nichtphraseologisches Homonym als Gegensatz zu *kleines Tier*) – *Großtier* ‚großes Säugetier' (das Kompositum nur nichtidiomatisch!), *großer Betrieb* ‚Trubel, Heiterkeit, Geschäftigkeit' – *Großbetrieb* ‚großes Industriewerk' (Kompositum ebenfalls nur nichtidiomatisch). Der *Abend des Lebens* ‚Alter' ist im WDG ebenso wie *Lebensabend* ‚letzter Abschnitt des Lebens, spätes Alter' (so dort die unterschiedlichen Bedeutungsangaben!) als „gehoben" gekennzeichnet, doch dürfte das für das Kompositum heute wohl nicht mehr gelten, wohl aber für den Phraseologismus.[98]

Verb. Im verbalen Bereich sind parallele Benennungen aus dem gleichen lexikalischen Material weit häufiger, doch sind dabei gewisse formale wie auch syntaktische, semantische und stilistische Unterschiede zu beachten.

Die Konzentration des Formativs zu einem Verb führt im Vergleich zur phraseologischen Wortverbindung zur lexikalischen Reduktion: *auf der Lauer liegen* – *auflauern* (*liegen* entfällt), *Abbitte tun* – *abbitten*, *Musik machen* – *musizieren* (vgl. auch bei nichtphraseologischen Wortverbindungen als Ausgangsform: *in die Schule aufnehmen* – *einschulen*, *über Nacht bleiben* – *übernachten*). Die Wortverbindung benötigt zur Verbalisierung ein Verb, das in der verbalen Wortbildungskonstruktion entfallen kann, weil das infinitivische *-(e)n* bzw. die Personalsuffixe diese Funktion übernehmen.

1) Die syntaktischen Unterschiede betreffen z. B. die Valenz. Phraseologismus einwertig, Wortbildungskonstruktion zweiwertig:
Versprechungen machen – *versprechen*, *Vorhaltungen machen* – *vorhalten*, *Abbitte tun* – *abbitten*, *einen Fang tun* – *fangen*, *auf der Lauer liegen* – *auflauern*.
Umgekehrt Phraseologismus zwei-, Wortbildungskonstruktion einwertig:
Einhalt tun – *einhalten*, *gute Dienste tun* – *dienen*.

---

[98] Im DGW ist der Phraseologismus nicht verzeichnet, das Kompositum als „gehoben" markiert.

Übereinstimmung in der Valenz: *Spaß machen – spaßen, keinen Mucks tun – nicht mucksen.*

Mit zusätzlichem Wortbildungspräfix beim Verb: *einen Antrag stellen – beantragen, laut werden lassen – verlauten lassen, sich zu eigen machen – sich aneignen, ein Ende machen – beenden.*

2) Semantische Differenzierungen bestehen beispielsweise darin, daß die Wortverbindung die Möglichkeit gibt, Aktionsarten zu differenzieren: *einen Sprung machen* [einmalig, semelfaktiv] – *Sprünge machen* [mehrmalig, iterativ], ebenso *einen Schritt machen – Schritte machen* (vgl. PERSSON 1975, 30 u. 3.4.2.). Diese Möglichkeit bieten die einfachen Verben *springen, schreiten* nicht. Semantische Differenzierungen anderer Art: *jmdm. seinen Willen tun* ‚jmds. Wünschen nachkommen' – *etw. bewilligen* ‚jmdm. etw. gewähren, zubilligen [amtlich]', *Anstalten machen/treffen* ‚sich anschicken, etw. zu tun' – *etw. veranstalten* ‚etw., bes. eine (gesellschaftliche) Unternehmung vorbereiten und organisieren und durchführen', *rot werden* [sowohl auf Personen als Sachen beziehbar] (*Susanne wurde rot / das Papier wurde rot* ...) – *erröten* [nur auf Personen beziehbar].

Sind in den vorstehend genannten Fällen noch semantische Beziehungen bei gewissen Differenzierungen deutlich, so ist dies in folgenden nicht mehr der Fall:

⟨165⟩   Konstruktionen mit *Bescheid: jmdm. Bescheid geben* ‚Auskunft geben', *jmdm. Bescheid stoßen* ‚gründlich die Meinung sagen', *Bescheid wissen* ‚sich gut auskennen', *jmdm. Bescheid tun* ‚jmds. Zutrunk erwidern' – *sich bescheiden* ‚sich mit etw. begnügen', *jmdn. zu sich bescheiden* ‚jmdn. zu sich kommen lassen', *etw. abschlägig bescheiden* ‚ablehnen'. – Andere Fälle: *Schule machen* ‚nachgeahmt werden' (so WDG!) – *schulen* ‚Wissen vermitteln, ausbilden'; *in Abrede stellen* ‚leugnen' – *sich verabreden* ‚vereinbaren'.

3) Unterschiede in der Konnotation bestehen darin, daß die Wortverbindung vielfach als „umgangssprachlich" oder „salopp" markiert ist gegenüber unmarkiertem einfachem Verb: *Lärm machen – lärmen, auf jmdn. Jagd machen – jagen, einen Schnarcher tun – schnarchen.* Anderseits kann die Wortverbindung auch als „gehoben" markiert sein: *jmdm. Trost / Schutz bieten – trösten / schützen, seinen Anfang nehmen – anfangen, einen schweren Fall tun – (hin)fallen.*

Über *nasführen – an der Nase herumführen, gewährleisten – die Gewähr leisten* s. u. 4.3.1.[4].

4.2.   Paradigmatische Beziehungen

Im folgenden soll das Verhältnis von Wortbildungskonstruktion und Phraseologismus unter dem Gesichtspunkt der paradigmatischen Beziehungen, d. h. der
Beziehungen der lexikalischen Einheiten innerhalb des Wortschatzes, behandelt
werden. Dabei stehen hier natürlich die Phraseologismen im Mittelpunkt; die
Wortbildung wird nur als Ausblick und Vergleich herangezogen.

Paradigmatische Beziehungen sind gegeben:

1) durch gemeinsame Lexeme oder Grundmorpheme komplexer Benennungen
   (Gemeinsamkeit von Formativen), im Bereiche der Wortbildung als Wortfamilie oder auch Wortbildungsnest bezeichnet, für die Phraseologismen mit
   gemeinsamer Basiskomponente soll hier der Ausdruck *phraseologische Reihe*
   gebraucht werden;
2) durch semantische Gemeinsamkeiten, Übereinstimmung wesentlicher Bedeutungselemente, in Wortbildung wie auch Phraseologie als Synonymie bezeichnet;
3) durch Bildung eines semantischen Gegensatzes auf der Grundlage auch
   gemeinsamer Bedeutungselemente, in Wortbildung und Phraseologie als
   Antonymie bezeichnet;
4) für die Phraseologismen darüber hinaus durch einen gemeinsamen onomasiologischen Bezug der Basiskomponenten, einen abgrenzbaren Bereich, aus
   dem die Bilder stammen (s. o. z. B. Fußball oder Film, 4.1.2. ⟨160⟩, hier als
   phraseologische Sachgruppe bezeichnet.

4.2.1.   Phraseologische Reihen

Sollen Wortbildungskonstruktionen nach Wortfamilien geordnet werden, so ist
dies bei Derivaten und Präfixwörtern relativ einfach; es wird das Grundmor-
phem oder der Grundmorphemkomplex, der die Basis bildet, zugrunde gelegt.
Bei Komposita handelt es sich meist immerhin um zwei Grundmorpheme bzw.
Komplexe, die in entsprechende Beziehung zu bringen sind (das Kompositum
Zimmerblume einmal zur Wortfamilie *Zimmer* und einmal zu *Blume*). Für
Phraseologismen ist es aber die Regel, daß sie mindestens aus zwei (über
seltene Fälle mit nur einer Basiskomponente vgl. 3.5.4.1.) – meist verschiedenen
Wortklassen angehörigen – Basiskomponenten bestehen (wenn nicht aus mehr),
so daß sie auch entsprechend verschiedenen phraseologischen Reihen zuzuordnen sind: *die Finger von etw. lassen* mindestens nach den Komponenten *Finger*
und *lassen, sich keine grauen Haare wachsen lassen* nach den Komponenten
grau, Haare, wachsen und *lassen*.

Das heißt, es gibt Phraseologismen, die mit ihren Komponenten an nur zwei, und es gibt solche, die an drei, vier und mehr phraseologischen Reihen beteiligt sind. Bei lexikalisierten Komposita ist das äußerst selten, denn Komposita aus drei und mehr Grundmorphemen sind in der Regel nicht lexikalisiert.

Sind die Phraseologismen als Ganzes nach ihrer reihenhaften Verflechtung zu differenzieren, so gilt das im einzelnen auch für jede der Komponenten. Manche Wörter haben eine starke Affinität (phraseologische Aktivität) zur Verwendung als phraseologischer Komponente. Das gilt zum Beispiel in hohem Maße für die Bezeichnungen menschlicher Körperteile (Somatismen) und Kleidungsstücke wie *Arm, Auge, Beine, Brust, Faust, Finger, Fuß, Gesicht, Haare, Hals, Haut, Hand, Herz, Knie, Kopf* u. a.; *Ärmel, Frack, Hemd, Hose(n), Hut, Kappe* u. a.

Substantive und Verben werden als Basiskomponenten am häufigsten verwendet, Adjektive und Adverbien in geringerem Maße; über Numeralien vgl. 2.6.2.1.⟨7⟩.

Die Basiskomponenten des obengenannten Phraseologismus *sich keine grauen Haare wachsen lassen* sind also, wenn die Negation hier unberücksichtigt bleibt (dazu vgl. 2.6.2.2.), u. a. an den folgenden phraseologischen Reihen beteiligt:

⟨166⟩   *grau* – *alt und grau, das graue Elend kriegen* ‚sich tief unglücklich fühlen‘, *in grauer Ferne* ‚in weiter Ferne‘, *graue Haare kriegen* ‚großen Kummer erfahren‘;
Haare – *an einem Haar hängen* ‚sehr gefährdet sein‘, *mehr Schulden als Haare auf dem Kopf* ‚sehr viel Schulden‘, *ein Haar in der Suppe finden* ‚etw. auszusetzen haben an etw.‘, *jmdm. kein Haar / Härchen krümmen können* ‚jmdm. nicht das Geringste zuleide tun können‘, *kein gutes Haar an etw. / jmdm. lassen* ‚nichts Gutes‘, *Haare auf den Zähnen haben* ‚sich zu wehren wissen‘, *Haare lassen (müssen)* ‚nicht ohne Schaden davon kommen‘, *aufs Haar* ‚genau‘, *um ein Haar* ‚beinahe‘, *etw. an den Haaren herbeiziehen* ‚etw. heranziehen, was nicht unmittelbar zur Sache gehört‘, *jmdm. sträuben sich die Haare* ‚jmd. ist entsetzt‘, *man möchte / könnte sich (vor Verzweiflung, Wut) die Haare ausraufen / ausreißen* ‚man ist sehr verzweifelt‘, *sich / einander in die Haare geraten / in den Haaren liegen* ‚sich streiten‘, *mit Haut und Haaren* ‚ganz und gar‘, *der frißt mir noch die Haare vom Kopf* ‚ißt soviel, daß ich arm werde‘;
wachsen – *vor jmdm. stehen wie aus dem Boden gewachsen* ‚unvermittelt, ganz plötzlich‘, *wie Pilze aus der Erde wachsen* ‚sehr schnell entstehen‘, *jmdn. dorthin wünschen, wo der Pfeffer wächst* ‚weit weg haben wollen‘, *auf jmds. Mist gewachsen sein* ‚von jmdm. stammen‘, *über etw. wächst Gras* ‚etw. kommt in Vergessenheit‘, *jmd. hört das Gras wachsen* ‚dünkt sich sehr klug‘, *gegen etw. ist kein Kraut gewachsen* ‚gegen etw. gibt es kein Mittel‘, *sprechen, wie jmdm. der Schnabel gewachsen ist* ‚natürlich, ohne Scheu‘, *jmdm. ans Herz gewachsen sein* ‚jmdm. lieb und teuer sein‘, *jmdm. über den Kopf wachsen* ‚sich von jmdm. nicht mehr bewältigen lassen‘, *jmdm. zum Hals herauswachsen* ‚jmdm. bis zum Überdruß lästig werden‘;

lassen – die Katze aus dem Sack lassen ‚eine bisher verheimlichte Absicht verraten', *die Finger von etw. lassen* ‚sich auf etw. nicht einlassen', *sich etw. durch den Kopf gehen lassen* ‚über etw. nachdenken', *jmdn. / etw. aus dem Spiel lassen* ‚jmdn. / etw. nicht in eine Sache hineinziehen', *jmdm. allen Willen lassen* ‚nachgiebig gegenüber jmdm. sein ', *einer Sache freien Lauf lassen* ‚etw. nicht hemmen', *kein Auge von etw. lassen* ‚ständig auf etw. hinsehen', *sein Leben lassen* ‚sterben'; *jmdn. schalten und walten lassen* ‚tun lassen, wie er möchte', *mit sich reden lassen* ‚umgänglich sein', *sich nichts sagen lassen* ‚keine Zurechtweisung dulden', *etw. nicht auf sich sitzen lassen* ‚eine (ungerechtfertigte) Beschuldigung nicht hinnehmen', *etw. über sich ergehen lassen* ‚etw. geduldig ertragen, hinnehmen', *sich etw. nicht träumen lassen* ‚etw. nicht erwarten, erhoffen', *sich etw. sauer werden lassen* ‚sich mit etw. abmühen', *sich etw. zuschulden kommen lassen* ‚einen Fehler begehen', *sich etw. gesagt sein lassen* ‚eine Ermahnung befolgen', *etw. mitgehen lassen* ‚etw. stehlen', *es auf etw. ankommen lassen* ‚etw. wagen, riskieren', *etw. / jmdn. hinter sich lassen* ‚bewältigen / übertreffen', *etw. außer acht lassen* ‚etw. nicht berücksichtigen'.

Die eine phraseologische Reihe bildenden Basiskomponenten lassen sich in den meisten Fällen nach Formativ und Semantik ohne weiteres aufeinander beziehen, da es sich um in sich stimmige und nachvollziehbare Bilder handelt. Eine Ausnahme bilden die unikalen Komponenten (vgl. 2.2.1.). Sonst stimmen die Wort-Komponenten der Phraseologismen in ihrer Formativstruktur mit den entsprechenden konstruktionsexternen Wörtern überein, so daß die Zuordnung zu den phraseologischen Reihen in dieser Hinsicht keine Schwierigkeiten bereitet. Dagegen lassen sich die Grundmorpheme in Wortbildungskonstruktionen infolge lautlicher Veränderungen nicht immer in gleicher Weise als zusammengehörig erkennen *(fahr-en: Fur-t, Fähr-te, Führ-e, Fer-ge ...)*.

Was die semantischen Zusammenhänge betrifft, so können sich Phraseologismen, die nach einer Komponente zu einer phraseologischen Reihe gehören, über die Semantik dieser Komponente durchaus semantisch berühren; bei vollidiomatischen Phraseologismen braucht aber auch keine semantische Berührung gegeben zu sein. Das ist ähnlich wie bei Wortbildungskonstruktionen einer Wortfamilie.

So ist der verallgemeinerte semantische Komplex ‚menschliche Tätigkeit, menschliches Handeln' den folgenden Phraseologismen mit der Basiskomponente *Hand* gemeinsam:

⟨167⟩   *letzte Hand anlegen* ‚etw. vollenden, endgültig abschließen', *die Hand im Spiel haben* ‚bei etw. beteiligt sein', *etw. mit der linken Hand machen* ‚etw. ohne Anstrengung tun', *jmdm. rutscht leicht die Hand aus* ‚jmd. schlägt schnell zu', *die Hand gegen jmdn. erheben* ‚jmdn. bedrohen', *freie Hand in etw. haben* ‚nach eigenem Ermessen vorgehen können', *jmdm. etw. an die Hand geben* ‚zur Verfügung stellen', *etw. aus freier Hand machen (zeichnen)* ‚ohne Vorlage', *jmdm. das Heft aus der Hand nehmen* ‚jmdn. verdrängen'.

Mit der Komponente *Hand* kann im engeren Sinne der semantische Komplex der Macht und Gewalt, positiv gewendet auch des Schutzes verbunden sein:

⟨168⟩ *jmdn. an die Hand nehmen* ‚führen‘, *jmdm. etw. aus der Hand reißen* ‚gewalt-
sam wegnehmen‘, *jmds. Händen entrinnen / entkommen* ‚jmds. Gewalt entkommen‘, *Hand an jmdn. legen* ‚jmdm. Gewalt antun‘, *seine Hand auf etw. legen*
‚etw. in Beschlag nehmen‘, *seine (schützende) Hand über etw. / jmdn. halten*
‚einer Sache / jmdm. seinen Schutz gewähren‘, *seine Hand von jmdm. / etw.
abziehen* ‚jmdm. / einer Sache seinen Schutz versagen‘, *seine Hand auf etw.
haben* ‚Verfügungsrecht über etw. haben‘, *etw. aus der Hand geben* ‚aus seiner
Verfügungsgewalt geben‘, *aus der Hand gleiten* ‚entgleiten‘, *jmdm. aus der
Hand fressen* ‚jmdm. sehr ergeben sein‘, *sich in jmds. Hände geben / liefern*
‚sich in jmds. Gewalt begeben‘, *etw. in die Hand bekommen* ‚erlangen‘, *jmdn.
in die Hand bekommen* ‚jmdn. nach seinem Willen lenken können‘, *jmdm. in
die Hände fallen / in jmds. Hände fallen* ‚in jmds. Gewalt geraten‘, *wie Wachs
in jmds. Hand sein* ‚ganz und gar jmds. Willen folgen‘.

Mit der Komponente *sagen* (auch als Substantivierung *das Sagen*) ist in einer
Reihe von Phraseologismen der semantische Komplex ‚Befehlen, Anweisen‘
verbunden:

⟨169⟩ *etw. zu sagen haben* ‚berechtigt sein, etw. anzuordnen‘, *sich etw. / nichts sagen
lassen* ‚einen / keinen Rat annehmen, eine Anweisung (nicht) befolgen‘, *sich
etw. gesagt sein lassen* ‚etw. befolgen‘, *sich etw. nicht zweimal sagen lassen*
‚sich zu etw. nicht lange auffordern lassen‘, *das Sagen haben* ‚die Leitung / die
Macht haben‘ (fehlt WGD, im DWG: „umgangssprachlich“); vgl.: „Ein Blick
ins Wirtschaftsregister von S. zeigt, wer die wirtschaftliche Macht und damit
auch *das politische Sagen* im Lande hat ...“ (Weltbühne 15. 1. 80, 73).

Dieses semantische Merkmal ist in den Phraseologismen mit den synonymen
Verben *reden* und *sprechen* nicht enthalten. Die Konstruktionen mit *reden*
beziehen sich in höherem Grade auf die Art und Weise des (mündlichen)
Sprachgebrauchs:

⟨170⟩ *reden wie ein Wasserfall / wie mit Engelszungen / wie ein Buch / in einem fort*
‚ununterbrochen reden‘, *frisch von der Leber weg reden* ‚offen sprechen‘, *mit
den Händen reden* ‚die Äußerungen durch Gesten unterstreichen‘, *in den Wind
reden* ‚ohne Erfolg‘, *von Glück reden können* ‚Glück haben‘, *(viel) von sich
reden machen* ‚Aufsehen erregen‘, *jmdn. nach dem Munde reden* ‚äußern, was
jmd. gern hört‘, *mit sich reden lassen* ‚nachgiebig, entgegenkommend sein‘,
mit jmdm. deutsch reden ‚offen, unverblümt die Wahrheit sagen‘, *mit jmdm.
Fraktur reden* ‚in aller Schärfe jmdm. deutlich die Meinung sagen‘, *jmdm. ein
Loch in den Bauch reden* ‚viel und ununterbrochen auf jmdn. einreden‘.

Für die Konstruktionen mit *sprechen* ist u. a. charakteristisch die Übertragung
der Verbbedeutung in Verbindung mit Subjekten ohne das Merkmal ‚Mensch‘:

⟨171⟩ *etw. spricht zum Herzen* ‚spricht das Herz an‘, *die Waffen sprechen* ‚Kampf-
handlungen sind im Gang‘, *etw. spricht Bände* ‚besagt sehr viel‘, *das Herz
sprechen lassen* ‚das Gefühl entscheiden / mitwirken lassen‘, *ein sprechendes
Beispiel* ‚treffendes Beispiel‘, *sprechende Augen* ‚ausdrucksvolle Augen‘, *sprechende Blicke* ‚vielsagende Blicke‘.

176

Das Verb *sagen* wird in höherem Maße phraseologisch ausgenutzt als die Verben *reden* und *sprechen*. Die Beispielgruppen lassen erkennen, daß die konstruktionsexternen Sememkomplexe der Verben ihre Verwendung als phraseologische Komponenten merklich beeinflussen und die Bedeutung der Phraseologismen nicht unwesentlich mitbestimmen.

Allerdings gibt es auch phraseologische Reihen, deren Komponenten keine semantische Berührung der mit ihnen gebildeten Phraseologismen bewirken:

⟨172⟩   *alt* – *an einem Ort nicht alt werden* ‚nicht lange bleiben‘, *alt aussehen* ‚in einer üblen Situation sein‘, *zum alten Eisen gehören* ‚nicht mehr verwendungsfähig sein‘, *der alte Adam* ‚die menschliche Schwäche‘, *ein Mann vom alten Schlag* ‚ein rechtschaffener Mann‘, *alles beim alten lassen* ‚nichts verändern‘;
Spiel – *ein abgekartetes Spiel* ‚heimliche Abmachung zum Nachteil eines Dritten‘, *gute Miene zum bösen Spiel machen* ‚widerwillig einverstanden sein‘, *bei jmdm. gewonnenes Spiel haben* ‚bei jmdm. alle Vorteile für sich haben‘, *leichtes Spiel haben* ‚etw. mühelos bewältigen‘, *jmdm. das Spiel verderben* ‚jmds. Pläne durchkreuzen‘, *etw. aufs Spiel setzen* ‚etw. riskieren‘, *im Spiel sein* ‚beteiligt sein, wirksam sein‘, *mit klingendem Spiel* ‚mit Marschmusik‘, *ein Spiel des Zufalls* ‚ein seltsamer, erstaunlicher Zufall‘, *ein Spiel mit dem Feuer* ‚ein gefährliches, verantwortungsloses Verhalten‘;
reißen – *jmdm. die Maske vom Gesicht reißen* ‚jmdn. entlarven‘, *jmdm. etw. aus der Hand reißen* ‚entreißen‘, *jmdn. aus dem Schlaf reißen* ‚unsanft wecken‘, *die Geduld / der Geduldsfaden reißt jmdm.* ‚jmd. verliert die Geduld‘, *bei jmdm. ist der Knoten gerissen* ‚jmd. fängt merklich an zu wachsen; jmd. hat endlich begriffen‘, *wenn alle Stricke / Stränge reißen* ‚wenn keine andere Möglichkeit bleibt‘, *(innerlich) hin und her gerissen werden* ‚sich nicht entscheiden können‘, *sich etw. unter den Nagel reißen* ‚widerrechtlich aneignen‘, *sich am Riemen reißen* ‚sich anstrengen‘.

Die phraseologische Aktivität eines lexikalischen Elements hängt sowohl mit der Rolle der durch das betreffende Wort bezeichneten Sache in der gesellschaftlichen Praxis als auch mit innersprachlichen Faktoren, der Stellung des Wortes innerhalb des Wortschatzes zusammen. Da diese Faktoren sich bekanntlich verändern, kann es geschehen, daß die Entfaltung einer Komponente innerhalb von Phraseologismen nicht mehr im Einklang steht mit der Rolle des entsprechenden Einzelwortes außerhalb von Phraseologismen. So ist z. B. das Wort *Körper* für die äußere Gestalt von Mensch und Tier heute sicherlich geläufiger als *Leib*, aber die phraseologische Reihenbildung ist gerade umgekehrt. Das WDG nennt überhaupt keine Phraseologismen mit der Basiskomponente *Körper*, aber sehr viele mit *Leib*; hier eine Auswahl:

⟨173⟩   *keinen trockenen Faden auf dem Leib haben* ‚völlig durchnäßt sein‘, *sich alles auf den Leib hängen* ‚alles für Putz ausgeben‘, *wie auf den Leib geschneidert sein* ‚sehr gut passen‘, *jmdm. das Herz aus dem Leibe reißen* ‚jmdn. tief erschüttern‘, *sich die Seele / Lunge aus dem Leibe schreien* ‚sehr schreien‘, *mit Leib und Seele* ‚mit der ganzen Persönlichkeit, vollständig‘, *Leib und Leben* ‚die ganze Person (aufs Spiel setzen)‘, *jmdm. auf den Leib rücken* ‚sich jmdm.

(ohne dessen Einwilligung) nähern', *kein Herz im Leibe habe* ,gefühllos sein',
sich jmdn. vom Leibe halten ,fernhalten'.

Ebenso können Wörter, die infolge außersprachlicher Veränderungen zu Historismen geworden sind, Komponenten ganz geläufiger Phraseologismen bleiben
(vgl. 4.2.4.).

4.2.2. Phraseologische Synonyme

Unter phraseologischen Synonymen werden Phraseologismen verstanden, die
mindestens in den wesentlichsten Bedeutungsmerkmalen übereinstimmen.[99] Sie
können sich in sekundären Bedeutungsmerkmalen, in der stilistischen Markierung, in der syntaktischen Konstruktionsweise (Valenz u. ä.) durchaus unterscheiden. Ist schon die Synonymie von Wortbildungskonstruktionen stärker
entwickelt als die von Simplizia (vgl. GRIMM 1970), so trifft dies in noch
stärkerem Ausmaß für die Phraseologismen zu. Die Kombination mehrerer
Sprachzeichen erlaubt unterschiedliche bildliche oder auch nichtbildliche
sprachliche Fixierungen gleicher oder ähnlicher Begriffe und Sachverhalte. Der
hier zugrunde gelegte Synonymiebegriff schließt also auch „Nichtübereinstimmung der bildlichen Motiviertheit der Einheiten" mit ein (ČERNYŠEVA 1970,
81).
   Wie in der Wortbildung sind auch in der Phraseologie von den Synonymen
die phraseologischen Varianten im engeren Sinne zu unterscheiden (dazu ausführlicher 5.2.1.). Und wie in der Wortbildung erfaßt der Synonymiebegriff auch
in der Phraseologie sprachliche Einheiten mit partieller Identität der Formative
(Wortbildung: *fehler-los / -frei*; Phraseologie: *jmdm. eine Standpauke / Gardi-
nenpredigt halten* ,jmdn. nachdrücklich zurechtweisen'). Der spezielle Gesichtspunkt der Synonymie der Wortbildungsaffixe entfällt allerdings in der Phraseologie.
   Das Bedürfnis, Konstruktionen mit abgeschwächter „verschlissener" Expressivität durch solche mit stärkerer Expressivität zu ersetzen (vgl. 4.1.2.), ist
eine Quelle ständiger Bereicherung des Bestandes an phraseologischen Synonymen. Der Prozeß wird durch die Wortgruppenstruktur der Phraseologismen
begünstigt, da sie im Unterschied zu der stabileren Wortstruktur von Simplizia

---

[99]   Zur Problematik einer exakten Fassung des Synonymiebegriffes vgl. z. B. SCHIPPAN,
TH.: Einführung in die Semasiologie. Leipzig ²1975, S. 135ff.; FLEISCHER, Neologismen, a. a. O.; zur speziellen Problematik in der Phraseologie: ECKERT, R.: Verschiedene Typen der Synonymie, im besonderen der phraseologischen Synonymie, und ihre
Bedeutung für den russischen Sprachunterricht. In: LS/ZISW, Reihe A, H. 15, Berlin
1975.

und Wortbildungskonstruktionen eine stärkere Affinität zu okkasionellen Variationen hat, aus denen sich usuelle phraseologische Synonyme entwickeln können.

Die Phraseologismen benennen – wie bereits erwähnt – vor allem menschliche Verhaltensweisen und bewerten dabei auch. Besonders reiche synonymische Entfaltung zeigen dabei solche begrifflichen Bereiche, in denen eine pejorative Einschätzung eines Fehlverhaltens gegeben wird (‚Belästigung‘, ‚Betrug‘, ‚Flucht‘, ‚Mißachtung‘, ‚Nasführung‘, ‚Prahlerei‘, ‚Trunkenheit‘, ‚Faulheit‘), in denen negativ bewertete Zustände und Eigenschaften des Menschen benannt werden (‚Dummheit‘, ‚Verrücktheit‘, ‚Erschöpfung‘, ‚Krankheit‘, ‚Erfolglosigkeit‘). Eine reiche Synonymik läßt sich auch in solchen, die zwischenmenschlichen Beziehungen betreffenden begrifflichen Bereichen beobachten wie ‚Ablehnung‘, ‚Zurechtweisung‘. Gruppen mit ausgesprochen positiver Bewertung sind seltener; dazu gehören etwa: ‚Begeisterung‘, ‚Beliebtheit‘, ‚Klugheit‘, ‚Offenheit‘, ‚Schnelligkeit‘.[100] Im folgenden je eine Gruppe mit positiver und negativer Bewertung:

⟨174⟩   ‚Betrug, Täuschung‘ – *jmdm. das Fell über die Ohren ziehen, jmdn. über den Löffel balbieren, jmdn. aufs Kreuz legen, jmdn. hinters Licht führen, jmdn. in den Sack stecken, jmdn. übers Ohr hauen, jmdn. zum besten haben / halten, jmdn. auf den Arm nehmen / auf die Schippe nehmen / auf den Besen laden / aufs Glatteis führen, jmdn. blauen Dunst vormachen, jmdm. ein X für ein U vormachen, jmdn. Sand in die Augen streuen, jmdn. für dumm verkaufen, jmdn. an der Nase herumführen.*
‚Offenheit, Ehrlichkeit‘ – *kein Blatt vor den Mund nehmen, nicht hinter dem Berge halten (mit etw.), Farbe bekennen, jmdm. reinen / klaren Wein einschenken, jmdm. ein Licht aufstecken, jmdm. sein Herz ausschütten, die Karten aufdecken / offen auf den Tisch legen, mit offenen Karten spielen, nicht an Herzdrücken sterben, aus seinem Herzen keine Mördergrube machen.*

Nicht alle der unter den jeweiligen Leitbegriffen genannten Phraseologismen sind im gleichen Grade synonym; es gibt durchaus mehr oder weniger starke semantische Differenzierungen. In der Gruppe ‚Betrug‘ betreffen sie z.B. den Grad, die Stärke der betrügerischen Handlung (*jmdn. das Fell über die Ohren ziehen* stärker als *jmdn. auf den Arm nehmen*), den Charakter als scherzhafte Täuschung (*jmdn. in den April schicken / auf die Schippe nehmen*), auch die Art und Weise des Betrugs (*sich mit fremden Federn schmücken* ‚fremde Leistung als eigene ausgeben‘, *jmdn. übers Ohr hauen* ‚jmdn. beim Kauf / Verkauf übervorteilen‘).

---

[100] Das Vorstehende nach den „Leitbegriffen“ (die sich z.T. freilich überschneiden) bei GÖRNER, a.a.O., S.210ff. – Vgl. auch die bei KOLLER, Redensarten, a.a.O., S.165ff. aufgeführten Synonymreihen zu ‚betrügen‘ und ‚sich entfernen‘.

Schließlich ist zu bedenken, daß die synonymischen Beziehungen – wie bei Simplizia und Wortbildungskonstruktionen – zwischen den Sememen bestehen. Ein Phraseologismus mit mehreren Sememen kann also in unterschiedlichen synonymischen Beziehungen stehen. Da die Polysemie in der Phraseologie nicht in gleicher Weise entwickelt ist wie in der Wortbildung (vgl. 4.1.3.), ist dies hier allerdings nicht von gleicher Bedeutung wie dort. So ist der Phraseologismus *in die Luft gehen* mit dem Semem ‚explodieren‘ synonym zu *in die Luft fliegen*, mit dem Semem ‚wütend werden‘ dagegen synonym zu *an die Decke gehen*.

Über Abstufungen phraseologischer Synonyme in der stilistischen Markierung vgl. 5.1.

Die ausgeprägte Synonymik der Phraseologismen ist ein Ergebnis des metaphorischen Prozesses: sehr unterschiedlich motivierte Bilder letzten Endes mit Bezug auf den gleichen Sachverhalt und infolge ihrer Idiomatisierung dadurch auch weitgehend der gleichen Bedeutung, während bei Wörtern gleicher Denotatsbezug nicht in diesem Ausmaß zur Synonymie führt. Diese Synonymik ist damit zugleich eine Art Spiegelbild der „Beziehungsweite“ der Bilder, der Möglichkeit, sie auf sehr verschiedene Sachverhalte anzuwenden (vgl. 4.1.3.). Das eine hängt mit dem anderen zusammen.

Eine Art äußerster Synonymie kommt dadurch zustande, daß ein erheblicher Teil phraseologischer Konstruktionen entsprechend ihrer expressiven Funktion (vgl. 4.1.2.) letzten Ende einen hohen Grad, die Intensität, Steigerung, Verstärkung ausdrückt. Und auf diese eine Funktion laufen die Bedeutungen sehr vieler verschiedener Bilder hinaus, wobei ihre Verwendung z. T. an bestimmte Verben enger gebunden, z. T. davon unabhängiger ist:

⟨175⟩   *in Hülle und Fülle vorhanden sein, auf Gedeih und Verderb ausgeliefert sein, auf Herz und Nieren prüfen, das Blaue vom Himmel herunterlügen / reden (schwatzen), hoch und heilig versprechen, aus Leibeskräften schreien, für sein Leben gern etw. tun, bis über beide Ohren verliebt sein, bis zum Halse in Schulden stecken, sieben Meilen gegen den Wind stinken, alle Hände voll zu tun haben, alle naselang hinfallen, jmdm. ein Loch in den Bauch reden, sich dumm und dußlig reden, sich biegen vor Lachen, ein Forscher / Komödiant von reinstem Wasser, ägyptische Finsternis, babylonische Sprachverwirrung, homerisches Gelächter;*
hierher auch ein großer Teil der komparativen Phraseologismen (dazu ausführlich 2.6.3.2.): *so sicher wie zweimal zwei vier, essen wie eine siebenköpfige Raupe, wie die Pilze aus dem Boden schießen; dreinschlagen, daß die Fetzen fliegen / daß es nur so kracht; verprügelt werden, daß einem Hören und Sehen vergeht; schreien, als ob man am Spieße steckte / wie am Spieß; lügen, daß sich die Balken biegen; arbeiten, daß die Schwarte kracht; vor Scham wäre er am liebsten in den Boden versunken / hätte er in den Boden versinken wollen / mögen / können.*

Über Synonymenbildung durch Komponentenaustausch vgl. 4.3.2.

180

4.2.3. Phraseologische Antonyme

In der Wortbildung könen Antonyme von völlig verschiedenen Formativen gebildet werden *(ur-alt − blut-jung)*, sie können aber auch in ihren Formativen teilweise übereinstimmen *(schön − unschön, fehler-haft − fehlerlos; Riesenerfolg − Riesen-pleite)*.

Das trifft auch für phraseologische Antonyme zu (ausführlich KOČETOVA 1978, GONTSCHAROWA 1981). Phraseologismen können als lexikalisch-semantische Einheiten unterschiedlichen Komponentenbestandes einander antonymisch gegenüberstehen, wie das die folgenden Beispiele zeigen:

⟨176⟩   *großes / hohes Tier* ‚hochgestellte Persönlichkeit' − *kleiner Mann* ‚einfacher Mann', *sich ins Zeug legen* ‚sich anstrengen' − *eine ruhige Kugel schieben* ‚sich nicht anstrengen', *das Pulver nicht erfunden haben* ‚dumm sein' − *nicht von gestern sein* ‚klug sein', *alter Hase* ‚erfahrener Mensch' − *junger Dachs* ‚unerfahrener Mensch', *bei der Stange bleiben* ‚etw. konsequent weiterführen, eine Arbeit nicht aufgeben' − *die Flinte ins Korn werfen* ‚vor dem Erreichen des gesteckten Zieles aufgeben', *mit der Faust auf den Tisch schlagen* ‚energisch werden, sich Respekt verschaffen' − *zu Kreuze kriechen* ‚einlenken, sich fügen', *jmdm. unter die Arme greifen* ‚jmdn. (in einem Notfall) unterstützen' − *jmdm. im Stich lassen* ‚jmdm. im Notfall die Unterstützung versagen', *bei Nacht und Nebel* ‚in aller Heimlichkeit' − *vor aller Welt* ‚in aller Öffentlichkeit'.

Nur in einem Teil der vorstehend genannten Beispiele enthalten die phraseologischen Antonyme antonymische Komponenten *(groß − klein, alt − jung)*; dabei ist der Wechsel des jeweiligen Substantivs bemerkenswert: nicht *alter / junger Hase, großes / kleines Tier!*

Eine andere Struktur zeigen Phraseologismen, die durch Austausch nur einer Komponente unter Beibehaltung des übrigen Bestandes ein Antonym bilden. Die auszutauschende Komponente kann ganz unterschiedlichen Wortklassencharakter haben:

⟨177⟩   *mit dem Strom / gegen den Strom schwimmen* ‚die Meinung der Mehrheit (nicht) vertreten bzw. sich ihr (nicht) anschließen', *von / ohne Belang* ‚von / ohne Bedeutung, Interesse'; *auf der Bildfläche erscheinen − von der Bildfläche verschwinden, das Heft in die Hand nehmen* ‚die Führung übernehmen' − *das Heft aus der Hand geben* ‚die Führung abgeben', *langsam / schnell schalten* ‚langsam / schnell begreifen', *leeres / volles Haus* ‚Theater-, Konzertvorstellung mit wenig Besuchern bzw. ausverkauft', *der Himmel / die Hölle auf Erden* ‚sehr angenehme / sehr unangenehme Lebenslage';
über die antonymische Beziehung von *etwas − nichts, einer / eins − keiner / keines* vgl. 2.6.2.1. ⟨77⟩ ⟨78⟩, über Negation sonst 2.6.2.2.

Die Möglichkeit des Austausches der Komponenten zur Bildung eines antonymischen Phraseologismus hängt von der semantischen Struktur ab und ist bei teilidiomatischen Phraseolexemen eher gegeben als bei vollidiomatischen. So kann z. B. in der Konstruktion *die Rechnung ohne den Wirt machen* ,in seine Überlegungen einen entscheidenden Umstand nicht einbeziehen' die Präposition *ohne* nicht durch *mit* ausgetauscht werden, um ein Antonym zu erzeugen. Das gleiche gilt für die Adjektive in *alt aussehen* ,in einer üblen Lage sein' (nicht: **jung / neu / frisch aussehen*), *auf etw. sauer reagieren* ,etw. (scharf) ablehnen' (nicht: **süß*). Im letzten Fall spielt natürlich eine Rolle, daß auch die freien Adjektive *sauer* und *süß* sich nicht auf eine antonymische Semembeziehung bringen lassen, die der Verwendung von *sauer* in der genannten Konstruktion entspricht. Bisweilen ist nur der Austausch durch eine negierte Komponente, nicht durch ihr Antonym möglich: *jmdm. wird / ist schlecht* ,übel' – *jmdm. wird nicht schlecht* (nicht: **gut*).

Lexikalische Einheiten, die im freien Gebrauch in bezug auf ein bestimmtes Semem als Antonym angesehen werden können *(starten – landen)*, müssen nicht antonymische Phraseologismen erzeugen: *einen Coup starten / landen* ,einen geschickten Streich ausführen' sind nicht antonymische, sondern synonymische Phraseologismen. Die Gründe dafür liegen in der semantischen Struktur des Bildes; die Bedeutung von *starten* enthält mit dem Semem ,in Bewegung setzen' die Möglichkeit zur Übertragung ,etw. beginnen, stattfinden lassen', und die Bedeutung von *landen* ,mit einem Luftfahrzeug auf den Erdboden aufsetzen' die Möglichkeit der Übertragung ,etw. erfolgreich aus-, durchführen', und dabei treffen sich beide Verben in der Verbindung mit *Coup*.

Konstruktionen besonderer Art liegen vor in nichtstimmigen Vergleichen: *schwimmen wie eine bleierne Ente* ,nicht schwimmen' (vgl. 2.6.3.2.), im Grunde also als Negation aufzufassen. Nichtstimmige Kombination mit ironischem Effekt: *durch Abwesenheit glänzen* ,abwesend sein' (KÜPPER 1963 I, 58); *mit Kanonen nach Spatzen schießen* ,eine Sache mit unverhältnismäßig großem Aufwand betreiben'. Von den antonymischen Phraseologismen sind die negierten Konstruktionen (vgl. 2.6.2.2.) zu unterscheiden.

4.2.4. Phraseologische Sachgruppen

Aus der Tendenz nach Schaffung von Phraseologismen mit „unverbrauchter" Expressivität (vgl. 4.1.2.) ergibt sich, daß auch die Phraseologismen insgesamt – wie der Wortschatz überhaupt – dem Prozeß des Werdens und Vergehens unterliegen. Neue Phraseologismen werden bevorzugt durch Metaphern gebildet, die Benennungen aus gesellschaftlich relevanten Lebensbereichen benutzen, so daß die Entwicklung der gesellschaftlichen Praxis sich in gewisser Weise auch in den phraseologischen Sachgruppen niederschlägt. Andererseits werden in den Phraseologismen trotz aller Veränderung aber auch Wörter bewahrt, die ältere Verhältnisse des gesellschaftlichen Lebens widerspiegeln und außerhalb der Phraseologismen zu Historismen geworden sind (vgl. 4.2.1.).

Das gilt z. B. für Wörter der Sachgruppe ‚ritterlicher Kampf und Waffen der Feudalzeit' (vgl. KRAMER 1976), mit denen z. T. noch heute sehr geläufige Phraseologismen gebildet sind:

⟨178⟩ *eine Lanze für jmdn. einlegen / brechen* ‚sich für jmdn. einsetzen', *etw. (Böses) gegen jmdn. im Schilde führen* ‚vorhaben, heimlich beabsichtigen', *den Spieß umdrehen* ‚mit den Mitteln des Gegners zum Gegenangriff übergehen', *in Harnisch geraten* ‚wütend werden', *jmdn. in Harnisch bringen* ‚wütend machen', *jmdn. aus dem Sattel heben* ‚zu Fall bringen', *jmdm. den Fehdehandschuh hinwerfen* ‚jmdn. herausfordern', *in hellen Haufen (kommen)* ‚in großen Scharen' (*der helle / gewaltige Haufen* ‚Haupttrupp der Landsknechte') (BORCHARDT/WUSTMANN/SCHOPPE 1954, 213), *jmdn. über die Klinge springen lassen* ‚jmdn. töten; mit Vorsatz zugrunde richten', *von der Pike an / auf lernen / dienen* ‚von der untersten Stufe an beginnen, etw. von Grund auf erlernen', *eine Scharte auswetzen* ‚einen Schaden wiedergutmachen', *jmdn. im Stich lassen* ‚jmdn. treulos verlassen', *mit offenem Visier kämpfen* ‚dem Gegner offen gegenübertreten, ohne seine Absichten zu verheimlichen', *hieb- und stichfest* ‚unwiderlegbar'.

Die Entwicklung der Technik im 19. Jh. hat ebenfalls phraseologische Sachgruppen entstehen lassen, beispielsweise im Zusammenhang mit der Dampfmaschine und der Eisenbahn:

⟨179⟩ *Bahnhof verstehen* ‚nichts verstehen', *mit Dampf arbeiten / etw. betreiben* ‚mit Nachdruck, felißig', *Dampf hinter etw. setzen / machen* ‚etw. beschleunigen', *auf dem richtigen / falschen Dampfer sein* ‚recht haben / sich irren', *ein Ventil für seinen Zorn / seine Wut suchen* ‚den Zorn an jmdn. auszulassen suchen', *die höchste Eisenbahn sein* ‚die höchste Zeit', *etw. aufs tote Gleis schieben* ‚etw. abtun, nicht erledigen, nicht vorankommen lassen', *ins rechte Gleis kommen* ‚in Ordnung kommen', *etw. geht im alten Gleis weiter* ‚es ändert sich nichts', *aus dem Gleis geworfen werden* ‚in seiner folgerichtigen Entwicklung gestört werden', *jmdm. den Fahrplan verderben* ‚jmds. Pläne durchkreuzen', *die Notbremse ziehen* ‚außergewöhnliche Maßnahmen zum Stoppen einer gefährlichen Entwicklung ergreifen'; dazu vgl.: „Nur einen Tag nach Abschluß der Beratungen ... zog V. in W. *die Notbremse.* Durch eine starke Zinserhöhung soll ... die Kreditaufnahme stark eingeschränkt ... werden ... Diese *Vollbremsung* hat die Wallstreet noch in der ersten Oktoberhälfte völlig *aus den Gleisen geworfen* ...“ (Weltbühne 6. 11. 79, 1425).

Jüngste Entwicklungen in Rundfunk- und Raketentechnik, Raumfahrt usw. haben Phraseologismen entstehen lassen, deren Erfassung sicherlich noch beträchtliche Lücken aufweist. Es seien folgende Beispiele genannt:

⟨180⟩ *eine Antenne für etw. haben* ‚das Gefühl, die Sensibilität für etw. haben', auch: *(nicht) die richtige Antenne haben, auf Empfang gehen* ‚jmdm. zuhören wollen', *Sendepause haben* ‚schweigen (sollen)', *nicht alle Daten im Speicher haben* ‚nicht ganz normal sein' (vgl. ČERNYŠEVA 1971, 93), *wie eine Rakete* ‚blitzschnell'.

Über Beispiele zu den phraseologischen Sachgruppen ‚Film‘ und ‚Fußball‘ vgl. 4.1.2. ⟨160⟩.

Neben den genannten (und anderen) neu entstehenden Sachgruppen bleiben aber auch alte wie ‚menschlicher Körper‘ und ‚Kleidungsstücke‘ (vgl. 4.2.1.) weiterhin aktiv. Dazu gehört auch die Sachgruppe ‚Tierbezeichnungen‘, die in reichem Maße Komponenten phraseologischer Konstruktionen geliefert hat und noch liefert:

⟨181⟩   *seinem Affen Zucker geben* ‚seinen Neigungen nachgehen, sehr ausgelassen sein‘, *jmdm. einen Bären aufbinden* ‚jmdm. (zum Spaß) etw. Unwahres sagen‘, *den Bock zum Gärtner machen* ‚jmdn. mit einer Aufgabe betrauen, für die gerade er ungeeignet ist‘, *faule Fische* ‚unglaubwürdige Ausreden‘, *zwei Fliegen mit einer Klappe schlagen* ‚zweierlei auf einmal erreichen‘, *jmdm. einen Floh ins Ohr setzen* ‚in jmdm. einen kaum erfüllbaren Wunsch wachrufen‘, *Hahn im Korb sein* ‚in einer Gesellschaft die wichtigste Person sein‘, *mit jmdm. ein Hühnchen zu rupfen haben* ‚mit jmdm. etw. zu bereinigen haben‘, *auf den Hund kommen* ‚herunterkommen, verwahrlosen‘, *die Katze aus dem Sack lassen* ‚eine bisher verheimlichte Absicht verraten‘, *jmdm. eine Laus in den Pelz setzen* ‚jmdm. Verdruß bereiten‘, *weiße Mäuse sehen* ‚betrunken sein‘, *Nachtigall, ick hör dir trapsen* ‚ich merke schon, was jetzt kommen wird‘, *den Ochsen hinter den Pflug spannen* ‚etw. verkehrt anfangen‘, *die Pferde scheu machen* ‚jmdn. beunruhigen‘, *Schwein haben* ‚Glück haben‘, *das schwarze Schaf* ‚der (negativ bewertete) Außenseiter‘, *der weiße Rabe* ‚der (positiv bewertete) Außenseiter‘, *etw. pfeifen die Spatzen von den Dächern* ‚etw. ist längst allgemein bekannt‘, *den Vogel abschießen* ‚am besten abschneiden‘, *mit den Wölfen heulen* ‚sich der herrschenden Meinung notgedrungen anschließen‘, *in etw. ist der Wurm drin* ‚etw. ist nicht in Ordnung‘.

Schließlich ist unter den Lebensbereichen des Alltags die Sachgruppe ‚Küche, Haushalt‘ stark vertreten:

⟨182⟩   *etw. ist ein Aufwasch* ‚etw. läßt sich in einem Arbeitsgang / zusammen erledigen‘, *jmdn. auf den Besen laden* ‚jmdn. nasführen‘, *den Braten riechen* ‚Verdacht schöpfen‘, *Bratkartoffeln verstehen* ‚nicht verstehen können bzw. wollen‘, *jmdm. etw. aufs Butterbrot schmieren* ‚jmdm. etw. nachdrücklich vorhalten‘, *in den Eimer gucken* ‚das Nachsehen haben‘, *ins Feuer blasen* ‚etw. verschlimmern‘, *kalter Kaffee* ‚längst bekannt, uninteressant‘, *jmdn. durch den Kakao ziehen* ‚jmdn. verspotten‘, *klar wie Kloßbrühe* ‚völlig klar‘, *das Kraut (auch) nicht fett machen* ‚(auch) nicht viel helfen / ändern‘, *den Löffel abgeben* ‚sterben‘, *jmdn. in die Pfanne hauen* ‚jmdn. zugrunde richten, scharf zurechtweisen, besiegen‘, *jmdm. Pfeffer geben* ‚jmdm. tüchtig die Meinung sagen, verprügeln‘, *auf den Pudding hauen* ‚prahlen‘, *im eigenen Saft schmoren* ‚sich selbst überlassen sein‘, *da haben wir den Salat!* ‚jetzt ist das Befürchtete doch eingetreten!‘, *Schliff backen* ‚Mißerfolg haben‘, *abgehen wie warme Semmeln* ‚sehr begehrt sein‘, *seinen Senf dazugeben* ‚sich ungefragt zu etw. äußern‘, *jmdm. die Suppe versalzen* ‚jmds. Absichten durchkreuzen‘, *eine trübe Tasse* ‚ein langweiliger, wenig regsamer Mensch‘, *abwarten und Tee trinken* ‚sich gedulden‘, *in Teufels Küche kommen* ‚die größten Schwierigkeiten bekommen‘, *noch nicht in dem Topf sein, wo es kocht* ‚noch nicht, wie es sein soll‘, *auch nur mit Wasser kochen (können)* ‚es auch nicht besser als andere machen (können)‘, *es geht um die Wurst* ‚es geht um die Entscheidung‘.

4.3. Dephraseologische und phraseologische Derivation

Unter dephraseologischer Derivation wird hier die Bildung von Wortbildungs-konstruktionen auf der Basis eines Phraseologismus verstanden: *sich wichtig tun* → *der Wichtigtuer.*

Unter phraseologischer Derivation wird die (sekundäre) Bildung von Phra-seologismen auf der Grundlage von Phraseologismen, Sprichwörtern u. dgl. verstanden: *Wer andern eine Grube gräbt, fällt selbst hinein* → *jmdm. eine Grube graben.*

Damit wird terminologisch klar geschieden, was bisher meist unter dem Terminus der phraseologischen Derivation zusammengefaßt worden ist. (Vgl. ČERNYŠEVA 1970, 137ff.; 1975, 243).[101]

4.3.1. Dephraseologische Derivation

Von der dephraseologischen Derivation ist zu unterscheiden die Parallelität der Benennung durch Wortbildungskonstruktion und Phraseologismus (vgl. 4.1.4.): *steif wie ein Stock – stocksteif, schwarzer Markt – Schwarzmarkt.* Zwar dürfte bei einem großen Teil dieser Fälle von einer Wortgruppe ausgegangen werden können, so daß es sich bei der jeweiligen Wortbildungskonstruktion dann um ein phraseologisches Derivat handelt. Das muß jedoch nicht für alle Fälle zutreffen. Wir klammern sie hier aus der Behandlung der dephraseologischen Derivation aus. Als Kriterium betrachten wir das referenzidentische Verhältnis der beiden Strukturformen: Sie beziehen sich beide auf dasselbe Denotat. Deshalb also Parallelität der Benennung und nicht dephraseologische Derivation.

Einbezogen in die dephraseologische Derivation werden nicht nur die eigentlichen Derivationsprozesse expliziter oder impliziter Art, sondern es wird

---

[101] ČERNYŠEVA (1986, 209f.) hat die hier vorgenommene terminologische Differenzie-rung übernommen. Der Terminus „sekundäre Phraseologisierung" bei GAVRIS, V.I.: K probleme strukturno-semantičeskoj derivacii frazeologičeskich edinic nemeckogo jazyka. In: MGPIIJ. Slovoobrazovanie i frazoobrazovanie. Moskva 1979, S. 132f. Dort auch die Bemerkung, daß diese Prozesse noch nicht Gegenstand einer speziellen Untersuchung gewesen seien. Phraseologische Derivation = „Wortbildung auf der Grundlage von phraseologischen Wendungen" bei ECKERT, R.: Zum Verhältnis von Phraseologie und Wortbildung. In: LAB. Leipzig 1974, 9, S. 12ff.

auch die Verwendung phraseologischer Konstruktionen oder Komponentengruppen in Komposita mit berücksichtigt.

Im Prinzip vollzieht sich die Bildung von Wortbildungskonstruktionen auf der Grundlage von Phraseologismen nach den gleichen Strukturmodellen wie die Derivation von freien Wortverbindungen als Basis. Die Modelle werden allerdings unterschiedlich genutzt (vgl. ČERNYŠEVA 1970, 137ff.; ČERNYŠEVA 1975, 251ff.).

1) Die deverbale dephraseologische Derivation von Substantiven ist entsprechend dem dominierenden Charakter der verbalen Phraseologismen im Deutschen (vgl. 3.5.5.) besonders stark entwickelt.

Nomina agentis werden vorwiegend mit dem Suffix -er gebildet: *Possen reißen* ,Unfug treiben, lustige Streiche machen' → *Possenreißer*; entsprechend *Phrasendrescher, Haarspalter, Dünnbrettbohrer*. Weniger gebräuchlich ist *Bogenspucker* (nach *große Bogen spucken* ,prahlen'). (Vgl. KÜPPER 1963, I, 110.) Dieses Beispiel zeigt, daß die Wortbildungskonstruktion eine Konzentration darstellt und nicht alle lexikalischen Elemente der Basis in sie eingehen müssen (*große* entfällt). Weitere Beispiele (nach I. I. ČERNYŠEVA): *Prinzipienreiter, Halsabschneider, Radaumacher, Schwarzseher, Dick(e)tuer*. Diese Derivate „sind besonders zahlreich in thematischen Reihen mit salopp abwertender Markiertheit" (ČERNYŠEVA 1975, 258).

In geringerem Umfang wird das Modell des substantivierten Partizips I benutzt: *der Gewerbetreibende, Beschwerdeführende* (daneben *Beschwerdeführer*). In diesen Fällen liegt eine teilidiomatische phraseologische Konstruktion zugrunde; die Derivate sind nicht expressiv.

Nomina actionis werden vor allem mit Hilfe der Suffixe *-ung, -(er)ei, -e* und als implizite Ableitung gebildet:

Indienststellung, Berichterstattung, Besitzergreifung, Rückgängigmachung, Handreichung (*jmdm. die Hand reichen* ,jmdm. helfen');

Haarspalterei, Wichtigtuerei, Ehrabschneiderei (letzten Endes auf die verbalen Phraseologismen *Haare spalten* ,spitzfindig, übergenau sein', *sich wichtig tun* ,prahlen', *jmdm. die Ehre abschneiden* ,jmdn. beleidigen, herabsetzen' zurückzuführen, neben dem Nomen agentis auf -er), *Hobbyreiterei* (*sein Steckenpferd reiten* ,seinen Liebhabereien nachgehen', dann *Steckenpferd = Hobby*): „Ich predige damit nicht dem Fachidioten, der Überheblichkeit und *Hobbyreiterei* das Wort ..." (Sonntag 9/1980, 2); *Säbelrasselei* ,militaristische Großsprecherei'[102];

---

[102] Seit den 60er Jahren des 19. Jhs. nach dem Phraseologismus *mit dem Säbel rasseln*: LADENDORF, a.a.O., S. 275.

Inangriffnahme, Beschlagnahme, Fühlungnahme, Stimmungsmache ‚Versuch, mit unlauteren Mitteln die (öffentliche) Meinung zu beeinflussen, zu manipulieren' *(Stimmung machen für / gegen etw. / jmdn.)*;
Inkrafttreten, Naserümpfen, Schulterklopfen („... inmitten des gegenseitigen *Schulterklopfens* ..." – Weltbühne 1.1.80, 9), *Ausschauhalten* („... dieses *Ausschauhalten* nach dem Unerwarteten ..." – Spektrum 10/1979, 26); „... hinter der alltäglichen Praxis des *Ein-Auge-Zudrückens* ..." (ND 6.7.79);
Regierungsantritt (nach *die Regierung antreten*), *Tapetenwechsel* (nach *die Tapeten wechseln* ‚umziehen'), „*Atemholen* nach einem Riesenkrach." (LVZ 24./25.8.96) – „Ein König, der seine entführte Schwester nicht zurückzugewinnen suche, *verliere sein Gesicht* ... Und was nun weiter? Wie kommen wir da raus, ohne *Gesichtsverlust*." (Chr.Wolf, Kassandra, Berlin und Weimar 1983, 236, 271) (nach: *sein Gesicht verlieren* ‚das positive Bild seiner Person in den Augen anderer zerstören').

2) Auf die verbale Konstruktion *lange Finger machen* ‚stehlen' geht über das Nomen agentis *Langfinger* ‚Dieb' letzten Endes auch – allerdings nicht mehr als Nomen actionis – *Langfingertum* zurück: „... der Hunger, das Elend trieben manchen zum *Langfingertum* ..." (Weltbühne 13.11.79, 1445); vgl. auch unten *langfing(e)rig.*
Der Phraseologismus *ein dickes Fell haben* ‚wenig empfindlich sein' kann auch substantivisch konstruiert werden *(Sein dickes Fell hat ihm manche Aufregung erspart.)*, ist jedoch in manchen Kontexten besser durch das dephraseologische Derivat *Dickfelligkeit* zu ersetzen: „Der geflissentlichen Behendigkeit ... geht eine *Dickfelligkeit* im Umgang mit heimischen Problemen ... zur Seite ..." (Sonntag 25/79, 9).

3) Unter den – insgesamt offensichtlich selteneren – adjektivischen Derivaten stehen ebenfalls deverbale an erster Stelle:
halsbrecherisch (sich den Hals brechen), kopfhängerisch (den Kopf hängen lassen), augenfällig, sinnfällig (ins Auge / in die Augen fallen ‚sofort die Aufmerksamkeit auf sich lenken'). F.Engels bildet (aus *hinter dem Ofen hocken*, vgl. auch *in der Stube hocken, Stubenhocker* ‚jmd., der sich am liebsten zu Hause aufhält und kaum ins Freie geht', seltener auch *Ofenhocker)* ein okkasionelles Adjektiv: „... den verdammten, schwindsüchtigen, *ofenhöckerigen* Pietismus ..." (MEW, Ergänzungsbd. II, 367).
Während die deverbale Derivation die Suffixe *-isch* und *-ig* benutzt, werden desubstantivische Derivate mit *-ig* gebildet:
letztwillig (letzter Wille ‚Testament'), *blaublütig (blaues Blut* ‚adlige Abstammung', im WDG als „spöttisch", im DGW „meist ironisch" markiert), *kaltblütig* ‚beherrscht, unerschrocken', *dünnblütig* ‚kraftlos', *heißblütig* ‚temperamentvoll', *leichtherzig* ‚sorglos, unbekümmert', *langfingrig* (s.o. unter *Langfingertum)*; okkasionell: „... in der Manier des *flottzüngigen* Boulevardtheaters ..." (ND 6.7.79), dies zu *flotte Zunge*, vgl. *eine flinke*

Zunge haben ‚viel sprechen'. Als deverbale Adjektive sind allerdings auch Bildungen nach dem Partizip I in diesen Zusammenhang zu stellen: *kriegführend, unheilstiftend, gastgebend, diensttuend.*

4) Die deverbale dephraseologische Derivation von Verben vollzieht sich entweder als Univerbierung phraseologischer Wortverbindungen aus Substantiv + Verb bzw. Adjektiv/Adverb + Verb[103] oder als Verbalisierung der nominalen Komponente eines Phraseologismus unter Reduktion des Verbs. Zum ersten vgl. *kaltstellen* ‚jmds. Einfluß schwächen', *nicht lockerlassen* ‚nicht nachgeben', *zufriedenstellen, zurechtrücken* (dazu vgl. 2.6.2.3.), *gewährleisten* (aus *die Gewähr leisten*), *ratschlagen* ‚gemeinsam überlegen, beraten' (aus *Rat schlagen*; demgegenüber noch als verbaler Phraseologismus üblich *Recht sprechen* ‚richten'); hierher auch *nasführen* ‚jmdn. zum besten haben', aus *an der Nase herumführen*, bei Luther noch unreduziert mit vollem Vergleich: „... ein narr bleiben, den wir mögen mit der nasen umherfüren, wie einen behr ..." (DWB IV 343). Die Verben dieses Typs sind in der Regel literatursprachlich. Okkasionell: „Gemeinsam *sprücheklopfen* sie sich durch das Repertoire zeitgemäßer Schimpfwörter (Süddt. Zeitung 20./21.8.94), aus *Sprüche klopfen* ‚große Worte machen'.

Zum zweiten vgl. *eintrichtern* (aus *mit dem Nürnberger Trichter eingießen* ‚auf grobe Lehrweise beibringen'), *durchhecheln* (aus *durch die Hechel ziehen* ‚jmds. schlechte Eigenschaften (in seiner Abwesenheit) bereden' sowie weniger geläufige Derivate wie *dachsen (schlafen wie ein Dachs)*, *löffeln (jmdm. ein paar hinter die Löffel geben)*.[104]

Verben dieses Typs sind vorwiegend in Sprachschichten des Substandards zu Hause.

Eine dritte Möglichkeit besteht in der Autonomisierung der verbalen Komponente mit der Bedeutung des ganzen Phraseologismus: *sich kringeln* ‚sehr stark lachen' (aus *sich kringeln vor Lachen*), *aufschneiden* ‚prahlen' (aus *mit dem großen Messer aufschneiden*).

Über diese Prozesse vgl. 5.2.3. ⟨205⟩.

In semantischer Hinsicht besteht ein grundsätzlicher Unterschied zwischen den von freien Wortgruppen und den von Phraseologismen gebildeten Wortbildungs-

---

[103] Zur Problematik dieser Konstruktionen im Hinblick auf Getrennt-/Zusammenschreibung vgl. SCHRÖDER, M.: Die verbale Zusammensetzung mit einer adjektivähnlichen unmittelbaren Konstituente unter besonderer Berücksichtigung ihrer Motivationsabstufungen. In: Beiträge zur Geschichte der deutschen Sprache und Literatur. Halle (Saale) Bd.96, 1976; FLEISCHER, W.: Orthographische Aspekte der Wortbildung. In: LS/ZISW, Reihe A. H.54. Berlin 1979.

[104] Die letzten beiden Beispiele nach KÜPPER bei ČERNYŠEVA, I.I.: Frazeologija sovremennogo nemeckogo jazyka. Moskva 1970, 177ff.

konstruktionen. Während im ersten Fall die semantische Beziehung zwischen den Elementen der Basiswortgruppe in der Wortbildungskonstruktion bewahrt bleibt, geht der Phraseologismus als solcher in die Wortbildungskonstruktionen ein, so daß die Wortbildungsbedeutung des Modells durch eine phraseologisierte Wortgruppe (mit voll- oder teilidiomatischem Charakter) überlagert wird. Wortbildungskonstruktionen dieser Art sind nicht ohne Bezug auf die phraseologische Basis dekodierbar, auch wenn diese formal nur reduziert in der Wortbildungskonstruktion erscheint (*ofenhöckerig*).

Die Wortbildungsaktivität von Phraseologismen zeigt sich auch in der Komposition. Komposita wie *Brummbär, Frechdachs, Schmutzfink, Schnattergans, Naschkatze* erklären sich in ihrem Bezug auf den Menschen durch die Zurückführung auf komparative Phraseologismen (vgl. 2.6.3.2.): *brummen wie ein Bär, frech wie ein Dachs ...* Wortpaare werden als unmittelbare Konstituenten von Komposita verwendet: *Nacht-und-Nebel-Aktion, Berg-und-Tal-Bahn, Haus-zu-Haus-Verkehr.* (Vgl. OL'ŠANSKIJ 1964.) Auch adverbiale Phraseologismen mit Präposition finden zunehmend in dieser Weise als Kompositionselement Verwendung: „Ich habe meine Studenten ... schweißtriefend bei einer *Reportage-vor-Ort-Übung* in der Sandalenfabrik von A. erlebt ..." (Weltbühne 13. 11. 79, 1445); „Mitteilung ... über das ... *Vier-Augen-Gespräch* zwischen ..." (Horizont 45/79, 2); Komposita wie *Rotkreuzschwester* und *Schwarzmeerhafen* (*Rotes Kreuz, Schwarzes Meer* als onymische Wortgruppen,vgl. 2.4.1.) sind seit längerem üblich. Initialwörter sind die einzige Möglichkeit, um onymische Wortgruppen und Nominationsstereotype aus mehr als zwei Basiselementen als Kompositionsglieder verfügbar zu machen: *DGB-Chef, FAZ-Redakteur* (vgl. ČERNYŠEVA 1970, 140f.).

Vor diesem Hintergrund wird deutlich, daß Konstruktionen wie *Wettkampf, -lauf, -streit, -bewerb* genetisch ebenfalls als deverbale dephraseologische Derivate zu erklären sind: aus *um die Wette kämpfen, laufen* usw.

4.3.2. Phraseologische Derivation

Die phraseologische Derivation als Prozeß der Bereicherung des phraseologischen Bestandes vollzieht sich im wesentlichen über die Variation (vgl. 5.2.). Die phraseologische Variation wird zur Derivation, wenn sie sich nicht auf syntaktische und morphologische Veränderungen einzelner Komponenten beschränkt, sondern in den Komponentenbestand eingreift (DENISENKO 1972).

Der Austausch lexikalischer Elemente führt zur Derivation neuer Phraseolexeme als phraseologischer Synonyme (dazu 4.2.2.) zur phraseologischen Basis in Fällen wie:

⟨183⟩   *unter die Räder / den Schlitten kommen* ,herunterkommen‘, *(wieder) ins Lot / rechte Gleis / Gleichgewicht bringen* ,(wieder) in Ordnung bringen‘, *jmdm. auf der Pelle sitzen / auf dem Leder knien* ‚jmdm. hart zusetzen, jmdn. bedrängen‘, *in der Klemme / Patsche / Tinte sitzen* ‚in Schwierigkeiten sein‘, *jmdm. die Hose / Jacke / den Frack ausklopfen* ‚jmdn. verprügeln‘, *Bubikopf mit Pause / Planschbecken / Spielwiese / Tennisplatz / auf Rand genäht* ‚Teilglatze‘ (KÜPPER I 116); *böhmische Dörfer* ‚etwas ganz Unverständliches‘, üblich seit Mitte des 16. Jh., wird zur Basis für die Derivation phraseologischer Synonyme, deren Adjektive Bezug auf andere „unbekannte“ Länder nehmen: *arabische Dörfer* (um 1750), *spanische Dörfer* (Goethes ‚Werther‘), *ägyptische Dörfer* (1853). (LADENDORF 1968, 29f.) Sie haben allerdings die ältere Konstruktion nicht verdrängen können.

Während in dem zuletztgenannten Fall eine Differenzierung von „Basis“ und „Derivat“ chronologisch nachvollziehbar ist, ist dies in den meisten der vorstehend genannten Beispiele schwieriger. Ähnliche Schwierigkeiten gibt es auch in der Wortbildung in bezug auf das Verhältnis von Verb und Substantiv *(fragen – Frage)* oder bei Fremdwörtern *(fanat-iker / -ismus / -isch).*

Die Variation eines Phraseologismus kann auch zur Autonomisierung (vgl. 5.2.3.) einer Komponentngruppe führen, zur Herauslösung etwa der Nominalgruppe aus einem verbalen Phraseologismus. Dann ist auf der Grundlage des verbalen Phraseologismus ein neuer nominaler entstanden: *leeres Stroh dreschen* ‚nur Unwesentliches sagen‘ → *leeres Stroh* ‚Unwesentliches, Phrasen‘. Solche Autonomisierung kann zunächst auch okkasionell bleiben: *das Fahrrad zum zweiten Mal erfinden* ‚allgemein Bekanntes als neu ausgeben‘ → *„Erfinder eines zweiten Fahrrades* gibt es viele ...“ (LVZ 22.10.79)

Umgekehrt kann ein substantivischer Phraseologismus verbalisiert werden: *Koloß mit (auf) tönernen Füßen* ‚riesiges Reich ohne innere Festigkeit‘ → *auf tönernen Füßen stehen* ‚keine feste, sichere Grundlage haben‘. (Vgl. KOROLEVA 1977.)

Nominale wie verbale Phraseologismen können schließlich zu phraseologisierten Sätzen erweitert werden, die z.T. Sprichwort-Charakter erlangt haben[105]: *verbotene Frucht* → *Verbotene Früchte schmecken süß; nackt und bloß* → *Besser nackt und bloß als mit Schande groß; den Bock zum Gärtner machen* → *Man muß den Bock nicht zum Gärtner machen.*

Umgekehrt führt die Autonomisierung von Komponentengruppen aus Sprichwörtern zur Entstehung von Phraseologismen: Aus dem Sprichwort *Wer andern eine Grube gräbt, fällt selbst hinein* (vgl. den Spruchdichter Spervogel: „Vil dicke er selbe drinne lît, der dem andern grebt die gruoben“.) ist der verbale Phraseologismus herausgelöst *jmdm. eine Grube graben* ‚jmdn. hinterhältig zu schaden versuchen‘. Das Sprichwort *Der eine klopft auf den Busch, der andere*

---

[105] Vgl. dazu – mit dem Versuch einer Systematisierung – DENISENKO, S.N.: K voprosu ob obrazovanii ustojčivych fraz v sovremennom nemeckom jazyke. In: MGPIIJ. Sbornik naučnych trudov. Voprosy romano-germanskoj filologii. Moskva 1973.

fängt den Vogel (in einer niederdeutschen Variante seit 1513 bezeugt) ist die Basis für den verbalen Phraseologismus *auf den Busch klopfen* ‚etw. zu erkunden suchen' (seit dem 17. Jh.).[106] Ähnlich *im Glashaus sitzen* ‚anderen nichts vorwerfen können, weil man selbst die entsprechenden Fehler hat' nach dem Sprichwort *Wer im Glashaus sitzt, soll nicht mit Steinen werfen.* Der substantivische Phraseologismus *stilles Wasser* ‚ruhig, zurückhaltend erscheinender Mensch' ist entstanden durch die Autonomisierung der nominalen Komponente des Sprichwortes *Stille Wasser sind tief.*

Dephraseologische wie phraseologische Derivation machen die lebendige Wechselbeziehung zwischen Wortbildung und Phraseologisierung wie auch zwischen Sprichwort, geflügeltem Wort und Phraseologismus besonders deutlich.

4.4. Zum Modellbegriff in der Phraseologie

4.4.1. Grundsätzliches. Modellierung in der Wortbildung

Das Wesen der Modellierung in der Sprache besteht darin, die unüberschaubare Vielfalt sprachlicher Erscheinungen durch Auffinden von Invarianten für eine größere Zahl konkreter sprachlicher Erscheinungen gliederbar, erfaßbar, überschaubar zu machen.[107] Damit gehen bei jeder Modellierung als variabel anzusehende Einzelzüge, Einzelmerkmale „verloren". Aber es wird auch etwas „gewonnen": Infolge der „Idealisierung" und Abstraktion wächst die Verallgemeinerungsfähigkeit über die bei der Ermittlung des Modells zugrunde gelegten beobachteten Fakten hinaus. Mit Hilfe eines Modells werden nicht nur „Ausgangsfakten" überschaubar gemacht, sondern es werden zugleich Einsichten in noch nicht empirisch beobachtete Fakten und Zusammenhänge gewonnen. Das Wesen des Modells besteht darin, daß es „mit einer zählbaren und endlichen Menge von Symbolen eine unbegrenzte ... Menge realer und potentieller Objekte widerspiegelt" (KUBRJAKOVA 1975, 314).

Die Modelle können in ihrer „Reichweite" unterschiedlich sein; die Modellierung kann das ganze Sprachsystem zu erfassen streben oder sich auf Teilbe-

---

[106] Die Angaben zur geschichtlichen Entwicklung in beiden Fällen nach BORCHARDT-WUSTMANN-SCHOPPE: Die Sprichwörtlichen Redensarten im deutschen Volksmund nach Sinn und Ursprung erläutert. Leipzig 1888, 7. Aufl. neu bearbeitet 1954, S. 189, 93.

[107] Über unterschiedliche Fassungen des Modellbegriffes vgl. z. B. HELBIG, G.: Zum Modellbegriff in der Linguistik. In: Deutsch als Fremdsprache 7 (1970), H.1/2.

reiche und bestimmte Arten von Erscheinungen beschränken.[108] Dabei sind Unterschiede in der Modellierung syntaktischer, phonologischer, morphologischer oder lexikalisch-semantischer Erscheinungen zu bedenken. Die Modelle können einen höheren oder einen geringeren Abstraktionsgrad haben. In bezug auf die Ziele der Modellierung sind Modelle der Analyse und Modelle der Synthese zu unterscheiden.[109]

Modellierbar ist nur die strukturelle Charakteristik (APRESJAN 1972, 82). Aber diese strukturelle Charakteristik schließt bei komplexen Zeichen wie Wortbildungskonstruktionen und syntaktischen Wortverbindungen semantische Merkmale ein. Im folgenden soll das Problem der Modellierbarkeit von Phraseologismen unter dem Blickwinkel der Modellierung von Wortbildungskonstruktionen – entsprechend der gemeinsamen Benennungsfunktion (vgl. 4.1.1.) – erörtert werden. Dabei ist allerdings zu betonen, daß in dieser Frage noch sehr konträre Standpunkte vertreten werden und die folgenden Überlegungen vorläufigen Charakter haben.

Ein Wortbildungsmodell ist ein morphologisch-syntaktisch und lexikalisch-semantisch bestimmtes Strukturschema, nach dem Reihen gleichstrukturierter Wortbildungskonstruktionen mit unterschiedlichem lexikalischem Material produziert werden können. Für ein Derivationsmodell dieser Art gehören also u. a. Angaben über die strukturelle Verbindbarkeit von Basis und Affix (Wortklasse der Basis und der Gesamtkonstruktion, morphologische Charakteristik) sowie über die verallgemeinerte „Konstruktionsbedeutung", die „Wortbildungsbedeutung" dazu (KUBRJAKOVA 1975, 295ff.). Im Unterschied zu den Strukturschemata, denen die Bildung von Wortbildungskonstruktionen folgt, die als Modelle „produktiv" sind, haben wir diejenigen Strukturschemata, die sich bei der Analyse gleichstrukturierter Wortbildungskonstruktionen ermitteln lassen, als Wortbildungstypen bezeichnet. Damit sollen in der Typologie der Wortbildung auch die Muster erfaßt werden, die durch Reihen gespeicherter Wortbildungskonstruktionen im Lexikon vertreten sind und nach früher produktiven Modellen gebildet wurden (z. B. *Fahrt* als deverbales Derivat).

Mit der Erfassung von Wortbildungsmodellen und -typen in dem genannten Sinn ist aber die Beschreibung der Wortbildung noch nicht vollständig. Nicht alle „modellgerechten" Bildungen werden ohne weiteres als „gültiges" Wort der deutschen Gegenwartssprache akzeptiert. Diese Diskrepanz ist oft erörtert worden. Dabei ist grundsätzlich zu bedenken: Wortbildungskonstruktionen, die nicht

---

[108] Vgl. über „Typen von Modellen" APRESJAN, JU. D.: Ideen und Methoden der modernen strukturellen Linguistik. Berlin ²1972.

[109] Grundsätzlich APRESJAN, a. a. O., S. 107f. – Über Analyse- und Synthese-Modellierung in der Wortbildung: POLENZ, P. v.: Neue Ziele und Methoden der Wortbildungslehre. In: Beiträge zur Geschichte der deutschen Sprache und Literatur Bd. 94. Tübingen 1972, S. 399.

als lexikalische Einheit gespeichert sind, deren Bildung aber produktiven Modellen folgt, werden durch die Eigenart der Textkonstitution und/oder spezifische Kommunikationsbedingungen kommunikativ einsetzbar gemacht.[110] Weiter ist zu beachten, daß Modellcharakter für die Wortbildung auch die paradigmatischen Relationen zwischen den gespeicherten – nichtidiomatisierten – Wortbildungskonstruktionen und ihren unmittelbaren Konstituenten (Basen wie Affixen) haben. Die Rolle der Analogie darf nicht übersehen werden.

4.4.2. Ansätze der Modellierung in der Phraseologie

Über die Modellierbarkeit der Phraseologismen gibt es – wie bereits angedeutet – sehr unterschiedliche Standpunkte. Einerseits wird die Modellierbarkeit phraseologischer Einheiten in Abrede gestellt. Es sei unmöglich, nach einem vorgegebenen strukturell-semantischen Modell Phraseologismen zu bilden. Diese Nichtmodellierbarkeit stehe in engem Zusammenhang mit der Nichtprädiktabilität: Weder die Entstehung eines Phraseologismus sei prädiktabel (sondern trage zufälligen Charakter) noch die Bedeutung eines Phraseologismus sei dies. Die Phraseologisierung einer syntaktischen Wortverbindung aus den gleichen lexikalischen Elementen in zwei verschiedenen Sprachen könne zu sehr verschiedenen semantischen Ergebnissen führen: russ. *u menja ruki opuskajutsja* ‚ich habe keine Kraft mehr, etw. zu tun‘ – franz. *les bras m'en tombent* ‚ich bin total überrascht, frappiert‘. (Vgl. NAZARJAN 1976, 53ff.) Was als syntaktisches Strukturmodell eines Phraseologismus ausgegeben werde, sei in Wirklichkeit das syntaktische Strukturmodell der freien Wortverbindung, die dem Phraseologismus zugrunde liege.[111] Angesichts dessen, daß das irreguläre Verhältnis zwischen der Bedeutung der Komponenten des Phraseologismus und der Bedeutung des Phraseologismus als Ganzem als konstitutiv für einen Phraseologismus überhaupt betrachtet wird (so auch unter 2.1.), erscheinen die gegen die Modellierbarkeit vorgebrachten Argumente einleuchtend. Und dennoch – so scheint uns – wird dabei die Dialektik des Phänomens nicht gebührend berücksichtigt. Neuerdings stehen manche Autoren der Frage einer Modellierbarkeit von Phraseologismen weniger ablehnend gegenüber (vgl. ČERNYŠEVA 1977, 38 u. insbesondere ČERNYŠEVA 1980, 83ff. sowie MOKIENKO 1980, 40ff.).

---

[110] Ausführlicher dazu FLEISCHER, W.: Zum Charakter von Regeln und Modellen in der Wortbildung. In: LS/ZISW, Reihe A, H. 62/III. Berlin 1979, S. 82 sowie FLEISCHER, W.: Kommunikativ-pragmatische Aspekte der Wortbildung. In: Sprache und Pragmatik. Lund 1979, 324ff.

[111] Dazu außer NAZARJAN auch MOLOTKOV, a.a.O., S. 33.

Wenn die unter 4.1.1. angestellten grundsätzlichen Überlegungen auf die Phraseologismen angewendet werden, so ergeben sich verschiedene Aspekte.

Es ist zunächst festzuhalten, daß es sich in erster Linie um Modelle der Analyse, nicht Modelle der Synthese handelt. Das heißt: Es geht um die Typisierung vorhandener Phraseologismen, die „bei der Bildung neuer Verbindungen Modellwirkung ausüben können" (THUN 1978, 183). Dabei ist allerdings – entsprechend dem Obengesagten – nicht an eine Beschränkung auf die morphologisch-syntaktische Typisierung im Sinne der Klassifikation von A. ROTH-KEGEL (vgl. 3.2.4.) gedacht, sondern an eine Typisierung einschließlich der Semantik. Auf „Wechselbeziehungen zwischen der Struktur und der Semantik phraseologischer Einheiten" hat z.B. N.A. ANIKINA (1968, 27) hingewiesen: zwischen bestimmten Strukturen und bestimmten Wortklassen (vgl. 3.5.1.), zwischen dem Grad der semantischen „Vollständigkeit" und der Struktur des Phraseologismus, zwischen bestimmten Bedeutungen und bestimmten Strukturen.

Eine verallgemeinerbare Bedeutung bestimmter Strukturen – die für eine syntaktische Wortverbindung noch am ehesten dem entspricht, was oben als Wortbildungsbedeutung erläutert wurde – ist zunächst bei den Phraseoschablonen gegeben (vgl. 3.4.1.). Hier ist über Typen hinaus auch von produktiven Modellen der Synthese zu sprechen. Doch eben deshalb werden die Phraseoschablonen, wenn sie überhaupt im Zusammenhang mit Phraseologismen behandelt werden, an deren Peripherie gerückt.

Aber „Phraseologismen mit ausgeprägten Strukturmerkmalen" sind auch Wortpaare und komparative Phraseologismen (insbesondere mit der Struktur (Adjektiv + *wie* + Substantiv; über die verschiedenen Strukturen vgl. 2.6.3.2.)). Durch die Struktur ist in diesen Fällen die semantische Charakteristik in einem gewissen Grade „prädisponiert". (Vgl. ČERNYŠEVA 1977, 38.) Und damit sind doch Elemente eines Modellcharakters der Semantik gegeben. Bei nichtantonymischen mit *und* verbundenen Wortpaaren handelt es sich in der Regel wohl um das semantische Merkmal der Intensität: *null und nichtig, weit und breit, auf Schritt und Tritt, hegen und pflegen* (vgl. 2.6.3.3.). Das gilt auch für einen Teil der komparativen Phraseologismen (*dumm wie Bohnenstroh*; Weiteres vgl. 2.6.3.2.). (Vgl. HÄUSERMANN 1977, 84f.) Dabei wird selbstverständlich nicht übersehen, daß das Merkmal der Intensität modifiziert wird durch idiomatische Elemente in der Semantik der Konstruktionen, also keine vollständige Modellierbarkeit vorliegt.

Ein weiterer Aspekt ist durch die Klassifikation von U. FIX deutlich herausgearbeitet worden (vgl. 3.2.3.). Mit Hilfe ihrer Unterscheidung von „Konstruktionsmodellen" und „Konstruktionsgerüsten" läßt sich für einen Teil syntaktischer Wortverbindungen der phraseologische Charakter an der syntaktischen Struktur ablesen. Einschränkend ist allerdings zu bemerken, daß nur die nicht-verbalen Elemente typisiert worden sind; es muß jeweils vom konkreten einzelnen Verb ausgegangen werden.[112] Danach sind zum Beispiel die folgenden syntaktisch-semantischen Konstruktionsweisen an Phraseologismen gebunden, als phraseologisch „markiert":

1. *etw. staunen (Bauklötze), etw. stehen (Schlange, Schmiere), etw. schwitzen (Blut und Wasser);*
2. *sich lachen in etw. (Fäustchen, den Bart) / etw. (einen Ast), / Adj./Adv. (tot, kaputt); sich ausschütten vor etw. (Lachen), sich geraten in etw. (die Haare / Wolle / ins Gehege), sich liegen in etw. (den Haaren / der Wolle);*
3. *jmdm. auf etw. gehen (die Nerven / den Geist / den Docht), jmdm. auf etw. sein (der Spur / den Fersen) / kommen (die Spur / die Schliche), jmdm. in etw. liegen (den Ohren), jmdm. etw. aus etw. leiern (etw. aus dem Kreuz), jmdm. nach etw. reden (dem Mund), jmdm. etw. ablaufen (den Rang), jmdm. etw. husten (etwas* lexikalisch nicht spezialisiert, vgl. 2.6.2.1. ⟨77⟩);
4. *jmdn. um etw. wickeln (den kleinen Finger), jmdn. für [Adj./Adv.] verkaufen (dumm); jmdn. zu jmdm. halten (Narren, besten).*
5. *auf jmdn. pfeifen.*

Bei weiterer Spezifizierung des noch sehr „groben" Elements *etw.* (-Animated ‚-belebt'), etwa in [+abstrakt] und [-abstrakt], würde sich die Zahl dieser „Konstruktionsgerüste", die es für freie syntaktische Wortverbindungen nicht gibt, noch erhöhen; vgl. z. B. *etw.* [-abstrakt] *in etw.* [+abstrakt] *waschen (seine Hände in Unschuld).*

Die durch Modellierung verbaler Konstruktionsweisen gefundenen, syntaktisch-semantisch bestimmten Konstruktionsgerüste machen deutlich, daß bei Einbeziehung der Valenz nicht mehr von völliger Identität der Strukturen von freien und phraseologischen Wortverbindungen gesprochen werden kann. Vgl. auch 3.5.5.2. Wie eine Reihe der aufgeführten Konstruktionsgerüste zeigt, sind sie auch keineswegs alle in gleicher Weise an ein einziges lexikalisches Element gebunden, wenngleich die lexikalische „Füllung" des Modells nur geringe Variationsmöglichkeiten läßt.

Weitergehende Versuche der semantischen Modellierung von Phraseologismen sind unternommen worden mit dem Ziel, für bestimmte begriffliche Bereiche von Phraseologismen oder bestimmte Synonymreihen typische metaphorische Prozesse zu fixieren. So sind für Phraseologismen mit der Bedeutung ‚tadeln' verschiedene metaphorische „Ausgangsbedeutungen" ermittelt worden, bezeichnet z. B. als „Modell I" (‚waschen, reinigen': *den Kopf waschen),* „Modell II" (‚schlagen': *jmdm. eins auf den Deckel geben),* „Modell III" (‚belehren'; *jmdm. die Leviten / den Text lesen).* (Vgl. ČERNYŠEVA 1977, 38.)

---

[112] Zur Begründung vgl. Fix, Zum Verhältnis, a.a.O., 1976, S. 41.

Unter Anknüpfung an die Konstruktionsmodelle und Konstruktionsgerüste von U. FIX und die vorstehende Differenzierung der Metaphern mit der Bedeutung ‚tadeln' ließen sich etwa für Phraseologismen mit der Bedeutung ‚jmdn. bedrängen, jmdm. zusetzen' als typisch u. a. die Konstruktionsmodelle ermitteln

1. *jmdm. auf etw. fallen (den Docht / die Nerven / den Senkel / den Wecker) / knien (dem Leder / dem Nacken / den Nähten / der Pelle / der Seele) / sitzen (dem Leder / den Fersen / den Nähten), rücken (den Leib / die Nähte / die Pelle);*
2. *jmdm. nicht von etw. gehen (den Fersen / dem Leder / der Pelle / den Nähten).*

Demnach wäre – mit der entsprechenden Bedeutung – die Bildung „neuer" Phraseologismen denkbar wie: *jmdm. auf die Haut rücken, jmdm. auf dem Anzug knien, jmdm. auf den Anzug fallen, jmdm. nicht vom Jackett gehen.* In Analogie zu den vorhandenen Konstruktionen wäre eine Dekodierung in einem entsprechenden Kontext wahrscheinlich ohne weiteres möglich.

Nach dem Typ der Phraseologismen *mit allen Hunden gehetzt, mit allen Wassern gewaschen* war früher auch üblich *mit allen Salben geschmiert* (vgl. BORCHARDT-WUSTMANN-SCHOPPE 1954, 408).[113] Danach wäre bildbar *von allen Winden gejagt, mit allen Mitteln kuriert* u. a.

Aus Phraseologismen mit der Bedeutung ‚prahlen' wie *große Bogen spucken, große Reden schwingen, große Töne schwingen, große Worte machen* läßt sich ein durch *groß* + *Substantiv* bestimmter Typ ermitteln, dem auch Konstruktionen entsprechen würden wie *große Messer werfen, große Schuhe tragen, große Lieder singen.*

Das semantische Merkmal der Intensität in bezug auf physische oder geistige menschliche Tätigkeit ist einem Typ von Phraseologismen eigen, der dadurch charakterisiert ist, daß die Beschädigung oder Zerstörung eines menschlichen Körperteils durch den Menschen selbst (also reflexive Konstruktionen) ausgedrückt wird:

(184)   *sich den Kopf zerbrechen, sich den Hals verrenken, sich die Augen ausgucken, sich (k)ein Bein ausreißen, sich die Zähne ausbeißen, sich die Zunge aus dem Halse reden, sich die Lippen wund / den Mund fusselig reden, sich die Lunge aus dem Leibe schreien.*

Ähnlich hyperbolisch sind nichtreflexive Konstruktionen wie *jmdm. das Herz aus dem Leibe reißen* ‚jmdn. tief erschüttern', *jmdm. alle Knochen im Leibe zerschlagen, aus der Haut fahren* ‚wütend werden'.

Die Intensität von Gefühlsreaktionen wird auch durch einen Typ ausgedrückt, in dem an ein reflexives Tätigkeitsverb mit der Präposition *vor* ein Sub-

---

[113] Ist möglicherweise noch heute landschaftlich begrenzt üblich.

stantiv angeschlossen wird, das das entsprechende Gefühl bzw. die Gefühlsreaktion bezeichnet:

⟨185⟩   *sich umbringen / totmachen vor Angst, sich überschlagen vor Eifer,*
          sich biegen / ausschütten vor Lachen, sich krümmen vor Schmerzen,
          sich nicht mehr halten können vor Übermut / Lachen.

Vgl. dabei den Unterschied: *sich umbringen aus Angst* ‚unter dem Einfluß großer Angst Selbstmord begehen' – *sich umbringen vor Angst* ‚große Angst haben'. Die phraseologische Verwendung von *umbringen* ist an die Präposition *vor*, an das unter ⟨185⟩ genannte „Modell" gebunden.

Auch nichtreflexive verbale Konstruktionen fügen sich hier ein:

⟨186⟩   *platzen vor Wut, wie gelähmt sein vor Entsetzen, umkommen vor Neid / Hunger /*
          Durst, kopfstehen vor Aufregung, gelb werden vor Neid, jmdm. läuft die Galle über
          vor Ärger, jmdm. bleibt die Luft / die Spucke weg vor Schreck / Überraschung.

Mit den vorstehenden Hinweisen ist angedeutet, daß die Frage der Modellierung im Bereich der Phraseologie weiterer Untersuchung bedarf. „Elemente der semantischen Modellierung", die im allgemeinen „logischen und assoziativen Prozessen des menschlichen Denkens" gründen (vgl. ČERNYŠEVA 1977, 38), sind zweifellos deutlich geworden. Spielt schon in der Wortbildung die Analogiewirkung lexikalisierter Konstruktionen eine nicht zu unterschätzende Rolle, so ist diese in der Phraseologie – entsprechend der geringeren Ausprägung regulärer Modelle – noch weit größer. Ist schon in der Wortbildung die „Akzeptabilität" modellgerechter Bildungen eingeschränkt, so ist dies in weit höherem Maße in der Phraseologie der Fall. – Weiteres unter 6.1.3.1., 6.1.4.2.

5. Stilistische und kommunikativ-pragmatische Aspekte der Phraseologie

5.1. Zur Konnotation der Phraseologismen

Im Hinblick auf die Expressivitätssteigerung als eine Hauptfunktion der Phraseologismen (vgl. 4.1.2.) kommt ihren konnotativen Qualitäten besondere Bedeutung zu. Unter Konnotation werden zusätzliche Elemente der „an ein Zeichen gebundenen Bewußtseinsinhalte" (VIEHWEGER 1977, 101) verstanden, die nicht Merkmale des bezeichneten Gegenstandes widerspiegeln, sondern entweder die emotional betonte Einstellung des Zeichenbenutzers zum benannten Gegenstand bzw. mitgeteilten Sachverhalt als „indirekte" Information mitliefern oder die „Einordnung des betreffenden Zeichens in ein Normensystem der sozialen Verwendungsebene sprachlicher Mittel" kennzeichnen (VIEHWEGER 1977, 101). Im letzten Fall handelt es sich um Qualitäten, die im WDG durch die Angaben von „Stilschichten", die Kennzeichnung einer „zeitlichen" und „räumlichen Zuordnung" sowie von „Fach- und Sondergebieten" markiert werden. Damit werden Verwendungsbeschränkungen der betreffenden lexikalischen Einheiten in bezug auf die Literatursprache, den hochsprachlichen Standard fixiert. Konnotationen der ersten Art werden z.T. mit Markierungen der „Stilfärbung" im WDG erfaßt, z. B. „abwertend".[114] Deshalb sprechen wir hier mit Bezug darauf auch von „stilistischer Markierung". Die Expressivität der Phraseologismen beruht nicht ausschließlich auf diesen Konnotationen (vgl. 4.1.2.), doch sind sie dafür von großer Bedeutung.

Die Phraseologismen sind allerdings unter dem genannten Gesichtspunkt nicht selten recht einseitig beurteilt worden, indem man sie mehr oder weniger pauschal der salopp-umgangssprachlichen Schicht (KLAPPENBACH 1968, 226) oder der „niederen Umgangssprache" (POLENZ 1968, 177) zuordnete. Dies wird von W. KOLLER mit Recht zurückgewiesen (KOLLER 1977, 55ff.). Dabei geht es

---

[114] Zur Problematik dieser speziellen „Stilfärbung" vgl. FLEISCHER, W.: Konnotation und Ideologiegebundenheit in ihrem Verhältnis zu Sprachsystem und Text. In: Wissenschaftliche Zeitschrift der Karl-Marx-Universität Leipzig. Gesellschafts- und sprachwissenschaftliche Reihe 27 (1978), 5, S. 546. Die Auffassung der Erscheinung als „Konnotation" ist umstritten; vgl. ebenda, S. 544f.

nicht nur darum, daß lexikonspezifische Konnotationen[115] bei der Verwendung des Zeichens im Text sehr unterschiedlich genutzt werden können (z. B. lexikalische Einheiten mit der Markierung ‚veraltend' zur Erzielung eines ironischen Effekts), sondern auch darum, daß große Gruppen von Phraseologismen die Verwendungsbeschränkung sozusagen in der entgegengesetzten Dimension zeigen, als „gehoben" markiert sind, und weitere Gruppen im Lexikon als „unmarkiert", also „normalsprachlich" erscheinen, obwohl auch sie expressiv genutzt werden können.

Konnotation durch Verwendungsbeschränkung. So sind als „gehoben" im WDG manche „bildungssprachlichen" (KOLLER 1977, 56) Phraseologismen markiert wie *in Morpheus Armen ruhen / liegen* ‚schlafen', *wie ein Phönix aus der Asche steigen* ‚verjüngt, neubelebt wiedererstehen' (allerdings nicht so den *Pegasus besteigen / reiten* ‚Verse machen', dies als „scherzhaft"; *alt wie Methusalem* als „salopp", *homerisches Gelächter* ohne Markierung).

Sehr heterogen sind auch die Wortpaare in ihrer diesbezüglichen Markierung; als „gehoben" erscheinen z. B. *auf Gedeih und Verderb, vor Tau und Tag* ‚vorm Morgengrauen', *mein (eigen) Fleisch und Blut* ‚meine Kinder / mein Kind', *des langen und breiten*, als „veraltend" (und damit – wie viele Parallelfälle – zugleich wohl auch als „gehoben" anzusehen), *zu Nutz und Frommen* (vgl. im übrigen zu den Wortpaaren 2.6.3.3.).

Euphemistische Phraseologismen sind zum Teil als „gehoben" gekennzeichnet, z. B. für ‚sterben' *die Augen brechen jmdm., sein Leben lassen (müssen), die letzten Atemzüge tun, bis zum letzten Atemzug* ‚bis zum Tode'.

Auch ein nicht unerheblicher Teil anderer metaphorischer Konstruktionen ist hier zu nennen:

⟨187⟩ *der Abend des Lebens* (nicht aber: *Lebensabend*) ‚Alter', *den Bund fürs Leben schließen* ‚heiraten', *die Creme der Gesellschaft* ‚vornehmste Oberschicht' (dazu: „oft spöttisch"), *vor aller Augen* ‚in aller Öffentlichkeit', *aus dem Dunkel treten* ‚aus der Anonymität', *dem Dunkel der Vergangenheit entreißen* ‚neu entdecken', *seine Hand von jmdm. / etw. abziehen* ‚jmdm. / einer Sache seinen Schutz versagen', *(fleißig) die Hände regen / rühren* ‚(fleißig) arbeiten', *um die Hand einer Frau bitten / anhalten* ‚einen Heiratsantrag machen', *jmdn. auf die Knie zwingen* ‚jmdn. unterwerfen' (aber „umgangssprachlich": *etw. übers Knie brechen* ‚etw. übereilt tun'), *eine Lanze für jmdn. brechen / einlegen* ‚sich für jmdn. einsetzen', *jmdn. auf den Schild heben* ‚jmdn. zu seinem Leitbild erklären', *Anstoß an etw. nehmen* ‚beanstanden'.

Ohne Markierung im WDG und unter diesem Gesichtspunkt demnach als „normalsprachlich" zu betrachten sind außer dem größten Teil der Phraseo-

---

[115] Zu den Termini „lexikonspezifische" / „kommunikationsspezifische" Konnotation vgl. FLEISCHER, Konnotation, a. a. O., S. 546.

schablonen (vgl. 3.4.) und Nominationsstereotype (vgl. 2.2.3.) sehr viele teilidiomatische Phraseologismen (vgl. z. B. unter 3.4. ⟨132⟩ ⟨133⟩, 3.5.2.1. ⟨141⟩) und solche mit unikaler Komponente (vgl. 2.2.1.).

Stärkeren Verwendungsbeschränkungen unterworfen (als „umgangssprachlich" oder „umgangssprachlich-salopp") sind vor allem vollidiomatische Phraseolexeme ohne semantische Kongruenz der Komponenten (z. B. 2.1. ⟨3⟩ ⟨4⟩), mit verdunkeltem Metaphorisierungsprozeß (z. B. 2.1. ⟨7⟩), festgeprägte prädikative Konstruktionen (vgl. 2.6.3.1.) – allerdings auch diese nicht ohne Ausnahme –, die phraseologisierten Teilsätze (2.6.3.1. ⟨106⟩), die komparativen Phraseologismen (vgl. 2.6.3.2.) und die Konstruktionen mit dem semantischen Merkmal der Intensität duch hyperbolische Bilder u. ä. (vgl. den größten Teil unter 4.2.2. ⟨175⟩; ferner 4.4.2. ⟨184⟩ ⟨185⟩ ⟨186⟩).

Diese Hinweise sind aber nicht zu verabsolutieren. Es ist immerhin bemerkenswert, daß Konstruktionen wie *einen Streit vom Zaune brechen, jmdm. einen Bärendienst erweisen, auf des Messers Schneide stehen, das Kind mit dem Bade ausschütten* nach dem WDG als „normalsprachlich" gelten.

Weitere Motive für diese unterschiedlichen Konnotationen – die sich keineswegs durchweg begründen lassen (vgl. BURGER 1973, 95) – können z. B. in der morphologischen Struktur liegen (vgl. als „gehoben" Genitivkonstruktionen wie *stehenden Fußes*, 2.2.2.1. [2]), und sie ergeben sich z. T. auch aus der Konnotation einzelner Komponenten des betreffenden Phraseologismus. Diese Beziehungen können sehr unterschiedlich sein:

1) Komponenten „normalsprachlich" – Phraseologismus „salopp", z. B. *ins Gras beißen* ‚sterben‘, *vor die Hunde gehen* ‚zugrunde gehen‘;
2) verbale bzw. nominale Komponente „salopp" – Phraseologismus „salopp", z. B. *mit den Ohren schlackern* ‚sehr erstaunt sein‘, *sein Maul vollnehmen* ‚prahlen, übertreiben‘;
3) Komponenten „normalsprachlich" – Phraseologismus „gehoben", z. B. *die Stirn zu etw. haben* ‚die Dreistigkeit, Unverfrorenheit zu etw. haben‘;
4) verbale Komponente „gehoben" – Phraseologismus „gehoben", z. B. *wie im Fluge entschwinden* ‚sehr schnell vergehen‘;
5) Komponenten „gehoben" – Phraseologismus „normalsprachlich", z. B. *schalten und walten* ‚mit voller Verfügungsgewalt tätig sein, über etw. gebieten‘.

Damit sind nur einige der Möglichkeiten angedeutet. In auffälliger Weise unterscheiden sich Konstruktionen mit *Angesicht*, dies als „gehoben" gekennzeichnet. Dazu *jmdn. von Angesicht zu Angesicht sehen* ‚mit eigenen Augen sehen‘, *im Angesicht des Todes* – beide ebenfalls „gehoben", aber *etw. im Schweiße seines Angesichts tun* ‚mit großer Anstrengung‘ als „umgangssprachlich" markiert.

Es gibt Serien von Phraseologismen, bei denen sich der synonymische Austausch einzelner Komponenten auf die Markierung der ganzen Konstruktion auswirkt: *den Mund halten* [umgangssprachlich], *den Schnabel halten* [salopp], *die Klappe / den Rand / die Schnauze halten* [salopp, mit Zusatz: derb]; *jmds. Händen entrinnen* [gehoben], *jmds. Händen entkommen* [ohne Markierung].

Andererseits kann die gleiche Komponente Phraseologismen mit unterschiedlicher Markierung bilden: Das Adverb *wohl* – mit dem entsprechenden Semem im WDG unmarkiert – findet sich einerseits in als „gehoben" gekennzeichneten Phraseologismen wie *es sich wohl sein lassen* ,sein Leben genießen, sich Essen und Trinken schmecken lassen', *jmdm. wohl anstehen* ,jmdm. angemessen sein, zukommen' und andererseits in dem unmarkierten Wortpaar *wohl oder übel* ,ob man will oder nicht'. Das „normalsprachliche" Substantiv *Fahne* ist Komponente des als „gehoben" und „veraltet" markierten Phraseologismus *zu den Fahnen rufen* ,zum Kriegsdienst einberufen' (DGW) sowie des als „gehoben" markierten Phraseologismus *unter der Fahne stehen* ,Soldat sein' (WDG). In der DDR war umgangssprachlich der Phraseologismus *bei der Fahne sein* ,den Wehrdienst ableisten' üblich (vgl.: „Der Tierarzt ist in Urlaub, die Vertretung *bei der Fahne*." – M.W.SCHULZ, Triptychon mit sieben Brücken, Halle [Saale] 1974, 195), wofür in der alten und neuen BRD – ebenfalls umgangssprachlich – gebraucht wird *beim Bund sein* (DGW).

Als „veraltet" oder „veraltend" markierte Wörter können Komponenten ganz geläufiger, unmarkierter Phraseologismen sein (vgl. 2.2.1.1., 4.2.2. ⟨178⟩), territorial begrenzte Wörter in allgemein verbreiteten Phraseologismen vorkommen (*den Rahm abschöpfen*, vgl. 2.2.).

Emotional-wertende Konnotation. Die Benennung durch einen Phraseologismus ist als „indirekte", „sekundäre" Benennung (vgl. 4.1.1.) eine „wertende Benennung par excellence". (Vgl. TELIJA 1977, 186.) Die Wahl der Bilder hat in dieser Hinsicht eine ähnliche Funktion wie die Wahl der Benennungsmotive in Wortbildungskonstruktionen (*Traumreise, Traumwetter – Saureise, Schweinewetter*). Je nach Sichtweise kann der Schnee positiv (*weiße Pracht*, LVZ 20./21.1.79) oder negativ (*weiße Last*, LVZ 3.1.79) bewertet werden. In einer ganzen Reihe von Phraseologismen dominieren die konnotativen Elemente emotional betonter Wertung unter Zurücktreten des Begrifflich-Denotativen: *fauler Zauber* ,Schwindel', *kalter Kaffee* ,längst Bekanntes, Uninteressantes'.

Dennoch sind Informationen konnotativen Charakters grundsätzlich an denotative Elemente gebunden, wenn auch die Proportionen – wie gesagt – unterschiedlich sein können. In den beiden zuletzt genannten Phraseologismen sind die denotativen Elemente mit den knappen Bedeutungsangaben nur sehr unvollkommen erfaßt; ihr kommunikativer Wert wird durch die konnotativen Elemente bestimmt. Aber der Unterschied zwischen *fauler Zauber* und *Schwindel* besteht nicht nur in der stärkeren – emotional-wertenden – Konnotation von *fauler Zauber*, sondern es sind auch unterschiedliche denotative Elemente vorhanden; nicht jede Art Schwindel wird man als *faulen Zauber* bezeichnen können, ebenso nicht mit *ins Gras beißen* jede Art von Sterben, und *Kohldampf schieben* ist nicht einfach ‚hungern', ‚Hunger haben', sondern enthält noch ein semantisches Element der Intensität ‚anhaltend starken Hunger leiden'.[116]

Da der Mensch dazu neigt, in der Alltagskommunikation „rückhaltlos seine Gefühle" kundzugeben (RIESEL 1964, 234), ergibt sich eine Bevorzugung solcher konnotierter Ausdrücke im weniger offiziellen, weniger öffentlichkeitsbestimmten Bereich der Alltagsrede. Und dies wiederum hat zur Folge, daß zwischen Konnotationen emotionaler Bewertung einerseits und Konnotationen, die auf funktionalen und sozialen Gebrauchsrestriktionen beruhen (s. o.), andererseits, ebenso enge Wechselbeziehungen bestehen wie zwischen regionalen und sozialen Restriktionen. Daher sind viele emotional betont abwertende Phraseologismen zugleich als „salopp" markiert und entsprechend verwendungsbeschränkt (*jmdn. gefressen haben* ‚nicht leiden können') und Phraseologismen wie *etw. aus Daffke tun* ‚aus Trotz tun' zugleich als regional („berlinisch") und „salopp" markiert.

Ideologiegebunden ist die emotional-wertende Konnotation von Konstruktionen, die den Begriff ‚arbeitslos werden' benennen[117]: *auf die Straße gesetzt werden / fliegen / geworfen werden / gefeuert werden / an die Luft gesetzt werden, den blauen Brief erhalten / bekommen.* (Vgl. SHUMANIJASOW, 1978, 91ff.) *Blauer Brief* ‚Kündigungsschreiben', im WDG als „veraltet", im DGW als „umgangssprachlich" markiert, ist im Gebrauch der Presse durchaus geläufig:

⟨188⟩   „H. N. war zunächst als Fernfahrer in einer ... Möbelspedition beschäftigt. Bis auch für ihn wie für so viele andere in dieser Stadt *der blaue Brief* kam ..." (ND 20./21.11.76)
          „Die Pirelliarbeiter erhielten die berüchtigten *‚Blauen Briefe'* am Wochenende zugeschickt ..." (LVZ 24.11.75). Zur falschen Großschreibung im zweiten Beleg vgl. 2.4.1. ⟨52⟩.

Ein großer Teil der Phraseologismen ist im Hinblick auf die emotional-wertende Konnotation lexikonspezifisch festgelegt, kann nur entweder positiv oder negativ wertend verwendet werden, vgl. z. B. das obengenannte *fauler Zauber* als negativ wertend. Positiv etwa *auf Draht sein, auf dem Kien sein.* Andere können sowohl negativ als auch positiv wertend verwendet werden, aktualisieren die Bewertungsrichtung also erst textspezifisch. Das gilt z. B. für den Phraseologismus *auf jmds. Konto kommen / gehen* ‚durch jmdn. verursacht sein'. (Vgl. SHUMANIJASOW 1978, 124f. und MÜLLER 1994, 328.)

---

[116] Weiteres dazu bei KLAPPENBACH, R. und H. MALIGE-KLAPPENBACH: Das Wörterbuch der deutschen Gegenwartssprache. In: Kopenhagener Beiträge zur Germanistischen Linguistik 14 (1978), S. 15.
[117] Über Ideologiegebundenheit vgl. FLEISCHER, Konnotation, a. a. O., S. 549ff.

(189) Positiv: „Neben verschönerten Wohnungen von Rentnern *kommen* Dutzende neu gestaltete Klubs der Volkssolidarität sowie Hunderte modernisierter Räume in Feierabendheimen *auf das Konto* der Bürgerinitiative." (ND 22.9.75) Negativ: „Beide Mordfälle *kommen auf das Konto* der Terrorgruppe ‚Protestant Activ Force'." (LVZ 23.6.75)

Ähnlich auch *jmdm. grünes Licht geben, etw. unter Dach und Fach bringen.* Durch die Konstruktion *Nummer eins* (auch in den Varianten *Nummer 1, Nr. 1*) (SHUMANIJASOW 1978, 102) kann sowohl positiv Bewertetes als auch negativ Bewertetes hervorgehoben werden: *Sportereignis Nummer 1, Kassenmagnet Nummer 1 – Aggressor Nummer 1, Feind Nummer 1.* Zur syntaktischen Struktur vgl. 3.5.2.1. [5)].

Mit wertender Absicht werden ständig neue, zunächst vielfach okkasionell bleibende Kombinationen (vgl. dazu 2.3.2.) metaphorischen Charakters, mit „Idiomatisierung", geschaffen:

(190) „Als der MDR-Rundfunkrat am Montag die Hörfunkchefin K.S. *aus dem Sender hebelte* (‚absetzte, entließ'), hatten einige ‚schon *ihren Sekt kaltgestellt'* (‚sich darauf eingestellt, das Ereignis zu feiern'), meinte eine Redakteurin." (LVZ 19.6.96) – „Also können wir doch jetzt getrost *unser linguistisches Nähkästchen öffnen* und einige besonders schöne Stücke vorzeigen." (Süddt. Z. 2./3.3.91) (*aus dem Nähkästchen plaudern* ‚Geheimnisse, private Dinge Fremden mitteilen') – „Inhaltsschwangere Botschaften wollen ... die Techno-Akteure nicht an den Mann bringen, eher wird mit harten Beats *auf Bauch und Unterleib* gezielt." (LVZ 21.11.91) – „Dem mächtigen *Glockengeläut des Alarmrufs* folgt *das leise Gebimmel ziemlicher Ratlosigkeit.*" (LVZ 12.3.96)

Phraseologismen mit der Markierung „umgangssprachlich" oder „salopp" werden – wie bereits ein Teil der angeführten Beispiele zeigt – keineswegs nur für kommunikative Zwecke und in Kommunikationssituationen verwendet, die nicht den Gebrauch der „normalen" Literatursprache fordern. Sie begegnen in spezifischen Funktionen (dazu vgl. Weiteres 5.3.3., 5.3.4.) in den meisten Kommunikationssphären und funktionalen Stiltypen, z.B. in der Presse und Publizistik wie in der wissenschaftlichen Kommunikation:

(191) „... Vielmehr geht es mir darum, die viel zu enge Auffassung von der Moral des Wissenschaftlers *aufs Korn zu nehmen* ..." (Weltbühne 11.3.80, 333) „Viele Wege, um Häuser gut *in Schuß zu halten.*" (ND 29.5.80) „Marx, der schon in seiner Jugend die Metaphysik ... überwand, schiebt die metaphysischen Travestierungen des Aristoteles beiseite. Aber er schüttet nicht das Kind mit dem Bade aus. Die von Aristoteles *aufs Tapet gebrachte* Stoff-Form-Relation wird aufgehoben ..." (H. Seidel, Zum Verhältnis von Karl Marx zu Aristoteles, Leipzig 1979, 10) Die historische Sprachwissenschaft, *ins Abseits gedrängt,* hat inzwischen ihre Lektion gelernt ..." (W. Blümel, in: Sprachwissenschaft 3, 1978, 96)

In der Belletristik können mit schockierender Kontrastwirkung Phraseologismen des Substandards („unter" dem „Normalsprachlichen") keineswegs nur zur Figurencharakterisierung eingesetzt werden:

⟨192⟩ „Sehen Sie nicht manchen sein Unglück auf einer Selbsttäuschung gründen? Und selber nicht merken, *ums Verrecken nicht?"* (Chr. Wolf, Kein Ort. Nirgends, Berlin und Weimar 1979, 147) Die Konstruktion *ums Verrecken nicht* ,auf keinen Fall' nach DGW „salopp", nach WDG „vulgär"!

Von den kommunikativen Formeln (vgl. 3.3.2.), deren Funktion ja zu einem großen Teil mit Charakteristika der mündlichen Äußerung zusammenhängt, sind naturgemäß sehr viele als „umgangssprachlich" und „salopp" anzusehen: *Na dann wollen wir mal, komm mir nur, laß dir das gesagt sein, aber da hört sich doch alles auf* u. v. a. (Vgl. dazu auch 5.3.4.)

Wenn hier bei allen Erörterungen zur stilistischen Markiertheit die Angaben von Wörterbüchern zugrunde gelegt werden, so darf nicht übersehen werden, daß es sich dabei um orientierende Werte handelt, die nicht zu verabsolutieren sind und natürlich auch der Veränderung unterliegen können.

Der Gebrauch von Phraseologismen ist durch eine gewisse Tendenz metasprachlicher Signalisierung gekennzeichnet. So werden z. B. bei der literatursprachlichen Verwendung von Phraseologismen, die eher als „umgangssprachlich" oder darunter markiert sind, bisweilen Anführungszeichen gesetzt, um entsprechende „stilistische Vorbehalte" (KOLLER 1977, 57) anzudeuten:

⟨193⟩ „Ein Imbiß *„auf die Schnelle"* war ... eine der gefragtesten Arten, den Appetit zu stillen ..." (LVZ 17. 12. 79) – „... daß noch andere Interessenten für die Energiebau GmbH *„auf der Matte"* gestanden haben (,[einsatz]bereit, vor Ort sein') (Süddt. Z. 21. 12. 90) – „Goethe hält Einkehr in Dresden. Es gibt einen *„großen Bahnhof"* – und dann zunächst nichts mehr." (LVZ 28. 8. 96) – Es ist Präsident Pompidou, der, wie es gegenwärtig scheint, *„aus der Reihe tanzen"* will und sich vornimmt, Ordnung zu schaffen. (Tages-Anzeiger 13. 12. 73, zit. KOLLER 1977, 58) – Doch diese Kennzeichnung kann auch unterbleiben: Der Verlag ... *ist* mit der Veröffentlichung dieses Buches mutig *aus der Reihe getanzt* (Spiegel 47/1976, 225, zit. DGW 6, 2741, wo der Phraseologismus als „umgangssprachlich" markiert ist).

Auch anders motivierte metasprachliche Reflexion führt zum Gebrauch von Anführungszeichen, vgl. z. B. in Th. Fontanes Autobiographie ,Von Zwanzig bis Dreißig' (Berlin und Weimar 1982):

⟨193a⟩ ... wenn zwölf Uhr herankam, wo wir unser Räuberzivil abzulegen und uns für *„zu Tisch"* zurechtzumachen hatten ... (S. 25) – Wir wechselten dabei mit *„hoch oben"* und *„tief unten".* (S. 44, vornehme Hotels – Spelunken) – Wir andern waren samt und sonders junge Leute von Durchschnittsallüren, Wolfsohn dagegen ein *„feiner Herr".* (S. 93, ,vornehm'; DGW 3, 1545 kodifiziert nur *ein feiner, sauberer Herr* als „ironisch" ,Mensch mit fragwürdigen Charaktereigenschaften').

Eine ähnliche Funktion wie die Anführungszeichen erfüllen Einschübe meta-sprachlicher Art wie: *wie man so sagt, volkstümlich gesagt, um es bildlich auszudrücken* u. ä.:

(193b) „Und in den Gästebüchern lesen wir, wie diese Menschen sich einen Kopf gemacht haben – *wie es bei uns so schön in Neudeutsch heißt* – über Dinge, die mit Literatur eigentlich gar nichts, mit Malerei wenig zu tun haben ..." (H. Kant, in: Sinn und Form 30, 1978, H. 6, 1138)
„Voll gegen den Baum, *so sagt man modisch*, flatterte die Eule bei dem DFB-Vorstand in der Springerstraße ..." (Eulenspiegel 1976, Nr. 42, 9)
„... das Heiduczek ... in den Stand setzt, seinem zeitlich wie sachlich doch weit entfernten, weit entrückten Erzählobjekt erstaunlich nahezukommen, ihm *im direkten wie übertragenen Sinn einer umgangssprachlichen Redewendung buchstäblich ,auf den Leib zu rücken'* ..." (W. Dietze, in: Literatur und Geschichtsbewußtsein. Hrsg. v. M. Diersch u. W. Hartinger, Berlin und Weimar 1976, 215)

5.2.   Zur phraseologischen Variation

5.2.1.   Variation, Varianten und phraseologische Derivation

Die Stabilität eines Phraseologismus ist grundsätzlich relativ; sie ist „keine absolute Größe" (HÄUSERMANN 1977, 67; BURGER 1973, 97; VIEHWEGER 1977, 306; THUN 1978, 201f.). In gewisser Weise ist die Phraseologie sogar ein Variabilitätsfaktor par excellence auf der lexikalischen Ebene, und daraus ergeben sich auch Konsequenzen für Syntax und Morphologie. Die Wortgruppenstruktur des Phraseologismus, innerhalb deren die Komponenten ihren Wortcharakter bewahren, läßt Variationen usueller wie okkasioneller Art zu, und zwar im Rahmen einer strukturell-semantischen Invariante (vgl. 4.4.2.), auf Grund deren der Bezug zur phraseologischen Basis herstellbar ist; damit wird der variierte Phraseologismus dekodierbar.[118]

Die Variationen sind in dreierlei Hinsicht möglich.

---

[118] Eine Systematisierung von Variationstypen (an englischem Sprachmaterial) versucht ŠČADRIN, N. L.: Sredstva okkazional'nogo preobrazovanija frazeologičeskich edinic kak sistema elementarnych priemov. In: Lingvističeskie issledovanija 1972. Moskva 1973. Der Unterschied zu Morphemvarianten ist größer, als es WEINREICH, U.: Probleme bei der Analyse von Idioms. In: Semantik und generative Grammatik. Frankfurt/M. Bd. 2, 1972, S. 438 erscheint. – Über die heute übliche Differenzierung von *Variation* und *Modifikation* vgl. 6.2.6.2.

1) Die erste Möglichkeit besteht in der morphologischen und teilweise auch syntaktischen Veränderung einzelner Komponenten. Es handelt sich dabei um „Strukturvariationen, die die innere Organisation des Materialbestandes der Einheiten nicht antasten." (Vgl. ČERNYŠEVA 1970, 98.) Diese Veränderungen können sich z. B. beziehen auf

- den Numerus *(seine Hand / Hände im Spiel haben)*;
- die Rektion *(mit den Achseln / die Achseln zucken, für jmdn./jmds. Partei ergreifen, große Stücke halten auf jmdn. / von jmdm.)*;
- Gebrauch des Artikels u. ä. determinierender Elemente *(das / sein Herz auf der Zunge tragen, etw. mit [den] Händen greifen können)*;
- das Diminutivum *(jmdm. kein Haar / Härchen krümmen)*;
- die Art der Negation *(jmdm. keinen / nicht den Bissen Brot gönnen)*;
- die Lautstruktur *(etw. ist gehupft / gehüpft wie gesprungen)*;
- den fakultativen Charakter gewisser, zum Komponentenbestand des Phraseologismus gehörender Expandierungselemente *(sich [seitwärts] in die Büsche schlagen, sich etw. an den [fünf] Fingern abzählen können)*.

Derartige Varianten verändern weder die Bedeutung noch die stilistische Markiertheit der Konstruktion. Sie sind immer auf einzelne, ganz bestimmte Phraseologismen beschränkt und keineswegs auf andere übertragbar. Es gibt genug Konstruktionen, in denen Numerus, Diminutivum, Art der Negation usw. „fest" sind und wo eine Veränderung in dieser Hinsicht zur Zerstörung des Phraseologismus führt (vgl. 2.2.2.).

Für Variationen der oben angeführten Art wird der Ausdruck *phraseologische (Struktur-)Variante* verwendet.

Die obengenannten Varianten sind usuell, als Varianten in der Regel kodifiziert. Das Prinzip bringt jedoch auch okkasionelle Bildungen mit expressivem Effekt hervor; vgl. den Singular statt der üblichen Pluralform *(jmdm. stehen die Haare zu Berge* ‚jmd. ist entsetzt') bzw. umgekehrt den Plural (mit Tilgung des Artikels) statt der üblichen Singularform *(sich auf den Weg machen* ‚aufbrechen') in den folgenden beiden Belegen:

(193c) „*Jedes Haar* auf meinem Kopf *stand mir zu Berge*, und in die Augen meines Bruders trat der reine Schrecken." (Chr. Wolf, Kassandra, Berlin und Weimar 1983, 276) – „... kleinlaut *machte er sich auf Wege* in das schmalere Gebiet, in dem er arbeiten wollte ..." U. Johnson, Zwei Ansichten, Frankfurt a. M. 1965, 140)

2) Die zweite Möglichkeit besteht in einem Austausch einzelner lexikalischer Komponenten des Phraseologismus. Auf diese Weise entstehen in der Regel entweder phraseologische Synonyme *(auf den Arm / die Schippe nehmen;* vgl. 4.2.2.), so daß es sich dabei auch um eine Art der phraseologischen Derivation handelt *(böhmische / arabische / spanische Dörfer;* vgl. 4.3.2. ⟨183⟩), oder es entstehen phraseologische Antonyme *(mit dem / gegen den Strom schwimmen;* vgl. 4.2.3. ⟨177⟩). Im Unterschied zu den Varianten sind

in diesen Fällen mit der Veränderung meist Differenzierungen in der Bedeutung, der Konnotation oder in anderer Hinsicht verbunden. Deshalb ist hier besser nicht von phraseologischen Varianten zu sprechen, sondern – wenn nicht speziell die Ausdrücke phraseologische Synonyme oder Antonyme verwendet werden – von *variierten Phraseologismen* oder phraseologischen Variationen. Vgl. dazu auch 4.4.2.

Der Austausch einer lexikalischen Komponente kann okkasionell, textgebunden bleiben und erhöht dann infolge des Kontrastes zwischen dem als Bezugspunkt dienenden usuellen Strukturschema und der unerwarteten okkasionellen Variation noch die Expressivität. Dabei muß auch nicht in jedem Fall Synonymie oder Antonymie zu dem als Basis anzusehenden Phraseologismus vorliegen (vgl. SCHWEIZER 1978, 28ff.):

(194) „Je weniger wir Öffentlichkeit voluntaristisch verstehen, das heißt in hurtiger Kampagne *aus der Presse zu stampfen* suchen ...“ (R. Weimann; in: Sinn und Form 2/1979, 221) (nach: etw. *aus dem Boden stampfen* ‚etw. aus dem Nichts schaffen‘) – „Ich konnte den Roman während einer Krankheit fast *auf einen Sitz* lesen“. (Weltbühne 1/1977, 26) (nach: *auf einen / in einem Ritt* ‚ohne Unterbrechung, hintereinander‘). – „Brecht, Wolf, Polgar, Döblin *kamen wieder zu Wort,* Kollwitz, Grosz, Hofer, Masereel wieder *zu Bild.*“ (Weltbühne 31.7.79, 984.)
Mit Austausch der verbalen Komponente: „Noch immer glauben viele Menschen im Osten, *die Blütenträume* vom raschen Wohlstand *würden sich* in vier bis fünf Jahren *erfüllen.*“ (FAZ 6.6.91, 35) Zugrunde liegt das phraseologisierte geflügelte Wort (nach Goethes ‚Prometheus‘) *nicht alle Blütenträume reifen* ‚nicht alles Erstrebte ist realisierbar‘, im DGW mit der Markierung „gehoben“ kodifiziert. – „Der ganze Nachmittag, die ganze Feier *fand auf des Messers Schneide statt.* Beide Eltern des Täuflings laden sich Ehrengäste ein, von denen nicht zu ahnen ist, wie sie aufeinander reagieren werden.“ (Chr. Wolf, Kindheitsmuster, Berlin und Weimar 1976, 106) (nach: *auf des Messers Schneide stehen* ‚unentschieden sein‘).

3) Die dritte Möglichkeit besteht in der Erweiterung oder Reduktion des Komponentenbestandes. Führt die Reduktion zur Verselbständigung (Autonomisierung) einer Komponentengruppe, dann handelt es sich um phraseologische Derivation (vgl. 4.3.2.); wird eine einzelne Komponente als Wort autonomisiert, dann unter Umständen um dephraseologische Derivation (vgl. 4.3.1.). Im Unterschied zu den unter 1) behandelten phraseologischen (Struktur-)Varianten ist auch hier von variierten Phraseologismen zu sprechen.

5.2.2. Phraseologische Variation als Erweiterung

Die Erweiterung eines Phraseologismus kontrastiert zu der syntaktischen Stabilität (vgl. 2.2.2.2.), die ihn prinzipiell kennzeichnet. Es begegnen vor allem folgende Strukturformen:

1) Attribuierung einer nominalen Komponente (durch Adjektiv oder substantivisches Attribut) (SCHWEIZER 1978, 34ff.; KOLLER 1977, 92f.).

⟨195⟩   „... wie jeder weiß, der das eigene Leben und mithin das von anderen *unter die mehr oder minder kritische Lupe nahm.*" (P. Edel, Wenn es ans Leben geht, Berlin 1979, 63) (nach: *etw. unter die Lupe nehmen* ‚genau prüfen‘) – „... sollte der Film gewiß auch dem Sozialismus *keine nostalgischen Tränen nachweinen.*" (FAZ 3.2.93, 30) (nach: *jmdm. / einer Sache keine Träne nachweinen* ‚nicht nachtrauern‘) – „... die frühesten ... Aufzeichnungen, die gewissermaßen als *Spitze eines schriftkulturellen Eisberges* auf eine relativ ausgebaute ... Schriftkultur schließen lassen.“ (U. Maas, in: A. Gardt/K. J. Mattheier/O. Reichmann, Sprachgeschichte des Neuhochdeutschen, Tübingen 1995, 257) (hier eher mit positiver Wertung nach: *die Spitze des Eisberges* ‚der offenliegende, kleinere Teil einer [mißlichen] Sache‘) – „Über operative Einsätze kann der Generalbundesanwalt nicht befinden, *vom fernen und leicht grün getönten Karlsruher Tisch aus.*" (FAZ 2.7.93) (nach: *vom grünen Tisch aus* ‚bürokratisch‘.)
„In diesem Sommer war er dabei, als sich Sommeliers und Journalisten *die Klinke der großen Chateaus in die Hand gaben.*" (LVZ 23.8.96, Beilage ‚Theke‘) (nach: *sich die Klinke in die Hand geben bei jmdm. / etw.* ‚in großer Zahl [nacheinander] aufsuchen‘) – ... muß den christlichen Brotverteuerern ... *die Maske der Volks- und Arbeiterfreundlichkeit vom Gesicht gerissen* werden.“ (A. Bebel, in: Der Parteitag in München, Neue Zeit 20, 1902, 2, 710) (nach: *jmdm. die Maske vom Gesicht reißen* ‚jmdn. entlarven‘) – „... das *Messer der Existenzvernichtung an die Kehle gesetzt.*" (LVZ 24.2.88, zit. Wotjak 1992, 144) (nach: *jmdm. das Messer an die Kehle setzen* ‚durch Drohungen unter Druck setzen‘).

2) Erweiterung unter Bezug auf die verbale Komponente oder den ganzen Phraseologismus (Erweiterung als Adverbialbestimmung). Dabei ist zu beachten, daß nicht freie adverbiale Ergänzungsbestimmungen als Erweiterung des Phraseologismus anzusehen sind, sondern nur solche Ergänzungen, die strukturell und semantisch in den Komponentenbestand des Phraseologismus integriert werden.[119]

⟨196⟩   „Woher nur die Selbstgewißheit, daß es seine Schuldigkeit ist, jenen Mächten, die *mit allen Wassern, auch mit Blut, gewaschen* sind, ihren Namen zu entreißen“ (Chr. Wolf, Kein Ort. Nirgends, Berlin 1979, 16) (nach: *mit allen Wassern gewaschen* ‚raffiniert, mit allen Schlichen vertraut‘).
Nicht hierher gehören dagegen Fälle, in denen der Phraseologismus eine adverbiale „Leerstelle“ aufweist, die lexikalisch unterschiedlich gefüllt werden kann:
„*Spaßig geht's* für die Jüngsten im Kinderzentrum Petersstraße/Thomasgäßchen

---

[119] Vgl. auch MILITZ, Zu Semantik, a. a. O., S. 29, wo allerdings etwas zu kraß formuliert ist, daß „adverbiale Bestimmungen die Stabilität verbaler Wendungen nicht beeinträchtigen, daß adjektivische Einschübe jedoch die Figürlichkeit der Wendung auflösen“.

zu." (LVZ 4.6.96) (nach: *es geht* + Adjektiv + *zu* ‚etw. geschieht / verläuft in bestimmter Weise').

Kombination von adverbialer Erweiterung und Austausch einer lexikalischen Komponente liegt vor in folgendem Beispiel:
„Langt schon, wenn ihr der eigene Mann *ideologisch auf die Seele steigt.*" (M. W. Schulz, Triptychon mit sieben Brücken, Halle/S. 1974, 138) (nach: *jmdm. aufs Dach steigen* ‚jmdn. tadeln, zur Verantwortung ziehen') – „... einer ‚blasphemischen' Affäre, die *die Wogen im allerchristlichsten Abendland an Donau und Salzach hochschwappen ließ.*" (FAZ 18.3.95, 29) (nach: *die Wogen gehen hoch* ‚man erregt sich').

Im letzten Beispiel mag die Entscheidung über Erweiterung des Phraseologismus oder freie Ergänzungsbestimmung schon problematisch sein, wegen der durchgehenden Metaphorik, dem Austausch des Verbs und der Tendenz des zugrunde liegenden Phraseologismus auch zu attributiver Erweiterung (*die Wogen der Empörung* o. ä.) aber noch zugunsten der Erweiterung ausfallen; das folgende Beispiel zeigt jedoch eindeutig eine Häufung freier adverbialer Ergänzungsbestimmungen: „Vom Freitag an *geht* drei Tage lang in der City beim diesjährigen Stadtfest *die Post ab.*" (LVZ 4.6.96) (nach: *die Post geht ab* ‚es ist viel/etw. los – geschieht viel Außergewöhnliches [zur Unterhaltung]').

3) Erweiterung von Wortpaaren durch ein drittes Element.

⟨197⟩   „Der Stil von Peter Edels ‚Wenn es ans Leben geht' liegt in ihm selbst, ist Peter Edel, wie er *leibt, lebt und spricht.*" (Weltbühne 6.11.79, 1432) – *Schritt für Schritt für Schritt* bringt in ironischer Weise das mühsame und langsame Vorwärtskommen zum Ausdruck. (Vgl. ROTHKEGEL 1973, 56, Fn. 57.)

4) Erweiterung durch Komposition mit einem nominalen Element des Phraseologismus. (Vgl. SCHWEIZER 1978, 40ff.)

⟨198⟩   „Banken *drehen den Geldhahn* weiter *zu* ... Mit dem *Zudrehen des Geldhahns* sollen Inflation und Dollarverfall eingedämmt werden." (ND 25.10.79) (nach: *den Hahn zudrehen* ‚nichts mehr liefern, gewähren') – „*Aus Dresdens Baumschule geplaudert.*" (ND 1.11.88, zit. WOTJAK 1992, 145) (nach: *aus der Schule plaudern* ‚Interna ausplaudern') – „*Musik-Seminar muß DM-Federn lassen.*" (Junge Welt 5.7.90 über finanzielle Probleme, zit. WOTJAK 1992, 145) (nach: *Federn lassen [müssen]* ‚Schaden erleiden, beeinträchtigt werden').

5) Erweiterung durch Relativsatz und ähnliche Konstruktionen der „Abtrennung" einer nominalen Komponente (vgl. BURGER 1973, 99; KOLLER 1977, 29f., 35; SCHWEIZER 1978, 46ff.).

⟨199⟩   „Das bißchen *Kopf, das sie noch haben, zerbrechen* sie *sich* mit solchem Zeuge ..." (G. C. Lichtenberg, Tag und Dämmerung, Leipzig 1941, 329) (nach: *sich den Kopf zerbrechen* ‚angestrengt nachdenken') – „Die Themen *liegen*, ..., *auf der Straße* – wo sie die Hollywood-kompatiblen Wortmänner bisher ... auch *liegenließen.*" (LVZ 21.3.96) (nach: *auf der Straße liegen* ‚leicht zugänglich sein') – „... jener große alte *Zaun, von dem* diverse Staatsoberhäupter, ..., schnell mal *einen Krieg brachen*, um so von innenpolitischen Schwierigkeiten abzulenken." (Leserbrief Freitag 19.4.96, 13) (nach: *einen Streit vom Zaune brechen* ‚provozieren'; hier Kombination von Erweiterung durch attributives Adjektiv, Komponentenaustausch und Relativsatz).

6) Als eine Form der Erweiterung eines Phraseologismus kann man schließlich auch die Kontamination (Vermischung, Kreuzung) mehrerer Phraseologismen ansehen (vgl. BURGER 1973, 98; SCHWEIZER 1978, 44f.; KOLLER 1977, 67f.; „Katachrese").

⟨200⟩ „Einträchtig bestellten Mönch und Soldat auch andere brachliegende Äcker, säten Hirse und Hanf, erschlugen Wölfe und *machten* manchem Schnapphans, der *langfingrig* war, lange Beine." (J. Brězan, Krabat, Berlin 1976, 10). Zugrunde liegen die drei Phraseologismen *lange Finger machen* ‚stehlen' (davon die dephraseologische Variation *langfingrig*), *jmdm. Beine machen* ‚jmdn. davonjagen' und *lange Beine machen* ‚schnell weglaufen'. Im folgenden Beispiel ist die Kontamination zweier Phraseologismen (*jmdm. einen Streich spielen* ‚hereinlegen' und *jmdm. ein Schnippchen schlagen* ‚jmds. Absichten durchkreuzen') mit attributiver Erweiterung der substantivischen Komponente kombiniert und das Verb *spielen* in Abweichung von der kodifizierten Normalform auf beide substantivischen Komponenten bezogen: „Wir sahen uns an und lachten, wie über *einen gelungenen Streich*, wie über *ein ausgekochtes Schnippchen, das man jemandem gespielt hat*, sich selbst vielleicht." (Chr. Wolf, Nachdenken über Christa T., Halle [Saale] 1968, 35).

5.2.3. Phraseologische Variation als Reduktion

Die Reduktion besteht zunächst darin, daß eine den Phraseologismus mitkonstituierende Komponente in einem bestimmten Textzusammenhang weggelassen wird; auch dies ein Effekt erhöhter Expressivität, da zur erwarteten „vollen" Konstruktion kontrastierend.[120]

⟨201⟩ „Mir sagte der Arzt: Rauchen Sie ruhig Ihre Virginien! *Um die Ecke* muß schließlich mit oder ohne ein jeder ..." (B. Brecht, Gedichte II, Berlin 1961, 98) (nach: *jmdn. um die Ecke bringen* ‚jmdn. töten') – „*Holzweg* in eine gefährliche Sackgasse" (LVZ 26.3.80) (nach: *auf dem Holzweg sein* ‚sich irren') – „Der *Brust-Ton*, den die Sprache anzustreben scheint, verdorrt unter der erlernten Technik der Stimmbänder." (Chr. Wolf, Kindheitsmuster, Berlin und Weimar 1976, 9) (nach: *im Brustton der Überzeugung* ‚in voller Überzeugung').

Die Reduktion führt insofern zu einer Autonomisierung der übrigbleibenden Komponente(n), als diese in einer Bedeutung nunmehr „selbständig" gebraucht

---

[120] KOLLER, Redensarten, a.a.O., 1977, S.38: „Redensart-Verkürzung auf den/einen Nominalteil"; SCHWEIZER, B.-M.: Sprachspiel mit Idiomen. Zürich 1978, S.52: „freie Verwendung einzelner Idiom-Elemente".

wird, die geprägt ist von der Bedeutung des Phraseologismus als Ganzem. Die automatisierte Komponente ist „durch den Phraseologismus hindurch" gegangen und hat dabei semantische Qualitäten erhalten, die das betreffende Wort (bzw. die betreffende Wortgruppe) vorher, im freien Gebrauch, nicht hatte. Die autonomisierte Verwendung einer Komponente kann okkasionell bleiben, sie kann auch usuell werden. Entsteht eine neue Wortbildungskonstruktion, handelt es sich um dephraseologische Derivation (vgl. 4.3.1.). Oft ergibt sich aber kein neues Formativ, sondern lediglich eine semantische Veränderung des vorhandenen Formativs (*Holzweg* ,Irrweg'). Wird eine Komponentengruppe autonomisiert als Wortgruppe, handelt es sich um phraseologische Derivation (vgl. 4.3.2.), da ein neuer Phraseologismus entstanden ist: *leeres Stroh* dreschen → *leeres Stroh, reinen Tisch machen* ,etw. in Ordnung bringen, klären' → „Jetzt ist *reiner Tisch.*" (E. Strittmatter, Der Wundertäter I, 43).

Autonomisierung durch Nominalisierung einer verbalen Komponente zeigt der folgende Beleg, dem der Phraseologismus zugrunde liegt *Nachtigall, ick hör dir trapsen* ,ich ahne schon, was jetzt kommt':

(202)   „... Während der Übergabe hub die graue Tante zu sprechen an. Ihre Sprech-
          takte waren kurz ... Röder *hörte* nichts als *das Trapsen der Nachtigall.* Ab-
          neigung und Mißtrauen gegenüber der grauen Tante feierten Orgien in seiner
          Brust ..." (M. W. Schulz, Der Soldat und die Frau, Berlin 1978, 146).

Die Verwendung der autonomisierten nominalen Komponente des Phraseologismus *jmdm. blauen Dunst vormachen* ,jmdm. etwas Unwahres glaubhaft zu machen suchen' in dephraseologisierter Bedeutung mit Bezug auf den blauen Rauch der Zigarette ergibt einen besonderen Effekt: „Kurse gegen *den blauen Dunst*" als Überschrift über einer Notiz, in der „Entwöhnungskurse für Raucher" angekündigt werden (LVZ 14. 12. 78).

Phraseologisierung und Dephraseologisierung. Die verschiedenen Arten phraseologischer Variation können, wie sich zeigt, zur „semantischen Autonomie" (vgl. REICHSTEIN 1974, 327ff.) von Komponenten und damit zum Zerfall (vgl. HÄUSERMANN 1977, 82f.) des Phraseologismus führen. Im dialektischen Wechselspiel zur Phraseologisierung ist die Dephraseologisierung ständig wirksam. Analog verhält es sich mit den gegenläufigen Prozessen der Komposition und Dekomposition, der Onymisierung und Deonymisierung u. ä. Die semantische Autonomie einer phraseologischen Komponente wird usuell, wenn diese Komponente auch in anderen Konstruktionen auftritt, die „ein gemeinsames semantisches Element aufweisen." (Vgl. REICHSTEIN 1974, 327.) Damit wird die Konstruktion „semantisch zerlegbar" und kann bei weitergehender Entwicklung dephraseologisiert werden. Je mehr Kombinationsmöglichkeiten für die betreffende Komponente bestehen, je weiter ist der Prozeß der Dephraseologisierung gediehen. Ist diese Komponente „nur an ganzbildlichen Wendungen" beteiligt, „so ist diese Anzahl stets sehr beschränkt, und die betreffenden

Wendungen bilden ein enges und abgeschlossenes Mikrosystem." (Vgl. REICH-STEIN 1974, 328.) Dies gilt z. B. für Komponenten wie *Schleier* und *Steuer* in den folgenden Konstruktionen:

⟨203⟩   *den Schleier des Geheimnisses lüften* ‚ein Geheimnis aufdecken', *den Schleier der Vergessenheit / des Vergessens / einen Schleier über etw. breiten / legen / werfen* ‚etw. verbergen', *den Schleier von etw. reißen* ‚etw. enthüllen';
          das Steuer fest in der Hand haben ‚die Macht (Regierung) besitzen', *das Steuer nicht aus der Hand geben, das Steuer (des Staates) führen, ohne Steuer (da-hin)treiben.*

In den unter ⟨203⟩ genannten Konstruktionen handelt es sich also noch um Phra-seologismen, allerdings mit geringerem Grade der Idiomatizität als etwa in der Konstruktion *jmdm. schwimmen die Felle fort / davon* ‚jmd. muß die Hoffnung aufgeben', wo die nominale Komponente *Felle* keine weiteren Kombinationen mit gleichem semantischem Merkmal eingeht (REICHSTEIN 1974, 327).

Tritt dagegen eine Komponente schließlich auch in „nichtbildlichen Wendun-gen" auf und wird damit die Zahl der Kombinationsmöglichkeiten nicht nur größer, sondern auch qualitativ vielgestaltiger, dann „darf wohl von einer beson-deren bildlich-übertragenen Bedeutung des betreffenden Lexems gesprochen werden sowie von seiner spezifischen strukturellen und semantischen Fügungs-potenz" (REICHSTEIN 1974, 328). Ist dann auch die verbale Komponente nicht in einer speziellen konstruktionsinternen Bedeutung gebraucht, liegt kein Phraseologismus mehr vor. Vgl. etwa die folgenden Konstruktionen mit *Falle* ‚Hinterhalt, durch den man jmdn. zu Fall bringen / hereinlegen will':

⟨204⟩   Noch „ganzbildlich": *jmdm. eine Falle stellen, jmdn. in eine Falle locken, jmdm. in eine Falle gehen, blindlings in eine Falle laufen;*
          nicht mehr ganzbildlich: *Wegen dieser plumpen Falle werde ich mit ihm noch reden. Die Aufgaben enthielten einige böse Fallen.*

Die Autonomisierung der verbalen Komponente einer bildlichen Konstruktion hat gewöhnlich ihre Kombination mit Abstrakta zur Folge, wodurch das Bild z. T. aufgelöst wird:

⟨205⟩   *Seine Hoffnungen sind wie Seifenblasen geplatzt.* → *Auch diese Seifenblase ist geplatzt* ‚Auch diese Hoffnung ist zunichte geworden'. → *Die Verlobung ist geplatzt. Man hat die Konferenz platzen lassen. Der Schwindel / die Illusion / unser Urlaub ist geplatzt.*

Über die Autonomisierung von Komponenten aus Sprichwörtern vgl. 4.3.2.[121]

Die vielfältigen Möglichkeiten der variierten Verwendung von Phraseologis-men machen deutlich, daß sich „ihr Gebrauch nicht in der Reproduktion er-

---

[121] Dazu noch über die „formell-semantische Teilbarkeit" von „Redensarten" ISABEKOV, a. a. O.

schöpft". (Vgl. BOLDYREVA 1964, 42.) Die Variationen führen entweder zur Umgestaltung des Phraseologismus als sprachlicher Einheit, unter Umständen bis zu seinem Zerfall, oder die variierten Phraseologismen existieren nebeneinander als Synonyme, Antonyme oder semantisch komplementäre Einheiten. Vielfach bleiben die Variationen auch okkasionell und textgebunden. Die Variationen sind nicht willkürlich und völlig beliebig (vgl. BOLDYREVA 1964, 46),[122] sondern operieren nach verallgemeinerungsfähigen Gesichtspunkten auf der Grundlage der strukturell-semantischen Invariante der phraseologischen Basis.

5.3. Phraseologismen und Text

5.3.1. Grundsätzliches

Die vorstehenden Erörterungen waren auf den Phraseologismus als sprachliche Einheit, auf seinen konstruktionsinternen Mechanismus konzentriert. Dabei mußten wiederholt auch Gesichtspunkte der konstruktionsexternen Verknüpfung berücksichtigt werden, die jedoch im großen und ganzen auf das Funktionieren phraseologischer Konstruktionen innerhalb des Satzes beschränkt waren. Im Zusammenhang mit der Entfaltung der Textlinguistik und der Untersuchung kommunikativ-pragmatischer Aspekte der Sprache wird heute auch die detailliertere Erforschung der Funktion der Phraseologismen in der gesellschaftlichen Kommunikation, werden ihre spezifischen Möglichkeiten, zum Aufbau der Textstruktur beizutragen, als Schwerpunkt der Phraseologieforschung betrachtet. (Vgl. ČERNYŠEVA 1977, 41.) Auch zu dieser Frage lassen sich allerdings – ähnlich wie zum Problem der Modellierung (vgl. 4.4.2.) – nur vorläufige Bemerkungen machen (Weiteres unter 6.2.6.).

Die „textbildenden Potenzen" der Phraseologismen[123] unterscheiden sich von denjenigen der Einzelwörter. Sie sind angelegt im besonderen Charakter der Phraseologismen als sprachlicher Einheiten und schaffen für die Textgestaltung

---

[122] Ausführlicher jetzt DOBROVOL'SKIJ, D.O.: Zur Dialektik des Begriffs der textbildenden Potenzen von Phraseologismen. In: ZPSK. Bd.33. 1980; vgl. auch DOBROVOL'SKIJ, Phraseologisch gebundene lexikalische Elemente, a.a.O., S.135f, 159f. – Die Variabilität ist im Deutschen und wohl auch Englischen ausgeprägter entwickelt als im Russischen: ČERNYŠEVA, Frazeologija, a.a.O., S.21f.

[123] Terminus nach ČERNYŠEVA, I.I.: Tekstoobrazujuščie potencii frazeologičeskich edinic. In: MGPIIJ. Materialy naučnoj konferencii. Lingvistika teksta II. Moskva 1974; ČERNYŠEVA, I.I.: Tekstoobrazujuščie potencii frazeologičeskich edinic. In: MGPIIJ. Sbornik naučnich trudov. Nr.103. Lingvistika teksta. Moskva 1976.

eigene Möglichkeiten. Zu den wichtigsten Eigenschaften der Phraseologismen, die ihre textbildenden Potenzen bestimmen, gehören die folgenden:

1) syntaktische Struktur als Wortgruppe und daraus sich ergebende potentielle Teilbarkeit, syntaktisch-strukturelle Variabilität;
2) semantische Teilbarkeit mit Variationen bis zur semantischen Autonomisierung von Komponenten, zur Derivation neuer Einheiten;
3) „diffuser Charakter" der Bedeutung eines wesentlichen Teiles der Phraseolexeme (vgl. ČERNYŠEVA 1977, 39);
4) reich entwickelte Synonymik innerhalb der Phraseolexeme;
5) stark entwickelte Expressivität durch Bildlichkeit und Konnotationen; Möglichkeiten der Expressivitätssteigerung.

Es ist allerdings zu unterscheiden zwischen diesen „Potenzen" einerseits und der Ausnutzung dieser Potenzen im Text andererseits. Ihre Realisationen sind durch die verschiedenen Kommunikationsfaktoren (Intentionen des Senders, Beziehung zum Kommunikationspartner, mündlich oder schriftlich, äußere Umstände des Kommunikationsaktes, Charakter des Mitteilungsgegenstandes) bestimmt. Aber auch im Sprachsystem gibt es lexikalisch-semantische und syntaktisch-strukturelle Faktoren, die die Ausnutzungsmöglichkeiten der genannten Potenzen für konkrete Texte beeinflussen. Das Zusammenwirken dieser Faktoren ist noch ungenügend erforscht (vgl. REICHSTEIN 1976, 209); DOBROVOL'SKIJ 1980, 696). Die „potentielle Variabilität des Komponentenbestandes im Rahmen der Grundbedeutung" eines Phraseologismus (ČERNYŠEVA 1976, 262; 1977, 42) ist nur eine – allerdings hier sehr charakteristische – Seite der Dialektik von Stabilität und Variabilität in der Sprache und des Verhältnisses von „Sprachsystem" und kommunikativer Tätigkeit. Die „Mechanismen der phraseologischen Variation" sind „im Sprachsystem als Potenz für ihre okkasionellen Realisationen gegeben" (DOBROVOL'SKIJ 1980, 696), und die okkasionelle Variation ist nicht als „Ausnahme", „Abweichung" oder „Sonderfall" anzusehen, sondern eine ganz typische Weise der Verwendung von Phraseologismen. Die damit verbundene potentielle Expressivitätssteigerung gehört zu den systembedingten Eigenschaften der Phraseologismen, ist eine ihrer textbildenden Potenzen.

Infolge des nachvollziehbaren bildlichen Charakters eines großen Teils der Phraseolexeme wird ihr Gebrauch durch die Assoziation der konkreten zu benennenden Situation mit dem komplexen Situationsabbild gesteuert, das insbesondere durch die verbalen Phraseolexeme fixiert und gespeichert ist. Die Anwendung von Phraseolexemen wie *etw. geht voll vor den Baum* oder *die Katze aus dem Sack lassen* erfolgt offensichtlich in hohem Maße unter dem Einfluß sinnlicher Vorstellungen, weswegen die Angabe einer abstrakten „Bedeutung" etwa im Lexikon dabei so unvollkommen ist. Die sinnlich „angereicherte" Situationsbezogenheit der Phraseologismen im Verhältnis zur abstrakten Denotatsbeziehung von Wörtern ist ebenfalls eine ihrer wesentlichen textbildenden Potenzen, und die Beschaffenheit der „Semstruktur" von Phraseologismen ist ein Desiderat der Forschung.

Schließlich ist zu betonen, daß nicht alle Phraseologismen in ihren verschiedenen Klassen und Gruppen (Heterogenität des phraseologischen Bestandes!) die prinzipiell für das Phänomen kennzeichnenden textbildenden Potenzen in gleicher Weise und Ausgeprägtheit besitzen. Substantivische und adverbiale Phraseologismen haben eine in der Struktur und wohl auch Semantik bedingte geringere Variabilitätspotenz als der größte Teil der verbalen; eine besondere Strukturfestigkeit weist ein großer Teil der kommunikativen Formeln auf. Der diffuse Charakter der Bedeutung ist bei den Nominationsstereotypen weniger ausgeprägt.

Die Phraseologismen können in besonderer Weise den „Modalitätsparameter"[124] eines Textes wie auch seine Isotopie bestimmen.

Die mit der vorstehenden Skizzierung ihrer textbildenden Potenzen angedeuteten Funktionen der Phraseologismen für die Wirksamkeit einer sprachlichen Äußerung sind natürlich seit langem beobachtet und genutzt worden, ohne im einzelnen detailliert reflektiert worden zu sein. Die Sprichwörter und Redensarten betrachtet J. G. SCHOTTEL „gleich wie Specerey" im Essen; sie „würzen" die Rede (SCHOTTEL 1663, 1, 111). Und die „verblümten Redensarten" als „Wörter, die man in anderen Bedeutungen nimmt, als die sie gemeiniglich haben" bewirken es nach J. CHR. GOTTSCHED, daß „die ganze Rede einen neuen Glanz bekommt" (GOTTSCHED 1743, 240). Sie „haben nichts Lehrhaftes, sie treten nicht mit dem Anspruch der Autorität auf, sondern dienen nur dazu, die Rede zu würzen. Auf eine kräftige, wirksame Rede aber legt jeder Wert, auch der Gebildete ..." (SEILER 1922, 37).

Die weiteren Untersuchungen der textbildenden Potenzen von Phraseologismen sollten nach I. I. ČERNYŠEVA u. a. den Zusammenhang zwischen der bevorzugten Verwendung bestimmter Klassen von Phraseologismen und Klassen von Texten aufhellen sowie die Unterschiede in den Realisierungstypen des Komponentenbestandes in verschiedenen Texten herausarbeiten. So gehe es in der künstlerischen Kommunikation vor allem um die konnotative Komponente und die Expressivitätssteigerung durch die situative Variabilität in Verbindung mit der Ausnutzung „sekudärer semantischer Prozesse" im phraseologischen Komplex, was zur Autonomisierung einzelner Komponenten führe. In anderen funktionalen Stiltypen könnten andere Funktionen im Vordergrund stehen. (Vgl. ČERNYŠEVA 1977, 42.)

---

[124] Der Terminus nach GAL'PERIN, I.R.: O ponjatii tekst. In: Voprosy Jazykoznanija 1974, H. 6; vgl. DOBROVOL'SKIJ, Zur Dialektik, a.a.O. Als einen wesentlichen Parameter künstlerischer Texte betrachtet GAL'PERIN, a.a.O., S. 76 die „Modalität" i.w.S.; sie bestehe darin, daß die Einstellung des Autors zum mitgeteilten Sachverhalt deutlich zum Ausdruck komme.

5.3.2. Spezifische Möglichkeiten der Textkonstruktion

Im Anschluß an das unter 5.2. und 5.3.1. Gesagte sind im folgenden typische Möglichkeiten expressivitätssteigernder Textkonstruktion von Phraseologismen systematisiert (vgl. auch 6.2.6.1.).

1) Die „wörtliche", nichtphraseologische Bedeutung wird aktualisiert. W. KOLLER spricht von einem ‚Literalisierungsspiel' (KOLLER 1977, 183; 181, 185).

⟨206⟩   Über eine Rauchwarenauktion wird berichtet: „An beiden Tagen wurden Zehntausende kostbare *Häute ‚zu Markte' getragen.*" (LVZ 13.6.80) – Ein Schornsteinfeger wird gefragt: „Genießen Sie auch den schönen Ausblick, wenn Sie *den Leuten ‚aufs Dach steigen'*?" (LVZ 31.12.79)

Der Effekt besteht nicht selten darin, daß sowohl die phraseologische als auch die nichtphraseologische Bedeutung der Konstruktion – in mehr oder weniger unterschiedlicher Intensität – aktualisiert werden. So etwa in einer Beitragsserie der LVZ unter dem Titel „Wie *grün sind sie* Ihrer Stadt?", in der die Bürger angeregt wurden, „Vorgarten und Innenhöfe in eigene Pflege zu nehmen" (LVZ 8.11.78): zu *jmdm. nicht grün sein* ‚jmdm. nicht wohlgesinnt sein'. Vgl. auch die folgende Spitze über Probleme in der Dienstleistung der Friseure:

⟨207⟩   „*Haariges* beim Schopfe gepackt. – Nicht etwa in der Absicht, *ein Haar in der Suppe zu finden,* als viel eher in dem Bestreben, *haarige Probleme beim Schopfe zu packen,* baten wir vor wenigen Tagen ... bei etlichen Friseuren in Leipzigs Innenstadt um Bedienung. Das Ergebnis: Nirgendwo wurde uns auch nur *ein Haar gekrümmt.* Ohne Vorbestellung ist nichts zu machen ..." (LVZ 12./13.5.79).

Von der doppelten Aktualisierung lebt auch der folgende Witz:

⟨208⟩   „Stehen zwei an der Theke. Sagt der eine: ‚Pump mir mal fuffzig Mark. *Mir steht das Wasser bis zum Hals.*' Darauf der andere: ‚Trifft sich sehr schlecht. *Ich sitze völlig auf dem Trockenen.*'" (LVZ 15./16.3.80).

2) Wiederaufnahme einer Komponente des Phraseologismus außerhalb der phraseologischen Konstruktion (synonymisch, antonymisch, Wiederholung, semantische Ergänzung).

⟨209⟩   „Bedurfte es doch nur einer flüchtigen *Geruchsprobe,* um von der Schule endgültig *die Nase voll zu haben.* Haben Sie einmal an den schlechtaussehenden, halbzerfressenen Schwämmen und Läppchen ... *geschnuppert* ..." (G.Graß, Die Blechtrommel, Berlin (West) 1959, 101)
„Der Wandertag war gründlich ins Wasser gefallen, und nun wollten sich die Kleinen im Vorraum der Gaststätte aufwärmen und eine heiße Brühe trinken ... Doch diesmal gab's anstelle der *heißen* Brühe nur *eine kalte Dusche* ..." (LVZ 21./22.10.78) – „... all das ist *Schnee von gestern* und wird darum mühelos von Berger *zum Schmelzen gebracht.*" (FAZ 10.4.93, Rezension eines Buches)

„Dies und viele relativ *kleine ,Fische'* unter den ökonomischen *Haien* machten durch die direkte oder indirekte Mitwirkung an Naziverbrechen solche Profite ..." (Horizont 21/1979, 22)
„Der Lateiner nickte befriedigt. ,Ausgezeichnet. Sie sind also *ein unbeschriebenes Blatt. Es schreibt* sich besser *auf unbeschriebenen Blättern.*" (H. Kant, Die Aula, Berlin 1965, 29)
„Und kein Stern steht im Fenster. Und Johna bleibt ihm in der Kehle stecken. Und es ist auch keine *Szene,* sie *macht ihm keine Szene.*" (M. W. Schulz, Triptychon mit 7 Brücken, Halle/S., 1974, 189)
„Wir *träumten* von allem möglichen und *ließen es uns keineswegs träumen,* daß wir nur noch wenige Minuten Zeit haben würden ..." (E. Agricola, Tagungsbericht ..., Rudolstadt 1976, 115)
„Dennoch sind solche *Rechnungen* nichts wert, wenn sie den Menschen nicht *in Rechnung stellen.* Den Menschen, der in Auseinandersetzungen Forderungen *stellt* und durchsetzt ..." (Weltbühne 17.6.80, 771)

Wörtliche Wiederaufnahme einer Komponente mit Fortführung der übertragenen Bedeutung in neuer Kombination:

⟨210⟩   „Dabberkow hatte den Eindruck gewonnen, er dürfe nicht alles, was man ihm ... über Heinrich Oldenbeck aufgetischt hatte, *für bare Münze nehmen,* und noch weniger glaubte er, daß man ihm *sämtliche baren Münzen ausgezahlt* hätte." (E. Agricola, Tagungsbericht ..., a.a.O., 385)

Kontrastierend-variierte Wiederaufnahme einer Komponente:

⟨211⟩   „Wenn es
         Statt *einem* Tropfen auf den heißen Stein jetzt *zwei*
         Tropfen gibt
         Ist das nicht eine Verbesserung?"
         (B. Brecht, Gedichte IV, Berlin 1961, 115)

3) Verknüpfung semantisch inkompatibler Elemente, insbesondere Ersatz der geforderten Personenbezeichnung als Ergänzungsbestimmung (Subjekt o. ä.) zu einem Phraseologismus durch eine Sachbezeichnung (z. T. metonymisch):

⟨212⟩   „Die achtziger *Jahre klopfen an die Tür*" (Weltbühne 18.12.79, 1603) – „... die simple Tatsache, daß es [das Theater] dem wirklichen Leben noch immer *nicht das Wasser zu reichen* braucht." (FAZ 21.9.90) – „Schon wollte Oskar verzweifeln, da *ging den Fanfaren ein Lichtchen auf,* und die Querpfeifen, oh Donau, pfiffen so blau." (G. Graß, Die Blechtrommel, Berlin (West) 1959, 142)

4) Häufung von Phraseologismen.[125]

⟨213⟩   „Die schlugen – o guter Freund Bebra – nicht Jimmy und Tiger, die hämmerten *Kraut und Rüben,* die bliesen mit Fanfaren *Sodom und Gomorrha.* Da dachten die Querpfeifen sich, *gehupft wie gesprungen.* Da schimpfte der Fanfarenzug-

---

[125] Vgl. SCHWEIZER, a.a.O., S.97ff. Von dort die Beispiele von G. Graß hier und oben.

führer auf *Krethi und Plethi*." (G. Graß, Die Blechtrommel, Berlin (West) 1959, 143)

„Er möchte nämlich, daß bei der Oberbauleitung ... etwas *ins Rollen kommt* ... *Stein* – oder besser: Unordnung – *des Anstoßes* ist der Zustand des Gebäudes ... Die Anwohner bedauern sehr, daß gegen Gleichgültigkeit in Sachen Grünanlagen ... *kein Kraut gewachsen ist*. Dabei liefern doch die Mitarbeiter der Starkstrommeisterei ... den besten Beweis dafür, daß es ... eben nicht wie ,*Kraut und Rüben*' aussehen muß! Ihren Grünflächen sieht man an, daß Pflege *das Kraut fett macht*." (LVZ 8.7.80) – Vgl. auch ⟨220⟩.

5.3.3. Zu den pragmatischen Funktionen der Phraseologismen

Unter pragmatischen Funktionen sollen hier die speziellen Wirkungsmöglichkeiten der Phraseologismen zur Unterstützung der Intentionen des Senders verstanden werden. Wieweit diese Möglichkeiten tatsächlich realisiert werden, das hängt von den verschiedensten Faktoren ab, auf die hier nicht eingegangen werden kann. Außerdem ist stets zu bedenken, daß die potentiellen Effekte, um die es hier geht, nicht nur durch Verwendung von Phraseologismen, sondern auch auf andere Weise erreicht werden können. Auch bestehen in dieser Hinsicht Unterschiede zwischen den verschiedenen Kommunikationsbereichen, funktionalen Stiltypen usw.

Aber die für den Erfolg einer sprachlichen Handlung mitbestimmenden „psychischen Zustände" der Kommunikationspartner werden in nicht geringem Maße – soweit es um sprachliche Mittel überhaupt geht – durch Phraseologismen sowohl indiziert (auf Seiten des Senders ausgedrückt, „angezeigt") als auch induziert (beim Empfänger hervorgerufen). Darin liegt eine wesentliche Komponente der pragmatischen Potenz von Phraseologismen, ein wesentlicher Faktor ihrer „Existenzberechtigung" (vgl. auch 6.2.5.).

1) Wie auch andere konnotierte Zeichen können Phraseologismen Indikatoren des sozialen Verhältnisses zwischen den Kommunikationspartnern sein; vgl. den Unterschied zwischen den beiden Äußerungen: *Nun halt mal die Luft an! – Bitte beruhigen Sie sich!*
   Die Wahl der entsprechenden phraseologischen Konstruktion kann die soziale Zusammengehörigkeit betonen, einen engeren Kontakt herstellen, eine Atmosphäre der Vertrautheit schaffen.

2) Phraseologismen können die emotional betonte Einstellung des Senders zu dem mitgeteilten Sachverhalt indizieren und emotionale Wertungen (positive wie negative) auf den Empfänger indirekt übertragen (vgl. auch 2.6.3.2., 3.4.1., 4.2.2., 5.1.). Negative Bewertung städtischer Maßnahmen: „„... müßte die Stadt ihre differenzierten Bemühungen um die Szene *ad acta legen*. Zuviele würden dabei ganz schnell *über einen Kamm geschoren*, und es ist

218

fraglich, ob jene, die getroffen werden sollen, nicht einfach *unterm Regen durchkommen.*" (LVZ 22.10.92) – „... diverse Skandale ... haben eher das Klischee von den ‚*Nieten in Nadelstreifen*‘ (‚unfähige Manager‘) genährt." (LVZ 27.8.96) – „Ein einziger Streß, das Ganze, und die Solidarität unter den Kollegen *geht* langsam, aber sicher *den Bach runter* ..." (Chr. Wolf, Auf dem Weg nach Tabou, Köln 1994, 40)
Positive Bewertung: „Die Berliner Banker ... wollen dabei gleich *Nägel mit Köpfen machen*: Nicht nur die Führung des Girokontos, sondern auch die Abwicklung von Wertpapiergeschäften soll per Netz ermöglicht werden." (Finanztest 5/96, 26)

3) Die ironische oder scherzhafte Distanzierung wie auch negative emotionale Wertung greifen bisweilen auf Konstruktionen zurück, die als „veraltet, veraltend", z.T. auch „gehoben" markiert sind und eben mit dieser Markierung zum Wortschatz der Gegenwartssprache gehören, vgl. z.B. *als da ist / sind* (DGW 1, 151), *den / seinen Geist aufgeben* ‚sterben‘ (DGW 3, 1263: „veraltet, noch ironisch"); „Wenn sie wieder Marmelade bringen, ... klatsche ich sie an die Wand, damit ... sie an unseren abstrakten Malereien erkennen mögen, *wes Geistes Kinder* wir sind." (Fries, zit. DUDEN 11, 245) – „Wenn er ihn [einen alten Hut] aufsetzte ..., war Stefan ein klassischer Vertreter des Typus *Bruder Straubinger* [‚Landstreicher‘]." (H. Hesse, zit. DUDEN 11, 131); vgl. auch *Bruder Leichtfuß* ‚leichtfertiger Mensch‘ (beide als „veraltet, noch scherzhaft" markiert).
Auch die verschiedenen Variationen (Modifikationen) haben vielfach den Effekt kritischer Ironie:
„Die Vorstellungen davon, was einen nun aber *vom häuslichen Stuhle reißt*, sind (glücklicherweise!) grundverschieden. Wenn jedoch noch immer *die Dreivierteltaktachse* Wien–Galizien–Pußta *die Unterhaltungsmaßstäbe dreht*, ... dann stimmt eben auch die stimmigste Kassenbilanz nicht ... Ich will *nicht mit Kanonen auf Gräfin Mariza und die lustige Witwe schießen* ..." (Sonntag 41/1978, 5)
„... die ... exakten Zahlen über die Auflagenhöhe sind beeindruckend. Alles gut und schön, höre ich schon einige *Skeptiker vom Dienst* sagen, aber werden diese Werke auch gelesen?" (Weltbühne 27.5.80, 687)

4) Phraseologismen mit dem Bezug auf Situationen des Alltags werden mit der Absicht euphemistischer Wirkung „dann eingesetzt, wenn es darum geht, ein bestimmtes ‚abweichendes Verhalten‘ als nicht besonders gravierend ... darzustellen". (Vgl. KOLLER 1977, 168.) Wird z.B. der Phraseologismus *jmdn. übers Ohr hauen* zur Bezeichnung einer Betrügerei größten Ausmaßes verwendet, dann wird dem Leser „der Eindruck vermittelt, daß Großbetrug ohne weiteres in den Kategorien des Kleinbetrugs interpretiert werden kann; unter Umständen komplizierte und undurchsichtige Sachverhalte werden mit

dem Gebrauch von *jmdn. übers Ohr hauen* auf die Alltagswelt des Lesers bezogen, in dieser verankert und zugleich verharmlost" (KOLLER 1977, 168). Geht die Verwendung soweit, dann ist schon nicht mehr von Euphemismus, sondern von ideologisch determinierter Manipulation zu sprechen. Das trifft selbstverständlich nicht für euphemistische Verwendung von Phraseologismen generell zu; man vgl. die zahlreichen Phraseologismen euphemistischen Charakters für ‚sterben': *das Zeitliche segnen, Abschied nehmen, daran glauben müssen, den Löffel abgeben* u.v.a. Weitere euphemistisch verwendete Phraseologismen sind etwa *lange Finger machen* ‚stehlen' (vgl. *Langfingertum* unter 4.3.1.[2]), *jmdm. einen Bären aufbinden* ‚betrügen' (KOLLER 1977, 168), *mit jmdm. kurzen Prozeß machen* ‚töten'. Vgl. auch die entsprechende Verwendung des Phraseologismus *etw. (nicht) genau nehmen* ‚(nicht) sorgfältig zu Werke gehen', ‚sich (nicht) korrekt verhalten': „... negative Privatinitiative so mancher Zeitgenossen, die *es nicht gerade genau nehmen mit der Arbeit* ..." (Weltbühne 18. 12. 79, 1602)

5) Der Gebrauch von Phraseologismen kann die Wirkung einer Argumentation durch Anschaulichkeit und Einprägsamkeit, durch emotionale Akzentuierung einer Einsicht unterstützen. Im Unterschied zur „rein denotativen" Ausdrucksweise kann der konnotierte, bildliche Phraseologismus die Wertung bestimmter Merkmale der bezeichneten Erscheinung verdeutlichen und damit auch Denkanstöße vermitteln. Vgl. z.B. den Brecht-Text unter 5.3.2. ⟨211⟩ sowie den folgenden Beleg:
„In der Verwaltung, der Kirche und den Schulen des 17. und 18. Jahrhunderts in Brandenburg-Preußen waren Tausende tätig, die in der Oderstadt einerseits zu ideologischen Stützen des herrschenden Feudalsystems erzogen worden waren, andererseits aber zugleich *am Kelch des fortschrittlichen bürgerlichen Denkens genippt hatten* und so zu *Rädchen im Getriebe bürgerlicher Reformen* und Reformansätze wurden." (Spektrum 12/1979, 10)

6) Die Klischeehaftigkeit der Phraseologismen und die außerordentliche Weite in den Möglichkeiten der Anwendung der Bilder als Benennung komplexer Situationen oder Verhaltensweisen führt dazu, daß sie in bequemer Weise auf die verschiedensten Sachverhalte beziehbar sind. Das rationalisiert die Ausdrucksweise in der anspruchslosen Kommunikation des Alltags und darf keineswegs nur negativ beurteilt werden. Wenn in den Phraseologismen „bestimmte Verhaltensweisen, Handlungsmuster, Interaktionsprobleme und Problemlösungen, Situationen des Alltagslebens" erfaßt und „auf einfache, allgemeingültig-anerkannte und bewährte Formeln" gebracht werden (KOLLER 1977, 80)[126], so liegt darin prinzipiell eine Kommunikationserleichte-

---

[126] Vgl. auch MÖLLER, G.: Deutsch von heute. Leipzig 1965, S.9f. mit dem Hinweis darauf, daß sie „unentbehrlich" geworden seien.

rung. Das Problem liegt darin, daß diese Erleichterung nur für bestimmte Kommunikationssituationen und -aufgaben in Anspruch genommen werden kann. Die Grenzen werden sichtbar in folgendem Beleg, einer Äußerung auf Befragen nach einer Theateraufführung:

„Mir wurde spontan klar, was Klassik ist, nämlich alles andere als verstaubt oder gewaltig; das, was Goethe will, *geht* noch heute *unter die Haut.*" (Sonntag 16/1980, 4)

Wortpaare. Diese Überlegungen abschließend und auf eine spezifisch strukturierte Art von Phraseologismen konzentrierend, soll im folgenden eine Auswahl von Texten aus Presse, Publizistik und Belletristik die Lebendigkeit des Gebrauches von Wortpaaren in unterschiedlichen Funktionen belegen.

⟨214⟩ „In einem kostenfrei zur Verfügung gestellten Appartement könnten dann Autoren *Zeit und Muße* für ihre Arbeit finden ..." (LVZ 6.2.96) – „Keine der Parteien ..., die sich im künftigen Erfurter Landtag um *Sitz und Stimme* bemühen, scheint sich gegenwärtig für die Zukunft der Kultureinrichtungen zu interessieren." (FAZ 21.9.90) – „Also denn *vor Tau und Tag,* unrasiert sich der brandenden Natur entgegengeworfen." (Süddt. Z. 20./21.8.94) – „Ja, es ist atemberaubend und bewegend, den Lebensweg von Revolutionären, von Antifaschisten früher Jahre bis in die Gegenwart dank selbstbeschriebener *Bilder und Erlebnisse, Leiden und Freuden, Katastrophen und Siege* verfolgen zu können." (Weltbühne 22.7.80, 943) – „Erfrischend auch hier das unverblümt vorgetragene *Für und Wider,* wobei abermals die Bezüge des historischen Stoffs zu unserem *Hier und Heute* mit wachem Interesse vermerkt werden." (ND 19./20.4.1980) – „... und die Sorge um *Wohl und Wehe* der dort weilenden Gäste machen es erforderlich, so ein Heim ordentlich zu heizen." (NBI 6/1980) – „Denn in dem nüchternen Gegenwartsblick, den du auf die Vergangenheit richtest, und der vor nicht langer Zeit vor Abneigung, ja Haß getrübt gewesen wäre, liegt Ungerechtigkeit *in Hülle und Fülle.*" (Chr. Wolf, Kindheitsmuster, Berlin u. Weimar 1976, 244) – „Das *Geben und Nehmen* in Forschung und Technik" (ND 8./9.3.80) – „Wußte der Volksgenosse Jordan eigentlich, wieviel er in den letzten Jahren für die sogenannte Rote Hilfe gespendet hatte? Nein? Nun, er, Arndt, konnte es ihm sagen, *auf Heller und Pfennig.*" (Chr. Wolf, a.a.O., 59);

„... keiner von beiden wird bis zum Ende *klipp und klar* Bescheid geben können." (Chr. Wolf, Kassandra, Berlin und Weimar 1983, 194) – „... als der teure Chefdirigent ... *nach und nach* unfein kaltgestellt wurde." (LVZ 19.6.96) – „... für die ungenügende Sicherung von Gefahrenstellen ... liegt die Schuld *voll und ganz* beim ..." (ND 15.5.1975) – „Aber wenn man auf diesem Gebiete wirklich sammeln will, muß man sich für den Tausch *wohl oder übel* eigene Karten herstellen ..." (Marginalien 74, 1979, 27) – „Etwas Unwiderstehliches war an dem Menschen, das fand auch seine künftige Schwiegermutter, die mit den beiden Verlobten ... vierzehn Tage im Ostseebad Swinemünde verbrachte, wo ihr Schwiegersohn ... sich vor Strandkörben mit ihr fotografieren ließ ..., den rechten Arm *frank und frei* um ihre Schulter gelegt." (Chr. Wolf, a.a.O., 120f.) – „Wie das Tragische zum Banalen, das Gefährliche zum Komischen herabsinkt, wie, in der gleichen Bewegung, das Unauffällige auf einmal mäch-

tig hervortritt – *wie eh und je* kann das Quell ästhetischen Vergnügens sein."
(Chr. Wolf, Lesen und Schreiben, Berlin und Weimar 1972, 84);
„... wie auch immer ich das Ergebnis des ... Theaterabends *drehe und wende*:
Was ‚Faust', Goethe und die Klassik betrifft, ich bin erheblich beunruhigt
worden." (Weltbühne 6.5.1980, 587) – „... bewundert auch von Menschen, die
weit weniger *zu brechen und zu beißen* hatten als Jolly während seiner Hunger-
kur." (P. Edel, Wenn es ans Leben geht, Berlin 1979, 11 f.) – „... er wirft ihnen
die Anmaßung vor, von der sie bis jetzt gelebt haben – als allwissende und all-
mächtige Götter in ihrem selbstgeschaffenen Universum nach Gutdünken *zu
schalten und zu walten*." (Chr. Wolf, Lesen und Schreiben, a. a. O., 202). – Vgl.
auch 5.3.2.⟨213⟩.

5.3.4. Zur funktionalstilistisch differenzierten Verwendung von Phraseologismen

Im Zusammenhang mit der Behandlung der Konnotation von Phraseologismen
(vgl. 5.1.) ist auf dadurch bedingte Verwendungsbeschränkungen hingewiesen
worden. Diese Verwendungsbeschränkungen bestehen darin, daß die betreffenden Phraseologismen in Kommunikationssituationen, wo der Standard der Literatursprache gefordert ist, nur verwendbar sind, wenn der mit der Konnotation
verbundene „zusätzliche" Effekt für angemessen gehalten wird. Diese Art der
„stilistischen Markiertheit" ist einer der Gründe dafür, daß nicht alle Phraselo-
gismen in den verschiedenen funktionalen Stiltypen und Kommunikationsbereichen (Alltagsverkehr, Publizistik und Presse, Wissenschaft, künstlerische
Kommunikation) in gleicher Weise und Häufigkeit gebraucht werden. Weitere
Gründe dafür hängen mit den unterschiedlichen pragmatischen Funktionen (vgl.
5.3.3.) zusammen, die nicht für alle Kommunikationsbereiche in gleicher Weise
relevant sind. Schließlich ist die starke Verschiedenartigkeit der Phraseologismen zu bedenken, auf die wiederholt hingewiesen worden ist. Es gibt auch sach-
liche Gründe für einen funktionalstilistisch differenzierten Gebrauch. So liegt
es z. B. nahe, daß die „reiche Synonymik etwa im Bezeichnungsbereich des Be-
trügens / Täuschens / Irreführens" sich besonders in Texten über Kriminalfälle
und Gerichtsverhandlungen entfaltet (KOLLER 1977, 164f.).
   Auf die damit zusammenhängenden Fragen, auch unter dem Begriff der
Textsortenspezifik (vgl. KOLLER 1977, 165)[127] gefaßt, kann hier abschließend
nur noch hingewiesen werden (Weiteres unter 6.2.6.3.). Dabei ist selbstverständlich zu bedenken, daß ein großer Teil der Phraseologismen in dieser
Hinsicht unmarkiert ist.

---

[127] Zur funktionalstilistischen Differenzierung von Wortbildungskonstruktionen vgl.
FLEISCHER, Typen, a. a. O.

Alltagsverkehr. Die Kommunikation des Alltagsverkehrs vollzieht sich, von geschriebenen Formen wie etwa dem Privatbrief u. ä. abgesehen, vorwiegend mündlich. Daraus erklärt sich die große Rolle kommunikativer Formeln (vgl. 3.3.2.) in diesem Bereich. Der stärker emotional betonte Charakter alltagssprachlicher Kommunikation in Verbindung mit dem meist geringeren Offizialitätsgrad führt weiter zur Bevorzugung von Ausdrucksmitteln der Intensivierung und Expressivität (Phraseoschablonen, vgl. 3.4.1.; entsprechend konnotierte Phraseologismen, vgl. die Zusammenstellung unter 5.1.) bis hin zu krassen Bildern und Hyperbeln (vgl. 4.4.2. ⟨184⟩ ⟨185⟩ ⟨186⟩ sowie ein Teil der unter 4.2.2. ⟨175⟩ genannten Beispiele).

Der Gebrauch derartiger Phraseologismen in diesem Kommunikationsbereich ist nicht grundsätzlich als anstößig oder sonst inkorrekt zu werten – ebensowenig wie die Dialogkonstruktionen ohne explizite prädikative Beziehung als syntaktisch inkorrekt zu werten sind. Es gelten einfach andere Maßstäbe als für den offiziellen schriftlichen Gebrauch. Wenn man unter „umgangssprachlich" die „zwanglose Ausdrucksweise" versteht, die „gegenüber der Schriftsprache gewisse Toleranzen aufweist, jedoch nicht derb oder anstößig ist", dann kann der Gebrauch entsprechender Phraseologismen im gesprochenen Alltagsverkehr „als Kennzeichen einer gepflegten Sprechsprache" gelten (FRIEDERICH 1976, 13). Allerdings auch hier nicht nach dem Grundsatz „je mehr, desto besser"! Vgl. auch 5.3.3.(6).

Presse und Publizistik. Hier werden neben Phraseolexemen in hohem Maße auch die Nominationsstereotype (vgl. 2.2.3) genutzt. Insbesondere „die oft unter Zeitdruck verfaßte Nachricht enthält in höherem Maße als ein mehr individuelles Genre sprachliche Fertigstücke ..." Sie werden „nicht von jedem stets neu geprägt, sondern als ganze Wortgruppe zur Formulierung einer Aussage verwendet ..." (KURZ 1977, bes. 137).

Nominationsstereotype können auch den Kommentar und ähnliche Genres kennzeichnen:

⟨215⟩   „Nun, heißt es, wollen sie die Reaktion abwarten. Die dürfte *nach Lage der Dinge* jedoch wenig freundlich ausfallen." (LVZ 13.3.96) – „*Der Ernst der Stunde* wird uns bewußt, als wir die Ansprachen ... hören." (Weltbühne 24.5.88, 644) – „Musik bietet das Spektakel *in bewährter Manier* selbstverständlich für jeden Geschmack." (LVZ 4.6.96) – „... wenn kreative und innovative Unternehmer *neue, unkonventionelle Lösungen umsetzten*." (LVZ 27.8.96) – „... das Theater und seine Sorgen ins *öffentliche Bewußtsein* heben ..." (FAZ 21.9.90)

Nach den Untersuchungen von G. RJAZANOVA nahmen in der Presse der DDR die von ihr so genannten „nominativen festen Wortverbindungen" (worunter sie neben unseren Nominationsstereotypen teilidiomatische Phraseolexeme versteht wie *Maßnahmen treffen*, ferner den Typ *zugrunde gehen, es geht um / handelt*

sich um, eine Gruppe vollidiomatisierter verbaler Phraseoloexeme mit abgeschwächter Expressivität wie *eine Rolle spielen* und schließlich onymische und
terminologische Wortgruppen) den weitaus größten Anteil ein; in den Nachrich-
ten fast 95 %, im Kommentar und im Leitartikel, wo ihr Anteil am geringsten
ist, immerhin um 80 % (vgl. RJAZANOVA 1976, 100ff.).[128]
    Andererseits betont W. KOLLER zu Recht, daß „die gesprochene Sprache der
Alltagskommunikation ... offensichtlich keinen Ausschließlichkeitsanspruch" auf
die von ihm untersuchten „Redensarten" (das sind zum größten Teil konnotierte
teil- und vollidiomatische verbale Phraseolexeme) habe; sie seien „mindestens
ebensosehr Kennzeichen jener geschriebenen Sprache", wie sie in den von ihm
„untersuchten Zeitungstexten [aus der Schweiz und der BRD] vorliegt" (KOLLER
1977, 69). Und bei einem Anteil von rund 20 % (nach RJAZANOVA) solcher Phraseologismen konnte man insbesondere mit Bezug auf Kommentar und Leitartikel
sie auch für die Presse der DDR als „kennzeichnend" ansehen. Unter Hinweis auf
den häufigen Gebrauch von Phraseologismen wie etwa *am gleichen Strick ziehen,
im gleichen Boot sitzen*, in denen er „in festen Formeln geronnene Ideologie"
sieht (KOLLER 1977, 125), erläutert KOLLER, wie diese Konstruktionen im Dienste der Manipulation mit eingesetzt werden können. „Der Autor erspart sich eine
(sprachlich und inhaltlich) differenzierte Analyse des Sachverhalts. Indem die
Redensartformeln den Anschein erwecken, in ihrer unmittelbar einsichtigen
Selbstverständlichkeit nicht weiter hinterfragt werden zu müssen, nehmen sie dem
Leser Analysearbeit ab, behindern und verhindern möglicherweise die Analyse
geradezu" (KOLLER 1977, 124f.). Vgl. auch 5.3.3.(4).
    Im Zusammenhang mit anderen „umgangssprachlich" markierten lexikali-
schen Einheiten hat A. SHUMANIJASOW die entsprechenden Phraseologismen in
der Presse der DDR untersucht und dabei auch charakteristische Funktionen zu
fassen gesucht.[129] Der Leser soll damit „angesprochen", der Leseanreiz erhöht
werden. Es soll ein emotional betontes Kontaktverhältnis geschaffen werden
(vgl. 5.3.3.[1)]), und selbstverständlich spielt die emotional betonte Wertung,
besonders die Abwertung des Gegners, eine große Rolle (vgl. 5.3.3.[2)]), dazu
auch – besonders in der Publizistik – die Ironie (vgl. 5.3.3.[3)]). Zur Erleichterung der Verständlichkeit durch Anschaulichkeit werden Phraseologismen in
Publizistik und populärwissenschaftlichen Texten genutzt (vgl. 5.3.3.[5)]).
    Über die Rolle von Phraseologismen in der Anzeigenwerbung der Schweiz
und der BRD vgl. KOLLER (1977, 174ff.).

Wissenschaft. In der wissenschaftlichen Kommunikation gibt es zahlreiche
verschiedene „Genres" oder „Textsorten", und die Verwendung der verschiedenen

---

[128] Natürlich sind alle solche Zählungen infolge der nicht leicht zu handhabenden
Abgrenzungskriterien mit gewisser Vorsicht zu betrachten.
[129] Vgl. SHUMANIJSASOW, a.a.O., bes. 171ff. sowie These 5.

Arten von Phraseologismen darin ist entsprechend uneinheitlich. Eine Rezension kann stärker emotionalisiert sein als ein Lehrbuch; ein Vortrag, ein wissenschaftliches Gespräch sind wieder anders zu beurteilen. Mit den folgenden Bemerkungen kann nicht der ganze Bereich in seinen Differenzierungen erfaßt, sondern es soll lediglich angedeutet werden, daß den Phraseologismen – unter Bevorzugung bestimmter Teilgruppen – auch hier ihre Bedeutung zukommt.

Dabei ist in erster Linie auf die wenig oder gar nicht expressiven Phraseologismen zu verweisen: Nominationsstereotype, Phraseoschablonen, onymische und terminologische Wortgruppen (über diese Problematik vgl. 2.4.), teilidiomatische verbale Phraseolexeme:

⟨216⟩   *in den Mittelpunkt des Interesses rücken, in den Vordergrund treten, zur Verfügung stehen, der Meinung sein, außer acht lassen, in Betracht ziehen, in der Lage sein, Aufmerksamkeit schenken, sich bemerkbar machen, einer Sache gerecht werden, es gibt / geht um / handelt sich um.*

Dazu treten bildliche, z. T. vollidiomatische Phraseologismen, die aber in der Expressivität stark abgeschwächt und kaum konnotiert sind:

⟨217⟩   „... dem komplexen Charakter der Umweltfragen ... *Rechnung zu tragen* ...“; *eine Rolle spielen, ins Gewicht fallen, an Gewicht gewinnen / verlieren, zu Wort kommen*; „... *die wirtschaftliche Bedeutung* solcher Studien *liegt auf der Hand* ...“; „... *trotzdem zeichnet sich die Möglichkeit ab*, daß ...“; *ein breites Spektrum, die Oberhand behalten.*

Aber auch in wissenschaftlichen Texten werden bildlich-expressive und konnotierte Phraseologismen zum Ausdruck der Wertung benutzt (vgl. 5.3.3.[2)]):

⟨218⟩   „Wie üblich, wenn er etwas ausführlicher wird, *stellt* der Rezensent ... seine bibliographischen Kenntnisse *zur Schau.*“ (Niederdeutsches Wort 19, 1979, 199) – „Dem einzigen konkreten sprachlichen Argument ... *hat G. den Boden entzogen* in einem Aufsatz ...“ (Beiträge z. Gesch. d. dt. Sprache u. Lit. 100, Tübingen 1978, 271) – „... wurde ... durch Darwin *die Bahn* für eine konsequente Verbreitung des Entwicklungsgedankens *gebrochen.*“ (H. Paul, Aufgabe und Methode der Geschichtswissenschaft, Berlin und Leipzig 1920, 10) – „*Fug und Unfug* der Tiefenstruktur.“ (Sprachwissenschaft 1, 1976, 46).

Stärker bildliche und z. T. konnotierte Phraseologismen werden zum Zwecke der „Auflockerung“ auch sonst verwendet, mit Vorliebe in Vorträgen, Gesprächen u. dgl.:

⟨219⟩   „Die Primärschritte der Kohlewandlung über die Vergasung ... sind uns also geläufig, so daß ich keine Bedenken habe, daß wir bei einer solchen Entwicklung gegenüber anderen Ländern *ins Hintertreffen geraten* könnten.“ („umgangssprachlich“ nach DGW und WDG; LVZ 20./21. 10. 1979) – „... weil Aristoteles bei der Analyse von Denkformen stets die Seinsformen im Auge behält und bei der Analyse der Seinsformen die Denkformen, *kommt* Dialektik *ins Spiel.*“ (H. Seidel, Zum Verhältnis von Karl Marx zu Aristoteles, Leipzig 1979, 5). Vgl. auch hierzu 5.3.3.(5).

5.3.5. Zur Verwendung von Phraseologismen im künstlerischen Text

Der Sprachgebrauch in der künstlerischen Kommunikation ist gesondert zu beurteilen und grundsätzlich von dem sonstigen funktionalstilistisch differenzierten Sprachgebrauch abzuheben. Hier werden alle Möglichkeiten der verschiedenen Gruppen von Phraseologismen für die künstlerische Wirkung genutzt und sind auch nur unter dem übergeordneten Gesichtspunkt der ästhetisch-künstlerischen Struktur des Werkes zu beurteilen. Auch ohne daß dies im Rahmen der vorliegenden Darstellung geschehen kann, ist es dennoch von Wert, wesentliche Möglichkeiten der Ausnutzung phraseologischer Konstruktionen im künstlerischen Text zu überschauen (vgl. dazu auch MILITZ 1980).

1) Wie andere sprachliche Mittel werden Phraseologismen in der Figurensprache als „Sprachporträt" zur Personencharakterisierung eingesetzt. Kommunikative Formeln und andere Phraseologismen unterstützen die Nachgestaltung gesprochener Alltagskommunikation. Sie ist in der Regel allerdings künstlerisch verdichtet; Texte dieser Art entsprechen nicht den Tonbandaufnahmen wirklicher Gespräche, die ein viel höheres Maß an Redundanz aufweisen. (Vgl. GROSSE 1972.) In bezug auf die durch Sprichwörter und Phraseologismen umgangssprachlichen und saloppen Charakters gekennzeichnete Sprache der Figuren in den Stücken von F. X. Kroetz stellt W. KOLLER fest, es handle sich um „eine artifizielle Sprache, deren Künstlichkeit bestimmte Funktionen hat: Entfremdung auszudrücken und restringiertes Bewußtsein zu charakterisieren. Das Ausgeliefertsein an vorgegebene, aufoktroyierte und akzeptierte (zu akzeptierende) Handlungsmuster und Interpretationsschemata für die soziale Wirklichkeit wird bei Kroetz durch den Gebrauch von handlungsanweisenden und situationsinterpretierenden, ‚allgemein gültigen‘ Redensarten und Sprichwörtern sprachökonomisch und prägnant zum Ausdruck gebracht" (KOLLER 1977, 87).
Häufung von – teilweise synonymischen – Phraseologismen mit satirischem Effekt ist typisch beispielsweise für L. Harig:

(220)   „Was ist einem Ökonomen lieber, als die Menschen *an die Kandare zu nehmen*, so daß sie *den Schwanz einziehen* und *mit dem Wölfen heulen*. Was beglückt einen Politiker mehr, als die Menschen *am Wickel zu kriegen*, so daß sie *den Pantoffel küssen* und *den Mantel nach dem Wind hängen*. Was befriedigt einen Theologen tiefer, als die Menschen *am Schlafittchen zu packen*, so daß sie *zu Kreuze kriechen* und *ja und amen* sagen. Was begehrt ein Pädagoge anderes, als die Menschen *am Kanthaken zu nehmen*, so daß sie *nach der Pfeife tanzen* und *auf Vordermann gehen*" (L. Harig, Allseitige Beschreibung der Welt zur Heimkehr des Menschen in eine schönere Zukunft. München 1974, 23)

2) Die Variationsmöglichkeiten der Phraseologismen (vgl. 5.2.) sind in besonderer Weise geeignet, das überkommene „Schema der Benennung", das „wi-

226

derspruchslos" zu übernehmen der Schriftsteller sich sträubt, mit dem Ziele künstlerischer Wirkung umzugestalten. (Vgl. Chr. Wolf, Fortgesetzter Versuch. Aufsätze, Gespräche, Essays. Leipzig 1979, 76.) In Ergänzung zu den unter 5.3.2. genannten Beispielen ⟨209⟩ ⟨210⟩ ⟨211⟩ ⟨213⟩ seien noch die folgenden aufgeführt:

⟨221⟩   „Verdächtiger als alles andere aber war, daß Charlotte, die, wie sie selbst gerne sagte, sonst *aus ihrem Herzen keine Mördergrube machte*, über den Tod von Tante Jette eisern und unnachgiebig schwieg ... Es ist nicht zu unterscheiden, was zuerst dasein muß: die Bereitschaft vieler, *aus ihrem Herzen eine Mördergrube machen zu lassen*, oder *Mordkisten*, die durch die Landschaft fahren und *aus den Herzen Mördergruben machen*." (Chr. Wolf, Kindheitsmuster, Berlin und Weimar 1976, 216) – „*Die Dinge, wie sie sind, und stehn, und liegen // Anliegen, Anleihn, Staatsanleihen* kurz – *Die Lage, wie sie ist, und steht. // Und fällt.*" (R. Kirsch, Der Soldat und das Feuerzeug, Berlin 1979, 46)

3) Ein Phraseologismus und das variierende Spiel mit ihm kann als „Hauptmittel der Vertextung" (DOBROVOL'SKIJ 1980, 693) die künstlerische Gestaltung ganzer Textpassagen bestimmen.

⟨222⟩   „Als die Uhr zu schlagen anhebt, ..., schneidet Nelly ihre gräßlichste Fratze; hofft und fürchtet, Frau Elste möge recht behalten mit ihrer Drohung: daß einem ‚*das Gesicht stehenbleibt*‘, wenn die Uhr schlägt. Der Heidenschreck, den alle kriegen würden, voran die Mutter. Auf einmal würde man sie um ihr *richtiges Gesicht* anflehn; dann, wenn alles nichts half, steckte man sie wohl ins Bett und telefonierte nach Doktor Neumann, der ... seine riesenlange Gestalt über ihr Bett beugte, um überrascht *das stehengebliebene Gesicht* zu betrachten, dem Kind das Fieber zu messen und Schwitzpackungen zu verordnen, die *das Gesicht wieder auftauen* sollten: Kopf hoch, Homunkulus, das kriegen wir. Jedoch sie kriegten es nicht, und man mußte sich daran gewöhnen, daß *ihr weiches, liebes, gehorsames Gesicht* gräßlich blieb ... Die Uhr hat zu Ende geschlagen, Nelly rennt zum Flurspiegel und *glättet mühelos das Gesicht* ...“ (Chr. Wolf, Kindheitsmuster, a. a. O., 21f.)

Zeigt das vorstehende Beispiel den textlichen „Ausbau" eines Phraseologismus, so das folgende im Anschluß an die Variation eines Phraseologismus die Fortführung der „Phraseologisierung" des Textes durch weitere Phraseologismen.

⟨223⟩   „Das philosophische Bewußtsein ist nun mal so bestimmt. Es kann die Wahrnehmung der Sinne nicht entbehren. Aber es gibt sich nicht damit zufrieden. Es *will* mit all den Sinnlichkeiten ... des Lebens *höher hinaus*, möchte alles gewissermaßen *auf die Spitze treiben*. Und es vermag tatsächlich auch, fünfzig oder hundert oder beliebig viele Leute *auf die Spitze eines Gedankens zu treiben* mitsamt deren Rindern, Schusterhämmern, Stechbeiteln, Bohrern, Schweißbrennern und Schreibtischen, daß denen da oben *Hören und Sehen ergeht. Also *nicht vergeht, sondern ergeht*. Dem philosophischen Kopf erscheint der Mensch erst wirklich, wenn er ihn begriffen hat mit dem Verstand.

Daß dies, beruflich betrachtet, *ein hartes Handwerk* ist, weil es da *am laufenden Meter harte Nüsse zu knacken* gibt, versteht sich nach alledem von selbst." (M. W. Schulz, Triptychon mit sieben Brücken, a. a. O., 125)

4) Durch das Spiel mit wörtlicher und phraseologischer Bedeutung und kontrastierendes In-Frage-Stellen entsteht der besondere Effekt der folgenden Textpassage.

⟨224⟩ „Man soll sich *den klaren Blick durch Sachkenntnis nicht trüben lassen*, werden die Leute sagen, denen es gleich ist, woher ihre Urteile kommen, und das hat schon etwas für sich, die Kunst zum Beispiel wäre ohne dieses Prinzip nicht so heiter, wie Schiller sich das denkt, aber wir werden doch lieber Sachkenntnis aufwenden und genau sein, das heißt also, *uns den klaren Blick trüben* ... Wir *fischen hier im Trüben* diesmal, *wir fangen* etwa, ohne vorgreifen zu wollen, *etwas*, was uns ganz wunderbar leicht eingeht, es sind ein paar Figuren dabei, von denen wenigstens eine ganz so schön aussieht wie wir, aber sicher noch ein paar mehr ..." (J. Bobrowski, Levins Mühle, Berlin 1964, 6)

In unmittelbarer Weise sind die beiden Phraseologismen *nicht aus seiner Haut können* ,seine Eigenart nicht verleugnen können' und *aus der Haut fahren* ,ungeduldig, zornig, erregt werden' kontrastiert in der Konstruktion:

⟨225⟩ „Er *kann nicht aus seiner Haut*, auch wenn er gelegentlich *aus der Haut fährt*."[130] (H. Wiesner, Neue lakonische Zeilen)

5) Ein Beispiel für die Integration eines im DGW und WDG als „umgangssprachlich" markierten Phraseologismus in einen keineswegs diesen Charakter tragenden Text (wodurch sich eine stilistische „Umwertung" des Phraseologismus ergibt) liefert Chr. Wolf.

⟨226⟩ Eines Tages, wenn seine inständigen Versuche, in den Ordnungen, die es gibt, einen Halt zu finden, sinnlos geworden sind; wenn er fremd unter den Menschen umhergehn wird, unerkannt, krank von den Demütigungen, die ihm zweifellos bevorstehn, ohne Widerhall im Wichtigsten: dann erst wird er sich das Recht auf seine Leiden nehmen und zugleich das Recht, sie zu beenden. Das unvergleichliche Gefühl, *wenn alle Stricke reißen*." (Chr. Wolf, Kein Ort. Nirgends, Berlin und Weimar 1974, 166f.)

6) Abschließend soll – in Ergänzung zu den bisher angeführten Prosatexten – an drei Beispielen demonstriert werden, welche besonderen stilistischen Möglichkeiten die Verwendung von Phraseologismen im Gedicht bietet. In ⟨227⟩ werden die substantivischen Phraseologismen *der Mann auf der Straße* und *der kleine Mann* ,einfacher Durchschnittsbürger' kritisch in expressiven Kontrast zu *die Oberen* bzw. *die Regierungen* gestellt. In ⟨228⟩ werden die verbalen Phraseologismen *das Gras wachsen hören* ,alles frühzeitig zu

---

[130] Vgl. die Analyse bei KOLLER, Redensarten, a. a. O., 1977, S. 197ff.

228

wissen vorgeben', *Gras wächst über etw.* ,etw. gerät in Vergessenheit', *ins Gras beißen (müssen)* ,sterben (müssen)' im Spiel mit der außerphraseologischen Bedeutung von *Gras* kontaminiert. In ⟨229⟩ werden die beiden verbalen Phraseologismen *reden, wie einem der Schnabel gewachsen ist* ,offen reden' und *jmdm. den Mund stopfen* ,jmdn. zum Schweigen bringen' mit satirischem Effekt kontaminiert.

⟨227⟩   Die Oberen
Haben sich in einem Zimmer versammelt.
Mann auf der Straße
Laß alle Hoffnung fahren.

Die Regierungen
Schreiben Nichtangriffspakte.
Kleiner Mann
Schreibe dein Testament.
(B. Brecht, Gedichte. Bd. IV. Berlin 1961, 13)

⟨228⟩   freizeit
rasenmäher, sonntag
der die sekunden köpft
und das gras.

gras wächst
über das tote gras
das über die toten gewachsen ist.

wer das hören könnt!

der mäher dröhnt,
überdröhnt
das schreiende gras.

die freizeit mästet sich.
wir beißen geduldig
ins frische gras.
(H. M. Enzensberger, freizeit, zit. nach: B. Jentzsch (Hg.), Das Wort Mensch. Halle [Saale] 1972, 47)

⟨229⟩   Vogellied
Aber uns ist kein Schnabel gewachsen:
Wir reden, wie uns der Mund gestopft wurde.
(B. Köhler, aus: Blue Box 1995; zit. nach: Freitag 31.3.95).

6. Anhang
Zur Forschungsentwicklung
seit Beginn der 80er Jahre

Vorbemerkung

Die anderthalb Jahrzehnte seit Erscheinen der ersten Auflage dieses Buches und des im gleichen Jahr erschienenen ‚Handbuches der Phraseologie' (BURGER u.a. 1982) haben eine derartige Erweiterung und Vertiefung der germanistischen Phraseologieforschung gebracht, daß die hier versuchte Übersicht sicherlich nicht allen in dieser Zeit erzielten Fortschritten und diskutierten Problemen gerecht werden kann. Auswahl und Akzentsetzung orientieren sich an Arbeiten, denen nach meiner Auffassung in der Eröffnung neuer Perspektiven oder durch weiterführende Problemerörterung größere Bedeutung zukommt. Thematische Gesichtspunkte, die in der ersten Auflage meines Buches zu kurz gekommen sind, sollen ebenfalls besonders berücksichtigt werden. Es wird danach gestrebt, in vertretbarem Umfang statt einer bloßen bibliographischen Ansammlung vielfältiger Themen in Konzentration auf wesentliche Gesichtspunkte lieber der ausgewählten Thematik und den betreffenden Autoren mehr Raum zu geben. Doch sollen – wie angedeutet – bibliographische Hinweise natürlich die wichtigsten „Wege der Forschung" markieren. Wie im Hauptteil bleibe ich in Entsprechung zum Adjektiv *phraseologisch* bei dem Terminus *Phraseologismus* – trotz des Plädoyers von DONALIES (1994, 346) für *Phrasem*. Anstelle von *Phrasembildung* läßt sich (wenn man die schwerfällige Konstruktion *Phraseologismenbildung* scheut) m.E. ohne weiteres *Phraseologisierung* verwenden, aber auch *Phraseobildung* wäre denkbar (in Analogie zu *Phraseographie, -lexikon, -schablone* usw.). Auch die übrige Terminologie der ersten Auflage wird bis auf einige begründete Fälle beibehalten.

6.1. Allgemeiner Überblick

6.1.1. Zur internationalen Forschungsorganisation

Die Intensivierung der germanistischen Phraseologieforschung ist organisatorisch belegt durch die Einführung regelmäßig stattfindender – meist internationaler – Kolloquien. Auf erste Schritte durch Veranstaltungen der bilateralen

Germanistikkommissionen DDR-Polen bzw. DDR-UdSSR in Warschau 1977 (vgl. FLEISCHER/ GROSSE [Hg.] 1979) und in Moskau 1980 (vgl. ČERNYŠEVA/ FLEISCHER [Hg.] 1981) folgte 1981 in Mannheim ein Symposium über „Phraseologie und ihre Aufgaben", vorwiegend noch mit Referenten slawistischer Provenienz (vgl. MATEŠIĆ [Hg.] 1983). Mit wachsender internationaler Ausstrahlung setzte sich die Reihe fort: Zürich 1984 (vgl. BURGER/ZETT [Hg.] 1987), Oulu/Finnland 1986 (vgl. KORHONEN [Hg.] 1987); dann unter dem Reihentitel „Europhras" Klingenthal-Strasbourg 1988 (vgl. GRÉCIANO [Hg.] 1989), Aske/Schweden 1990 (vgl. PALM [Hg.] 1991), Saarbrücken 1992 (vgl. SANDIG [Hg.] 1994) und schließlich Graz 1995 (zu dem Thema „Europäische Phraseologie im Vergleich: Gemeinsames Erbe und kulturelle Vielfalt, Probleme der konfrontativen Phraseologie in West- und Osteuropa"; Material noch nicht publiziert). Neben den „Europhras"-Veranstaltungen zeugen von der internationalen Aktivität germanistischer Phraseologieforschung beispielsweise noch die internationale Jahrestagung des Instituts für deutsche Sprache in Mannheim 1988 über „Wortbildung und Phraseologie" (deren Material allerdings trotz mehrfacher Ankündigung noch immer nicht publiziert worden ist), die finnisch-deutsche sprachwissenschaftliche Konferenz 1990 in Berlin (vgl. KORHONEN [Hg.] 1992a) und die internationalen Phraseologietagungen 1991 in Turku (vgl. KORHONEN [Hg.] 1992b), 1992 in Nitra/Slowakei (vgl. KROŠLÁKOVÁ/ĎURČO [Hg.] 1993) sowie die jährlichen Treffen des 1991 gegründeten Westfälischen Arbeitskreises „Phraseologie/Parömiologe" (vgl. CHLOSTA/GRZYBEK/E. PIIRAINEN [Hg.] 1994); vgl. auch die internationale Beteiligung an SABBAN/ WIRRER (Hg. 1991), FÖLDES (Hg. 1992) und EISMANN/PETERMANN (Hg. 1992) sowie die thematischen Hefte von ‚Sprache und Literatur in Wissenschaft und Unterricht' Nr. 56, Jg. 16 (1985) und ‚Fremdsprachen Lehren und Lernen' 21 (1992). Zu verweisen ist in diesem Zusammenhang ferner auf die seit 1994 erscheinende Reihe „Studien zur Phraseologie und Parömiologie", herausgegeben von W. EISMANN (Graz), P. GRZYBEK (Graz), W. MIEDER (Burlington/USA), in der bis 1996 neun Bände publiziert worden sind. Auf die Parömiologie speziell ist hier nicht einzugehen, doch seien auf jeden Fall genannt die Bibliographien von MIEDER (Hg. 1982, 1990, 1993), ferner die von MIEDER seit 1983 im Verlag P. LANG herausgegebene Reihe ‚Sprichwörterforschung' sowie ‚Proverbium. Yearbook of International Scholarship' (MIEDER [Hg.] 1984ff.) Dieses Jahrbuch enthält auch Beiträge zur Phraseologie im engeren Sinne. Es hat eine bewegte Geschichte. Von 1965–1975 erschien es als ‚Bulletin d'information sur les Recherches Parémiologiques' in Helsinki (Reprint MIEDER [Hg.] 1987), dann als ‚Proverbium Paratum' in drei Ausgaben 1980–82 in Budapest, herausgegeben von V. VOIGT.

6.1.2. Handbücher und Gesamtdarstellungen

PILZ (1981) bietet konzentrierte Information über Definition und Klassifikation unter Einschluß von peripheren Bereichen (Schlag- und Modewort, stilistische Aspekte: Klischee, Gemeinplatz u. a.), über Terminologie und Literatur sowie Phraseopragmatik und Phraseodidaktik – dem Übersichtscharakter entsprechend ohne Textbeispiele.

BURGER u. a. (1982) ist eine Gemeinschaftsarbeit, an der außer den drei Hauptautoren (H. BURGER, A. BUHOFER, A. SIALM) weitere fünf Mitarbeiter beteiligt sind. Das Handbuch strebt nicht nach Materialdarstellung des phraseologischen Bestandes, sondern nach weiterführender Erörterung aktueller Fragen unter Verwendung reichen (vor allem standarddeutschen und schweizerdeutschen sowie auch russischen) Textmaterials. Es verbindet eigene originelle Forschung mit kritischem Forschungsreferat, wobei vor allem die sowjetische Forschung aufgearbeitet wird. Von diesem Werk sind wesentliche Anregungen ausgegangen, insbesondere für die textlinguistischen, pragmatischen und psycholinguistischen Aspekte der Phraseologie und den Spracherwerb sowie die historische Phraseologie. Termini wie *Kinegramm*, die Differenzierung von *Variation* und *Modifikation* u. a. gehen hierauf zurück.

ČERNYŠEVA (1986) bietet innerhalb einer mit STEPANOVA gemeinsam verfaßten ,Lexikologie der deutschen Gegenwartssprache' eine Übersicht über den phraseologischen Bestand, die gegenüber der ersten Auflage (1975) verbessert und aktualisiert worden ist. Der Schwerpunkt liegt nicht auf der Erörterung von Forschungsproblemen, sondern auf systematischer Darbietung des Materials unter Einschluß „kommunikativ-pragmatischer Potenzen" – jedoch ohne Textbeispiele.

Das Hauptanliegen von HESSKY (1987) ist eine kontrastive Phraseologiedarstellung Deutsch–Ungarisch. Es werden Methoden der kontrastiven Forschung diskutiert, und es wird eine Typologie interlingualer phraseologischer Entsprechungen vorgelegt, wobei auch mit Textbelegen gearbeitet wird. Über die Relevanz für das konkrete Sprachenpaar hinaus hat das Werk allgemeinere Bedeutung; das wird auch in einem der kontrastiven Darstellung vorangestellten Teil über „Grundfragen der Phraseologie" deutlich.

VAPORDSHIEV (1992) gibt eine Darstellung des „Phraseolexikons" der deutschen Gegenwartssprache mit besonderer Berücksichtigung onomasiologisch-semasiologischer Gliederung und dem „phraseosemantischen Feld" als „grundlegendem Ordnungsprinzip". Dabei werden neuere semantische Theorien (Netzwerkmodell, Prototypensemantik) herangezogen. Als Anhang wird mit ausgewählten Bei-

232

spielen der Aufbau des „Phraseolexikons" demonstriert – „nach onomasiologischen Kategorien und phraseosemantischen Feldern geordnet". Textbelege werden in beschränktem Umfang verwendet.

ĎURČO (1994) gibt in einem ersten Hauptkapitel einen international orientierten Überblick über phraseologische Theorien unter Berücksichtigung interdisziplinärer Forschung (Psycholinguistik) sowie der vergleichenden Phraseologie. Im zweiten Hauptkapitel werden in Kontrastierung von Deutsch–Slowakisch die Definitionskriterien (unter Problematisierung z. B. von Unmotiviertheit und Polylexikalität) diskutiert. Von besonderem Interesse ist der interlinguale Vergleich der aktivsten Komponenten („Taxonomie"), differenziert nach Substantiven, Adjektiven und Verben. Das dritte Hauptkapitel („Phraseologischer Gebrauch") ist unter Rückgriff auf psycholinguistische Forschung der mentalen Repräsentation idiomatischer Bedeutung und der experimenteller Klärung unterzogenen Frage nach dem individuellen Wissen über Phraseologismen bei heterogenen Personengruppen gewidmet.

PALM (1995) ist als Einführung gedacht. In Demonstration an reichem Beispielmaterial werden Grundbegriffe erläutert, wobei viel mit Zitaten gearbeitet wird. Forschungsprobleme werden – trotz eines eigenen Abschnittes über Phraseologieforschung – kaum wirklich eigenständig diskutiert, sondern es wird auf entsprechende Literatur verwiesen. Die zwei Hauptkapitel behandeln „Phraseologismen im System" und „Phraseologismen im Text", ein kurzer Abschnitt „Psycholinguistische Aspekte".

Von allgemeinem Interesse auch für die germanistische Forschung sind die deutschsprachigen Darstellungen des Englischen (GLÄSER 1986), Russischen (ECKERT/GÜNTHER 1992) und Tschechischen (HENSCHEL 1993).

6.1.3. Zur Phraseographie

6.1.3.1. Grundsätzliches

Theorie und Praxis der Phraseographie finden – auch mit der Forderung nach einer „Metaphraseographie" parallel zur Metalexikographie (WORBS 1994, 42) – zunehmend Beachtung, so daß es angebracht erscheint, der Problematik hier einen eigenen Abschnitt zu widmen. Phraseologismen werden lexikographisch kodifiziert sowohl in allgemeinen Wörterbüchern als auch in speziellen phraseologischen Wörterbüchern, die nicht unbedingt alphabetisch geordnet sein müssen, obwohl dies meist der Fall ist. Dabei ist noch zu unterscheiden zwischen ein- und zwei- oder mehrsprachigen Wörterbüchern; zur Spezifik zweisprachiger Phraseographie vgl. WORBS (1994; slawisch-deutsch), zu mehrsprachigen Wörterbüchern vgl. FÖLDES (1994). Internationale Veranstaltungen zur zweisprachigen Lexikographie berücksichtigen auch die Phraseologie, vgl. z. B. HYVÄRINEN/KLEMMT (Hg. 1994) und KROMANN/KJÆR (Hg. 1995). Die lexikographische Behandlung von Phraseologismen wird nach wie vor kritisch reflektiert, wobei die phraseologischen Spezialwörterbücher nicht selten negativer beurteilt werden als die allgemeinen (vgl. BURGER 1992; KÜHN 1989a, 832 mit Bezug auf die lexikographische Erfassung von Routineformeln). Fortschritte der Phraseologieforschung haben sich nach BURGER (1992, 33) „am deutlichsten" im HDG ausgewirkt (ähnlich auch KORHONEN 1990: positiv HDG und DUW). Bei aller noch bestehenden Problematik darf man wohl heute auch dem DGW entsprechende Fortschritte bescheinigen. Die Kritik kann bis zur Ablehnung des bisher vorherrschenden (alphabetischen) Typs von Phraseolexika überhaupt gehen; vgl. PILZ (1987, 135), der für ein Loseblattsystem unter „sinnvollem Computereinsatz" plädiert (ebd., 140f.).

An noch nicht befriedigend gelösten hauptsächlichen Problemen (differenzierbar nach Makro- und Mikrostruktur: WORBS 1994, 77ff., 95ff.) nennt BURGER (1992, 34f.; ausführlicher 1983): Definition und Klassifikation als Grundlage (über „Uneinheitlichkeit in der Aufnahme des Materials" vgl. auch SCHEMANN 1989a, 1020); Lemmatisierung und Anordnung innerhalb des Artikels; präzise Angabe der Nennform (unterschieden von der „Ansatzform" des Lemmas: WORBS 1994, 95); Behandlung der „schwach idiomatischen" Nomen-Verb-Verbindungen; angemessene Bedeutungsbeschreibung (dazu auch FLEISCHER 1983). Als „Haupt-Dilemma der Phraseographie" bezeichnet DOBROVOL'SKIJ (1993, 59) den Konflikt zwischen der „lexikographischen Universalität der Nennform" und der „psychologisch realen und damit benutzerfreundlicheren Aussageform". Er fixiert damit das Problem, daß z. B. nicht wenige verbale Phraseolexeme typischerweise nicht in der Nennform, sondern in einer prädikativen Struktur gebraucht werden (die wohl auch im mentalen Lexikon bevorzugt gespeichert ist): *Gib deinem Herzen (doch mal) einen Stoß!* statt *seinem Herzen einen Stoß geben*. BURGER (1992, 40ff.) plädiert für den Verzicht auf zu spezielle detaillierte Bedeutungsangaben; die lexikalische Semantik von Phraseolexemen wie *den Stier bei den Hörnern packen* reduziere sich „auf wenige, sehr vage formulierbare Seme" und sei in hohem Maße kontextbedingt. Auch bei den pragmatischen Aspekten, die Einstellung und Illokution zu berücksichtigen haben, möchte er nicht zu sehr ins Detail gehen. Diese Auffassung wird freilich nicht allgemein geteilt, vgl. z. B. die eingehende „sprachhandlungstheoretische Beschreibung" des Phraseolexems *sich etwas aus dem Kopf schlagen* bei KÜHN (1987).

In bezug auf die lexikographische Behandlung von Routineformeln verweist KÜHN (1989a, 834; vgl. auch KEMPCKE 1994) auf Nachteile sowohl der „striktalphabetischen" als auch der „nestalphabetischen" Lemmatisierung und favorisiert eine onomasiologische Anordnung, am besten in einem speziellen „(Routine-)Formelwörterbuch". Auf die bisher übliche konnotative Markierung sollte „zugunsten von aussagekräftigen pragmatischen Kommentaren verzichtet werden" (KÜHN 1994, 422).

Zu einem neuen Typ von phraseologischen Wörterbüchern mit Computereinsatz vgl. E. PIIRAINEN (1994; westmünsterländische Mundart), und über Datenbanken mit russischem Material DOBROVOL'SKIJ (1993, 51f., Fn. 2). Er skizziert auch „Aufbauprinzipien und Einsatzmöglichkeiten" seiner deutschen „Idiom-Datei" mit 1000 „mental präsenten" Einheiten. Weiter ausgeführt und theoretisch fundiert wird die Erstellung eines „Thesaurus" deutscher Idiome (= Phraseolexeme) als der phraseologischen Kerngruppe in DOBROVOL'SKIJ (1995). Die Bezeichnung *Thesaurus* wird allerdings problematisiert, da das angestrebte Ergebnis mit den traditionellen Arten eines Thesaurus „kaum vergleichbar" sei (ebda., 137). Zugrunde liegt das sogenannte „ideographische Prinzip" mit den Verfahren der „Cluster-Technik" und der „Taxon-Vernetzung" (dazu s. u.). Es unterscheidet sich vom onomasiologischen Ansatz. Dieser geht aus von den „Sachen", dem Denotat, der „Welt". Das „ideographische Prinzip" dagegen geht unter Bezugnahme auf die kognitive Semantik aus von den „Ideen der Menschen über die Welt" (ebda., 71), und zwar nicht von einem wissenschaftlichen, sondern von einem Weltmodell des Alltagsbewußtseins, der „‚naiven' Wirklichkeitsperspektive" (ebda., 68) des mentalen Lexikons. Bei der Erarbeitung des Thesaurus wird keine deduktive Gliederung zugrunde gelegt, sondern es wird induktiv vorgegangen auf der Grundlage eines Korpus von Idiomen. Jedes erhält einen semantischen Marker oder Deskriptor, und das so beschriebene Inventar wird dann nach dem ideographischen Prinzip gegliedert. Die dabei entstandenen „konzeptuell-semantischen" Gruppen (ähnlich der bisher z. T. üblichen Ordnung nach Leitbegriffen) bilden die Grundeinheiten („Taxa") des Thesaurus. Infolge der konzeptuellen Unschärfe der Sprache sind sie nicht streng voneinander abzugrenzen, sondern überschneiden sich. Deshalb ist eine Bündelung von Deskriptoren vorzunehmen („Cluster-Technik": ebda., 91ff.), was u. a. zur Folge hat, daß das gleiche Idiom verschiedenen Taxa zugeordnet werden kann. Theoretische Grundlage der konzeptuellen Markierung ist die Idee von der psychologischen Realität einer variablen „Basisebene" nach LAKOFF (1988, 135; zit. DOBROVOL'SKIJ 1995, 88). Sie läßt für die Bildung von Taxa unterschiedliche Möglichkeiten, umfangreichere (a) oder stärker differenzierte (aa-ac):

(a) MACHT, EINFLUSS, AUTORITÄT, LEITUNG, FÜHRUNG, SIEG, ÜBERLEGEN-HEIT, ERFOLG, UNABHÄNGIGKEIT, FREIHEIT
das Heft in der Hand haben, die erste Geige spielen, sein Arm reicht weit, die Oberhand gewinnen u. a.

(aa) MACHT, EINFLUSS, AUTORITÄT, LEITUNG, FÜHRUNG
am Ruder sein, den Ton angeben u. a.

(ab) SIEG, ÜBERLEGENHEIT, ERFOLG
jmdn. aufs Kreuz legen, die Oberhand gewinnen u. a.

(ac) UNABHÄNGIGKEIT, FREIHEIT
sein eigener Herr sein u. a.

Die psychologische Realität der Taxa ist experimentell bewiesen (ebda., 98).

Ein Thesaurus kommt jedoch erst zustande durch die Herstellung von Relationen zwischen den Taxa; diese „Vernetzung" modelliert – allerdings nur approximativ – das „phraseologische Modul des mentalen Lexikons" (ebda., 113) auf verschiedenen „Vernetzungsachsen" (semantischen, formalen, illokutiven, bildlichen und symbolischen, ebda., 135). Das kognitiv orientierte Konzept wird von DOBROVOL'SKIJ (1995) an drei Fallstudien (mit Dominanz der semantischen „Vernetzungsachse") veranschaulicht. Eine „lexikographische Thesaurus-Version" wird am Beispiel „sprechaktbezogener Idiome" demonstriert. Diese „konzeptuell-semantische Domäne" wird nach den Perspektiven des Sprechaktes in vier „Fragmente" untergliedert (ebda., 141ff.); sie thematisieren jeweils die Perspektive (a) des Sprechers (*reden wie ein Wasserfall*), (b) des Hörers (*ganz Ohr sein*), (c) der Äußerung (*von Mund zu Mund gehen*) bzw. (d) die metakommunikative Perspektive (*jmd. das Wort geben*). Jedes der vier Taxa untergliedert sich weiter, worauf hier nicht mehr eingegangen werden kann. Probleme, die sich bei der Etablierung der Taxa ergeben, werden diskutiert. Operationalisierbare Kriterien sind nicht gegeben (ebda., 138ff.). Die anderen beiden Fallstudien bieten am Beispiel von Idiomen mit der „konzeptuellen Domäne" ‚Erreichen von Zielen' ein prozedurales Vernetzungsmodell („virtuell-narrative Version") und mit dem Idiomgebrauch in Schlichtungsgesprächen ein „interaktiv-prozedurales Modell". Es wird auch auf Anwendungsmöglichkeiten des vorgeführten Thesaurus-Konzepts für die ein- und zweisprachige Lexikographie sowie für die computergestützte Textproduktion hingewiesen (ebda., 129ff.).

6.1.3.2. Spezielle Wörterbücher

Im folgenden werden – außer dem noch nicht abgeschlossenen SPALDING – nur nach 1980 erschienene Titel (und keine Allgemeinwörterbücher) aufgeführt.

SCHEMANN (1989b) ist eine Kombination von „systematischem" und alphabetischem Wörterbuch. Der „systematische" Teil ist onomasiologisch gegliedert in neun große Kapitel („Großfelder") von ‚Zeit-Raum-Bewegung-Sinnesdaten' über ‚Leben-Tod' bis zu ‚Quantitäten-Qualitäten-Relationen'. Jedes dieser „Großfelder" (z.B. C ‚Physiognomie des Menschen') ist begrifflich mehrfach weiter untergliedert in „Felder" (z.B. Cb ‚seelisches Erscheinungsbild') und „Teilfelder" (z.B. Cb 16 ‚Zorn': *in Wut geraten, zornig machen; Zeichen der Wut*). Außer diesen konzeptuell-semantischen Benennungen der verschiedenen Felder gibt es keine weiteren Bedeutungserläuterungen. Innerhalb eines „Teilfeldes" sind die mehr oder – vielfach – weniger synonymen Konstruktionen zu „Blök-ken" zusammengefaßt. In jeder Konstruktion ist ein Leitwort fett hervorgehoben, unter dem es im alphabetischen Teil aufzufinden ist. Im alphabetisch geordneten Such- und Stichwortregister schließlich findet man als dritte Möglichkeit Zugang zu den Benennungen der „Teilfelder" (für Cb 16 z.B. sind verzeichnet *Ärger, Wut, Zorn, [ganz) wild [sein]*). Das Werk verzeichnet ca. 20.000 Einheiten, beruhend auf sehr weiter Phraseologismus-Auffassung.

RÖHRICH (1991–92) bleibt auch in der Neuausgabe prinzipiell bei der Konzentration auf kulturgeschichtlich relevante oder erläuterungsbedürftige Konstruktionen, so daß weiterhin ein großer Teil von Phraseologismen ausgeklammert ist. Allerdings ist gegenüber der ersten Fassung (1974) der Umfang erheblich erweitert, und zwar u. a. nach folgenden Gesichtspunkten: Bezüge zu Fremdsprachen (Englisch, Französisch), stärkere Berücksichtigung der Mundarten, Einbeziehung von Slogans, „Anti-Sprichwörtern", Sponti-Sprüchen und dgl. sowie Ausdrücken der Jugendsprache, Erweiterung der Bebilderung und historischen Dokumentation.

DUDEN 11 (1992), bearbeitet von G. DROSDOWSKI und W. SCHOLZE-STUBENRECHT, verzeichnet als „Wörterbuch der deutschen Idiomatik" über 10.000 Einheiten, darunter auch solche – trotz des Untertitels – nichtidiomatischen Chrakters (Sprichwörter, Zitate u. ä.). Die Artikel bieten außer der Bedeutungserklärung (durch Synonyme, Paraphrasen oder/und pragmatischen Kommentar) stilistische und gegebenenfalls weitere Gebrauchsmarkierungen (Stilfärbung, regionale, zeitliche, fachsprachliche Charakteristik) sowie nicht selten Herkunftsangaben. Die konstruierten Textbeispiele werden vielfach ergänzt durch Belege mit Quellennachweis (vorwiegend aus Presse und Belletristik), wodurch das erste einsprachige „zitierende" Phraseowörterbuch des Deutschen entstanden ist.

SCHEMANN (1993) verzeichnet alphabetisch (bei ausführlicher Erläuterung des differenzierten Alphabetisierungssystems) ca. 33.000 „Redewendungen" unter Einbeziehung von Kollokationen und Funktionsverbgefügen: „als ‚idiomatisch' gelten alle Einheiten, die kontextgebunden sind" (S. XII [?!]). Es werden keine Bedeutungsbeschreibungen gegeben, sondern konstruierte Kontextbeispiele (bei Polysemie entsprechend mehrere), an denen sich Verwendungsmöglichkeiten ablesen lassen; diese werden zusätzlich verdeutlicht durch ein System von Markierungen: nach Stilebenen, nach weiteren „stilistischen und rhetorischen Kriterien" (z.B. ironisch, pathetisch, formell, Märchensprache) und sonstigen Gebrauchsrestriktionen (selten, veraltend, Neologismus, Jugendsprache u. a.). Die obligatorischen Komponenten werden besonders hervorgehoben, Varianten weitgehend angegeben. Vorangestellt ist im Anschluß an Hinweise zu Anlage und Gebrauch eine „wissenschaftliche Einführung in die deutsche Idiomatik" mit Abschnitten über Definitionsebenen und Kriterien sowie idiomatischen

Konstruktionsmustern (fast ausschließlich verbalen Charakters) und über die „historische, kulturelle und anthropologische Dimension der Idiomatik". Außerdem ist dem Werk eine umfangreiche Bibliographie beigegeben.

MÜLLER (1994) registriert nicht nur „sprichwörtliche Redensarten" von kulturgeschichtlicher Relevanz, sondern auch sonstige Phraseolexeme (aber keine Sprichwörter, Gemeinplätze, kaum Routineformeln), und zwar nicht nur verbale, sondern auch adverbiale und substantivische. Die Artikel sind mit Bedeutungserläuterungen, stilistischer Markierung und vielfach auch Herkunftsangaben versehen. Die konstruierten Beispieltexte („Dialogauszüge") simulieren „typische Szenen des Alltags"; Textbelege fehlen. Jedes Lemma ist mit einem „Leitbegriff" versehen, der die Einheit einem Oberbegriff zuordnet, unter dem sie im „Leitbegriffregister" zu finden ist. So wird die alphabetische Anordnung durch eine konzeptuell-semantische ergänzt. Außerdem ist noch ein „Bildfeldregister" beigegeben, dessen Stichworte Bildspendebereiche zu fixieren suchen.

SPALDING (1956ff.) ist ein großangelegtes historisches Wörterbuch des „figurativen" (metaphorischen und metonymischen) Sprachgebrauchs im Deutschen mit Textbelegen und Quellennachweisen. Es ist allerdings noch immer nicht ganz abgeschlossen und nimmt auch insofern eine Sonderstellung ein, als die Kommentare in englischer Sprache gegeben werden. Entsprechend dem Titel werden nicht nur Phraseolexeme (darunter moderne wie *die Kurve raushaben* und Formeln wie *kriegen Sie das öfters?*), sondern auch Einzelwörter (Simplizia und Wortbildungen), Sprichwörter, geflügelte Worte und Zitate von der Mitte des 18. Jhs. an aufgenommen. Bisweilen wird auch ein aktives zweites Kompositionsglied lemmatisiert (*-krämer: Altertums-, Hypothesen-, Kleinigkeits-*). In den historischen Kommentaren (mit kritischer Verarbeitung der einschlägigen Literatur) wird gegebenenfalls auch bis ins Althochdeutsche zurückgegangen. Das Werk ist unentbehrlich für die historische Phraseologieforschung.

6.1.4. Inhaltliche Hauptlinien

Die germanistische Phraseologieforschung steht unter dem Einfluß allgemeinerer Entwicklungen in der Linguistik: Pragmatik und Textlinguistik, Psycholinguistik, kognitive Linguistik und Metaphernforschung, Universalienlinguistik und Sprachtypologie sowie Kultursemiotik. Mit einer gewissen Verzögerung haben sich Fortschritte in der wissenschaftlichen Fundierung der Lexikographie ausgewirkt (vgl. 6.1.3.1.), und es machen sich Bedürfnisse des Sprachunterrichts geltend (vgl. z. B. KÜHN 1992). Nicht alle hier skizzierten Aspekte können im Abschnitt 6.2., der sich ausgewählten Fragestellungen etwas ausführlicher zuwendet, aufgegriffen werden.

6.1.4.1. Kommunikativ-pragmatischer Ansatz

Die kommunikativ-pragmatische Orientierung führte zu einer Tendenz der Ausweitung des Gegenstandsbereiches (vgl. 6.2.1.). Das Merkmal der Idiomatizität von Wortgruppen- (6.2.3.) und Satzstrukturen (6.2.4.) wird relativiert oder eingeschränkt zugunsten von ‚Festigkeit‘ oder ‚Formelhaftigkeit‘ bis hin zum Ausgriff auf ‚formelhafte Texte‘ (6.2.4.4.). Mit dem Blick auf die pragmatischen Funktionen in Abhängigkeit von Textsorten, Situationstypen und kommunikativem Medium werden die kommunikativen Formeln (Gesprächssteuerungs-, Routineformeln) bevorzugtes Untersuchungsobjekt, doch die Öffnung der Phraseologie für die Sprachverwendung, das ‚Sprachhandeln‘ regt auch die „sprachhandlungstheoretische" Beschreibung von Phraseolexemen an (6.2.5.). Die besonderen Möglichkeiten der phraseologischen Wortgruppen für die Textstrukturierung werden genauer untersucht (6.2.6.1.), die phraseologische Affinität unterschiedlicher Textsorten ausgelotet (6.2.6.3.).

6.1.4.2. Kognitiver Ansatz

Ein Gegenstück zum kommunikativ-pragmatischen Ansatz bildet der kognitive Ansatz mit der Frage nach der mentalen Repräsentation der Phraseolexeme bzw. Idiome (zur Definition von ‚Idiom‘ vgl. DOBROVOL'SKIJ 1995, 48) und ihrer kognitiven Verarbeitung im Konzept eines mentalen „Weltmodells" (DOBROVOL'SKIJ 1995, 61ff.; zu Grundbegriffen und Zielstellung auch HESSKY 1995). Die kognitive Sicht erschließt in mehrfacher Hinsicht ein neues Erklärungspotential. Sie erklärt mit dem Rückgriff auf Frame und Script als Elemente konzeptueller Strukturen der Wissensrepräsentation die kontextuelle semantische Flexibilität der Phraseolexeme (vgl. BARANOV/DOBROVOL'SKIJ 1991, DOBROVOL'SKIJ 1995, 55ff.) und ermöglicht ein tieferes Verständnis der phraseologischen Bedeutung. Auf die spezielle Gruppe der Phraseolexeme mit unikaler Komponente (s. u.) wendet FEYAERTS (1994) das kognitiv-semantisch begründete „prismatische Bedeutungsmodell" von GEERAERTS/BAKEMA (1993) an, das auf ein globales Idiomatizitätskriterium verzichtet. Es kommt mit Bezug auf die Relation von Semantik der Komponenten und Gesamtsemantik des Phraseolexems zu vier Idiomtypen auf der Basis der „Transparenz der syntagmatischen Bedeutungsverhältnisse" (= Isomorphie) und der „Transparenz der paradigmatischen Bedeutungsverhältnisse" (= Motiviertheit). Die Modellierung (vgl. 4.4.2.) der Phraseolexeme und der semantischen Beziehungen zwischen ihnen und damit des phraseologischen Systems (dazu DOBROVOL'SKIJ 1988, 191ff.) gewinnt eine neue Qualität; vgl. den Überblick über bisherige Modellierungsvorstellungen und die Perspektive kognitiver Modellierung bei BARANOV/DOBROVOL'SKIJ (1991). Daraus ergeben sich Konsequenzen für die Phraseographie auf der Grundlage des „ideographischen Prinzips" (6.1.3.1.). Die Metaphernforschung (Metapher als Versprachlichung von Emotionen) übergreift zwar die

Formativgrenzen von Wort- und Wortgruppenstrukturen; dies ändert jedoch nichts Prinzipielles an der Spezifik der kognitiven Verarbeitung von Phraseolexemen (vgl. 6.2.2.). Über die Metaphorik hinaus greift auf kognitiver und kultursemiotischer Grundlage der Versuch, symbolrelevante Phraseologismen (Tiere, Farben, Zahlen als Symbole) in verschiedenen Sprachen (z. T. unterschiedlicher Kulturkreise) zu erfassen, mit anderen semiotischen Systemen zu vergleichen und auf diese Weise auch einen Beitrag zur Lexikographie zu leisten (DOBROVOL'SKIJ/E. PIIRAINEN 1996); vgl. dazu auch DANIELS (1979, 576f.), der „sprachliche Schematismen" (vgl. 6.2.1.) als „Deutungssysteme" mit „symbolischen Sinnwelten" in Zusammenhang bringt. Wie sich das phraseologische Wortpaar *auf Biegen und/oder Brechen* (DUDEN 11, 109) in weltweite kultursemiotische Zusammenhänge einordnet, wird aus der Sicht einer als „vergleichende historische Verhaltensforschung betriebenen Motivgeschichte" dargestellt von SCHÖNE (1991).

6.1.4.3. Psycholinguistische Aspekte

Aus psycholinguistischer Perspektive wird in der Erkenntnis, daß linguistische und psycholinguistische Einheiten nicht übereinstimmen müssen, Fragen der Speicherung von Phraseologismen, ihrer Aktualgenese in Produktion (Problematik von „Reproduktion" und „Automatismus") und Verstehen (Problematik „probabilistischer Einheiten") nachgegangen (vgl. BUHOFER in: BURGER u. a. 1982, 168ff.). Eine große Rolle spielen dabei experimentelle empirische Untersuchungen (Assoziationstests, Interpretationsaufgaben u. a.), mit denen Einsichten in die individuelle Wissensrepräsentation gewonnen werden können (vgl. ĎURČO 1990, 19). Es hat sich herausgestellt, daß der Anteil einzelner Komponenten für den Effekt der Bildhaftigkeit von Phraseologismen wesentlicher sein kann als die phraseologische Gesamtbedeutung (vgl. HÄCKI-BUHOFER 1989, ĎURČO 1994a). Das entspricht der heute verbreiteten Ansicht, daß einzelne Komponenten auch bei vollidiomatischen Phraseolexemen semantisch-assoziative Potenzen bewahren. Andererseits ist das aktuelle Verstehen der phraseologischen Gesamtbedeutung nicht an das historische Verständnis ihrer Entstehung gebunden (vgl. DANIELS 1988).

Dies ergibt sich auch aus dem Funktionieren von Phraseologismen mit unikaler oder phraseologisch bzw. formal gebundener Komponente (vgl. 2.2.1.), die als Konstruktion mental durchaus präsent sein können – ungeachtet der Isolierung von Komponenten wie *Effeff* oder *gemoppelt* (vgl. DUDEN 11, 165, 249). Allerdings ist das Inventar dieser Konstruktionen recht heterogen; vgl. etwa die genetische, etymologische und strukturtypologische Klassifikation von DOBROVOL'SKIJ (1989a) sowie FEYAERTS (1994, bes. 145ff.). DOBROVOL'SKIJ/ E. PIIRAINEN (1994) erarbeiten auf der Grundlage eines Korpus von 188 Konstruktionen eine „konzeptuelle Typologie" (Zuordnung zu „semantischen

Schwerpunkten [Cluster-Klassen]") dieser Phraseolexeme und kommen zu dem Schluß, daß die Unterschiede im Grade ihrer „mentalen Präsenz" nicht zufällig, sondern durch inner- und außersprachliche Faktoren (bei entscheidender Rolle der „Idiom-Transparenz") bestimmt sind. Mir erscheint das Korpus allerdings nicht völlig überzeugend. Zum einen habe ich Bedenken, Wörter wie *Abwege, Abschaum, Extrawurst, Luftschlösser* u.a. als phraseologisch gebunden zu qualifizieren, zum anderen fehlen darin Wörter wie *auswetzen, Betracht, Mitleidenschaft* u.a., die zweifellos gebunden sind.

Einen weiteren psycholinguistischen Fragenkomplex bildet der Spracherwerb. BUHOFER/SCHERER (in: BURGER u.a. 1982, 224ff.) kommen in experimentellen Untersuchungen des Phraseologismengebrauchs von Vorschul- und Schulkindern zu dem Ergebnis, daß „der Erwerb von Phraseologismen zwar nicht an ein bestimmtes Alter gebunden ist, daß sich aber die Eigenschaften und der Status von Phraseologismen im Laufe der Sprachentwicklung ändern, bis der Stand der Erwachsenensprache erreicht ist" (ebda., 239). Die linguistische Differenzierung zwischen phraseologischen und nichtphraseologischen Wortverbindungen ist für den individuellen Spracherwerb des Kindes nicht relevant (BUHOFER 1980, 289f.).

6.1.4.4. Interlinguale Aspekte

Interlinguale Beziehungen der Phraseologie werden unter verschiedenen Aspekten erforscht (vgl. z.B. GRÉCIANO [Hg.] 1989, KORHONEN [Hg.] 1992b): konfrontations- (kontrastiv) und translationslinguistisch, ethnolinguistisch, strukturtypologisch und als Entlehnungsprozesse. Naturgemäß sind auf diesen Gebieten Vertreter der Auslandsgermanistik entscheidend beteiligt, von deren Seite aber auch darüber hinaus der germanistischen Phraseologieforschung seit längerem wesentliche Beiträge zugekommen sind.

Probleme der kontrastiven Phraseologie, vorwiegend auf der Basis sowjetischer Forschungsergebnisse, werden diskutiert in BURGER u.a. (1982, 289ff.), und slawische Sprachen unter kontrastiver Heranziehung des Deutschen stehen auch im Mittelpunkt einer von ECKERT geleiteten Forschungsgruppe am einstigen Zentralinstitut für Sprachwissenschaft in Berlin (vgl. UNTERSUCHUNGEN 1982, 1984). SCHEMANN (1981) unterzieht ein Korpus von ca. 650 portugiesischen und brasilianischen Idiomen mit dem Verb *dar* ,geben' einer Analyse mit Bezug auf ihre deutschen Entsprechungen unter besonderer Berücksichtigung des kontextuellen Zusammenspiels und stilistischer Aspekte. Auf die lexikographisch kodifizierte Normalform beschränkt sich dagegen KROHN (1994) in der kontrastiven Untersuchung von ca. 800 deutschen Somatismen und ihren schwedischen Entsprechungen, wobei in den Äquivalenzbeziehungen die Verwandtschaft beider Sprachen deutlich hervortritt.

Einen Überblick über das Jahrzehnt internationaler kontrastiver Forschung 1982–1992 gibt KORHONEN (1995, 189ff.) Als Leiter des seit 1986 bearbeiteten Projekts ‚Kontrastive Verbidiomatik Deutsch-Finnisch‘ hat er einen entscheidenden Anteil an der Aufarbeitung dieses Sprachenpaars, das – ebenso wie Deutsch-Ungarisch – wegen der genetischen Ferne von besonderem strukturtypologischem Interesse ist (vgl. KORHONEN 1995–96). Der grundlegenden Darstellung des Sprachenpaars Deutsch-Russisch durch RAJCHŠTEJN (1980) läßt sich das „kontrastive Modell" Deutsch-Ungarisch von HESSKY (1987) an die Seite stellen. Hier wird die Konzeption von RAJCHŠTEJN kritisch beleuchtet. HESSKY legt der Ermittlung „interlingualer Entsprechungen" fünf Kriterien zugrunde: denotative (phraseologische) Bedeutung, wörtliche (direkte) Bedeutung, Struktur, syntaktische Funktion, Konnotation. Zur Diskussion um die interlinguale Äquivalenz vgl. auch GLÄSER (1986, 166ff.) mit einer Differenzierung von „Äquivalenzbeziehungen im Sprachsystem" und „Äquivalenzbeziehungen im Text" sowie ECKERT/GÜNTHER (1992, 149ff.) und HENSCHEL (1993, 135ff.).

Unter dem programmatischen Titel „Von der Struktur zur Kultur" stellt GRÉCIANO (1989) Betrachtungen über „Entwicklungstendenzen im deutsch-französischen Phraseologievergleich" an. In diesem Rahmen interkultureller und ethnolinguistischer Ansätze bewegen sich u. a. FÖLDES (1985) und WENG (1992) am Beispiel der Somatismen im Deutschen und Ungarischen bzw. Chinesischen; STEDJE (1989) bei der Untersuchung unterschiedlicher Verhaltensweisen von Deutschen und Schweden mit Bezug auf ‚schweigen‘ bzw. ‚sich kommunikativ einmischen‘; HESSKY (1989) mit Überlegungen zu „sprach- und kulturspezifischen Zügen phraseologischer Vergleiche" an deutschem und ungarischem Material. FÖLDES (1990) schließlich arbeitet spezielle konfrontative Aspekte des Verhältnisses von Phraseologie und Landeskunde heraus.

Das Problem phraseologischer Universalien – auch unter Einbeziehung des Deutschen und anderer germanischer Sprachen – erörtert SOLODUCHO (1989, 34ff.), und einen originellen Ausgriff stellt die Untersuchung von DOBROVOL'SKIJ (1988) dar, der die deutsche, niederländische und englische Phraseologie einer strukturtypologischen Analyse unterzieht und drei Typen von phraseologischen Universalien ermittelt (außersprachlich bedingte, lexikalisch-phraseologische, eigentlich phraseologische). Er zeigt, daß die Charakteristik des phraseologischen Systems den Sprachtyp mit ausprägt und deckt eine Reihe entsprechender Gesetzmäßigkeiten auf. Seine Grundthese fixiert einen proportionalen Zusammenhang zwischen dem „Analytismusgrad" und der Regularität des phraseologischen Systems. Das Maß an Regularität ist z. B. um so größer, je größer die Zahl von Phraseologismen mit der gleichen Komponente (dazu vgl. auch GRÉCIANO 1991, ĎURČO 1994, 62ff.) und je größer die Zahl semantisch

„teilbarer" (kompositioneller) Phraseologismen ist; es ist um so geringer, je größer die Zahl von Phraseologismen mit unikaler Komponente ist. Der strukturtypologische Befund ergibt insgesamt eine größere Nähe von Deutsch und Niederländisch, denen das Englische gegenübersteht. Auf „größere Gemeinsamkeiten" der niederländischen und deutschen Phraseologie verweist auch E. PIIRAINEN (1995), doch wird dabei auf das Phänomen „verdeckter Unterschiede" aufmerksam gemacht (ebda., 206ff. sowie E. PIIRAINEN 1996).

Die translationslinguistisch orientierten Arbeiten beziehen sich z. T. auf übersetzungspraktische Fragen, z. T. sind sie stärker theoretisch ausgerichtet (vgl. z. B. GLÄSER 1984). So gibt HIGI-WYDLER (1989) nach einem Überblick über die sowjetische, nordamerikanische, deutsche und französische Forschung eine Charakteristik ihres Idiom-Begriffs („Fixiertheit", syntaktische Struktur, Semantik, stilistische Aspekte) und eine Darstellung ihrer übersetzungstheoretischen Grundlagen. Der empirische Teil verarbeitet zehn Werke der deutschen Literatur (1957–1980) und ihre französischen Übersetzungen nach den drei „Hauptklassen" der totalen, partiellen und Null-Äquivalenz und berücksichtigt zum Schluß gesondert die „ungenügend, falsch oder gar nicht übersetzten Idiome[n]" (ebda., 162). Moderne deutschsprachige Belletristik und ihre Übersetzung ins Finnische liegt auch der kritischen Betrachtung von KORHONEN (1995, 353ff.) zugrunde. Er faßt die Fehlleistungen der finnischen Übersetzer wie folgt zusammen: „stilistische Nichtübereinstimmung, wörtliche Übersetzung und sonstige Beeinflussung durch das Original, Überspringen von Idiomen, unnötige Übersetzung von Idiomen mit nichtidiomatischen Ausdrücken, Nichterkennen von Idiomen" (ebda., 381). Die umgekehrte Richtung, d. h. Übersetzungen mit Russisch als Ausgangs- und Deutsch als Zielsprache behandelt KAMMER (1985) anhand der Werke von V. F. PANOVA, und KOLLER (1994) verfolgt in historischer Perspektive Phraseologismen in acht deutschen Übersetzungen von IBSENS ,Wildente' aus über 100 Jahren.

Interlinguale Beziehungen in der Phraseologie europäischer Sprachen erklären sich z. T. – wie im Wortschatz überhaupt – durch die Gemeinsamkeit kultureller Tradition von Antike und Christentum. Im Hinblick darauf ist dem lexikalischen Internationalismus oder Interlexem der *Inter-Phraseologismus* zu Seite gestellt und an typischen Somatismen exemplarisch dargestellt worden (BRAUN/KRALLMANN 1990). Als Entlehnungen erkennbare Phraseologismen (vgl. 2.2.1.1.) zählt MUNSKE (1993, 507) nach DUW insgesamt 411, wovon 236 Latinismen, 87 Gallizismen, 39 Italianismen und 48 Anglizismen. Die Latinismen, ein noch heute lebendiger Reflex jahrhundertelanger Zweisprachigkeit, differenziert MUNSKE (1996) nach den drei Gruppen der lateinischsprachigen (*eo ipso*), der hybriden (*etw. ad acta legen*) und der – heute völlig integrierten – Lehnprägungen (*goldene Berge versprechen* ← *montes auri polliceri*). Zum Finnischen führende Übertragungswege untersucht KORHONEN (1995, 221ff.); neben deutsch-finnischer Konvergenz stellt er auch Divergenzen fest, die sich z.T. durch eine eigene nord- oder nordosteuropäische Tradition erklären.

Die umfangreichste zu theoretischen Verallgemeinerungen kommende Untersuchung interlingualer Beziehungen in der Phraseologie hat bisher, soweit ich sehe, SOLODUCHO (1989) vorgelegt. Auf der Grundlage eines Materials von ca. 50.000 Inter-Phraseologismen (bei weiter Auffassung) aus slawischen, germanischen und romanischen Sprachen wird eine Typologie erarbeitet, werden die Entlehnungs- und Integrationsprozesse beschrieben (mit Akzentuierung hemmender und begünstigender Faktoren); die Dialektik von Nationalem und Internationalem in der Phraseologie wird diskutiert, und die Verteilung der Inter-Phraseologismen auf einzelne begriffliche Sphären wird charakterisiert. Der internationale Phraseologiebestand wird damit nach Form und Inhalt als Ergebnis genetischer sprachlicher Gemeinsamkeit, kulturgeschichtlicher Kontakte und Eigenheiten der Sprachentwicklung dargestellt.

6.1.4.5. Historische Phraseologie

Die historische Phraseologieforschung hat bisher mit der einschlägigen Erforschung der Gegenwartssprache nicht Schritt gehalten (vgl. ECKERT 1991, 14f., ČERNYŠEVA 1993, 61). Grundsätzlich zum Gegenstand und zu den Besonderheiten der historischen Phraseologie, ihren Quellen und Methoden äußert sich ECKERT (1991). Er entwickelt eine ganze Palette von Aufgaben diachroner Forschung, durch deren Lösung ein „in weiten Partien neuer Bereich von historischen Informationen" erschlossen werden kann (ebda., 36). In den meisten sprachgeschichtlichen Darstellungen des Deutschen wird das Phänomen ‚Phraseologismus' als zentraler Begriff nur unzureichend thematisiert (vgl. FLEISCHER 1996a, 285f.). Bestimmte Erscheinungen werden zwar als „Formel" in Kult, Recht oder Poesie beschrieben (vgl. z.B. BESCH 1993, HERTEL 1996), aber der Zusammenhang mit der phraseologischen Entwicklung generell wird kaum hergestellt (doch vgl. BURGER u.a. 1982, 340ff.). Immerhin ist auf einige materialfundierte Einzeluntersuchungen zu verweisen, z.B. SCHRÖTER (1984), KORHONEN (1995, 115ff.), VAN DEN BROEK (1991).

Zentrale Frage für historische Texte ist die nach der „Identifikation" oder „Erkennbarkeit" von Phraseologismen. Dieses Problem hat z.B. HOFMEISTER (1990) zu der vorsichtigen Formulierung „sprichwortartige Mikrotexte" veranlaßt; vgl. auch ECKERT (1991, 16f.) über die Notwendigkeit einer weiten Phraseologismus-Auffassung. BURGER (in: BURGER u.a. 1982, 346ff.) nennt verschiedene Gruppen von „Indizien": metasprachliche, graphische, lexikalische, semantische, distributionelle u.a.; ferner spezifische Möglichkeiten in Übersetzungstexten und die Nutzung von Grammatiken und Wörterbüchern (vgl. auch ÁGEL 1988).

Die Diachronie stellt Fragen einerseits nach den Phraseologisierungsprozessen, der Entstehung von Phraseologismen (über universelle Erscheinungen vgl. DOBROVOL'SKIJ 1988, 127ff.) und andererseits nach ihrer weiteren Entwicklung in Form, Semantik und Verwendungsweise und natürlich auch nach ihrem Schwund. Die erstgenannte Frage wird auf der Grundlage sowjetischer Forschung behandelt in BURGER u. a. (1982, 315ff.); dabei stehen im Mittelpunkt die verschiedenen Typen der sogenannten „derivationellen Basis": freie Wortverbindungen, andere Phraseologismen, Sprichwörter, fremdsprachiges Material u. a. Dieser Gesichtspunkt liegt auch der Untersuchung von DENISENKO (1988) zugrunde, in der die „phraseologische Derivation" auf der Grundlage existierender Phraseologismen (einschließlich Sprichwörter) im Deutschen beschrieben wird. Die Prozesse vollziehen sich als Auflösung festgeprägter Sätze, Autonomisierung oder Variation von Komponenten oder schließlich als Erweiterung des Komponentenbestandes (vgl. auch 6.2.6.2.). Die historische Perspektive kommt stärker zur Geltung bei SCHOWE (1994). Sie beschreibt die Phraseologisierung (als Metaphorisierung oder Metonymisierung) alter Rechtstermini (z. B. *jmdn. auf die Folter spannen*) und zeigt dabei auch Ablösungsprozesse innerhalb eines semantischen Modells: *vom Galgen aufs Rad kommen – aus der Kalk- in die Köhlerhütte kommen – vom Regen in die Traufe kommen* (ebda., 214). STERNKOPF (1992) geht der Frage nach größerer oder geringerer Affinität von Wortgruppenstrukturen zur Phraseologisierung nach und unterscheidet dabei quantitative (Anzahl der Komponenten) und qualitative (Wortklasse und Semantik der Komponenten) „Indizien".

Der Charakter der Ausgangsform als freier oder vorgeformter Struktur hat zum Modell der Differenzierung von primärer und sekundärer Phraseologisierung geführt (BARZ 1985, 123ff.), das von MUNSKE (1993) modifiziert und ausgebaut wird. Er unterscheidet innerhalb primärer Phraseologisierung „unspezifische" (Nominationsstereotype, onymische Wortgruppen, manche Phraseoschablonen, kommunikative Formeln und Sprichwörter[?]), „figurative" (metaphorische, metonymische, synekdochische) und „elliptische" (*großer Bahnhof* ,festlicher Empfang, bei dem viele Personen auf dem Bahnhof/Bahnsteig/Flugplatz anwesend sind'); innerhalb der sekundären Phraseologisierung verbleiben nur „modifizierende" (vgl. 6.2.6.2.) und „remotivierende" (*abgemacht, Seefe* nach franz. *c'est fait*). MUNSKE legt seiner historisch-genetischen Klassifikation der Phraseologismen die „Art ihrer Motivation" zugrunde; dabei wird der Begriff der Motivation kausal-genetisch aufgefaßt („Primärmotivation"), ebenso wie Idiomatisierung und Demotivation, die auseinandergehalten werden (ebda., 510ff.), während er sich von dem „etwas diffusen Begriff der Idiomatizität" eher distanziert. ‚Motivation' läßt sich jedoch auch synchron-deskriptiv auffassen („Motiviertheit": MUNSKE 1992, 488), und dem entspricht m. E. am anderen Pol ‚Idiomatizität', der freilich unterschiedliche diachrone Prozesse (vgl. MUNSKE 1993, 490f.) zugrunde liegen können.

Eine spezifische Art sekundärer Phraseologisierung stellt m.E. die Bildung von Phraseologismen auf der Grundlage von nichtsprachlichen Zeichen dar. Dies betrifft nicht nur die von BURGER (1976) so genannten „Kinegramme" als Phraseologisierung mimisch-gestischer Ausdrucksmittel (vgl. auch BURGER u.a. 1982, 56ff., RÜEGG 1991, WOTJAK 1992, MUNSKE 1993, 501f.), sondern auch Zeichen anderen semiotischen Charakters: z.B. *das Handtuch werfen* (primär eine nonverbale Handlung mit Zeichencharakter im Boxsport) ‚eine Arbeit/ Anstrengung resigniert aufgeben', ferner *Flagge zeigen* (primär ein nonverbales Signal in der Schiffahrt) ‚seine Meinung deutlich zu erkennen geben', *grünes Licht geben* u.ä. Bei dieser Art der Metaphorisierung werden „primäre" Zeichen von der nichtsprachlichen Ebene auf die sprachliche „sekundär" umgesetzt und determinologisiert (vgl. FLEISCHER 1996a, 293f.). Daneben existieren die Wortgruppen nichtmetaphorisch als direkte Verbalisierung des nonverbalen Signals – wie Kinegramme.

Diachronische Betrachtung richtet den Blick – wie bereits angedeutet – nicht nur auf die Entstehung neuer, sondern auch auf die Entwicklung vorhandener Phraseologismen, z.B. den Schwund oder interne Veränderungen der phraseologischen Struktur bei „gleichbleibendem Phraseologizitätsgrad" (vor allem durch „Lexemaustausch": *jmdm. vom Leibe bleiben* ← *jmdm. von der Nase bleiben* vgl. BURGER/LINKE 1985). Daß auch die jüngere Sprachgeschichte seit dem 19. Jh. beachtenswerte phraseologische Entwicklungen dieser Art aufweist, hat KORHONEN (1985, 135ff.) am Beispiel von Verbidiomen gezeigt (vgl. ferner ČERNYŠEVA 1993, 66ff. sowie FLEISCHER 1996b). Diachrone Aspekte der Routineformeln im Zusammenhang mit sozialen und sprachlichen Veränderungen untersucht COULMAS (1981, 159ff.), vgl. z.B. Phasen der „Petrifizierung" der Abschiedsformel *Gehab dich wohl!* (ebda., 163ff.). Eine verallgemeinernde Skizze der Diachronie des phraseologischen Systems der deutschen Sprache gibt ČERNYŠEVA (1993), die neben den quantitativen Veränderungen im Bestand (Vermehrung und Schwund) auch die qualitativen Veränderungen in der strukturell-semantischen Organisation der Phraseologismen charakterisiert. Danach ist die Variantenbildung als Quelle für neue Phraseologismen von geringerer Bedeutung, als es die semantischen Prozesse der Metaphorisierung und Metonymisierung sind.

6.2.   Ausgewählte Probleme

6.2.1.   Zu Aufgliederung und Terminologie

Die Frage einer „engen" oder „weiten" Phraseologismus-Auffassung wird nach wie vor diskutiert (Näheres dazu s.u.). Für einen Oberbegriff, unter dem ein mehr oder weniger großer Teil „fester Fügungen" zusammengefaßt wird, sind

Ausdrücke üblich wie *feste Wortkomplexe* (ČERNYŠEVA 1975) und *verbale Stereotype* (COULMAS 1981, 69). Der Terminus *feste Wortkomplexe* soll sich „auf alle Arten polylexikaler Bildungen mit Nominationsbedeutung" beziehen (ČERNYŠEVA 1993, 61), worunter offensichtlich auch Satzstrukturen verstanden werden, was ich für problematisch halte. Zur Verwendung des Ausdrucks *Stereotyp* hat sich DANIELS (1983, 150, 153f.; 1984–85, 61f.) kritisch geäußert, und BURGER u. a. (1982, 18f.) verweisen darauf, daß die Begriffe des „sozialwissenschaftlich verstandenen ‚Stereotyps'" und des „kulturkritisch oder stilkritisch verstandenen ‚Klischees'" auf einer anderen Ebene liegen als die nach „linguistischen und psycholinguistischen Kriterien" abgegrenzten „phraseologischen Wortverbindungen". Allerdings werden Berührungen und Überschneidungen eingeräumt, die aber „nur zu teilweiser Deckung der Objektbereiche" führen. Ähnlich unterscheidet EISMANN (1994) zwischen sozialwissenschaftlichem Stereotyp und sprachlichem Klischee insbesondere mit Bezug auf „nationale Stereotype oder Vorurteile" (ebda., 95), auch *ethnic slurs*, und rechnet „geronnene Stereotype, wie sie in sprachlichen Klischees vorliegen" (ebda., 101) zur Ebene der Langue (z. B. *jmd. ist voll wie ein Pole/Russe*).

Schon vor längerer Zeit hat DANIELS unter dem Oberbegriff „Schematismen des Sprachhandelns" (DANIELS 1976) oder einfach „sprachliche Schematismen" (DANIELS 1979) formal sehr unterschiedliche Konstruktionen zusammengefaßt, darunter Schlagwörter wie *Fristenlösung*, „Ausrufe" wie *Ab durch die Mitte!*, „Verfestigungen der Öffentlichkeitssprache" wie *Betreten verboten!*, „usuelle Wortkoppelungen" wie *ein kapitaler Hirsch* sowie Sprichwörter, Redensarten u. a. – also sowohl Wort- als auch Wortgruppen- und Satzstrukturen. Ohne die Unterschiede zu übersehen, könne man die Ausdrücke doch „in funktionalem Zusammenhang" betrachten (DANIELS 1976, 176). Gemeinsam sei ihnen ein „Prinzip der Bindung", und „je nach der dominierenden Schwerpunktsetzung" könne es sich dabei um grammatische (Bindung an bestimmte syntaktische Konstruktionstypen), situative, textsortenspezifische, gruppen- oder rollenspezifische „Bindung" handeln (DANIELS 1979, 575f.). Mir erscheint es zweifelhaft, ob dieses Prinzip tatsächlich tragfähig und griffig genug ist, um so heterogene sprachliche Erscheinungen unter einen Oberbegriff zu bringen (im „Gesamtrahmen [...] eines strukturalen und funktionalen Kommunikationsgefüges innerhalb einer langue": DANIELS 1983, 169), wenngleich der Ausdruck *sprachliche Schematismen* ein wesentliches Merkmal trifft (vgl. auch 6.2.4.4., 6.2.5 über *Formel*). Die vorliegende Darstellung muß sich allerdings stärker beschränken und kann nur einen Teil der hier anvisierten Erscheinungen behandeln.

Hier wird als Terminus für den Oberbegriff (also einschließlich Routineformeln, Sprichwörter, Gemeinplätze, geflügelte Worte sowie terminologische und onymische Wortgruppen) nunmehr der Ausdruck *vorgeformte Konstruktionen* (bezogen auf Wortgruppen- wie Satzstrukturen) verwendet anstelle von *festgeprägten Konstruktionen* wie noch im Hauptteil. „Vorgeformte Ausdrücke"

(GÜLICH 1978, 1) macht m.E. den Mehrwortcharakter nicht deutlich genug; denn auch Einzelwörter sind ‚Ausdrücke‘. Das Attribut *festgeprägt* hingegen akzentuiert zu stark ein Merkmal, das nicht allen Typen zukommt. Phraseologismen bilden dann diejenige Teilmenge vorgeformter Konstruktionen, die bereits im Hauptteil untergliedert worden sind als Phraseolexeme, kommunikative Formeln (Routineformeln), Phraseoschablonen und den diffusen Grenzbereich der Nominationsstereotype.

Aber es ist auch die Festlegung denkbar, für den Oberbegriff den Terminus *Phraseologismus* zu verwenden; dann müßte eine andere Subklassifizierung vorgenommen werden. Über die mit vom Forschungs-(und Darstellungs-)ziel abhängige Verwendung des Ausdrucks *Phraseologie* vgl. auch BURGER u.a. (1982, 19). Entscheidend ist, daß die einzelnen Typen treffend beschrieben und – unter Beachtung des oben über die Kategorisierung Gesagten – auch unterschieden werden. Über die im folgenden dabei verwendeten Termini *Wortgruppe* und *Nominationseinheit* vgl. Näheres FLEISCHER (1996).

Bei der Begriffsbestimmung und Subklassifizierung kann nicht mit scharfen Grenzziehungen operiert werden, wie bereits erläutert worden ist (vgl. 2.3.3.). Dies impliziert die Anerkennung prototypischer oder „guter" bzw. weniger typischer oder „schlechter" Exemplare (vgl. RUEF 1995, 28ff., DOBROVOL'SKIJ 1995, 46), auch wenn der Terminus *prototypisch* seinerzeit noch nicht verwendet wurde. Mit der Differenzierung von voll- und teilidiomatischen Phraseolexemen sowie der Diskussion von Problemen bei der Idiomatizitätsbestimmung (vgl. 2.1.) wurden ebenso wie in der differenzierten Aufgliederung des Stabilitätsmerkmals (vgl. 2.2.) und Lexikalisiertheit (vgl. 2.3.) die Graduierung innerhalb der Klasse der Phraseolexeme und die Unterschiedlichkeit der „Teilmerkmale" (vor allem innerhalb der ‚Stabilität‘) angesprochen. Allerdings führt der Begriff der ‚radialen Kategorie‘ (grundsätzlich dazu LAKOFF 1987, 91–117) mit einer „Gewichtung verschiedener Merkmale der Idiomatizität" (von stärkerer oder schwächerer Relevanz, vgl. DOBROVOL'SKIJ 1995, 46ff.) zu tieferer Einsicht und präziserer Vorstellung vom Wesen der Phraseolexeme – über die „graduelle Opposition" und die „unscharfe Menge" hinaus. Die „radiale Kategorie" ist mehrdimensional, ihre Merkmale „stehen in Beziehung der Familienähnlichkeit zueinander" (ebda., 47). Bei Anwendung auf die Klasse der Phraseolexeme ergibt sich eine in sich stärker differenzierte Menge von Einheiten mit wechselnden Teilmerkmalen in stufenlosen Übergängen (dazu DOBROVOL'SKIJ 1995, 47): z.B. Non-Kompositionalität, konnotativ-pragmatische Extension, Fixiertheit des Komponentenbestandes, semantische Inkompatibilität der Komponenten, semantische Simplizität, Opakheit u.a. So wird dieses Verfahren der mentalen Verarbeitung von Sprache aus kognitiver Sicht wohl besser gerecht als eine grobe Einteilung auf der Grundlage von zwei, drei Hauptmerkmalen. Doch in der praktischen Handhabung dürfte sich bei der Zuordnung der einzelnen Merkmale zu konkreten Konstruktionen und ihrer Gewichtung manche Schwierigkeit ergeben.

Ein wesentliches Diskussionsfeld zeigt sich heute in einer Problematisierung mit einer Tendenz zur Erweiterung des Gegenstandsbereichs der Phraseologie. Dies betrifft das Kriterium der Polylexikalität wie auch bestimmte Arten von Wortgruppen- und Satzstrukturen sowie das Problem formelhafter Texte.

6.2.2. Zur Polylexikalität

Im Interesse einer klaren Übersicht über die nominativen Sprachmittel wird weiterhin mit anderen davon ausgegangen, daß die Formativstruktur der Wortgruppe oder des Satzes obligatorisches Merkmal eines Phraseologismus ist, (metaphorische) Komposita also auszuschließen sind; vgl. z. B. EISMANN/ GRZYBEK 1994, 90f., DOBROVOL'SKIJ 1995, 14ff. sowie MUNSKES (1993, 485) Unterscheidung der „morphologisch komplexen lexikalischen Einheiten" in „univerbierte lexikalische Kombinationen" (= komplexe Wörter) und „fixierte lexikalische Kollokationen" (= Phraseologismen). Als Konstruktion mit expliziter Syntax hat der Phraseologismus spezifische funktionale Möglichkeiten, die der Wortstruktur versagt sind. Die syntaktische Struktur ist also nicht bloße Formsache (dazu FLEISCHER 1992). Die Polylexikalität hat auch Konsequenzen für die kognitive Verarbeitung von Phraseolexemen (vgl. DOBROVOL'SKIJ 1995, 54ff.).

Es ist demnach eine Überdehnung des Phraseologismus-Begriffes, wenn metaphorische Komposita wie *Papierkrieg, Himmelfahrtskommando* als „Einwortphraseologismen" einbezogen werden (DUHME 1991, 60; vgl. auch RÖHRICH 1991–92, 14). Zwar läßt sich ‚Idiomatizität' sowohl auf Wort- als auch auf Wortgruppenstrukturen beziehen, so daß von idiomatischen Komposita wie von idiomatischen Phraseologismen gesprochen werden kann. Irritierend ist jedoch m. E. die Qualifizierung von Komposita wie *Gretchenfrage* oder Komposita mit Initialwörtern (*TÜV-Untersuchung*) als „phraseologische Komposita" (so BURGER u. a. 1982, 47 bzw. TOSSAVAINEN 1992, 210). Wenn schon ein „Übergangsbereich zwischen Wortbildung und Phraseologie" ins Auge gefaßt wird (STEIN 1995, 29), dann empfiehlt sich jedenfalls nicht der Terminus *Einwortphraseologismus*. Daß Komposita wie *Damoklesschwert* als „typische lexikalische Idiome" des Deutschen bei der Konfrontation z. B. mit dem Slowakischen „den Status voller Äuqivalente zu den Phraseologismen" haben (ĎURČO 1994, 34), ist noch kein Grund, sie innerhalb des Deutschen als Phraseologismen zu qualifizieren. Die ausgeprägte Kompositionsfähigkeit des Deutschen hat natürlich „Folgen für den typologischen Charakter" (ebda., 50) seiner Phraseologie.

Diese grundsätzlichen Feststellungen schließen keineswegs aus, daß Phraseologisierung und Wortbildung unter bestimmten Gesichtspunkten – etwa der Metaphernforschung – zusammenfassend betrachtet werden können (und sollten), vgl. auch 4.1. Das geschieht beispielsweise, wenn Wort- und Wortgruppenstrukturen im Hinblick auf die Konzeptualisierung von Emotionen durch die Metapher in funktionalen Zusammenhang gebracht werden (vgl. etwa die Fallstudie ‚Angst‘ bei LAKOFF 1987, 380ff.; dazu APRESJAN 1993; ferner DOBROVOL'SKIJ 1995a). Dabei treten systematische, modellierbare Metaphorisierungen physischer Reaktionen auf, die nicht an eine bestimmte Formativstruktur gebunden sind, vgl. z.B. die Konzeptualisierung von Emotionen wie ‚Zorn, Wut, Erregung‘ in metaphorischen Ausdrücken für ‚heiß, Hitze‘: *in Wallung geraten, jmds. Blut in Wallung bringen, die kochende Volksseele – Hitzkopf, Heißsporn, heißblütig.* Physisch motivierte Metaphern sind ein typisches Verfahren zur sprachlichen Erfassung von Emotionen (neben ‚Angst‘ und ‚wütender Erregung‘ z.B. auch ‚Abneigung‘, ‚Mitleid‘), doch gelten derartige physische Analogien nicht für alle Emotionen (vgl. APRESJAN 1993, 32f.). Kritik am Metaphern-Konzept von LAKOFF wird auch von BURGER (1996) „aus der Perspektive der Phraseologie" geübt, insbesondere wegen der unklaren und undifferenzierten Auffassung der „Lebendigkeit" von Metaphern. Auch Sprachsymbole können als Einzelwort wie als Wortgruppe auftreten und unter diesem Gesichtspunkt funktional zusammenfassend – unterschiedliche Formativstrukturen übergreifend – betrachtet werden, vgl. z.B. *auf den Hund kommen – Hundeleben* (DOBROVOL'SKIJ/E. PIIRAINEN 1997; 2.1.2.1.).

Nicht zu vergessen ist schließlich, daß formativübergreifende funktionale Gemeinsamkeiten die Zusammenfassung von Wort- und Wortgruppenstrukturen als Eigennamen und Termini, als Schlagworte (*Sozialpartnerschaft – soziale Marktwirtschaft*) und Modewörter (*Leistungsträger – zum Tragen kommen*) erlauben (vgl. z.B. FREITAG 1974).

6.2.3. Zur Problematik von Wortgruppenstrukturen

Unter ‚Wortgruppe‘ wird hier eine syntaktische Wortverbindung verstanden, die zur Bildung eines Satzes der (morphologischen, syntaktischen, semantischen) Komplettierung bedarf und als Nominationseinheit fungiert. Der Status der Phraseolexeme als nominativer Wortgruppen (unter Einbeziehung der festgeprägten prädikativen Konstruktionen) mit spezifischen Merkmalen, die sie zum Kernbereich des phraseologischen Bestandes machen (vgl. 2.3.3.), ist heute unumstritten. Problematisch ist das Verhältnis zu anderen Wortgruppenstrukturen: Eigennamen und Termini, Kollokationen und Funktionsverbgefüge.

6.2.3.1. Eigenname und Terminus

Über die besondere Stellung von onymischen und terminologischen Wortgruppen vgl. 2.4. Ihre Zuordnung wird weiterhin unterschiedlich beurteilt; es ist m.E. höchst problematisch, auf sie (d.h. gewöhnlich auf einen Teil von ihnen) den

Begriff der ‚Idiomatizität' anzuwenden (zur Diskussion mit anderen Auffassungen vgl. FLEISCHER 1996, bes. 160ff.).

6.2.3.2. Kollokation und Nominationsstereotyp

Der Begriff ‚Kollokation' ist „innerhalb der Schule des britischen Kontextualismus" entwickelt worden und fixierte dort „das faktische Miteinandervorkommen beliebiger Wörter" (vgl. LEHR 1993, 2). Soweit der Terminus in die deutschsprachige Germanistik Eingang gefunden hat, wird er meist eingeschränkt auf bevorzugte („habitualisierte") Lexemverbindungen (vgl. ROTHKEGEL 1994, 499), wobei auch „usuelle" von „regelrechten" Verbindungen (KROMANN 1989, 266f.) bzw. „Syntagmatizität" von „Kollokabilität" (= „limitierte formale und semantische kombinatorische Kapazität": ĎURČO 1994, 16) unterschieden werden. Der Begriff wird jedoch abgesetzt von Phraseologismen (ROTHKEGEL 1994, 502) bzw. von „phraseologischen Einheiten" (VIEHWEGER 1989, 889), als deren „Vorstufen" Kollokationen allenfalls betrachtet werden könnten (DONALIES 1994, 342). Demgegenüber möchte G. WOTJAK (1994, 651f.) sie – unter Differenzierung von „Kombinationen" auf der Ebene der Parole und „Kollokationen" auf der Ebene des Sprachsystems – mit Nominationsstereotypen zu den „peripheren phraseologischen Einheiten" rechnen, und auch R. GLÄSER (1986, 40) qualifiziert jedenfalls „die restringierte Kollokation", die sie von der „offenen" unterscheidet, als ein „Unterart des Phraseologismus". HAUSMANN (1989, 1010) verzichtet auf diese Differenzierung und engt den Begriff auf restringierte Wortkombinationen ein. Kollokationen erscheinen (vgl. auch LEHR 1993, 6) als bestimmte syntaktische Strukturtypen (ausschließlich von Autosemantika, nicht von Funktionswörtern, und innerhalb der Satzgrenze: VIEHWEGER 1989, 889) aus Kollokant (Ausgangselement, auch Basis: KROMANN 1989, 267; WOTJAK 1994, 653) und Kollokat (Folgeelement, auch: Kollokator). Dabei kann die Betrachtungsrichtung wechseln. In der Kollokation *Geld abheben* (Beispiel bei HAUSMANN 1989, 1010) kann von *Geld* oder von *abheben* als Kollokant ausgegangen und nach den jeweils möglichen Kollokaten gefragt werden. HAUSMANN setzt die („restringierte") Kollokation von den „Redewendungen" (= Phraseologismen) durch „Nicht-Stabilität" und „Transparenz" ab, faßt sie aber ausdrücklich als „une unité, non de la parole, mais de la langue". Eine „restringierte" Verbindung ist also einerseits nicht „frei", aber andererseits auch nicht „fest" oder „stabil" und damit syntaktisch weitgehend expandierbar. *Geld abheben* ist zwar eine gängige, typische Kombination, aber sowohl *Geld* als auch *abheben* können als Kollokanten ohne sememische Veränderung durchaus mit anderen Kollokaten verbunden werden: *abheben – einen (bestimmten) Betrag, eine Summe, Bargeld ...; Geld – vom Konto nehmen/holen, (sich) auszahlen lassen*. Anders verhält es sich mit Konstruktionen wie *eine Auswahl treffen, jmdn. in Verlegenheit setzen/bringen*, die als teilidiomatische Phraseolexeme anzusehen sind (vgl. die Begründung unter 2.1., S. 35).

Zwischen Kollokationen im obengenannten Sinn und Nominationsstereotypen (vgl. 2.2.3.; kritisch dazu jetzt SCHINDLER 1996, 126f.) bestehen also Gemeinsamkeiten. Dennoch gibt es m.E. auch Unterschiede. Nominationsstereotype sind nicht auf restringierte Wortverbindungen zu beschränken und damit nicht generell als Erscheinung der Langue zu qualifizieren. Konstruktionen wie *unkonventionelle Lösungen, im Mittelpunkt stehen, (einer Sache) tatenlos zusehen* (vgl. 2.3.3.[2]) erhalten ihren „stereotypen" Charakter als Erscheinung der Parole durch häufigen Gebrauch innerhalb bestimmter Kommunikationsbereiche (etwa der Massenmedien); sie sind insofern unter Umständen stärkerem Verschleiß ausgesetzt als systemgebundene Kollokationen. Für andere Nominationsstereotype, wie *blaues Meer* und *grüne Heide, böse Stiefmutter* und *tiefer Wald* (vgl. 2.3.3.[4]), gilt das weniger. So läßt sich wohl eher der Schluß ziehen, daß sich Kollokation (im Sinne von HAUSMANN) und Nominationsstereotyp berühren und teilweise überschneiden, aber nicht völlig identisch sind.

Wenn allerdings ROTHKEGEL (1994, 516ff.) Kollokationen als „lexikalische Standards" auffaßt, „die an Text und Sprachgebrauch gebunden sind", und die Möglichkeit der „Beschreibung des textsortenspezifischen Gebrauchs von Kollokationen in Form von Inventaren" sieht, dann dürfte dies auf einen größeren Teil unserer Nominationsstereotype zutreffen. Ausgeklammert bleibt aber dann immer noch der Typ nichtidiomatischer Wortpaare (vgl. 2.2.3.[1]), die gewöhnlich nicht unter den Kollokationen genannt werden.

‚Kollokation' und ‚Nominationsstereotyp' sind das begriffliche Ergebnis unterschiedlicher Denkansätze (syntaktisch-semantische Vereinbarkeitsrelation – ganzheitliche Nominationsfunktion); sie treffen sich aber entsprechend den Merkmalen bevorzugter Verbindung und semantischer Transparenz in einem – je nach Auffassung mehr oder weniger großen – Bereich „habitualisierter" Konstruktionen. Die (nichtidiomatischen, transparenten) Nominationsstereotype benennen Erscheinungen, die „im gesellschaftlichen Bewußtsein auf das Niveau klassifikatorischer Verallgemeinerungen" gehoben werden (PAVLOV 1982, 277). Sie können in einem konkreten Text auch (wieder) „syntaktisiert", mit semantischer Akzentuierung ihrer einzelnen Bestandteile verwendet werden, wodurch die „Ganzheitlichkeit" der Nomination („cel'nonominativnost'") zugunsten ihrer Aufgliederung („razdel'nonominativnost'") zurücktritt (PAVLOV 1982, 278; vgl. auch COULMAS 1985, 265f. sowie STEIN 1995, 44 mit Hinweis auf „Lexemkombinationen, die [...] sowohl ganzheitlich [...] als auch analytisch" produziert bzw. rezipiert werden können). Die gängige Nominationseinheit *gentechnisch veränderte Lebensmittel*, in der Überschrift verdichtet zum Kompositum *Gen-Lebensmittel*, wird an anderer Stelle des gleichen Textes auch aufgelöst als „Lebensmittel [...], in denen gentechnisch veränderte Organismen nachweisbar sind oder die sich durch eine gentechnische Behandlung von den Ursprungs-Produkten nachweisbar unterscheiden." (LVZ 17.1.97) Von den (restringierten)

Kollokationen und den Nominationsstereotypen zu unterscheiden sind Kombinationen wie *blondes Haar* (ausführlicher vgl. 2.2.1.1.[5]; so auch KROMANN 1989, 266) sowie Verbindungen mit Verben wie *blecken (Zähne)* („monokollokabile Wörter mit isolierter Verbindbarkeit": ĎURČO 1994, 20) und durch „sachbezogene Fixiertheit" (THUN 1978, 52) gekennzeichnete Fügungen wie *Tasse Kaffee*, aber *Glas Wasser* (vgl. 2.2.3.); vgl. jetzt auch SCHINDLER (1996, 125f.).

6.2.3.3. Funktionsverbgefüge

Ein ähnlich schwieriges Übergangsfeld stellen die Funktionsverbgefüge dar. Sie werden von v. POLENZ (1989, 882) „als semantisch spezielle Sondertypen" dem „heterogenen Gesamtbereich der Nominalisierungsverbgefüge" zugeordnet. Dies ist ein zunächst allgemein morphosyntaktisch faßbarer Oberbegriff für eine Verb-Substantiv-Verbindung, in der das Substantiv (als „Prädikatsausdruck") sich auf ein Verb oder Adjektiv zurückführen läßt. Der semantische Unterschied zum einfachen Prädikatsausdruck beschränke sich „meist auf pragmatische und stilistische Wirkungen" (ebda.). Innerhalb dieses heterogenen Bereichs erscheinen sowohl Konstruktionen wie *einer Prüfung unterziehen, Verzicht leisten*, die den (restringierten) Kollokationen zugeordnet werden können, als auch solche wie *auf die Palme ,in Wut' bringen, zur Sprache bringen/kommen* (Beispiele ebda. 170, 175f.), die als Phraseolexeme anzusehen sind (vgl. auch PERSSON 1992, 157), und schließlich ließen sich Konstruktionen wie *die Durchsicht erfolgt/geschieht* als Nominationsstereotype erfassen. Die Besonderheit der Funktionsverbgefüge innerhalb der Nominalisierungsverbgefüge wird vor allem in den „semantischen Komponenten" ,kausativ' („keine Aktionsart": v. POLENZ 1987, 172), ,inchoativ', ,durativ' und ,passiv' (dies ist in 3.4.2., S. 136 zu ergänzen) gesehen (v. POLENZ 1987, 172ff.). Die Funktionsverbgefüge werden den „Hilfs- und Modalverbgefügen" an die Seite gestellt (ebda., 171; ähnlich auch WOLF 1987, 225: „im Entstehen begriffenen analytischen Verbformen"), während PERSSON (1992, 159ff.) eher eine Analogie zur expliziten Derivation sieht. Was das Substantiv betrifft, so wird zwar prinzipiell daran festgehalten, daß es ein abgeleitetes abstraktes Nomen sein muß, aber auch ein deadjektivisches (dies im Unterschied zu 3.4.2.) sein kann (*Verlegenheit*). Doch es bleibt dabei, daß Konstruktionen wie *zu Papier bringen* (dazu vgl. auch SCHEMANN 1982, 95) ausgeklammert werden.

Im Unterschied zu der relativ homogenen Gruppe bei v. POLENZ unterscheidet G. WOTJAK (1994, 665f.) bei den Funktionsverbgefügen, die für ihn „stets und zweifelsfrei [...] Kollokationen" sind, drei „Subgruppen": „figurative" („eher zu den Phraseolexemen gerechnet"), „aktionsartindizierende" („zusätzliche semantisch-kommunikative Leistung") und „Streckformen" (*Dank sagen*; der Terminus ist anders gefaßt als bei BURGER u. a. 1982, 37). Insbesondere deren „Leistungsmöglichkeiten" arbeitet er heraus. Die Annahme einer so

„heterogenen Klasse der Funktionsverbgefüge" (WOTJAK, ebda., 673) ist wenig überzeugend, wenn schon die erste Subgruppe eher den Phraseolexemen zuzuordnen sein soll.

Auf die Konstruktionen mit Präposition (*zur Aufführung bringen*) konzentriert sich PERSSON (1992), der offensichtlich die präpositionslosen Konstruktionen stärker davon absetzen möchte. Seine Feststellung, daß v. POLENZ diese Fügungen aus den Funktionsverbgefügen ausklammere (PERSSON 1992, 157), trifft allerdings nicht zu; vgl. v. POLENZ (1987, 171), wo in bezug auf deren Komponenten die Rede ist von „seltener einer nicht passivfähigen Akkusativfügung (z. B. *Kenntnis geben, Anwendung finden)*". Auch in meiner Darstellung werden – entgegen PERSSON (1992, 157) – die präpositionslosen Konstruktionen keineswegs ausgeschlossen (vgl. 3.4.2.), wenngleich freilich die Mehrheit der Beispiele diesem Eindruck Vorschub leisten könnte. – Die Diskussion kann hier nicht im einzelnen weiterverfolgt werden. Soweit ich den gegenwärtigen Stand überblicke, ist die Zuordnung der Funktionsverbgefüge zu den Phraseoschablonen nach wie vor eine Möglichkeit, ihrer Zwischenstellung zwischen Syntax und Lexik gerecht zu werden.

6.2.4. Zur Problematik von Satzstrukturen

Vorgeformte Konstruktionen mit Satzstruktur werden auch bezeichnet als „feste Phrasen" (BURGER u. a. 1982, 39; ohne die Sprichwörter!), „Satzphraseologismen" (KORHONEN 1992; hier auch „Satzidiome") oder – mit weiterer Fassung – als „Phraseotexteme" (ECKERT/GÜNTHER 1992, 80ff.; VAPORDSHIEV 1996, 6f.; kritisch dazu EISMANN 1994, 103f.). Auszuklammern sind die festgeprägten prädikativen Konstruktionen (*die Augen gehen auf – jmdm.;* vgl. 2.6.3.1.), deren explizite prädikative Struktur der prototypischen Wortgruppenstruktur des Phraseolexems nicht entspricht. Sie werden aber unter funktionalem und semantischem Aspekt nach wie vor den Phraseolexemen zugeordnet. Eine differenzierte Darstellung gibt GÜNTHER (1984), der sie als „Prädikativphraseme" an der „Nahtstelle" von „Textemen" und „Phrasemen" charakterisiert.

Die festgeprägten Sätze (kommunikativen Formeln, vgl. 3.3.3.) werden dagegen von den Phraseolexemen zwar funktional und semantisch abgesetzt, sind jedoch in ihrer Zuordnung zum Gegenstandsbereich der Phraseologie im allgemeinen nicht umstritten. Daß die – insbesondere syntaktische – Variabilität auch hier nicht zu unterschätzen ist, wird betont von KORHONEN (1991). Verstärkte Beschäftigung mit ihnen erfolgt unter pragmatischen Gesichtspunkten (vgl. 6.2.5.).

Im folgenden wird zunächst eingegangen auf die Forschung zu Satzstrukturen, deren phraseologischer Charakter umstritten ist, wenngleich eine Tendenz zur Einbeziehung in die Phraseologie nicht übersehen werden kann.

6.2.4.1. Sprichwort

Das Sprichwort (vgl. 2.5.1.), auch Parömie, ist ein eigenständiger Typ innerhalb der vorgeformten Konstruktionen (mit spezieller „semiotischer Funktion" und keine „Lexikoneinheit": DOBROVOL'SKIJ 1989, 535; 1995, 219, Fn. 2), was auch dort hervorgehoben wird, wo sie als „Klasse von Phraseologismen" (BURGER u. a. 1982, 39) betrachtet werden. Zur Charakterisierung des Sprichwortes gehört, daß es „eine Problemsituation und ihre Bewertung abstrakt modelliert und typisiert", so FEILKE (1994, 121, einschlägige Literatur zusammenfassend), dem jedoch diese kognitive Sicht für eine „Pragmatik des Sprichwortes" nicht ausreicht. Im Unterschied zu Routineformeln und Phraseolexemen, die als Einheiten des Sprachsystems reproduziert werden, werden Sprichwörter als Texte zitiert, das heißt: Der Sprecher gibt ausdrücklich zu verstehen, daß der betreffende Satz, eine Äußerung mit Verallgemeinerungsanspruch, nicht vom „Zitierenden" stammt, sondern daß er ihn nur „wiedergibt", sich berufend auf eine höhere Instanz; vgl. auch RUEF (1995, 34). Sprichwörter sind demnach m. E. keine Phraseologismen (vgl. FLEISCHER 1994), womit weder eine „Isolierung der Sprichwortforschung" (MUNSKE 1993, 487) noch eine Unterbewertung der Parömiologie verbunden ist. Den Gegenargumenten z. B. von VAPORDSHIEV (1996, 9ff.), insbesondere der Auffassung vom Sprichwort als Wortschatzeinheit, zugehörig zum Sprachsystem (so auch RUEF 1995, 32), vermag ich nicht zu folgen. Daß Sprichwörter wie Phraseologismen vielfach in modifizierter Form verwendet werden (vgl. BÓRBELY 1988), ändert grundsätzlich nichts an ihrem Zitatcharakter, der „durchscheinen" muß, wenn nicht der Sprichwort-Charakter völlig verlorengehen soll. Angesichts der vielfältigen Wechselbeziehungen zwischen Sprichwörtern und Phraseologismen ist es freilich letzten Endes nicht entscheidend, wie weit man hier die Grenzen der Phraseologie zieht. Die Auffassungen von BÓRBELY (1988, 67) über die „janusköpfige Eigenart der Sprichwörter als periphere Bestandteile der Phraseologie und zugleich Bestandteile der Folklore" und von SCHINDLER (1994, 231), der (nach PERMJAKOV) einer „doppelten Zuordnung der Sprichwörter" Raum gibt, versuchen, auch diesen Wechselbeziehungen gerecht zu werden. Dabei ist zu bedenken, daß es nach wie vor schwierig bleibt, die Kategorie ‚Sprichwort' zu definieren (vgl. RUEF 1995, 25ff. mit Bezug auf das Konzept „natürlicher Kategorien" und 6.2.1. über „radiale Kategorien"). Sie bilden ebensowenig eine einheitliche Gruppe wie die Phraseologismen; vgl. „inhaltliche Sondergruppen" (PEUKES 1977, 53f.) wie Rechtssprichwörter, Bauern- bzw. Wetterregeln, „Lokalsprichwörter" u. a.

Eine Beziehung zwischen Sprichwort und Phraseologismus manifestiert der verbreitete Ausdruck *sprichwörtliche Redensart* (vgl. 1.2.2.1., S. 11ff.), der freilich bis heute recht unscharf geblieben ist („Regenschirm-Terminus": EISMANN/GRZYBEK 1994, 90ff. mit Bezug auf RÖHRICH 1991–92). Er zielt einerseits auf eine Abgrenzung zur Satzstruktur des Sprichwortes (doch vgl.

„sprichwörtliche Satzredensarten" bei ČERNYŠEVA 1986, 191), umfaßt aber andererseits nur eine Teilmenge der Phraseolexeme (vgl. 1.2.2.1., S. 14). So unterscheidet DANIELS (1983, 161) – allerdings ohne weitere Erklärung – „sprichwörtliche" von „einfachen Redensarten". Eine genauere Differenzierung sprichwörtlicher Redensarten (z. B. *den Bock zum Gärtner machen*) sowohl gegenüber dem Sprichwort als auch gegenüber dem Phraseolexem (z. B. *das Pulver nicht erfunden haben*) wird im Anschluß an PERMJAKOV von EISMANN/ GRZYBEK (1994) diskutiert. Für die Abgrenzung zum Phraseolexem spielt dabei eine Rolle, daß mit der sprichwörtlichen Redensart auf der „tiefensemantischen Ebene" die „Modellierung einer Relation" stattfinde, „der eine (im Sprachgebrauch übliche) Referenzsituation" entspreche (EISMANN/GRZYBEK 1994, 125).

Modifikationen von Sprichwörtern (*Viele Köche verderben die Köchin. Bleibe im Lande und wehre dich täglich.*) sind in den Rahmen der heute weitverbreiteten Anspielungen zu stellen (vgl. WILSS 1989): die bewußte und dem assoziationsfähigen Leser bewußt werdende Aufnahme eines vorgängigen Textes (gewöhnlich in lexikalischer Substitution bei syntaktisch-struktureller Invarianz), eine besondere Ausprägung also von Intertextualität. Damit wird nicht nur ein expressiver Effekt schlechthin erzeugt; sie zielt vielfach auf eine Ernüchterung, die Infragestellung und Problematisierung des mit generellem Anspruch auftretenden Autoritätszitats: *Gewiß gibt der Klügere nach. Aber oft genug ist er dann der Dumme.* (vgl. WILSS 1989, 69). Doch die generelle Feststellung, die Modifikation sei eine Formulierung „gegen das Sprichwort" (MIEDER 1985, 10), woraus der Terminus „Antisprichwort" abgeleitet wird (vgl. MIEDER 1983–89), verabsolutiert wohl zu stark (kritisch auch DANIELS 1984–85, 162f.). Der – heute allerdings verbreitete – Terminus ist m. E. auch deshalb nicht ganz zutreffend, weil es sich dabei um okkasionelle Modifikationen handelt, von denen in der Regel nur die wenigsten im tradierten Bestand „fest" werden dürften (MIEDER 1983, XII: „sprachliche Eintagsfliegen"): *Er verlor sein Gesicht – nur weiß er noch nicht, welches. – Um das Gesicht nicht zu verlieren, riskierte er den Kopf. – Sie glaubte, er trage sie auf händen. Dabei hatte er sie nur auf den arm genommen.* (Beispiele aus MIEDER 1984, Nrn. 1874, 1880, 1982). Die Annahme eines geringen Bekanntheitsgrades von Sprichwörtern in ihrer „Normalform" wird so absolut nicht bestätigt von GRZYBEK (1991b) und von CHLOSTA u. a. (1993).

Aus anderer Perspektive werden Konstruktionen mit typischer Sprichwortstruktur als „sprichwortartige [nicht: sprichwörtliche!] Aussagen" bezeichnet, „die annähernd wie Sprichwörter wirken" (*Wo Computer sind, da sind auch Viren*; vgl. WIRRER 1994, 273, 299; vgl. auch „Wer zu spät kommt, den bestraft das Reisebüro" – LVZ 5.7.96). – Damit wird angeknüpft an HOFMEISTER (1990), der sich bei der Suche nach einem Instrumentarium für die Analyse von Texten OSWALDs von WOLKENSTEIN wegen der mangelnden sprachlichen Kompetenz für die historischen Texte nicht auf eine allzu enge Auffassung von ‚Sprichwort' beschränken wollte, sondern etwas lockerer „sprichwortartige Mikrotexte" fixierte (vgl. auch 6.1.4.5.); ähnlich EISMANN (1994, 96) über „sprichwortartige Wendungen" als sprachliche Klischees zum Ausdruck nationaler Vorurteile.

Ein spezieller tradierter Abwandlungstyp ist dagegen das Sagwort oder der Wellerismus (vgl. 2.5.1.), dessen Grundlage allerdings nicht unbedingt ein „echtes" Sprichwort bilden muß; vgl. z.B. die Sammlungen von HOFMANN (1959), SIMON (1988) und REHBEIN (1990).

6.2.4.2. Gemeinplatz

Vom Sprichwort abzusetzen ist der Gemeinplatz (nach lat. *locus communis*, beeinflußt von engl. *common place*), in nichtfachlicher Verwendung gewöhnlich als ‚abgegriffene, nichtssagende Redensart' (vgl. auch *Phrase*) abgewertet (DGW 3, 1279). Dieser Typ ist von GÜLICH (1978) genauerer linguistischer Betrachtung unterzogen worden. Die Definition als „vorgeformter Satz", der „nicht-situationsgebunden" (Abgrenzung zum „pragmatischen Idiom") und „nicht-metaphorisch" (Abgrenzung zum Sprichwort) sei (ebda., 3), ist zwar nicht ganz zutreffend, da es z.B. auch nichtmetaphorische Sprichwörter gibt (vgl. auch die Kritik von DANIELS 1983, 154). Für die Unterscheidung zum Sprichwort möchten BURGER u.a. (1982, 41) eher dessen „Merkmal der geprägten Form (Reim, Alliteration, Rhythmus ...)" heranziehen, was mehr einleuchtet – allerdings mit Ausnahme der Tautologien, die als Phraseoschablonen (vgl. auch ĎURČO 1994, 34: „fixierten Kollokationen ohne eindeutig fixierte lexikalische Besetzung") auch eine formale Prägung aufweisen. Wesentlicher ist wahrscheinlich doch die „modellbildende Funktion" des Sprichwortes (vgl. 6.2.4.1.).

Die von GÜLICH vorgenommene Subklassifizierung und die weitere Beschreibung vor allem unter pragmatischem Aspekt gleicht den definitorischen Mangel weitgehend aus, und die Erscheinung tritt klarer hervor. Es werden unterschieden: „(Quasi-)Tautologien" (*Wer hat, der hat. Gelernt ist gelernt.*), „Truismen" (*Wir sind alle nur Menschen. Man tut, was man kann.*) und „mit Sprichwörtern vergleichbare ‚Erfahrungssätze'" (*Man lernt nie aus. Wie man's macht, ist's falsch.*). Die Grundfunktion der „Reduktion von Komplexität" (ebda., 15) kann konfliktmildernd und tröstlich wirken (*Alles hat ein Ende. Was nicht ist, kann noch werden.*) oder eigenes Handeln rechtfertigen (*Geschäft ist Geschäft. Dienst ist Dienst.*). Insofern dürfte auch das von GÜLICH postulierte Merkmal der „Nicht-Situationsgebundenheit" problematisch sein. Bei den tautologischen Sätzen, die von mir den Phraseoschablonen zugeordnet worden sind (vgl. 3.4.1.[1.]), unterscheidet SABBAN (1994) solche mit stärker fixierter „Äußerungsbedeutung" (*Geschäft ist Geschäft* etwa ‚Geschäftsinteresse rechtfertigt alle Mittel') von solchen, die semantisch-pragmatisch „relativ offen" seien (*Frau ist Frau.*).

6.2.4.3. Slogan und Losung

Losung und Slogan sind wie Sprichwörter keine Wortschatzeinheiten (wie die Phraseologismen), sondern Texte (vgl. z. B. „Textsorte" und „Textmuster" bei FIX 1990). Sie unterscheiden sich vom Sprichwort, mit dem sie die Satzstruktur gemeinsam haben, durch ihre an aktuelle Anlässe gebundene (und daher zeitlich nicht selten begrenzt gültige), vielfach institutionelle Prägung mit Aufforderungs- oder Appellcharakter, vor allem in Politik und Werbung. In der staatlichen Kommunikationsgemeinschaft der DDR war die Losung im wesentlichen politisch bestimmt (vgl. HDG, 746; FIX 1990). In der alten – und neuen – Bundesrepublik Deutschland ist, abgesehen von dem Bezug auf die „Losungen" (Bibelstellen) der Herrnhuter Brüdergemeinschaft, der Ausdruck *Slogan* geläufiger (vgl. PILZ 1981, 102f.; *Losung* fehlt dort). Das wird auch deutlich in einem Zeitungstext über den geplanten Evangelischen Kirchentag 1997 in Leipzig: „‚Vom Osten lernen, heißt verändern lernen' lautet *der Slogan* zu einem Forum über Deutsche in Ost und West". (LVZ 17.1.97)

6.2.4.4. Phraseologismen als formelhafte Texte?

Für die Erforschung sprachlicher Formelhaftigkeit eröffnen sich Perspektiven über die Phraseologismen als Wortgruppen- oder Satzstrukturen hinaus. Es wird eine „Phraseopragmatik" anvisiert, deren Ziel es sein sollte, die pragmatischen Leistungen von Formeln auf der Textebene zu untersuchen (vgl. STEIN 1995, 17f. sowie 6.2.5.). Als dominierendes Merkmal von ‚Formel' tritt dabei die Stabilisierung einer Konstruktion weniger durch Idiomatisierung (und damit semantische Non-Kompositionalität) als vielmehr durch situations-, medien- und textsortenspezifische Konventionalisierung hervor: „Rekurrenz und die Standardisierung der Situation" gewährleisten eine relative Stabilität der Reproduktion (STEIN 1995, 307), die zunimmt „von institutionalisierten über ritualisierte bis zu rituellen kommunikativen Handlungen" (ebda., 54). Damit wird die Satzgrenze überschritten; die Phraseologie soll „um die textlinguistische Dimension" ergänzt, „formelhafte Textteile und Texte" (z. B. Danksagungen, Unfallberichte) sollen einbezogen werden (ebda., 24f.), wobei deren „variable Stabilität" (ebda., 37) einen mehr oder weniger großen Spielraum gestattet. Kreativität ist auch bei Formelhaftigkeit nicht ausgeschlossen, und „soziolektale und idiolektale Auffälligkeiten" (ebda., 251f.) fehlen bekanntlich nicht. „Sprachliche Routinen der mikrostrukturellen Verfestigungen" und „konzeptionelle Routinen der makrostrukturellen Verfestigungen" (ebda., 290, 295) wirken bei der Textherstellung zusammen. Es werden „unikale", „musterorientierte" und „reproduzierte" Texte unterschieden (ebda., 305); die beiden letztgenannten haben „Ähnlichkeiten" mit den Routineformeln (ebda., 307). Ein formelhafter Text entsteht allerdings erst dann, wenn „die feste Textstruktur aus konstanten Textkomponenten in relativ fester Reihenfolge" auch tatsächlich „mit formelhaften sprachlichen Einheiten realisiert" wird (ebda., 305).

STEIN läßt zunächst offen, ob damit die Phraseologie nicht „über Gebühr strapaziert wird" (ebda., 25), folgert aber schließlich, daß diese „Komplexe" sich doch zumindest „nicht mehr allein im Rahmen der herkömmlichen Phraseologie beschreiben lassen" (ebda., 305). Phraseologie – falls dieser Terminus dafür noch beizubehalten wäre – hätte dann als „linguistischer Forschungszweig [...] Formelhaftigkeit in all ihren Facetten" zu untersuchen (ebda., 308, Fn. 43). Damit nähert sich diese Auffassung den „Schematismen des Sprachhandelns" von DANIELS (s. o. 6.2.1.). Wenn auch ein solcher Forschungszugriff durchaus spezifische Zusammenhänge aufdecken kann, so wird m. E. doch die gesonderte Beschreibung der Phraseologismen „im herkömmlichen Sinn" nicht überflüssig (man denke auch an die lexikographische Behandlung!). Die Einheiten als Bestandteile größerer Komplexe müssen beschreibbar sein, und ein Text besteht nun einmal aus kleineren Einheiten. Phraseologismen stehen schließlich in Beziehung nicht nur zu ‚Formelhaftigkeit', sondern auch zu ‚Metaphorik' (s. o. 6.2.2.). Die Generalisierung, daß durch die „Pragmatisierung" der Phraseologie das semantische Merkmal ‚Idiomatizität' seinen ursprünglichen Rang als wesentliches Charakteristikum von Phraseologismen verloren habe, ist ebensowenig zutreffend wie die Feststellung, daß Phraseologismen auch Ausdrucksformen auf Textebene in Gestalt „formelhafter Texte" aufweisen (ebda., 23).

6.2.5. Zur Pragmatik von Phraseologismen

Pragmatische Aspekte beschränken sich nicht auf die in 2.4. behandelte Fragestellung. BURGER u. a. (1982, 110ff.) differenzieren „pragmatische Phraseologismen" nach ihrer Funktion im Verhältnis zu Sprechakten bzw. Sprechaktsequenzen, Rollenbeziehungen und Situationstypen, und die Frage nach der angemessenen Berücksichtigung von Semantik und Pragmatik bei der Beschreibung von Phraseologismen wird intensiv und z. T. kontrovers diskutiert. KÜHN (1994, 414ff.) vermißt noch immer eine „pragmatische Umorientierung" in der Phraseologieforschung und kritisiert die „Einengung auf die Routineformeln"; er plädiert für eine Ausdehnung der pragmatischen Beschreibung auf „alle Arten von Phraseologismen", was er selbst an einer Reihe von Phraseolexemen in „sprachhandlungstheoretischer" bzw. „gebrauchssemantischer" Orientierung exemplifiziert (z. B. *die Hosen anhaben* [KÜHN 1984, 209], *jmdm. auf die Finger gucken* [KÜHN 1985], *sich etwas aus dem Kopf schlagen* [KÜHN 1987], *sich über etwas keine grauen Haare wachsen lassen* [KÜHN 1989b]). Dabei ergeben sich jedoch recht umfangreiche und wenig praktikable Beschreibungen, die zudem – so BURGER (1988, 82) – theoretisch problematisch erscheinen: Eine noch so weitgehende lexikographische Beschreibung wird nicht alle Möglichkeiten kommunikativer Verwendung erfassen können.

Bevorzugter Gegenstand systematisch pragmatisch orientierter Beschreibung sind bisher allerdings tatsächlich die kommunikativen Formeln gewesen. Eine wichtige Teilgruppe hat COULMAS (1981) als „Routineformeln" mit dem Bezug auf „Routine im Gespräch" und pragmatische Fixierung durch die „Verbundenheit mit bestimmten Kommunikationssituationen" (ebda., 68f.) untersucht. Ihre bestimmenden Faktoren sind: Semantik der Komponenten (die im normalen Gebrauch zwar nicht selten gegen Null geht, aber kontextuell aktualisiert werden kann), Situationsgebundenheit (als wesentlichster Faktor), „Grad ihrer Standardisiertheit" (ebda., 77). Die Situationsgebundenheit wird unter vier Gesichtspunkten gesehen (ebda., 81f.): Voraussagbarkeit (z.B. Grußformeln, Glückwünsche, Formeln der Gesprächseröffnung), „Obligiertheit" (als in bestimmtem Rahmen variable Größe), Einfluß der Äußerungssituation auf die Bedeutung (z.B. *Na, wie wär's; Darf ich?*), „Kulturspezifik" (Problematik der Übersetzung). COULMAS legt in Differenzierung von sozialen (situations- und institutionsspezifischen) und diskursiven Funktionen („Gesprächssteuerungsformeln") auch eine Typologie seiner Routineformeln vor, die allerdings von KÜHN (1988, 161f.) u. a. wegen der fehlenden Analyse konkreter Texte kritisiert wird. Die Funktionszuweisungen seien zu „apodiktisch und eindimensional" und trügen nicht der Tatsache Rechnung, daß man mit einer Routineformel „oft mehrere Routinehandlungen gleichzeitig durchführen" könne. KÜHN (1988, 163ff.) demonstriert dies und die Textabhängigkeit auch von Routineformeln an der Textanalyse einer politischen Fernsehdiskussion. Daß Routineformeln in ihren Verwendungsmöglichkeiten nicht zu restriktiv gesehen werden dürfen und selbst institutionalisierte „außerinstitutionell" gebraucht werden können, wird mit Bezug auf die Zwischenruf-Formel *Hört! Hört!* auch von BURGER (1988, 79) betont. Speziell die „gesprächsspezifischen Formeln" (in einer ziemlich weiten Auffassung) werden einer detaillierten Untersuchung unterzogen von STEIN (1995), und zwar im Unterschied zu COULMAS (1981) auf der Grundlage detaillierter Textanalysen (Texte aus dem ,Freiburger Korpus'). Hier wird das ganze vielfältige Formenspektrum dargestellt; Modifizierbarkeit, lexikalisches und syntaktisches „Umfeld" werden behandelt, und in einer umfangreichen „pragmatischen Analyse" werden ihre kommunikativen Funktionen erörtert: Gesprächssteuerung, Textgliederung, Partnerbeziehung, Äußerungskommentierung. Auch ihre „Multifunktionalität" bleibt im Blickfeld. In einem letzten Kapitel wird sogar auf die „kognitive Leistung formelhafter Sprache" eingegangen. Die Problematik einer griffigen Erfassung insbesondere der metakommunikativen Formeln (*wenn ich es richtig sehe, das will ich ganz deutlich sagen*) wird gesehen. Sie liegen in einem „Grenzbereich zwischen reproduzierter und konstruierter Formulierung" – ähnlich wie die funktional davon durchaus verschiedenen Nominationsstereotype (vgl. 6.2.3.2.).

Als (satzwertige, satzäquivalente) Phraseologismen lassen sich die kommunikativen Formeln fassen, sofern sie den Kriterien der (völligen oder teilweisen) Idiomatizität (zu Einschränkungen vgl. 3.3.2. ⟨125⟩; dazu aber auch ‚idiomatisch‘ als „Kopplung des Ausdrucks an ein bestimmtes Schema": FEILKE 1994, 145), der (relativen) Stabilität, der Lexikalisiertheit und Reproduktion (als „Vokabel") entsprechen. Diese Kriterien gelten nicht für alle satzäquivalenten vorgeformten Konstruktionen, z. B. nicht für die „Deutungsformeln" (PILZ 1981, 74f.).

Eine Sondergruppe bilden die metakommunikativen „Korrekturformeln" (so BELLMANN 1990), mit denen – ausschließlich in mündlicher Alltagskommunikation und regional differenziert – auf als unangemessen bewerteten Gebrauch des Demonstrativpronomens *der, die* anstelle des Personennamens oder einer Personenbezeichnung (Titel o. ä.) reagiert wird; vgl. z. B. die „Markt-Formel" *Die sitzt auf dem Markt und verkauft Äpfel/Honigkuchen/Zwiebeln ...* oder die „Schmiere-und-Dreck-Formel" *Der ist Wagenschmiere und die ist dicke Tinte ...* (BELLMANN 1990, 19f.). Eine Zwischenstellung nehmen die von BELLMANN (ebda., 32) so genannten „Charakterisierungsformeln" ein, die durch „Redensarten-Subjektivierung" entstehen: *Die hört ja das Gras wachsen. Der läuft auf den Kirchhofschlappen* ‚wird bald sterben‘. Zugrunde liegen hier nichtsatzgebundene Phraseolexeme; sie sind jedoch mit dem Demonstrativpronomen als Subjekt vor allem in der mündlichen Kommunikation als feste Satzkonstruktionen usualisiert.

Die kommunikativen Formeln ordnen sich ein in einen umfassenderen Begriff sprachlicher Formelhaftigkeit, wie er z. B. von FEILKE (1994, 199ff.) diskutiert wird. Nicht der semantisch-kognitive Aspekt ist dominierend, sondern der sozial-pragmatische (ebda., 135). So kann „ein erheblicher Teil des formelhaften Materials einer Sprache inhaltlich extrem arm, sozial aber gerade deshalb wichtig" sein (ebda., 133).

6.2.6. Phraseologismen und Text

6.2.6.1. Textstrukturierung

Seitdem spezifische „textbildende Potenzen" von Phraseologismen ins Gespräch gebracht worden sind (vgl. 5.3.1. sowie DOBROVOL'SKIJ 1987), ist ihre Funktion als „textstrukturierendes Prinzip" (BURGER u. a. 1982, 90ff.; vgl. auch 5.3.2.) weiter aufgehellt und an zahlreichen Beispielen veranschaulicht worden. Eine Pionierleistung stellt in dieser Hinsicht die eingehende Untersuchung von GRÉCIANO (1983) dar, der ein Korpus von 800 Idiom-Belegen aus (fachsprachlichen) Texten der Verhaltensforschung, Musikerbriefen und Kriminalromanen (originellerweise also nicht aus Pressetexten) zugrunde liegt. Die Phraseologismen werden als satzübergreifendes „Instrument der Diskurs-Strategie" untersucht. Dabei lassen sich Verfahren der Vertextung durch synonymische und antonymische „Progression" (vgl. auch GRÉCIANO 1987) sowie die Sicherung der „articulation argumentative" (Phraseologismen an Knotenpunkten des Textes) herausarbeiten (GRÉCIANO 1983, 228ff.). Diese Verfahren werden auf der Grundlage der „Thesaurusmerkmale des Phrasemsystems" (GRÉCIANO 1992, 181ff.) ermöglicht durch synonymische und antonymische Beziehungen der phraseologischen Gesamtsemantik wie auch durch die semantische Aktualisierung einzelner Komponenten. Die Synonymie dient einerseits der „strukturellen", andererseits der „kommunikativen Textkonstitution"; ähnlich antonymische „kontrastive Montagen" mit rationalem (erklärend, korrigierend) oder emotiv-expressivem (euphemistisch, ironisierend) Effekt (GRÉCIANO 1987, 198f.).

Der Ansatz von ROTHKEGEL (1989) ist charakterisiert (a) durch die Heranziehung von Texten der internationalen Fachkommunikation, (b) durch den Vergleich deutscher und französischer Texte, (c) durch die differenzierte Berücksichtigung von „figurativen" Phraseolexemen (*ins Auge fassen*) und „polylexikalen Funktionsverben" (*Vereinbarungen treffen*). Erstere werden bevorzugt zur „argumentativen Informationsvermittlung", letztere eher zur Informationsstrukturierung genutzt, wobei im Deutschen generell häufiger polylexikale Konstruktionen verwendet werden.

Von kognitiver Position ausgehend (Vernetzung von Idiomen im „mentalen Lexikon" als „psychologischer Realität"), untersucht DOBROVOL'SKIJ (1995, 213ff.) in einer Fallstudie die Rolle des Idiomgebrauches in Schlichtungsgesprächen. Er ermittelt 22 Idiomgruppen (z. B. ‚Beilegung eines Konfliktes, positive Zukunftserwartung'; ‚Wichtigkeit, Relevanz eines Sachverhalts'; ‚Lügen, unhaltbare Behauptungen') und kommt zu dem Ergebnis, daß – ungeachtet aller individuellen Unterschiede – doch Invarianzen im Idiomgebrauch erkennbar sind, die es erlauben, ein „prototypisches Szenario" der Textsorte innerhalb eines „umfassenden prozeduralen kognitiv orientierten Modells ‚Erreichen von Zielen'" zu entwerfen (ebda., 239). Der Gebrauch von Idiomen überhaupt sowie von Idiomen bestimmten onomasiologischen Charakters, wie man annäherungsweise wird sagen können, wird stimuliert durch bestimmte „Knoten der diskursiven Struktur" (ebda., 235). Damit ist übrigens zugleich eine neue Perspektive der Modellierung in der Phraseologie eröffnet („interaktiv-prozedurale Modelle"). Die syntaktisch-semantische Oberflächenstruktur der Idiome (substantivisch, adverbial oder verbal, Teilsatz oder feste prädikative Konstruktion usw.) ist hierbei sekundär.

6.2.6.2. Variation und Modifikation

Die Polylexikalität phraseologischer Konstruktionen mit expliziter syntaktischer Struktur und – mehr oder weniger – aktualisierbarer Eigensemantik der Komponenten ist eine wesentliche Voraussetzung ihrer speziellen Möglichkeiten bei der Textstrukturierung (über die „zweifache Form der Verarbeitung und möglichen mentalen Repräsentation" vgl. aus psycholinguistischer Sicht auch ĎURČO 1990, 11f). Sie sind eng verbunden mit der potentiellen Variabilität. Mit BURGER u. a. (1982, 67ff.) wird heute gewöhnlich unterschieden (weshalb 5.2.1. zu präzisieren ist) zwischen usuellen, lexikographisch allerdings nicht immer konsequent kodifizierten Varianten (Variation) und okkasionellen, textgebundenen Modifikationen (Modifikation).

Diese prinzipielle Differenzierung ist nicht ganz ohne Probleme (über „Grenzfälle" vgl. BARZ 1992, 35f.; WOTJAK 1992, 7). Varianten sind abzuheben von phraseologischen Flexionsformen (BARZ 1992, 32ff.), und es ist das Verhältnis zu phraseologischen Synonymen zu klären. Bei Austausch lexikalischer Komponenten (zum semantischen Status variabler substantivischer und adjektivischer Komponente vgl. ĎURČO 1994, 79ff., 83ff.) sollte nach BARZ (1992, 40f.) grundsätzlich von (phraseologischen) Synonymen gesprochen werden; das beträfe nicht nur Fälle wie *jmdn. auf den Arm/die Schippe nehmen*, sondern auch *jmdm. kein Haar/Härchen krümmen*, welch letzterer Typ z. B. von KORHONEN (1992, 69) noch unter die „morphosyntaktische Variabilität" gerechnet wird. Die von KORHONEN angeführte Variation von Pronomina (*jmdm. eins/was auf die Nase geben*), Negationselementen und Präpositionen macht zudem deutlich, daß die Anwendung des Synonymiebegriffs, der dann zumindest auf den Austausch von Autosemantika beschränkt werden müßte, hier wohl doch nicht ganz unproblematisch ist. DOBROVOL'SKIJ (1995, 34; 1988, 161ff.) versteht in weiter Auffassung unter Varianten „alle Idiome, die nach dem strukturellen und lexikalischen Aspekt einander völlig oder teilweise gleichen". Er untergliedert die „Varianten" weiter in strukturelle/morphosyntaktische, Synonyme, Antonyme, Konversive (Veränderungen in Aktionsart, Rektion u. ä.). Je stärker ausgeprägt die Variabilität, um so stärker sei die Regularität des phraseologischen Systems (DOBROVOL'SKIJ 1995, 34f.).

Die modifizierende textliche Verwendung von Phraseologismen ist nicht an die usuelle Variabilität gebunden, wenngleich diese die Modifikationsfähigkeit fördert. Sie ist bei verbalen Phraseolexemen (selbst mit unikaler Komponente: *ins Hintertreffe geraten/kommen, kein rechtes/richtiges Sitzfleisch haben*) ausgeprägter als bei substantivischen und adverbialen. Die Modifikation wird durch Eingriffe in die nur relativ „stabile" interne Struktur des Phraseologismus bewirkt (vgl. 4.3.2., 5.2.2., 5.2.3., 5.3.5.), vowiegend Substitution und Expansion (detaillierter dazu BARZ 1986), Reduktion und Kontamination. Die Verfahren sind an reichem Beispielmaterial vor allem aus Belletristik, Presse und Werbung gut belegt und auch in den Effekten beschrieben (vgl. z. B. BURGER u. a. 1982, 68ff., DITTGEN 1989, 121ff., WOTJAK 1992, bes. 99ff., VAPORDSHIEV 1992, 120ff.). Der Effekt stellt sich zunächst nur für den Rezipienten ein, dem der Kontrast zwischen der phraseologischen Basis und der vorgefundenen Modifikation bewußt wird. In der modernen Werbung allerdings, wo dies nach den Tests von HEMMI (1994, 202ff.) nicht unbedingt der Normalfall sein muß, operiert die Nutzung von Phraseologismen als modifizierbares „Anspielungspotential" (vgl. auch WILSS 1989) wohl nicht in erster Linie mit der Semantik der Konstruktion, sondern mit ihrer „Festigkeit", und es genügt, wenn dem Adressaten der Ausdruck „irgendwie bekannt vorkommt" (BURGER 1991, 26).

Von der Modifikation ist die Ambiguierung zu unterscheiden. Sie besteht darin, daß mit der phraseologischen Gesamtbedeutung gleichzeitig eine konstruktionsexterne Bedeutung einzelner Komponenten oder auch eine nichtphraseologische Bedeutung der ganzen Konstruktion aktualisiert wird. Dies geschieht nicht so sehr durch Veränderungen innerhalb des Phraseologismus als vielmehr durch entsprechende Gestaltung der wendungsexternen Textstruktur. Es kommt zur „Simulierung einer Kohärenz zwischen zwei semantisch getrennten Ebenen", die der „Dynamik formaler und inhaltlicher Assoziation freien Lauf läßt" (GRÉCIANO 1987, 203f.; vgl. auch WOTJAK 1992, 122: „Ein neues Dachdeckermaterial, das *nicht von Pappe ist.*")

Als „Grenzfall von Modifikation" wird die „metasprachliche Kommentierung" von Phraseologismen (BURGER u. a. 1982, 89) durch Anführungszeichen oder Zusätze wie *im wahrsten Sinn des Wortes, buchstäblich, sprichwörtlich* u. ä. bezeichnet (vgl. 5.1., S. 204f.; WOTJAK 1992, 125; FLEISCHER 1992, 61f.). Das stilistische Potential von Phraseologismen ist mit dem bisher unter 6.2.6.1. und 6.2.6.2. Gesagten keineswegs erschöpft; zu weiteren Funktionen vgl. z. B. SANDIG (1989).

6.2.6.3. Phraseologismen und Textsorten

Daß „gewisse Phraseologismentypen und gewisse Textsorten korrelieren" und Phraseologismen damit als „textsortenunterscheidende Merkmale" dienen können, wird betont von BURGER u. a. (1982, 109; aus psycholinguistischer Perspektive ebda., 223). Der Zusammenhang wird demonstriert am Beispiel von Texten aus Werbung und Zeitungskommentaren, mündlicher Kommunikation und Belletristik (ebda., 144ff.). Nicht zu übersehen ist freilich auch, daß ein großer Teil der Phraseologismen „textsortenspezifisch sicherlich unmarkiert" ist (KÜHN 1988, 158) und diese Fragen noch weiterer Untersuchung bedürfen. B. WOTJAK (1994, 621) betont in ihrem einschlägigen „Abriß" die deutliche „Unterrepräsentation der Text(sorten)dimension". Ihre Übersicht wäre heute zu ergänzen durch Arbeiten über satzwertige Phraseologismen, vor allem Routineformeln, die mit ihrem Bezug auf – dialogische – gesprochene Sprache doch in gewisser Weise auch auf Textsorten orientiert sind. So liegen – wie bereits erwähnt – der Untersuchung von STEIN (1995) Texte des sogenannten Freiburger Korpus zugrunde.

Was die Wirtschaftswerbung betrifft, so ist die gründliche Untersuchung von HEMMI (1994) hervorzuheben. In Anlehnung an die Klassifikation von BURGER u. a. (1982) werden hier 10 verschiedene Arten vorgeformter Konstruktionen (darunter auch „Werbesprüche", Sprichwörter, geflügelte Worte) in Anzeigen-,

Radio- und Fernsehwerbung nach verschiedenen Gesichtspunkten (z. B. Frequenz, Modifikationsverfahren, Position innerhalb des Textes) untersucht. Die kontrastive Analyse zeigt deutliche mediale Abhängigkeiten des Phraseologismengebrauches, die sich durch die Charakteristika des jeweiligen Mediums erklären lassen. So wird die Radiowerbung dominiert einerseits durch Routineformeln (Simulation von Alltagssituationen, Dramatisierung von Spotteilen) und ist andererseits gekennzeichnet durch stärkeren Gebrauch verbaler Phraseologismen, mit denen – als „Ersatz" für die visuelle Wahrnehmung – bildliche Vorstellungen aktiviert werden sollen. Die Modifikationsverfahren treten am häufigsten im Printmedium auf, wo eine günstigere Rezeptionssituation gegeben ist.

Andere Arbeiten beschränken sich auf ein Medium. FÖLDES/HÉCZ (1995) untersuchen Phraseologismen in ungarndeutschen Radiosendungen (insgesamt 103 mit 149 phraseologischen „Types", wovon sieben 71mal wiederholt werden) nach ihren Funktionen im Anschluß an KOLLER (1977). Unterschiede in den Ergebnissen bei gleichem Medium können auf die Verschiedenheit im Phraseologismus-Begriff zurückgehen. So findet GRASSEGGER (1989) in 400 Werbespots des österreichischen Fernsehens nur einen Anteil von 5 % an „Redensarten im engeren Sinne". BURGER (1991) dagegen, der Gemeinplätze, Routineformeln und andere Konstruktionen einbezieht, die nicht zum „„klassischen' Kanon der Phraseologie gehören" (ebda., 14), findet in etwa der Hälfte von 230 Fernsehspots mindestens einen (bei 15 % sogar mehr) „Phraseologismus" und konstatiert abschließend: „Die Sprach-Welt der Werbung und ihres Umkreises wird also wesentlich durch Phraseologie konstituiert" (ebda., 26). Freilich handelt es sich dabei eher um das, was WILSS (1989) als „Anspielungen" behandelt, und BURGER erläutert das denn auch mit spezifischer Verwendung des Begriffs der Intertextualität.

Auch andere Genres des Fernsehens haben ihren Phraseologieforscher gefunden. KÜHN (1988) zeigt am Beispiel einer politischen Fernsehdiskussion die Funktion von Routineformeln (hier genauer: „diskursiven Formeln") als „Routine-Joker". Sie stehen im Dienste der Inszenierung von „Propaganda als Diskussion" (ebda., 174).

Bevorzugte Materialgrundlage textsortenorientierter Untersuchungen sind allerdings Pressetexte. Die Zielstellung kann unterschiedlich sein: Vergleich der Phraseologie in Zeitungstexten der deutschsprachigen Länder (GUSTAFSSON/PII-RAINEN 1985), Frequenz und Charakterisierung unterschiedlicher Typen von Phraseologismen in der Wirtschaftspresse bei sehr weiter Phraseologismus-Auffassung (DUHME 1991), z.T. unter Beschränkung auf einen Sachbereich (STOLZE 1994: Konjunkturzustand und -verlauf), Herausarbeitung von Verfahren der Modifikation (WOTJAK 1992), Untersuchung stilistischer Funktionen von verbalen Idiomen in Zeitungsglossen (SANDIG 1989). Methoden und theoretische Tiefe der Arbeiten sind ebenso unterschiedlich wie die Ergebnisse. Sie reichen von mehr oder weniger ergiebigen Inventarisierungen bis zur Funktionsbeschreibung.

Eine Bereicherung erfährt das Repertoire von Texten der Sachprosa durch Arbeiten wie GRÉCIANO (1983, s. o.), KJÆR (1991, 1994: Rechtssprache), ROTHKEGEL (1991: internationale Fachtexte). Am Material von Buchankündigungen beschreibt ROTHKEGEL (1994) den spezifischen Gebrauch von Kollokationen (nichtphraseologisch: ebda., 502) als lexikalischen Standards in ihrer Bindung an „konzeptuelle Standards einer Sachverhaltsstrukturierung" (ebda., 516) und stellt entsprechende Inventare zusammen. Das Material von KUNKEL (1986, 1991) bilden unterschiedliche Textsorten außerhalb der Tagespresse (Dissertationsthesen, wissenschaftliche Vorträge getrennt nach Natur- und Gesellschaftswissenschaften, Aufsätze aus populärwissenschaftlichen Zeitschriften, Gesetzestexte). Sie kommt zu einer textsortenabhängigen Verteilungs- und Funktionscharakteristik von Nominationsstereotypen und fünf Typen von Phraseolexemen (präpositionale, „modalwortähnliche" [in erster Linie, unter Umständen], „funktionsverbgefügeähnliche" [Rechnung tragen], expressivitäts- reduzierte [eine Rolle spielen] und expressivitätsgeladene). Es bestätigt sich die These von der textsortenabhängigen Verwendung nicht schlechthin von Phraseo- logismen, sondern von unterschiedlichen phraseologischen Teilgruppen. Dabei handelt es sich eher um Frequenz- und Distributionsunterschiede, weniger um absolute Restriktionen.

Die Verwendung von Phraseologismen in belletristischen Texten generell folgt eigenen Gesetzen der Semiotik künstlerischer Strukturen. B. WOTJAK (1994) erläutert unter Zugrundelegung eines sehr weiten Phraseologismus- Begriffes (darunter auch „stabile kulturell-sprachliche Wortverbindungen" wie Buchtitel, also Eigennamen) am Beispiel der Anekdote die Nutzung der ent- sprechenden Konstruktionen u. a. für die Pointenbildung und im Dienste von „sprachlicher Virtuosität und Originalität, also gerade der Aufhebung von Schematismus". Dies zeigen auch WIRRER (1994) an satzwertigen Phraseologis- men in niederdeutscher Erzählliteratur und DANIELS (1987) an KÄSTNERs Roman ‚Fabian' sowie PALM (1987) an Texten von MORGENSTERN und an C. WOLFs Roman ‚Kindheitsmuster' (1989, 1991). Auf satzwertige Phraseologismen im literarischen Dialog von FONTANEs ‚Stechlin' konzentriert sich LÜGER (1989); er ermittelt drei „Funktionsbereiche": Merkmalshervorhebung, Bewertung mit Einstellungskundgabe, Gesprächssteuerung.

Die Untersuchungen sind insgesamt recht heterogen in Material und Phraseo- logismus-Auffassung, in Zielstellung und Methode sowie in der theoretischen Grundlage. Die Vielfalt der Gesichtspunkte ist natürlich auch anregend. Die Funktionsanalyse ermangelt bisweilen – mehr oder weniger – der Originalität.

266

Literatur- und Quellenverzeichnis

(Von den Quellen werden hier nur die im Text abgekürzt zitierten verzeichnet.)

ACHMANOVA, O. S. 1957. Očerki po obščej i russkoj leksikologii. Moskva
AFONKIN, J. 1976. Konversationsformeln. Leningrad
ÁGEL, V. 1988. Abgrenzung von Phraseologismen in einem historischen Text. Einige Indizien als Ergebnis einer historischen Valenzuntersuchung. In: HESSKY, R. (Hg.) 1988, 26–38
AGRICOLA, E. 1975. Semantische Relationen im Text und im System. 3. Aufl. Halle (Saale)
ALECHINA, A. I. 1979. Frazeologičeskaja edinica i slovo. K issledovaniju frazeologičeskoj sistemy. Minsk
AMOSOVA, N. N. 1963. Osnovy anglijskoj frazeologii. Leningrad
ANIKINA, N. A. 1968. Funkcional'nye osobennosti substantivnych i verbal'nych frazeologizmov s komponentom-prilagatel'nym i narečiem v sovremennom nemeckom jazyke. In: Gor'kovskij Gos. Ped. Institut Inostr. Jazykov im. N. A. Dobroljubova. Uč. Zapiski. Vyp. 38. Voprosy germanskoj filologii. Gor'kij, 3–27
APRESJAN, Ju. D. 1957. K voprosu o značenii frazeologičeskich edinic. In: Inostrannye Jazyki v Škole H. 6, 12ff.
APRESJAN, Ju. D. 1972. Ideen und Methoden der modernen strukturellen Linguistik. Kurzer Abriss. Hg. und ins Deutsche übertr. von B. HALTOF u. E. MAI. 2. Aufl. Berlin [Sammlung Akademie-Verlag 12 – Sprache]
APRESJAN, V. Ju./Ju. D. 1993. Metafora v semantičeskom predstavlenii emocii. In: Voprosy Jazykoznanija 1993. H. 3, 27–35
ARCHANGEL'SKIJ, V. 1964. Ustojčivye frazy v sovremennom russkom jazyke. Osnovy teorii ustojčivych fraz i problemy obščej frazeologii. Rostov
ARCHANGEL'SKIJ, V. 1972. O zadačach, ob-ektach, razdelach russkoj frazeologii kak lingvističeskoj discipliny. In: Problemy ustojčivosti i variantnosti frazeologičeskich edinic. Tula
AVALIANI, Ju. Ju. 1972. Semantičeskaja struktura slovkomponentov i semantičeskaja struktura frazeologičeskich edinic. In: Bjulleten' po frazeologii Nr. 1. Samarkand, 4–12
AVALIANI, Ju. Ju. 1979. O frazoobrazovatel'nych potencijach slova (vnutrennjaja i vnešnjaja valentnost' frazeologičeskich edinic). In: MGPIIJ. Slovobrazovanie i frazoobrazovanie. Tezisy dokladov naučnoj konferencii. Moskva, 126f.
BABKIN, A. M. 1964. Leksikografičeskaja razrabotka russkoj frazeologii. Moskva-Leningrad
BALLY, Ch. 1909. Traité de stylistique française. 2 Bde. Heidelberg
BARANOV, A./DOBROVOL'SKIJ, D. 1991. Kognitive Modellierung in der Phraseologie: Zum Problem der aktuellen Bedeutung. In: BES 10, 112–123
BAR-HILLEL, Y. 1955. Idioms. In: LOCKE, W. N./BOOTH, A. D. (Ed.) 1955. Machine Translation of Language. Cambridge, Mass., 183ff.

BARZ, I. 1985. Primäre und sekundäre Phraseologisierung. In: FLEISCHER, W. (Hg.) 1985. Textbezogene Nominationsforschung. Studien zur deutschen Gegenwartssprache. LS/ZISW, A, 123. Berlin, 119–140

BARZ, I. 1986. Probleme der phraseologischen Modifikation. In: DaF 23, 321–326

BARZ, I. 1992. Phraseologische Varianten: Begriff und Probleme. in: FÖLDES, C. (Hg.) 1992, 25–47

BAUMGÄRTNER, K. 1967. Die Struktur des Bedeutungsfeldes. In: Satz und Wort im heutigen Deutsch. Düsseldorf [Sprache der Gegenwart. Schriften des Instituts f. deutsche Sprache Mannheim 1], 165–197

BEBERMEYER, K. und R. 1977. Abgewandelte Formeln – sprachlicher Ausdruck unserer Zeit. In: Muttersprache 87, 1–42

Beiträge = Beiträge z. Geschichte d. deutschen Sprache u. Literatur (H) Halle (Saale), (T) Tübingen

BELLMANN, G. 1990. Pronomen und Korrektur. Zur Pragmalinguistik der persönlichen Referenzformen. Berlin–New York

BES = Beiträge zur Erforschung der deutschen Sprache

BESCH, W. 1993. Die sprachliche Doppelformel im Widerstreit zur deutschen Prosa des 15. und 16. Jhs. In: BENTZINGER, R./WOLF, N. R. (Hg.) 1993. Arbeiten zum Frühneuhochdeutschen. G. Kettmann zum 65. Geburtstag. Würzburg, 31–43

BESCH, W./REICHMANN, O./SONDEREGGER, H. (Hg.) 1985. Sprachgeschichte. Ein Handbuch zur Geschichte der deutschen Sprache und ihrer Erforschung. Zweiter Halbband. Berlin–New York

BÖHME, U. 1976a. Zur Frage der Verbindbarkeit der Lexeme in der russischen Sprache der Gegenwart. In: Aktuelle Probleme der Phraseologie. Karl-Marx-Universität Leipzig, 84–92

BÖHME, U. 1976b. Bemerkungen zum Problem der Verknüpfbarkeit der Lexeme. In: DaF 13, 330–335

BOLDYREVA, L. M. 1964. Rečevye stilisticeskie varianty frazeologičeskich edinic (Na mat. pressy GDR i sovremennoj chudožestvennoj nemeckoj literatury). In: MGPIIJ. Uč. Zapiski. Tom 20. Moskva, 40–67

BOLDYREVA, L. M. 1972. Stilisticeskaja sootnesennost' slova kak samostojatel'noj edinicy i frazeologizma s dannym slovom kak komponentom. In: Voprosy frazeologii 5, 1972, č. 1, 247–250

BONDZIO, W. 1974. Zu einigen Aufgaben der Bedeutungsforschung aus syntaktischer Sicht. In: ZPSK 27, H. 1–3, 42–51

BÓRBELY, M. 1988. Phraseologische Spiele mit Sprichwörtern. In: HESSKY, R. (Hg.) 1988, 50–68

BORCHARDT, W./WUSTMANN, G./SCHOPPE, G. 1954. Die sprichwörtlichen Redensarten im deutschen Volksmund nach Sinn und Ursprung erläutert. 7. Aufl. neu bearb. von A. SCHIRMER. Leipzig

BRAUN, P./KRALLMANN, D. 1990. Inter-Phraseologismen in europäischen Sprachen. In: BRAUN, O./SCHAEDER, B./VOLMERT, J. (Hg.) 1990. Internationalismen. Studien zur interlingualen Lexikologie und Lexikographie. Tübingen, 74–86

BÜCHMANN, G. 1964. Geflügelte Worte. 31. Aufl. durchges. von A. GRUNOW. Berlin

BUHOFER, A. 1980. Der Spracherwerb von phraseologischen Wortverbindungen. Eine psycholinguistische Untersuchung an schweizerdeutschem Material. Freienfeld-Stuttgart [Studia Linguistica Alemannica 8]

BURGER, H. 1973. Unter Mitarbeit von H. JAKSCHE. Idiomatik des Deutschen. Tübingen [Germanistische Arbeitshefte 16]

BURGER, H. 1976. „die achseln zucken" – Zur sprachlichen Kodierung nichtsprachlicher Kommunikation. In: Wirkendes Wort 26, 311–334

BURGER, H. 1977. Probleme einer historischen Phraseologie des Deutschen. In: Beiträge (T) 99, 1–24

BURGER, H. 1979. Phraseologie und gesprochene Sprache. In: LÖFFLER, H./PESTALOZZI, K./STERN, M. (Hg.) 1979. Standard und Dialekt. Studien zur gesprochenen und geschriebenen Gegenwartssprache. Festschr. f. H. RUPP zum 60. Geburtstag. Bern-München, 89–104

BURGER, H. 1983. Phraseologie in den Wörterbüchern des heutigen Deutsch. In: Studien zur neuhochdeutschen Lexikographie III. Hg. von H. E. WIEGAND. Hildesheim-Zürich-New York 1983 [Germanistische Linguistik 1–4/82], 13–66

BURGER, H. 1988. Die Semantik des Phraseologismus: ihre Darstellung im Wörterbuch. Für Stefan SONDEREGGER zum 60. Geburtstag. In: HESSKY, R. (Hg.) 1988, 69–97

BURGER, H. 1991. Phraseologie und Intertextualität. In: PALM, C. (Hg.) 1991, 13–27

BURGER, H. 1992. Phraseologie im Wörterbuch. Überlegungen aus germanistischer Perspektive. In: EISMANN, W./PETERMANN, J. (Hg.) 1992, 33–51

BURGER, H. 1996. Phraseologie und Metaphorik. In: WEIGAND, E./HUNDSNURSCHER, F. (Hg.) 1996, 167–178

BURGER, H./BUHOFER, A./SIALM, A. 1982. Handbuch der Phraseologie. Berlin-New York

BURGER, H./LINKE, A. 1985. Historische Phraseologie. In: BESCH, W./REICHMANN, O./ SONDEREGGER, S. (Hg.) 1985, 2018–2026

BURGER, H./ZETT, R. (Hg.) 1987. Aktuelle Probleme der Phraseologie. Symposium 27.–29.9.1984 in Zürich. Bern-Frankfurt a. M.-New York-Paris

ČERNYŠEVA, I. I. 1970. Frazeologija sovremennogo nemeckogo jazyka. Moskva

ČERNYŠEVA, I. I. 1971. Die stilistische Leistungsfähigkeit einiger semantischer Kategorien der deutschen Phraseologie. In: Wissenschaftl. Studien des Päd. Instituts Leipzig. II/1971, 91–95

ČERNYŠEVA, I. I. 1974. Tekstoobrazujuščie potencii frazeologičeskich edinic. In: MGPIIJ. Materialy naučnoj konferencii. Lingvistika teksta. Č. 2. Moskva, 159–166

ČERNYŠEVA, I. I. 1975. Phraseologie. In: STEPANOVA, M. D./ČERNYŠEVA, I. I., Lexikologie der deutschen Gegenwartssprache. Moskau, 198–261

ČERNYŠEVA, I. I. 1976. Tekstoobrazujuščie potencii frazeologičeskich edinic (Na mat. nemeckoj frazeologii). In: MGPIIJ. Sbornik naučnych trudov. Nr. 103. Lingvistika teksta. Moskva, 256ff.

ČERNYŠEVA, I. I. 1977. Aktual'nye problemy frazeologii. In: Voprosy Jazykoznanija H.5, 34–42

ČERNYŠEVA, I. I. 1980. Feste Wortkomplexe des Deutschen in Sprache und Rede. Moskau

ČERNYŠEVA, I. I. 1986. Phraseologie. In: STEPANOVA, M. D./ČERNYŠEVA, I. I., Lexikologie der deutschen Gegenwartssprache. 2., verbesserte Aufl. Moskau, 175–239

ČERNYŠEVA, I. I. 1993. K dinamike frazeologičeskoj sistemy (na materiale nemeckogo jazyka). In: Filologičeskie Nauki 1/1993, 61–70

ČERNYŠEVA, I. I./FLEISCHER, W. (Hg.) 1981. Untersuchungen zur deutschen Phraseologie. WZ KMU. 1981, H.5

CHAFE, W. L. 1968. Idiomaticity as an anomaly in the Chomskyan paradigm. In: Foundations of Language 1968, H.4, 109–127

CHLOSTA, C./GRZYBEK, P./STANKOVIĆ-ARNOLD, Z./STECZKA, A. 1993. Das Sprichwort in der überregionalen Tagespresse. Eine systematische Analyse von Sprichwörtern in den Tageszeitungen ‚Die Welt‘, ‚Frankfurter Allgemeine Zeitung‘ und ‚Süddeutsche Zeitung‘. In: Wirkendes Wort 43, 671–695

CHLOSTA, C./GRZYBEK, P./PIIRAINEN, E. (Hg.) 1994. Sprachbilder zwischen Theorie und Praxis. Akten des Westfälischen Arbeitskreises ‚Phraseologie/Parömiologie‘ (1991/1992). Bochum [Studien zur Phraseologie und Parömiologie 2]

COULMAS, F. 1981. Routine im Gespräch. Zur pragmatischen Fundierung der Idiomatik. Wiesbaden [Linguistische Forschungen 29]

COULMAS, F. 1985. Lexikalisierung von Syntagmen. In: SCHWARZE, C./WUNDERLICH, D. (Hg.) 1985. Handbuch der Lexikologie. Königstein/Ts., 250–268

CROME, E. 1976. Zur semantischen Struktur der Bestandteile stabiler Wortverbindungen (am Material des Russischen). In: Aktuelle Probleme der Phraseologie. Karl-Marx-Universität Leipzig, 36–48

CZOCHRALSKI, J. 1977. Konfrontatives zur deutschen und polnischen Idiomatik. In: ENGEL, U. (Hg.) 1977. Deutsche Sprache im Kontrast. Tübingen [Forschungsberichte des Instituts für deutsche Sprache, Mannheim], 165–197

DaF = Deutsch als Fremdsprache

DANEŠ, F. 1966. The Relation of Centre and Periphery as a Language Universal. In: Travaux linguistiques de Prague 2. Les problèmes du centre et de la péripherie du système de la langue. Prague, 9–21

DANIELS, K. 1976–1985. Neue Aspekte zum Thema Phraseologie in der gegenwärtigen Sprachforschung. In: Muttersprache 86, 1976, 257–293; 89, 1979, 71–96; 93, 1983, 142–170; 95, 1984/85, 49–68, 151–171

DANIELS, K. 1987. Text- und autorenspezifische Phraseologismen, am Beispiel von ERICH KÄSTNERs Roman ‚Fabian‘. In: KORHONEN, J. (Hg.) 1987, 207–219

DANIELS, K. 1988. Aktuelles Verstehen und historisches Verständnis von Redensarten. Ergebnisse einer Befragung. In: HESSKY, R. (Hg.) 1988, 98–121

DENISENKO, S.N. 1972. K probleme frazeologičeskoj derivacii (Na mat. nemeckoj frazeologii). Avtoref. kand. diss. Moskva. Gleicher Titel in: MGPIIJ. Sbornik naučnych trudov. Vyp. 65. Moskva, 168ff.

DENISENKO, S.N. 1973. K voprosu ob obrazovanii ustojčivych fraz v sovremennom nemeckom jazyke. In: MGPIIJ. Sbornik naučnych trudov. Voprosy romano-germanskoj filologii. Moskva, 51–58

DENISENKO, S.N. 1988. Frazoobrazovanie v nemeckom jazyke (frazeologičeskaja derivacija kak sistemnyj faktor frazoobrazovanija). L'vov

DGW = DUDEN. Das große Wörterbuch der deutschen Sprache in acht Bänden. 2., völlig neu bearb. und stark erweiterte Aufl. Hg. und bearb. vom Wissenschaftl. Rat und den Mitarbeitern der Dudenredaktion unter der Leitung von G. DROSDOWSKI. Mannheim-Leipzig-Wien-Zürich 1993–1995

DIE DEUTSCHE SPRACHE. Kleine Enzyklopädie. 1969–70. Hg. von E. AGRICOLA, W. FLEISCHER, H. PROTZE unter Mitwirkung von W. EBERT. 2 Bde. Leipzig

DITTGEN, A.M. 1989. Regeln für Abweichungen. Funktionale sprachspielerische Abweichungen in Zeitungsüberschriften, Werbeschlagzeilen, Werbeslogans, Wandsprüchen und Titeln. Frankfurt/M.-Bern-New York-Paris [Europäische Hochschulschriften 1160]

DOBROVOL'SKIJ, D.O. 1978. Phraseologisch gebundene lexikalische Elemente der deutschen Gegenwartssprache. Ein Beitrag zur Theorie der Phraseologie und zur Beschreibung des phraseologischen Bestandes. Diss. A. Leipzig

DOBROVOL'SKIJ, D.O. 1980. Zur Dialektik des Begriffs der textbildenden Potenzen von Phraseologismen. In: ZPSK 33, 690–700

DOBROVOL'SKIJ, D. 1987. Textbildende Potenzen von Phraseologismen. In: FLEISCHER, W. (Hg.) Textlinguistik und Stilistik. Beiträge zu Theorie und Methode. LS/ZISW, A, 164. Berlin, 69–85

DOBROVOL'SKIJ, D. 1988. Phraseologie als Objekt der Universalienlinguistik. Leipzig [Linguistische Studien]

DOBROVOL'SKIJ, D. 1989. Linguistische Grundlagen für die computergestützte Phraseographie. In: Zeitschr. für Germanistik 10, 1989, 528–536

DOBROVOL'SKIJ, D. 1989a. Formal gebundene phraseologische Konstituenten: Klassifikationsgrundlage und typologische Analyse. In: BES 9, 57–78

DOBROVOL'SKIJ, D. 1993. Datenbank deutscher Idiome. Aufbauprinzipien und Einsatzmöglichkeiten. In: Germanistik und Deutschlehrerausbildung. Festschr. zum hundertsten Jahrestag der Gründung des Lehrstuhls für deutsche Sprache und Literatur an der PädagogischenHochschule Szeged, hg. von C. FÖLDES. Szeged/Wien, 51–67

DOBROVOL'SKIJ, D. 1995. Kognitive Aspekte der Idiom-Semantik. Studien zum Thesaurus deutscher Idiome. Tübingen [Eurogermanistik. Europäische Studien zur deutschen Sprache 8]

DOBROVOL'SKIJ, D. 1995a. *Schiß* und *Espenlaub*: Idiome der Angst. In: Folia Linguistica. Acta Societatis Linguisticae Europaeae Tom. XXIX/3–4, 317–346

DOBROVOL'SKIJ, D./PIIRAINEN, E. 1994. Sprachliche Unikalia im Deutschen: Zum Phänomen phraseologisch gebundener Formative. In: Folia Linguistica XXVIII/3–4, 449–473

DOBROVOL'SKIJ, D./PIIRAINEN, E. 1996. Symbole in Sprache und Kultur. Studien aus kultursemiotischer Perspektive. Bochum [Studien zur Phraseologie und Parömiologie 8]

DONALIES, E. 1994. Idiom, Phraseologismus oder Phrasem? Zum Oberbegriff eines Bereichs der Linguistik. In: Zeitschr. für germanistische Linguistik 22, 334–349

DUDEN 11 = DUDEN. Redewendungen und sprichwörtliche Redensarten. Wörterbuch der deutschen Idomatik. Bearb. von G. DROSDOWSKI und W. STOLZE-STUBENRECHT. Mannheim-Leipzig-Wien-Zürich 1992 [Der DUDEN in 12 Bänden; 11]

DUDEN 1991. DUDEN. Rechtschreibung der deutschen Sprache. 20., völlig neu bearb. und erweiterte Aufl. Hg. von der Dudenredaktion. Auf der Grundlage der amtlichen Rechtschreibregeln. Mannheim-Leipzig-Wien-Zürich

DUDEN 1996. DUDEN. Rechtschreibung der deutschen Sprache. 21., völlig neu bearb. und erweiterte Aufl. Hg. von der Dudenredaktion. Auf der Grundlage der neuen amtlichen Rechtschreibregeln. Mannheim-Leipzig-Wien-Zürich

DUHME, M. 1991. Phraseologie der deutschen Wirtschaftssprache. Eine empirische Untersuchung zur Verwendung von Phraseologismen in journalistischen Fachtexten. Essen [Sprache und Theorie in der Blauen Eule 9]

ĎURČO, P. 1990. Die Interpretation der Phraseologismen aus psycholinguistischer Sicht. In: Folia Linguistica. Acta Societatis Linguisticae Europaeae Tom. XXIV/1–2, 1–22

ĎURČO, P. 1994. Probleme der allgemeinen und kontrastiven Phraseologie. Am Beispiel Deutsch und Slowakisch. Heidelberg

ĎURČO, P. 1994a. Das Wort als phraseologische Konstituente. Zur Beziehung der linguistischen und psycholinguistischen Standpunkte. In: SANDIG, B. (Hg.) 1994, 67–79

271

DWB = J. GRIMM und W. GRIMM, Deutsches Wörterbuch. 16 (= 32) Bände. Leipzig 1854–1960

ECKERT, R. 1974. Zum Verhältnis von Phraseologie und Wortbildung. In: LAB 9, 19–29

ECKERT, R. 1975. Verschiedene Typen der Synonymie, im besonderen der phraseologischen Synonymie, und ihre Bedeutung für den russischen Sprachunterricht. In: LS/ZISW, A, 15. Berlin, 1–13

ECKERT, R. 1976. Aktuelle Probleme der Phraseologieforschung. In: Aktuelle Probleme der Phraseologie. Karl-Marx-Universität Leipzig, 7–26

ECKERT, R. 1979. Zur Bedeutung der Phraseologie bei der Vermittlung des Russischen an Hochschulen. In: NOWIKOWA, I. (Hg.) 1979. Russistik in den deutschsprachigen Ländern. Theorie und Praxis. Internat. Symposium MAPRJAL Ludwigshafen 1978. Hamburg [Hamburger Beiträge f. Russischlehrer 19], 55–68

ECKERT, R. 1979a. Aspekte der konfrontativen Phraseologie. In: FLEISCHER, W./GROSSE R. (Hg.) 1979, 74–80

ECKERT, R. 1979b. Die Phraseologie auf dem VIII. Internationalen Slawistenkongreß in Zagreb. In: Zeitschrift f. Slawistik 24, 258–262

ECKERT, R. 1991. Studien zur historischen Phraseologie der slawischen Sprachen (unter Berücksichtigung des Baltischen). München [Slavistische Beiträge 281]

ECKERT, R./GÜNTHER, K. 1992. Die Phraseologie der russischen Sprache. Leipzig-Berlin-München-Wien-Zürich-New York

EGOROV, V.F. 1967. Konstrukcija *Und ob!* v nemeckom jazyke. In: Inostr. Jazyki v vysšej i srednej škole. Tul'skij Gos. Ped. Institut im. L.N. Tolstogo. Uč. Zapiski Fakulteta Inostr. Jazykov. Vyp. 1. Tula, 24–40

EISMANN, W. 1994. Nationales Stereotyp und sprachliches Klischee. Deutsche und Slawen im Lichte ihrer Phraseologie und Parömiologie. In: SANDIG, B. (Hg.) 1994, 81–107

EISMANN, W./GRZYBEK, P. 1994. Sprichwort, Sprichwörtliche Redensart und Phraseologismus: Vom Mythos der Untrennbarkeit. In: CHLOSTA, C./GRZYBEK, P./PIIRAINEN, E. (Hg.) 1994, 89–132

EISMANN, W./PETERMANN, J. (Hg.) 1992. Studia phraseologica et alia. Festschr. f. Josip MATEŠIĆ zum 65. Geburtstag. München 1992 [Specimina Philologiae Slavicae. Supplementband 31], 33–51

EMIROVA, A.M. 1972. Nekotorye aktual'nye voprosy sovremennoj russkoj frazeologii. Samarkand

ENGELEN, B. 1968. Zum System der Funktionsverbgefüge. In: Wirkendes Wort 18, 289–303

FAZ = Frankfurter Allgemeine Zeitung

FEILKE, H. 1994. Common sense-Kompetenz. Überlegungen zu einer Theorie des ‚sympathischen' und ‚natürlichen' Meinens und Verstehens. Frankfurt/M.

FEYAERTS, K. 1994. Zur lexikalisch-semantischen Komplexität der Phraseologismen mit phraseologisch gebundenen Formativen. In: CHLOSTA, C./GRZYBEK, P./PIIRAINEN, E. (Hg.) 1994, 133–162

FIX, U. 1971. Das Verhältnis von Syntax und Semantik im Wortgruppenlexem. Versuch einer objektivierten Klassifizierung und Definition des Wortgruppenlexems. Diss. A. Leipzig

FIX, U. 1974–76. Zum Verhältnis von Syntax und Semantik im Wortgruppenlexem. In: Beiträge (H) 95, 1974, 214–318; 97, 1976, 7–78

FIX, U. 1979. Zum Verhältnis von Syntax und Semantik im Wortgruppenlexem. In: FLEI-
SCHER, W./GROSSE, R. (Hg.) 1979, 1–19

FIX, U. 1990. Der Wandel der Muster – Der Wandel im Umgang mit den Mustern. Kom-
munikationskultur im institutionellen Sprachgebrauch der DDR am Beispiel von
Losungen. In: Deutsche Sprache 18, 332–347

FLEISCHER, W. 1968. Über Entwicklung und Aufgaben der Lexikologie der deutschen
Sprache. In: WZ KMU 17, 167–171

FLEISCHER, W. 1976. Eigennamen in phraseologischen Wendungen. In: Namenkundliche
Informationen. Karl-Marx-Universität Leipzig 28, 1–6

FLEISCHER, W. 1977. Typen funktionaler Differenzierung in der Wortbildung der deutschen Sprache der Gegenwart. In: Beiträge (H) 98, 131–145

FLEISCHER, W. 1983. Zur Bedeutungsbeschreibung von Phraseologismen. In: SCHILDT,
J./VIEHWEGER, D. (Hg.) 1983. Die Lexikographie von heute und das Wörterbuch von
morgen. Analysen – Probleme – Vorschläge. LS/ZISW, A, 109. Berlin, 187–206

FLEISCHER, W. 1992. Konvergenz und Divergenz von Wortbildung und Phraseologisierung. In: KORHONEN, J. (Hg.) 1992, 53–65

FLEISCHER, W. 1994. Phraseologismus und Sprichwort: lexikalische Einheit und Text. In:
SANDIG, B. (Hg.) 1994, 155–172

FLEISCHER, W. 1996. Phraseologische, terminologische und onymische Wortgruppen als
Nominationseinheiten. In: KNOBLOCH, C./SCHAEDER, B. (Hg.) 1996. Nomination –
fachsprachlich und gemeinsprachlich. Opladen, 147–170

FLEISCHER, W. 1996a. Kommunikationsgeschichtliche Aspekte der Phraseologie. In:
HERTEL, V./BARZ, I./METZLER, R./UHLIG, B. (Hg.) 1996, 283–297

FLEISCHER, W. 1996b. Phraseologismen in einem Familienblatt des 19. Jhs. In: KÖNIG,
W./ORTNER, L. (Hg.) 1996. Sprachgeschichtliche Untersuchungen zum älteren und
neueren Deutsch. Festschrift für H. WELLMANN zum 60. Geburtstag. Heidelberg
[Germanistische Bibliothek. Neue Folge, 3. Reihe. Untersuchungen 23]

FLEISCHER, W./GROSSE, R. (Hg.) 1979. Beiträge zur Phraseologie und Lexikologie der
deutschen Gegenwartssprache. LS/ZISW, A, 56. Berlin

FÖLDES, C. 1985. Über die somatischen Phraseologismen der deutschen, russischen und
ungarischen Sprache. Versuch einer konfrontativen Analyse. In: Germanistisches
Jahrbuch DDR-UVR 4. Budapest, 18–40

FÖLDES, C. 1990. Phraseologie und Landeskunde – am Material des Deutschen und
Ungarischen. In: Zielsprache Deutsch 21, 11–15

FÖLDES, C. 1994. Mehrsprachige phraseologische Wörterbücher – als Herausforderung für
die Lexikographie. In: SANDIG, B. (Hg.) 1994, 175–201

FÖLDES, C. (Hg.) 1992. Deutsche Phraseologie in Sprachsystem und Sprachverwendung.
Wien

FÖLDES, C./HÉCZ, A. 1995. Deutsche Rundfunksprache in mehrsprachiger Umwelt. Am
Beispiel der Verwendung von Phraseologismen. Wien

FRASER, B. 1970. Idioms within a transformational grammar. In: Foundations of Language 6, 22–42

FREITAG, R. 1974. Zum Wesen des Schlagwortes und verwandter sprachlicher Erscheinungen. In: WZ KMU 23, 119–139

FRIEDERICH, W. 1976. Moderne deutsche Idiomatik. Alphabetisches Wörterbuch mit
Definition und Beispielen. 2. Aufl. München

GAL'PERIN, I. R. 1974. O ponjatii tekst. In: Voprosy Jazykoznanija H. 6, 68–77

GAVRIS', V.I. 1979. K probleme strukturno-semantičeskoj derivacii frazeologičeskich edinic nemeckogo jazyka. In: MGPIIJ. Slovoobrazovanie i frazoobrazovanie. Tezisy dokladov naučnoj konferencii. Moskva, 132f.

GEERAERTS, D./BAKEMA, P. 1993. De prismatische semantiek van idiomen en composita. In: Leuvense Bijdragen 82, 1993, 185–226

GLÄSER, R. 1978. Syntactico-semantic Aspects of the Phraseological Unit. In: Zeitschr. f. Anglistik u. Amerikanistik 26, 351–355

GLÄSER, R. 1984. The Translation Aspect of Phraseological Units in English and German. In: FISIAK, J. (Ed.). Papers and Studies in Contrastive Linguistics 18, 1984, 123–134

GLÄSER, R. 1986. Phraseologie der englischen Sprache. Leipzig

GLAZYRIN, R.A. 1971. O primenenii tipologičeskogo i sopostavitel'nogo metoda pri analize komparativnych frazeologičeskich edinic (Na mat. nemeckogo, anglijskogo i švedskogo jazykov). In: MGPIIJ. Uč. Zapiski 61. Moskva, 207–217

GLÖCKNER, H. 1973. Die Äußerungsform – eine kommunikative Größe bei der Entwicklung der Gesprächsfähigkeit. In: DaF 10, 339–344

GLUŠAK, T.S./LUKAŠEVIČ, V.P. 1973. Freie substantivische Wortgruppen der deutschen Gegenwartssprache. In: DaF 10, 116–120

GONTSCHAROWA, N. 1981. Untersuchungen zur phraseologischen Antonymie in der deutschen Sprache der Gegenwart. Diss. A. Leipzig

GÖRNER, H. Redensarten. Kleine Idiomatik der deutschen Sprache. Leipzig

GOTTSCHED, J.Chr. 1743. Ausführliche Redekunst. 3.Aufl. Leipzig. Neudruck Hildesheim-New York

GOTTSCHED, J.Chr. 1758. Beobachtungen über den Gebrauch und Misbrauch vieler deutscher Wörter und Redensarten. Straßburg und Leipzig. Neudruck Utrecht 1955

GRASSEGGER, H. 1989. Redensarten in der Fernsehwerbung. Zur Struktur und Modifikation von Idiomen in multimedialer Kommunikation. In: GRÉCIANO, G. (Hg.) 1989, 141–154

GRÉCIANO, G. 1983. Signification et Dénotation en Allemand. La Sémantique des Expressions Idiomatiques. Metz [Recherches Linguistiques IX]

GRÉCIANO, G. 1987. Idiom und Text. In: Deutsche Sprache 15, 1987, 193–208

GRÉCIANO, G. 1989. Von der Struktur zur Kultur. Entwicklungstendenzen im deutschfranzösischen Phraseologievergleich. In: Zeitschr. für Germanistik 10, 1989, 517–527

GRÉCIANO, G. 1992. Zum System der Phrasemverwendung. In: FÖLDES, C. (Hg.) 1992, 149–169

GRÉCIANO, G. (Hg.) 1989. Europhras 88. Phraséologie Contrastive. Actes du Colloque International Klingenthal – Strasbourg 12–16 mai 1988. Strasbourg [Collection Recherches Germaniques 2]

GRÉCIANO, G. 1991. Zur Aktivität der Phrasemkomponenten – Deutsch-französische Beobachtungen. In: SABBAN, A./WIRRER, J. (Hg.) 1991, 66–82

GRIMM, H.-J. 1970. Untersuchungen zu Synonymie und Synonymität durch Wortbildung im neueren Deutsch. Ein Beitrag zur Theorie der deutschen Synonymik, dargestellt an Beispielen aus dem Bereich des Substantivs. Diss. A. Leipzig

GROBER-GLÜCK, G. 1974. Motive und Motivationen in Redensarten und Meinungen. Aberglaube, Volks-Charakterologie, Umgangsformeln, Berufsspott in Verbreitung und Lebensformen. Bd.1: Textband. Bd.2: Kartenband. Marburg

GROSSE, S. 1965. Das syntaktische Feld des Aphorismus. In: Wirkendes Wort 15, 73–85

GROSSE, S. 1972. Literarischer Dialog und gesprochene Sprache. In: BACKES, H. (Hg.)
1972, Beiträge (T) 94. Sonderheft. Festschr. f. H. EGGERS zum 65. Geburtstag.
Tübingen, 649–668

GROSSES FREMDWÖRTERBUCH. 1979. Bearb. v. Lektorat Deutsche Sprache d. VEB Biblio-
graphisches Institut. 2. Aufl. Leipzig

GRZYBEK, P. 1991a. Das Sprichwort im literarischen Text. In: SABBAN, A./WIRRER, J.
(Hg.) 1991, 187–205

GRZYBEK, P. 1991b. Sinkendes Kulturgut? Eine empirische Pilotstudie zur Bekanntheit
deutscher Sprichwörter. In: Wirkendes Wort 41, 239–264

GÜLICH, E. 1978. „Was sein muß, muß sein." Überlegungen zum Gemeinplatz und seiner
Verwendung. Antrittsvorlesung an der Fak. für Linguistik und Literaturwissenschaft
der Universität Bielefeld am 4. Februar 1977. Bielefeld [Bielefelder Papiere zur
Linguistik und Literaturwissenschaft Nr. 7 – 1978]

GÜNTHER, K. 1984. Prädikativphraseme im Deutschen und Russischen. In: UNTERSU-
CHUNGEN 1984, 31–66

GUSTAFSSON, U./PIIRAINEN, I. T. 1985. Untersuchungen zur Phraseologie in Zeitungstexten der deutschsprachigen Länder. Vaasa [Vaasan Korkeakoulun Julkaisuja.
Tutkimuksia Nr. 108. Philologie 13]

HÄCKI-BUHOFER, A. 1989. Psycholinguistische Aspekte in der Bildhaftigkeit von Phraseologismen. In: GRÉCIANO, G. (Hg.) 1989, 165–175

HÄUSERMANN, J. 1977. Phraseologie. Hauptprobleme der deutschen Phraseologie auf der
Basis sowjetischer Forschungsergebnisse [Linguistische Arbeiten 47]

HAUSMANN, F. J. 1989. Le dictionnaire de collocations. In: HAUSMANN, F. J./REICHMANN,
O./WIEGAND, H. E./ZGUSTA, L. (Hg.) 1989, 1010–1019

HAUSMANN, F. J./REICHMANN, O./WIEGAND, H. E./ZGUSTA, L. (Hg.) 1989. Wörterbücher.
Ein internationales Wörterbuch zur Lexikographie. Erster Teilband. Berlin-New York
[Handbücher zur Sprach- und Kommunikationswissenschaft 5.1]

HDG = Handwörterbuch der deutschen Gegenwartssprache. In zwei Bänden. Autorenkollektiv unter der Leitung von G. KEMPCKE. Berlin 1984

HEGER, K. 1971. Monem, Wort und Satz. Tübingen

HEINEMANN, M. 1976. Untersuchungen zu korrelativen Konstruktionen der deutschen
Gegenwartssprache. In: Beiträge (H) 97, 79–164

HELBIG, G. 1970. Zum Modellbegriff in der Linguistik. In: DaF 7, 26–33

HELBIG, G. 1979. Probleme bei der Beschreibung von Funktionsverbgefügen im Deutschen. In: DaF 16, 273–285

HELLER, D. 1973. Idiomatik. In: ALTHAUS, H. P./HENNE, H./WIEGAND, H. E. (Hg.) 1973.
Lexikon der Germanistischen Linguistik. 2., vollst. neu bearb. u. erw. Aufl. 1980.
Tübingen

HEMMI, A. 1994. „Es muß wirksam werben, wer nicht will verderben." Kontrastive
Analyse von Phraseologismen in Anzeigen-, Radio- und Fernsehwerbung. Bern-
Berlin-Frankfurt/M.-New York-Paris-Wien [Zürcher Germanistische Studien 41]

HENSCHEL, H. 1993. Die Phraseologie der tschechischen Sprache. Ein Handbuch. Frank-
furt/M.-Berlin-Bern-New York-Paris-Wien

HERTEL, V. 1996. Rituale in mittelalterlichen und frühneuzeitlichen Rechtsquellen. In:
HERTEL, V./BARZ, I./METZLER, R./UHLIG, B. (Hg.) 1996, 337–357

HERTEL, V./BARZ, I./METZLER, R./UHLIG, B. (Hg.) 1996. Sprache und Kommunikation
im Kulturkontext. Beiträge zum Ehrenkolloquium aus Anlaß des 60. Geburtstages von

G. LERCHNER. Frankfurt/M.-Berlin-Bern-New York-Paris-Wien [Leipziger Arbeiten zur Sprach- und Kommunikationsgeschichte 4]

HESSKY, R. 1987. Phraseologie. Linguistische Grundfragen und kontrastives Modell deutsch → ungarisch. Tübingen [Reihe Germanistische Linguistik 77]

HESSKY, R. 1989. Sprach- und kulturspezifische Züge phraseologischer Vergleiche. In: GRÉCIANO, G. (Hg.) 1989, 195–204

HESSKY, R. 1995. Zum kognitiven Ansatz in der Phraseologie: „Aufgewärmter Kohl" oder „eine neue Platte"? In: HARRAS, G. (Hg.) 1995. Die Ordnung der Wörter. Kognitive und lexikalische Strukturen. Berlin-New York [Institut für deutsche Sprache. Jahrbuch 1993], 289–302

HESSKY, R. (Hg.) 1988. Beiträge zur Phraseologie des Ungarischen und des Deutschen. Budapest [Budapester Beiträge zur Germanistik 16]

HEYSE, J. Chr. 1906. Fremdwörterbuch. Durchaus neu bearb. von C. BÖTTGER. 15. Aufl. Leipzig

HIGI-WYDLER, M. 1989. Zur Übersetzung von Idiomen. Eine Beschreibung und Klassifizierung deutscher Idiome und ihrer französischen Übersetzungen. Bern-Frankfurt/M.-New York-Paris [Europäische Hochschulschriften, Reihe XIII. Französische Sprache und Literatur 146]

HOCKETT, Ch. F. 1956. Idiom Formation. In: For Roman Jakobson. Essays on the Occasion of his Sixtieth Birthday 11 Oct 1956. Compiled by M. HALLE, H. G. LUNT, H. McLEAN, C. H. van SCHOONEFELD. The Hague, 222–229

HOFMANN, W. 1959. Das rheinische Sagwort. Siegburg

HOFMEISTER, W. 1990. Sprichwortartige Mikrotexte. Analysen am Beispiel Oswalds von Wolkenstein. Göppingen [Göppinger Arbeiten zur Germanistik 537]

HYVÄRINEN, I./KLEMMT, R. (Hg.) 1994. Von Frames und Slots bis Krambambuli: Beiträge zur zweisprachigen Lexikographie. Referate der zweiten internationalen Lexikographiekonferenz Jyväskylä, Finnland 24.–26.3.1994. Jyväskylä 1994 [Studia Philologica Jyväskyläensia 34]

ISABEKOV, S. 1972. O semantičeskoj strukture nemeckich pogovorok (voprosy formal'no-semantičeskoj členimosti). In: MGPIIJ. Sbornik naučnych trudov. Vyp. 71. Moskva, 59–72

JESPERSEN, O. 1924. The Philosophy of Grammar. London

KAMMER, G. 1985. Probleme bei der Übersetzung phraseologischer Einheiten aus dem Russischen ins Deutsche (anhand von Werken V. F. PANOVAS). München [Slavistische Beiträge 183]

KEMPCKE, G. 1994. Zur Darstellung der kommunikativen Wendungen in den gegenwartssprachlichen Wörterbüchern des Deutschen. In: SANDIG, B. (Hg.) 1994, 303–314

KEMPTER, F. 1969. Zum Problem der sprachlichen Fertigteile. In: DaF 6, 326–329

KJÆR, A. L. 1991. Phraseologische Wortverbindungen in der Rechtssprache? In: PALM, C. (Hg.) 1991, 115–122

KJÆR, A. L. 1994. Zur kontrastiven Analyse von Nominationsstereotypen der Rechtssprache deutsch – dänisch. In: SANDIG, B. (Hg.) 1994, 317–348

KLAPPENBACH, R. 1961. Feste Verbindungen in der deutschen Gegenwartssprache. In: Beiträge (H). Sonderband. E. KARG-GASTERSTÄDT zum 75. Geburtstag am 9. Febr. 1961 gewidmet, 443–457

KLAPPENBACH, R. 1968. Probleme der Phraseologie. In: WZ KMU 17, 221–227

KLAPPENBACH, R./MALIGE-KLAPPENBACH, H. 1978. Das Wörterbuch der deutschen Gegenwartssprache. Entstehung, Werdegang, Vollendung. In: Kopenhagener Beiträge z. Germanist. Linguistik 14, 5–47

KLEIZAITE, A. 1975. Untersuchungen zur funktionalen und stilistischen Differenziertheit okkasioneller phraseologischer Varianten in der deutschen Gegenwartssprache. Diss. A. Greifswald

KOČETOVA (KOTSCHETOWA), T. 1978. Probleme der phraseologischen Antonymie. In: Beiträge (H) 99, 304–315

KOLDE, G. 1979. Zur Valenz fester verbaler Syntagmen. In: Standard und Dialekt. Studien zur gesprochenen und geschriebenen Gegenwartssprache. Festschr. f. H. RUPP zum 60. Geburtstag. Bern-München, 73–88

KOLLER, W. 1975. Redensarten in Schlagzeilen. In: Muttersprache 85, 400–408

KOLLER, W. 1977. Redensarten. Linguistische Aspekte, Vorkommensanalysen, Sprachspiel. Tübingen [Reihe Germanistische Linguistik 5]

KOLLER, W. 1994. Phraseologismen als Übersetzungsproblem. In: SANDIG, B. (Hg.) 1994, 351–373

KOLVENBACH, M. 1971. Primäre Varianten idiomatischer Wendungen (Beispiele: Gliedmaßen). In: SCHWEISTHAL, K. G. (Hg.) 1971. Grammatik, Kybernetik, Kommunikation. Festschr. f. A. HOPPE. Bonn, 65–75

KOLVENBACH, M. 1972. Aufschreibweisen und Klassifizierungssysteme idiomatischer Wendungen. In: NICKEL, G./RAASCH, A. (Hg.) 1972. Kongreßbericht der 3. Jahrestagung d. Gesellschaft f. angewandte Linguistik. Heidelberg, 220–228

KOPYLENKO, M. M. 1973. Sočetaemost' leksem v russkom jazyke. Posobie dlja studentov. Moskva

KOPYLENKO, M. M./POPOVA, Z. D. 1978. Očerki po obščej frazeologii. Voronež

KORHONEN, J. 1990. Zur (Un-)Verständlichkeit der lexikographischen Darstellung von Phraseologismen. In: MAGAY, T./ZIGÁNY, J. (Ed.). BudaLEX '88 Proceedings. Papers from the 3rd International EURALEX Congress, Budapest, 4–9 September 1988. Budapest, 197–206

KORHONEN, J. 1991. Zur Syntax und Semantik von Satzidiomen im heutigen Deutsch. In: BAHNER, W./SCHILDT, J./VIEHWEGER, D. (Hg.) 1991. Proceedings of the 14th International Congress of Linguistics. Berlin/GDR, August 10–August 15, 1987. Bd. II. Berlin, 980–982

KORHONEN, J. 1992. Morphosyntaktische Variabilität von Verbidiomen. In: FÖLDES, C. (Hg.) 1992, 49–87

KORHONEN, J. 1995–96. Studien zur Phraseologie des Deutschen und des Finnischen. I–II. Bochum [Studien zur Phraseologie und Parömiologie 7; 10]

KORHONEN, J. (Hg.) 1987. Beiträge zur allgemeinen und germanistischen Phraseologieforschung. Internationales Symposium in Oulu 13.–15. Juni 1986. Oulu [Universität Oulu, Finnland. Veröffentlichungen des Germanistischen Instituts 7]

KORHONEN, J. (Hg.) 1992a. Phraseologie und Wortbildung – Aspekte der Lexikonerweiterung. Finnisch-deutsche sprachwissenschaftliche Konferenz, 5.–6. Dezember 1990 in Berlin. Tübingen [Linguistische Arbeiten 284]

KORHONEN, J. (Hg.) 1992b. Untersuchungen zur Phraseologie des Deutschen und anderer Sprachen: einzelsprachspezifisch – kontrastiv – vergleichend. Internationale Tagung in Turku 6.–7. 9. 1991. Frankfurt/M.-Berlin-Bern-New York-Paris-Wien [Werkstattreihe Deutsch als Fremdsprache 40]

KOROLEVA, M.P. 1977. Krylatye slova i kal'kirovanie. In: Issledovanija po romanskoj i germanskoj filologii. Kiev, 77–81

KOTSCHETOWA, T. 1974. Antonymische Verhätnisse in der verbalen Phraseologie der deutschen Sprache der Gegenwart. Diss. A. Halle (Saale)

KOŽIN, A.N. 1970. Terminy-slova i terminy-frazeologizmy. In: Voprosy frazeologii III. Trudy Samarkandskogo un-ta. Novaja Serija. Vyp. 178, 69ff.

KRAMER, G. 1976. Phraseologie und Aspekte der Sprachveränderung – Ein Beitrag zur Diskussion über die Abgrenzung des Gegenstandsbereichs. In: Aktuelle Probleme der Phraseologie. Karl-Marx-Universität Leipzig, 178–182

KROHN, K. 1994. Hand und Fuß. Eine kontrastive Analyse von Phraseologismen im Deutschen und Schwedischen. Göteborg [Göteborger Germanistische Forschungen 36]

KROMANN, H.-P. 1989. Zur funktionalen Beschreibung von Kollokationen und Phraseologismen in Übersetzungswörterbüchern. In: GRÉCIANO, G. (Hg.) 1989, 265–271

KROMANN, H.-P./KJÆR, A.L. (Hg.) 1995. Von der Allgegenwart der Lexikologie. Kontrasstive Lexikologie als Vorstufe zur zweisprachigen Lexikographie. Akten des internationalen Werkstattgesprächs zur kontrastiven Lexikologie 29.–30.10.1994 in Kopenhagen. Tübingen [Lexicographica. Series Maior 66]

KROŠLÁKOVÁ, E./ĎURČO, P. (Hg.) 1993. Frazeológia vo vzdelávaní, vede a kultúré. Phraseology in Education, Science and Culture. Zborník materialov z II. medzinárodnej frazeologickej konferencie. Nitra 14.–16. september 1992. Nitra

KUBRJAKOVA, E.S. 1975. Die Wortbildung. In: Allgemeine Sprachwissenschaft. Bd. 2. Autorenkollektiv unter d. Leitung von B.A. SEREBRENNIKOW. Ins Deutsche übertr. und hg. von H. ZIKMUND u. G. FEUDEL. Berlin, 284–320

KUCHAŘ, J. 1968. K obščej charakteristike nominacii. In: Travaux linguistiques de Prague 3. Études structurales dédiées au VIe Congrès des slavistes. Prague, 119–129

KUDINA, E./STARKE, G. 1978. Untersuchungen zu Phraseologismen mit Eigennamen im Deutschen im Vergleich mit dem Ungarischen. In: Wissenschaftl. Zeitschr. d. Päd. Hochschule ‚Karl Liebknecht' Potsdam 22, H. 2, 187–192

KÜHN, P. 1984. Pragmatische und lexikographische Beschreibung phraseologischer Einheiten: Phraseologismen und Routineformeln. In: Studien zur neuhochdeutschen Lexikographie IV. Hg. von H.E. WIEGAND. Hildesheim-Zürich-New York 1984 [Germanistische Linguistik 1–3/83], 175–235

KÜHN, P. 1985. Phraseologismen und ihr semantischer Mehrwert. „Jemandem auf die Finger gucken" in einer Bundestagsrede. In: Sprache und Literatur in Wissenschaft und Unterricht Jg. 16, H. 56, 37–46

KÜHN, P. 1987. Phraseologismen: Sprachhandlungstheoretische Einordnung und Beschreibung. In: BURGER, H./ZETT, R. (Hg.) 1987, 121–137

KÜHN, P. 1988. Routine-Joker in politischen Fernsehdiskussionen. Plädoyer für eine textsortenabhängige Beschreibung von Phraseologismen. In: HESSKY, R. (Hg.) 1988, 155–176

KÜHN, P. 1989a. Die Beschreibung von Routineformeln im allgemeinen einsprachigen Wörterbuch. In: HAUSMANN, F. J./REICHMANN, O./WIEGAND, H. E./ZGUSTA, L. (Hg.) 1989, 830–835

KÜHN, P. 1989b. Phraseologie und Lexikographie: Zur semantischen Kommentierung phraseologischer Einheiten im Wörterbuch. in: WIEGAND, H. E. (Hg.) 1989. Wörterbücher in der Diskussion. Vorträge aus dem Heidelberger Lexikographischen Kolloquium. Tübingen, 133–154

KÜHN, P. 1992. Phraseodidaktik. Entwicklungen und Überlegungen für den Muttersprachen-unterricht und den Unterricht DaF. In: Fremdsprachen Lehren und Lernen 21, 1992, 169–189

KÜHN, P. 1994. Pragmatische Phraseologie: Konsequenzen für die Phraseographie und Phraseodidaktik. In: SANDIG, B. (Hg.) 1994, 411–428

KUNIN, A. V. 1970. Anglijskaja frazeologija. Teoretičeskij kurs. Moskva

KUNKEL, K. 1986. Untersuchungen zur funktional differenzierten Verwendung von Phraseologismen in ausgewählten Textsorten der deutschen Gegenwartssprache. Diss. A. Leipzig

KUNKEL, K. 1991. „Es springt ins Auge ...“ Phraseologismen und ihre Funktionen in einigen Textsorten fachgebundener Kommunikation der deutschen Gegenwarts-sprache. In: BES 10, 72–111

KURZ, J. 1977. Die Stilmerkmale der Nachricht. In: Sprachpflege 26, 134–138

LAB = Linguistische Arbeitsberichte. Sektion Theoretische und angewandte Sprachwis-senschaft der Karl-Marx-Universität Leipzig

LADENDORF, O. 1968. Historisches Schlagwörterbuch. Ein Versuch. Straßburg 1906. – Neudruck mit einer Einleitung von H.-G. SCHUMANN. Hildesheim

LAKOFF, G. 1987. Women, Fire, and Dangerous Things. What Categories Reveal about the Mind. Chicago and London

LAKOFF, G. 1988. Cognitive semantics. In: ECO, U./SANTAMBROGIO, M./VIOLI, P. (Ed.) 1988. Meaning and mental representations. Bloomington, 119–154

LAUCHERT, F. 1892. Sprichwörter und sprichwörtliche Redensarten bei P. Abraham a S. Clara. In: Alemannia 20, 213ff.

LEHR, A. 1993. Kollokationsanalysen – Von der Kollokationstheorie des Kontextualismus zu einem computergestützten Verfahren. in: Zeitschr. für germanistische Linguistik 21, 1993, 2–19

LEONIDOVA, M. A. 1973. K voprosu o sočetaemosti imeni vo frazeologičeskich edinicach (v bolgarskom i russkom jazykach). In: Problemy leksikologii. Sbornik statej. Izd-vo Belorusskogo Gos. un-ta V. I. Lenina. Minsk, 64–72

LEONIDOVA, M. A. 1978. Frazeo-schema kak lingvističeskaja edinica promežutečnogo sintaktiko-frazeologičeskogo urovnja (Na mat. russkogo i bolgarskogo jazykov). In: Slavjanskaja filologija 15. Sofia, 219ff.

LIEBSCH, H. 1979. Zur Erforschung und Anwendung des Sprichwortes durch K. F. W. WANDER. In: FLEISCHER, W./GROSSE, R. (Hg.) 1979, 81–107

LIPKA, L. 1974. Probleme der Analyse englischer Idioms aus struktureller und generativer Sicht. In: Linguistik und Didaktik 5, H. 20, 274–285

LIPSKAJA, L. A. 1961. Strukturno-semantičeskie tipy substantivnych frazeologičeskich edinic sovremennogo nemeckogo jazyka. Avtoref. kand. diss. Moskva

LIPSKAJA, L. A. 1967. Die Bestimmung des Kernwortes in deutschen Redensarten. In: Sprachpflege 16, 207–210

LS/ZISW = Linguistische Studien. Zentralinstitut für Sprachwissenschaft. Akademie der Wissenschaften der DDR

LÜGER, H.-H. 1989. Stereotypie und Konversationsstil. Zu einigen Funktionen satzwertiger Phraseologismen im literarischen Dialog. In: Deutsche Sprache 17, 1989, 2–25

LVZ = Leipziger Volkszeitung

MAKKAI, A. 1972. Idiom Structure in English. The Hague-Paris

MAKKAI, A. 1978. Idiomaticity as a Language Universal. In: GREENBERG, J. H. (Ed.) 1978. Universals of Human Language. Vol. 3. Stanford, 401–448

MALKIEL, Y. 1959. Studies in Irreversible Binomials. In: Lingua 8, 113–160
MATEŠIĆ, J. (Hg.) 1983. Phraseologie und ihre Aufgaben. Beiträge zum 1. Internatinoalen Phraseologie-Symposium vom 12. bis 14. Oktober 1981 in Mannheim. Heidelberg [Mannheimer Beiträge zur slavischen Philologie 3]
MATTHEWS, P. H. 1974. Morphology. An introduction to the theory of word-structure. Cambridge Univ. Press
MATTUSCH, H.-J. 1977. Zu einigen Problemen des Verhältnisses von Terminologie und Phraseologie im Russischen. In: ZPSK 30, 274–279
MEHRING, F. 1960–1967. Gesammelte Schriften. Hg. von HÖHLE, Th./KOCH, H./SCHLEIF-STEIN, J. Bd. 1–15. Berlin
MEISSER, U. 1974. Die Sprichwörtersammlung Sebastian Francks von 1541. Amsterdam
MEW = MARX, K./ENGELS, F. 1956ff. Werke. Bd. 1–39 mit 2 Ergänzungsbdn. Bd. 40, 1985; Bd. 42, 1983; Bd. 43, Teil I, 1990. Berlin
MGPIIJ = Moskovskij Gosudarstvennyj Ped. Institut Inostrannych Jazykov imeni Morisa Toreza
MIEDER, W. 1972. Das Sprichwort und die deutsche Literatur. In: Fabula 13, 135–149
MIEDER, W. 1973a. Günter Grass und das Sprichwort. In: Muttersprache 83, 64–67
MIEDER, W. 1973b. Verwendungsmöglichkeiten und Funktionswerte des Sprichwortes in der Wochenzeitung. In: Muttersprache 83, 89–119
MIEDER, W. 1973c. Das Sprichwort als Ausdruck kollektiven Sprechens in Alfred Döblins Roman ‚Berlin Alexanderplatz'. In: Muttersprache 83, 405–415
MIEDER, W. 1975a. Das Sprichwort in unserer Zeit. Frauenfeld [Schriften des Deutsch-schweizerischen Sprachvereins 8]
MIEDER, W. 1975b. Sprichwörter im modernen Sprachgebrauch. In: Muttersprache 85, 65–88
MIEDER, W. 1977. Der Krieg um den Krug: Ein Sprichwortgefecht. Zum 200. Geburtstag H. v. Kleists. In: Muttersprache 87, 178–192
MIEDER, W. 1985. Sprichwort, Redensart, Zitat. Tradierte Formelsprache in der Moderne. Bern-Frankfurt/M.-New York [Sprichwörterforschung 5]
MIEDER, W. (Hg.) 1982. International Proverb Scholarship. An Annotated Bibliography. New York and London [Garland Folklore Bibliographies 3]
MIEDER, W. (Hg.) 1983–1989. Antisprichwörter. Bd. I, 2. Aufl. Wiesbaden 1983 [Beihefte zur Muttersprache 4]. Bd. II, Wiesbaden 1985 [Beihefte zur Muttersprache 6]. Bd. III, Wiesbaden 1989
MIEDER, W. (Hg.) 1984ff. Proverbium. Yearbook of International Proverb Scholarship. Burlington, Vermont/USA
MIEDER, W. (Hg.) 1987. Reprint. Proverbium 1, 1965 – 25, 1975. Bern-Frankfurt/M.-New York-Paris [Sprichwörterforschung 9/1–2]
MIEDER, W. (Hg.) 1990. 1993. International Proverb Scholarship. An Annotated Bibliography. Supplement I (1800–1981). Supplement II (1982–1991). New York
MILITZ, H.-M. 1979a. Zu Semantik und Syntax des Verbs in phraseologischen Wendungen. Konfrontative Darstellung des Französischen und Deutschen. Masch.-schriftl. Manuskript. Berlin
MILITZ, H.-M. 1979b. Phraseologische Wendungen in der sprachlichen Kommunikation. In: Sprachpflege 28, 230–232
MILITZ, H.-M. 1980. Phraseologische Wendungen in literarischen Texten. In: Sprachpflege 29, 99–101

MITSCHRI, E. 1979. Idiomatische attributive Wortverbindungen mit substantivischem Kern in der deutschen Gegenwartssprache. Diss. A. Leipzig

MJAKIŠEVA, R.F. 1961. Značenie i strukturnye priznaki ustojčivych ad-ektivnych slovosočetanij (na mat. nemeckogo jazyka). In: MGPIIJ. Uč. Zapiski 26. Voprosy romanogermanskoj filologii. Moskva, 268–284

MÖLLER, G. 1965. Deutsch von heute. Kleine Stilkunde unserer Gebrauchssprache. 3. Aufl. Leipzig

MOKIENKO, V.M. 1980. Slavjanskaja Frazeologija. Moskva

MOLL, O.E. 1958. Sprichwörterbibliographie. Frankfurt/M. Ergänzend J. WERNER. 1961. 1962. Sprichwortliteratur. In: Zeitschr. f. Volkskunde 57, 118–132; 58, 114–129

MOLOTKOV, A.I. 1977. Osnovy frazeologii russkogo jazyka. Leningrad

MOSKAL'SKAJA, O.M. 1962. Grammatičeskij idiomatizm i sintagmatika. In: Inostrannye jazyki v vyssej škole. Moskva, 9ff.

MÜLLER, F.C. 1964. Wer steckt dahinter? Namen, die Begriffe wurden. Düsseldorf-Wien

MÜLLER, H. 1965. Die Rolle des Klischees im Deutschen. In: The German Quarterly 38, H.1, 44–55

MÜLLER, K. (Hg.) 1994. Lexikon der Redensarten. Gütersloh

MUNSKE, H.H. 1993. Wie entstehen Phraseologismen? In: MATTHEIER, K.J./WEGERA, K.-P./HOFFMANN, W./MACHA, J./SOLMS, H.-J. (Hg.) 1993. Vielfalt des Deutschen. Festschrift für W. BESCH. Frankfurt/M.-Berlin-Bern-New York-Paris-Wien, 481–516

MUNSKE, H.H. 1996. Eurolatein im Deutschen: Überlegungen und Beobachtungen. In: MUNSKE, H.H./KIRKNESS, A. (Hg.) 1996. Eurolatein. Das griechische und lateinische Erbe in den europäischen Sprachen. Tübingen [Reihe Germanistische Linguistik 169], 82–105

NAMENFOSCHUNG HEUTE. 1971. Ihre Ergebnisse und Aufgaben in der Deutschen Demokratischen Republik. Autorenkollektiv. Berlin

NAZARJAN, A.G. 1976. Frazeologija sovremennogo francuzskogo jazyka dlja institutov i fakul'tetov inostrannych jazykov. Moskva

NBI = Neue Berliner Illustrierte

ND = Neues Deutschland

NEWMEYER, F.J. 1974. The Regularity of Idiom Behavior. In: Lingua 34, 327–342

OGOL'CEV, V.M. 1978. Ustojčivye sravnenija v sisteme russkoj frazeologii. Leningrad

OL'ŠANSKIJ, I.G. 1964. Valentnostnyj analiz ustojčivych sočetanij slov (na mat. nemeckoj frazeologii). In: MGPIIJ. Uč. Zapiski 30. Moskva, 167–176

OŽEGOV, S.I. 1974. O strukture frazeologii (V svjazi s proektom frazeologičeskogo slovarja russkogo jazyka). In: OŽEGOV, S.I., Leksikologija – Leksikografija – Kul'tura reči. Moskva, 182–219

PALM, C. 1987. Christian Morgensterns groteske Phraseologie – ein Beitrag zur Rolle der Phraseologismen im literarischen Text. In: KORHONEN, J. (Hg.) 1987, 221–235

PALM, C. 1989. Die konnotative Potenz usueller und okkasioneller Phraseologismen und anderer festgeprägter Konstruktionen in Christa Wolfs Roman ‚Kindheitsmuster‘. In: GRÉCIANO, G. (Hg.) 1989, 313–326

PALM, C. 1991. Fundgrube ‚Kindheitsmuster‘ und kein Ende. Zur semantischen Analyse einiger Phraseologismen im Text. In: PALM, C. (Hg.) 1991, 163–179

PALM, C. 1995. Phraseologie. Eine Einführung. Tübingen [Narr Studienbücher]

PALM, C. (Hg.) 1991. „Europhras 90". Akten der internationalen Tagung zur germanistischen Phraseologieforschung Aske/Schweden 12.–15.Juni 1990. Uppsala [Acta Universitatis Upsaliensis. Studia Germanistica Upsaliensia 32]

PAUL, H. 1909. Prinzipien der Sprachgeschichte. 4. Aufl. Halle (Saale)

PAVLOV, V. M. 1982. Ponjatie leksemy i nekotorye spornye voprosy teorii slovo-sočetanija. In: Izvestija Akad. Nauk SSSR. Serija Literatury i Jazyka. Tom LX, 1982. Moskva, 272–279

PERSSON, I. 1975. Das System der kausativen Funktionsverbgefüge. Eine semantisch-syntaktische Analyse einiger verwandter Konstruktionen. Lund [Lunder germanistische Forschungen 42]

PERSSON, I. 1992. Das kausative Funktionsverbgefüge und dessen Darstellung in der Grammatik und im Wörterbuch. In: Deutsche Sprache 20, 1992, 153–171

PETLEVANNYJ, A. 1970. Ustojčivye slovosočetanija s komponentami *machen, tun* i ich rol' v obogaščenii frazeologičeskogo fonda i leksičeskogo sostava sovremennogo nemeckogo jazyka. Avtoref. kand. diss. Moskva

PETZSCHLER, H./ZOCH, I. 1974. Die Rolle dialogtypischer Wortverbindungen und Wendungen bei der Vervollkommnung sprachlichen Könnens auf dem Gebiet des dialogischen Sprechens. In: DaF 11, 209–216

PEUKES, G. 1977. Untersuchungen zum Sprichwort im Deutschen. Semantik, Syntax, Typen. Berlin [Philologische Studien und Quellen 86]

PIIRAINEN, E. 1994. „Phraseologie der westmünsterländischen Mundart". Computer im Dienst semantischer Korpusanalyse. In: CHLOSTA, C./GRZYBEK, P./PIIRAINEN, E. (Hg.) 1994, 175–208

PIIRAINEN, E. 1995. Niederländische und deutsche Phraseologie: Zu einem kontrastiven Beschreibungsansatz. In: Acta Universitatis Wratislaviensis 1774. Neerlandica Wratislaviensia VIII. Wrocław, 193–217

PIIRAINEN, E. 1996. Phraseologismen mit gebundenen Formativen: Deutsch-Niederländisch kontrastiv. In: WEIGAND, E./HUNDSNURSCHER, F. (Ed.) 1996, 319–327

PILZ, K. D. 1978. Phraseologie. Versuch einer interdisziplinären Abgrenzung, Begriffsbestimmung und Systematisierung unter besonderer Berücksichtigung der deutschen Gegenwartssprache. Göppingen [Göppinger Arbeiten zur Germanistik 239]

PILZ, K. D. 1981. Phraseologie. Redensartenforschung. Stuttgart [Sammlung Metzler 198]

PILZ, K. D. 1987. Allgemeine und phraseologische Wörterbücher. Brauchen wir überhaupt phraseologische Wörterbücher? In: KORHONEN, J. (Hg.) 1987, 129–153

PLANK, F. 1979. Ikonisierung und De-Ikonisierung als Prinzipien des Sprachwandels. In: Sprachwissenschaft 4, 121–158

POLENZ, P. v. 1968. Sprachkritik und sprachwissenschaftliche Methodik. In: Sprachnorm, Sprachpflege, Sprachkritik. Jahrbuch des Instituts f. deutsche Sprache 1966/67. Düsseldorf [Sprache der Gegenwart 2], 159–184

POLENZ, P. v. 1972. Neue Ziele und Methoden der Wortbildungslehre. In: Beiträge (T) 94, 204–225, 398–428

POLENZ, P. v. 1987. Funktionsverben, Funktionsverbgefüge und Verwandtes. Vorschläge zur satzsemantischen Lexikographie. In: Zeitschr. für germanistische Linguistik 15, 1987, 169–189

POLENZ, P. v. 1989. Funktionsverbgefüge im allgemeinen einsprachigen Wörterbuch. In: HAUSMANN, F. J./REICHMANN, O./WIEGAND, H. E./ZGUSTA, L. (Hg.) 1989, 882–887

POLIVANOV, E. D. 1931. Za marksistskoe jazykoznanie. Moskva

POMIGUEV, G. P. 1973. O specifike vnytrennej formy frazeologičeskich edinic. In: Leningradskij Technologičeskij Institut Cholodil'noj Promyšlennosti. Voprosy germanskoj filologii. Leningrad, 24–31

PÜSCHEL, U. 1975. Semantisch-syntaktische Relationen. Untersuchungen zur Kompatibilität lexikalischer Einheiten im Deutschen. Tübingen [Reihe Germanistische Linguistik 2]

PÜSCHEL, U. 1978. Wortbildung und Idiomatik. In: Zeitschr. f. germanistische Linguistik 6, 151–167

QUASTHOFF, U. 1973. Soziales Vorurteil und Kommunikation. Eine sprachwissenschaftliche Analyse des Stereotyps. Ein interdisziplinärer Versuch im Bereich von Linguistik, Sozialwissenschaft und Psychologie. Frankfurt/M.

RACHMANKULOVA, I.S. 1973. K voprosu o frazeologičeskich modeljach predloženij v sovremennom nemeckom jazyke. In: ZPSK 26, 360–374

RAJCHŠTEJN [REICHSTEIN], A.D. 1976. O semantičeskoj strukture poslovic. In: Teoretičeskie voprosy romano-germanskoj filologii. Gor'kij, 204ff.

RAJCHŠTEJN, A.D. 1979. O mež-jazykovom sopostavlenii frazeologičeskich edinic. In: Inostrannye Jazyki v Škole 4, 3–8

RAJCHŠTEJN, A.D. 1980. Sopostavitel'nyj analiz nemeckoj i russkoj frazeologii. Moskva

REGER, H. 1974. Zur Idiomatik der Boulevardpresse. In: Muttersprache 84, 230–239

REGER, H. 1977. Zur Idiomatik der konventionellen Tagespresse. In: Muttersprache 87, 337–346

REHBEIN, D. (Hg.) 1990. Spaß muß sein, sagte der Kater ... Sagwörter aus europäischen Sprachen. Leipzig

REICHSTEIN, A.D. 1973. Zur Analyse der festgeprägten Sätze im Deutschen. DaF 10, 212-222

REICHSTEIN, A.D. 1974. Festgeprägte prädikative Konstruktionen im Deutschen.In: DaF 11, 321–331

REITER, N. 1975. Die Semantik deutscher und russischer Präpositionen. Wiesbaden

RICHTER, A. 1889. Deutsche Redensarten. Sprachlich und kulturgeschichtlich erläutert. Leipzig

RIESEL, E. 1964. Der Stil der deutschen Alltagsrede. Moskau

RJAZANOVA, G. 1976. Zum Gebrauch fester Wortverbindungen in der Presse der DDR. Sprachstatistische und linguostilitische Untersuchungen. Diss. A. Leipzig

ROCHE, R. 1965. Floskeln im Gegenwartsdeutsch. Im Deutschen lügt man, wenn man höflich ist (Faust V. 6771). In: Wirkendes Wort 15, 385–405

RÖHRICH, L. 1969. Die Bildwelt von Sprichwort und Redensart in der Sprache der politischen Karikatur. In: Kontakte und Grenzen. Probleme der Volks-, Kultur- und Sozialforschung. Festschr. f. G. HEILFURTH zum 60. Geburtstag. Göttingen, 175–207

RÖHRICH, L. 1974. Lexikon der sprichwörtlichen Redensarten. Bd. 1–2. Freiburg-Basel-Wien

RÖHRICH, L. 1991–92. Das große Lexikon der sprichwörtlichen Redensarten. Bd. 1–3. Freiburg-Basel-Wien

ROTHKEGEL, A. 1973. Feste Syntagmen. Grundlagen, Strukturbeschreibung und automatische Analyse. Tübingen

ROTHKEGEL, A. 1989. Phraseologien in Texten der internationalen Fachkommunikation. In: GRÉCIANO, G. (Hg.) 1989, 371–387

ROTHKEGEL, A. 1994. Kollokationsbildung und Textbildung. In: SANDIG, B. (Hg.) 1994, 499–523

RUEF, H. 1995. Sprichwort und Sprache. Am Beispiel des Sprichworts im Schweizerdeutschen. Berlin-New York [Studia Linguistica Germanica 36]

RÜEGG, R. 1991. „Im Abgehen ein Schnippchen schlagend." Zur Funktion von Kinegrammen in Volksstücken des 19. und 20. Jhs. Bern-Berlin-Frankfurt/M.-New York-Paris-Wien [Zürcher Germanistische Studien 26]

SABBAN, A. 1994. Une femme est une femme – Zur pragmatischen Fixierung tautologischer Sätze. In: SANDIG, B. (Hg.) 1994, 525–547

SABBAN, A./WIRRER, J. (Hg.) 1991. Sprichwörter und Redensarten im interkulturellen Vergleich. Opladen

SABITOVA, M. 1976. Untersuchungen zur Struktur und Semantik phraseologischer Lexemverbindungen in der deutschen Gegenwartssprache. Diss. A. Leipzig

SABITOVA, M. 1977. Zur Entwicklung der Phraseologie als selbständiger linguistischer Teildisziplin in der Sowjetunion. In: Beiträge (H) 98, 112–130

SANDERS, W., 1977. Linguistische Stilistik. Grundzüge der Stilanalyse sprachlicher Kommunikation. Göttingen

SANDIG, B. 1989. Stilistische Funktionen verbaler Idiome am Beispiel von Zeitungsglossen und anderen Verwendungen.In: GRÉCIANO, G. (Hg.) 1989, 387–400

SANDIG, B. (Hg.) 1994. Europhras 92. Tendenzen der Phraseologieforschung. Bochum [Studien zur Phraseologie und Parömiologie 1]

SANDMANN, M. 1940. Substantiv, Adjektiv-Adverb und Verb als sprachliche Formen. In: Indogermanische Forschungen 57, 81–112

SANDMANN, M. 1978. Träume, Schäume. Die Nominalparataxen als Ausdruck einer logischen Grundstruktur ,conditio – consequentia'. In: Sprachwissenschaft 3, 1–15

ŠČADRIN, N. L. 1973. Sredstva okkazional'nogo preobrazovanija frazeologičeskich edinic kak sistema elementarnych priemov. In: Lingvističeskie issledovanija 1972 [1973]. Moskva, 78–97

SCHADE, W. 1976. Zu den komparativen Phraseologismen des Deutschen und Russischen. In: Aktuelle Probleme der Phraseologie. Karl-Marx-Universität Leipzig, 127–134

SCHELUDKO, N. 1968. Zur Frage der Verbeinheiten des Typs „zugrunde gehen". In: DaF 5, 18–31

SCHEMANN, H. 1981. Das idiomatische Sprachzeichen. Untersuchung der Idiomatizitätsfaktoren anhand der Analyse portugiesischer Idioms und ihrer deutschen Entsprechungen. Tübingen [Beihefte zur Zeitschr. für romanische Philologie 183]

SCHEMANN, H. 1982. Zur Integration der Funktionsverbgefüge in die Idiomatikforschung. In: Deutsche Sprache 10, 1982, 83–96

SCHEMANN, H. 1989a. Das phraseologische Wörterbuch. In: HAUSMANN, F.J./REICHMANN, O./WIEGAND, H.E./ZGUSTA, L. (Hg.) 1989, 1019–1032

SCHEMANN, H. 1989b. Synonymwörterbuch der deutschen Redensarten. Unter Mitarbeit von R. BIRKENHAUER. Straelen

SCHEMANN, H. 1993. Deutsche Idiomatik. Die deutschen Redewendungen im Kontext. Stuttgart-Dresden

SCHINDLER, F. 1994. „Als Zeichen gehören die sprichwörtlichen Wendungen zur Sprache und als Modelle zur Folklore" – Versuch der Klärung einer Unklarheit bei Permjakov. In: CHLOSTA, C./GRZYBEK, P./PIIRAINEN, E. (Hg.) 1994, 209–233

SCHINDLER, W. 1996. Mehrwortlexik in einer lexikologischen Beschreibung des Deutschen. In: WEIGAND, E./HUNDSNURSCHER, F. (Hg.) 1996, 119–128

SCHIPPAN, Th. 1969. Antworten oder Antwort geben? In: Deutschunterricht H. 1, 25–37

SCHIPPAN, Th. 1974. Lexikalische Bedeutung und Motivation. In: ZPSK 27, 212–222

SCHIPPAN, Th. 1975. Einführung in die Semasiologie. 2. Aufl. Leipzig

SCHIRMER, A. 1954. Zur Einführung. In: BORCHARDT, W./WUSTMANN, G./Schoppe, G. 1954, 9–17

SCHMIDT, V. 1968. Die Streckformen des deutschen Verbums. Substantivisch-verbale Wortverbindungen in publizistischen Texten der Jahre 1948–1967. Halle (Saale)

SCHMIDT, W. 1967. Lexikalische und aktuelle Bedeutung. Ein Beitrag zur Theorie der Wortbedeutung. 4. Aufl. Berlin

SCHNITZER, C.F. 1871. Begriff und Gebrauch der Redensart. In: Einladungsschrift zu der den 11. Sept. 1872 stattfindenden Schlußfeier des Schuljahres im Kgl. Karlsgymnasium zu Heilbronn. Heilbronn, 1ff.

SCHÖNE, A. 1991. ‚Auf Biegen und Brechen‘. Komparative Motivgeschichte als vergleichende historische Verhaltensforschung. In: IWASAKI, E. (Hg.). Akten des VIII. Internationalen Germanisten-Kongresses. Tokyo 1990. Begegnung mit dem ‚Fremden‘. Grenzen – Traditionen – Vergleiche. Bd. 1. Ansprachen, Plenarvorträge, Berichte. Hg. von IWASAKI, E./SHICHIJI, Y. München, 113–136

SCHOTTEL, J.G. 1663. Ausführliche Arbeit von der Teutschen HaubtSprache. Braunschweig. Neudruck Tübingen 1967

SCHOWE, U. 1994. Mit Haut und Haar. Idiomatisierungsprozesse bei sprichwörtlichen Redensarten aus dem mittelalterlichen Strafrecht. Frankfurt/M.-Berlin-Bern-New York-Paris-Wien [Germanist. Arbeiten zur Sprach- und Kulturgeschichte 27]

SCHRADER, H. 1886. Der Bilderschmuck der Deutschen Sprache. Einblick in den unerschöpflichen Bilderreichtum unserer Sprache und ein Versuch wissenschaftlicher Deutung dunkler Redensarten und sprachlicher Räthsel. 2. Aufl. Berlin 1894

SCHRÖDER, M. 1976. Die verbale Zusammensetzung mit einer adjektivähnlichen unmittelbaren Konstituente unter besonderer Berücksichtigung ihrer Motivationsabstufungen. In: Beiträge (H) 96, 65–185

SCHRÖTER, U. 1980. Paarformeln in Gegenwart und Geschichte der deutschen Sprache (Struktur,Semantik, Funktion). In: Sprachpflege 29, 193–195

SCHRÖTER, U. 1984. Idiomatische Phraseologismen und ihre pragmatischen Funktionen in Luthers deutschen Schriften. In: SCHILDT, J. (Hg.) 1984. Luthers Sprachschaffen. Gesellschaftliche Grundlagen. Geschichtliche Wirkungen. Referate der internationalen sprachwissenschaftl. Konferenz Eisenach 21.-25. März 1983. LS/ZISW, A, 119/I. Berlin, 233–243

SCHWEIZER, B.-M. 1978. Sprachspiel mit Idiomen. Eine Untersuchung am Prosawerk von Günter Grass. Zürich

ŠČUKINA, J. 1953. Stilističeskaja differenciacija ustojčivych slovosočetanij i ich ispol'zovanie v sovremennoj nemeckoj chudožestvennoj literature. Avtoref. kand. diss. Moskva

SEILER, F. 1922. Deutsche Sprichwörterkunde. München

SEILER, F. 1924. Das deutsche Lehnsprichwort. Vierter Teil: Das deutsche Sagwort und anderes. Halle (Saale)

SHUMANIJASOW, A. 1978. Umgangssprachliche Wörter und Wendungen in der Presse der DDR. Diss. A. Leipzig

SIEBERT, H.-J. 1976. Zum Gebrauch von Anredeformen, Gruß- und Verabschiedungsformeln in der deutschen Sprache der Gegenwart in der DDR. In: DaF 13, 297–300

SILINA, J. 1970. Glagoly *legen, setzen, stellen* v sovremennom nemeckom jazyke. Avtoref. kand. diss. Jaroslavl'

SIMON, I. (Hg.) 1988. Sagwörter. Plattdeutsche Sprichwörter aus Westfalen. Münster

ŠITKINA, N. 1972. Tendencija k nominal'nomu sopoloženiju v sovremennom nemeckom jazyke (na mat. chudožestvennoj, publicističeskoj i naučnoj prozy). Avtoref. kand. diss. Moskva

SKRIPKINA, A. 1972. Sootnošenie frazeologičeskich edinic i peremennych slovosočetanij odinakovogo leksiko-grammatičeskogo sostava (na mat. glagol'nych frazeologičeskich edinic i glagol'nych peremennych slovosočetanij v sovremennom nemeckom jazyke). Avtoref. kand. diss. Moskva

ŠMELEV, D.N. 1960. O „svjazannych" sintaksičeskich konstrukcijach v russkom jazyke. In: Voprosy Jazykoznanija, H. 5

SMITH, L.P. 1923. English Idioms. Oxford

SOLODUCHO, E.M. 1977. Voprosy sopostavitel'nogo izučenija zaimstvovannoj frazeologii. Izd-vo Kazanskogo Un-ta

SOLODUCHO, E.M. 1989. Teorija frazeologičeskogo sbliženija (na materiale jazykov slavjanskoj, germanskoj i romanskoj grupp). Kazan

SPALDING, K. 1952ff. An Historical Dictionary of German Figurative Usage. Oxford. Erschienen bis Fascicle 53 (Trompete – unterlegen), 1993

STARKE, G. 1975. Zum Einfluß von Funktionsverbgefügen auf den Satzbau im Deutschen. In: DaF 12, 157–163

STEDJE, A. 1989. Beherztes Eingreifen oder ungebetenes Sich-Einmischen. Kontrastive Studien zu einer ethnolinguistischen Phraseologieforschung. In: GRÉCIANO, G. (Hg.) 1989, 441–452

STEIN,S. 1995. Formelhafte Sprache. Untersuchungen zu ihren pragmatischen und kognitiven Funktionen im gegenwärtigen Deutsch. Frankfurt/M-Berlin-Bern-New York-Paris-Wien [Sprache in der Gesellschaft. Beiträge zur Sprachwissenschaft 22]

STEPANOVA M.D. 1967. Die Zusammensetzung und die ‚innere Valenz' des Wortes. In: DaF 4, 335–339

STERNKOPF, J. 1992. Chancen der Lexikonerweiterung durch Phraseologismen. In: Sprachwissenschaft 17, 1992, 329–338

STOLZE, P. 1994. „Aus der Talsohle auf die Überholspur." Phraseologismen und Phraseologismen nahestehende metaphorische Wendungen zur Bezeichnung von Konjunkturphasen in der Süddeutschen Zeitung. In: CHLOSTA, C./GRZYBEK, P./PIIRAINEN, E. (Hg.) 1994, 249–272

SÜDDT. Z. = Süddeutsche Zeitung

SVEŠNIKOVA, G.S. 1974. Zum Problem der typologischen Untersuchung der Phraseologie. In: DaF 11, 331–338

TAYLOR, R./GOTTSCHALK, W. 1969. A German-English Dictionary of Idioms. 3., verb. Aufl. München

TELIJA, V.N. 1968. Frazeologija. In: Akad. Nauk SSSR. Institut Jazykoznanija. Teoretičeskie problemy sovetskogo jazykoznanija. Moskva, 257–277

TELIJA, V.N. 1973. O tipach i sposobach frazoobrazovanija (v ego kommunikativno-funkcional'nom aspekte opisanija). In: Tul'skij Ped. Institut im. A.N.Tolstogo. Problemy russkogo frazoobrazovanija. Tula, 25–43

TELIJA, V.N. 1975. Die Phraseologie. In: Allgemeine Sprachwissenschaft. Autorenkollektiv unter der Leitung von B.A.Serebrennikov. Ins Deutsche übertr. u. hg. von H.ZIKMUND und G.FEUDEL. Bd.2. Berlin, 374–429

TELIJA, V.N. 1977. Vtoričnaja nominacija i ee vidy. In: Jazykovaja Nominacija (Vidy naimenovanij). Moskva, 129–221

TERNER, E. 1908. Die Wortbildung im deutschen Sprichwort. Diss. Gießen. Gelsenkirchen

THIELE, E. 1900. Luthers Sprichwörtersammlung. Nach seiner Handschrift zum ersten Male hg. und mit Anm. versehen. Weimar

THUN, H. 1978. Probleme der Phraseologie. Untersuchungen zur wiederholten Rede mit Beispielen aus dem Französischen, Italienischen, Spanischen und Rumänischen. Tübingen [Beihefte zur Zeitschr. für romanische Philologie 168]

TOLIKINA, E. N. 1964. O sistemnom sootnošenii terminologičeskogo sočetanija i frazeologičeskoj edinicy. In: Problemy frazeologii. Issledovanija i materialy. Moskva, 150ff.

TOLIKINA, E. N. 1978. K voprosu o sistemnych zakonomernostjach leksičeskoj sočetaemosti i processov frazoobrazovanija. In: Sovremennost' i slovari. Moskva, 61–80

TOSSAVAINEN, L. 1992. Zur Rolle der Phraseologismen bei der Nomination. In: Neuphilolog. Mitteilungen 93, 1992, 75–85

UNTERSUCHUNGEN 1982. 1984. Untersuchungen zur slawischen Phraseologie. LS/ZISW, A, 95. Untersuchungen zur slawischen Phraseologie II. LS/ZISW, A, 120. Berlin

VAN DEN BROEK, M. 1991. Sprachliche Vergleiche in der frühreformatorischen Flugschriftenliteratur. In: Proverbium 8, 1991, 29–53

VAPORDSHIEV, V. 1992. Das Phraseolexikon der deutschen Gegenwartssprache. Sofia

VAPORDSHIEV, V. 1996. Das Phraseolexikon als selbständiges Teilsystem der Sprachstruktur. Studie zur Theorie des Lexikons. Sofia

VIEHWEGER, D. 1977. Probleme der semantischen Analyse. Autorenkollektiv unter der Leitung von D. VIEHWEGER. Berlin [studia grammatica XV]

VIEHWEGER, D. 1989. Probleme der Beschreibung semantischer Vereinbarkeitsrelationen im allgemeinen einsprachigen Wörterbuch. In: HAUSMANN, F. J./REICHMANN, O./ WIEGAND, H. E./ZGUSTA, L. (Hg.) 1989, 888–893

VINOGRADOV, V. V. 1946. Osnovnye ponjatija russkoj frazeologii kak lingvističeskoj discipliny. In: Trudy jubilejnoj naučnoj sessii Leningradskogo Gos. Universiteta. Sekcija filologičeskich nauk. Leningrad, 45–69

VINOGRADOV, V. V. 1947. Ob osnovnych tipach frazeologičeskich edinic v russkom jazyke. In: Akademik A. A. Šachmatov. Trudy Komissii po istorii Akad. Nauk SSSR. Vyp. 3. Moskva-Leningrad, 339–364

VINOGRADOV, V. V. 1953. Osnovnye tipy leksičeskich značenij slova. In: Voprosy Jazykoznanija H. 5

VOITL, A. 1969. Probleme der englischen Idiomatik. In: Germanisch-Romanische Monatshefte. Neue Folge 19, 194–212

WANDER, K. F. W. 1838. Das Sprichwort, betrachtet nach Form und Wesen, für Schule und Leben, als Einleitung zu einem großen volksthümlichen Sprichwörterschatz. 2. Aufl. Heidelberg

WANDER, K. F. W. 1867–1880. Deutsches Sprichwörter-Lexikon. Ein Hausschatz für das deutsche Volk. 5 Bde. Leipzig. Reprint Darmstadt 1964

WDG = Wörterbuch der deutschen Gegenwartssprache. Hg. von R. KLAPPENBACH und W. STEINITZ. 6 Bde. Berlin 1969–1977

WEIGAND, F. L. K. 1909–10. Deutsches Wörterbuch. 5. Aufl. Vollständig neu bearb. von K. v. BAHDER, H. HIRT, K. KANT. Hg. von H. HIRT. 2 Bde. Gießen

WEIGAND, E./HUNDSNURSCHER, F. (Ed.) 1996. In collaboration with E. HAUENHERM. Lexical Structures and Language Usage. Proceedings of the International Conference on Lexicology and Lexical Semantics. Münster, September 13–15, 1994. Vol. 2. Section Papers. Tübingen [Beiträge zur Dialogforschung 9]

WEINREICH, U. 1972. Probleme bei der Analyse von Idioms. In: KIEFER, F. (Hg.) 1972. Semantik und generative Grammatik. Bd. 2. Frankfurt/M., 415–474

WENG, J. 1992. Körperteilbezeichnungen in deutschen und chinesischen Phraseologismen. In: Proverbium 9, 1992, 249–266

WENZEL, A. 1978. Stereotype in gesprochener Sprache. Form, Vorkommen und Funktion im Deutschen. München

WENZEL, J. 1972. Gesprochene Sprache im Konversationsunterricht für Fortgeschrittene – Zur Entwicklung der Sprachfertigkeit mit Hilfe situationeller Strukturen. In: DaF 9, 104–110

WERNER, J. 1991. Über „Klassiker" und „klassische Philologie". In: Sprachpflege und Sprachkultur 40, H.3, 75f.

WIESE, I. 1973. Untersuchungen zur Semantik nominaler Wortgruppen in der deutschen Gegenwartssprache. Halle (Saale)

WILLBERG, M. 1966. Arbeit, arbeiten – umgangssprachlich und sprichwörtlich. In: Muttersprache 76, 153–161

WILMANNS, W. 1899. Deutsche Grammatik. 2. Abt.: Wortbildung. 2. Aufl. Straßburg

WILSS, W. 1989. Anspielungen. Zur Manifestation von Kreativität und Routine in der Sprachverwendung. Tübingen

WIMMER, R. 1979. Referenzsemantik. Untersuchungen zur Festlegung von Bezeichnungs-funktionen sprachlicher Ausdrücke am Beispiel des Deutschen. Tübingen [Reihe Germanistische Linguistik 19]

WIRRER, J. 1994. Phraseologismen in der erzählenden niederdeutschen Literatur. In: CHLOSTA, C./GRZYBEK, P./PIIRAINEN, E. (Hg.) 1994, 273–303

WISSEMANN, H. 1961. Das Wortgruppenlexem und seine lexikographische Erfassung. In: Indogermanische Forschungen 66, 225–258

WOLF, Chr. 1979. Fortgesetzter Versuch. Aufsätze, Gespräche, Essays. Leipzig

WOLF, N.R. 1987. Zum grammatischen Status von Funktionsverbgefügen. In: Sprache, Sprachen, Sprechen. Festschr. für H.M.ÖLBERG zum 65. Geburtstag am 14. Oktober 1987. Unter Mitarbeit von H.ORTNER, B.STEFAN und E.WIESER hg. von M.KIEN-POINTNER und H.SCHMEJA. Innsbruck [Innsbrucker Beiträge zur Kulturwissenschaft. Germanistische Reihe 34], 219–227

WORBS, E. 1994. Theorie und Praxis der slawisch-deutschen Phraseographie. Mainz [Mainzer Slavistische Veröffentlichungen 16]

WÖRTER UND WENDUNGEN. Wörterbuch zum deutschen Sprachgebrauch. Hg. von E. AGRICOLA unter Mitw. von H.GÖRNER u. R.KÜFNER. 9. Aufl. Leipzig

WOTJAK, B. 1992. Verbale Phraseolexeme in System und Text. Tübingen [Reihe Germa-nistische Linguistik 125]

WOTJAK, B. 1994. Fuchs, die hast du ganz gestohlen: Zu auffälligen Vernetzungen von Phraseologismen in der Textsorte Anekdote. in: SANDIG, B. (Hg.) 1994, 619–650

WOTJAK, G. 1994. Nichtidiomatische Phraseologismen: Substantiv-Verb-Kollokationen – ein Fallbeispiel. In: SANDIG, B. (Hg.) 1994, 651–677

WUNDERLICH, W. 1977. Phraseologismen – Überkommenes und Neugeprägtes in der Sprache unserer Gegenwart. In: Sprachpflege 26, 52f.

WZ KMU = Wissenschaftliche Zeitschr. der Karl-Marx-Universität Leipzig. Gesell-schafts- und Sprachwiss. Reihe

ZAIČENKO, N. 1977. Aktual'nye glagol'nye ustojčivye slovesnye kompleksy nemeckogo jazyka v progressivnoj presse (na mat. analitičeskich žanrov gazet GDR, FRG i Avstrii). Avtoref. kand. diss. Moskva

ZPSK = Zeitschrift für Phonetik, Sprachwissenschaft und Kommunikationsforschung

ŽUKOV, V.P. 1978. Semantika frazeologičeskich oborotov. Moskva

288

Sachregister

(Die Zahlen verweisen auf Seiten.)

www.ingramcontent.com/pod-product-compliance
Lightning Source LLC
Chambersburg PA
CBHW070410100426
42812CB00005B/1693